JOÃO GUILHERME GUALBERTO TORRES

FATOS E PROGNOSES NO CONTROLE DE CONSTITUCIONALIDADE

JOÃO GUILHERME GUALBERTO TORRES
Advogado, Mestre em Direito Processual e
Professor da UFJF

FATOS E PROGNOSES NO CONTROLE DE CONSTITUCIONALIDADE

Del Rey editora

Belo Horizonte
2020

Impresso no Brasil | Printed in Brazil
EDITORA DEL REY LTDA

www.editoradelrey.com.br

Editor: Arnaldo Oliveira

Editor Adjunto: Ricardo A. Malheiros Fiuza
(In memoriam)

Diagramação / Capa: Alfstudio

Revisão: Alessandra Valadares

EDITORA
Rua dos Goitacazes, 71 – Lojas 20 a 24
Centro - Belo Horizonte-MG
CEP 30190-909
Comercial:
Tel.: (31) 3284-3284 | 2516-3340
vendas@editoradelrey.com.br
Editorial:
editorial@editoradelrey.com.br

T693f

Torres, João Guilherme Gualberto
Fatos e prognoses no controle de constitucionalidade / João Guilherme Gualberto Torres. — Belo Horizonte: Del Rey,2019.

xxvi, 436 p.: il. — Inclui bibliografia.

ISBN: 978-85-384-0564-1

1. Controle da constitucionalidade 2. Hermenêutica (Direito) 3. Linguagem – Filosofia 4. Estado – Brasil I. Título

CDU (1976) 340.131.5

Ficha catalográfica elaborada pelo bibliotecário Junio Martins Lourenço CRB 6/3167.

Ao Alvaro, meu irmão, por
mais e melhores prognoses.

Agradeço.

A Ele, que me despertou.

A ela, que não me deixou desistir.

A elas e a eles, que me ajudaram a caminhar.

E, assim, fizeram toda diferença.

"Un jurista puede aceptar o no aceptar moralmente las leyes o, acaso, los mismos principios constitucionales que están en la base del ordenamiento que investiga; pero esto no le impide ni debe impedirle interpretar su significado, aceptar su validez o invalidez e, en general, poner de manifiesto las antinomias y las lagunas del ordenamiento."

(Luigi Ferrajoli – *Derecho y razón*)

"Ora, tudo é viver, previvendo, é existir preexistindo, é ver, prevendo."

(Rui Barbosa – *Oração aos Moços*)

"Wir können nur unter den Bedingungen unserer Epoche erkennen und soweit diese erreichen."

(Friedrich Engels – *Dialektik der Natur*)

"Tuas ideias não correspondem aos fatos,
O tempo não para."

(Cazuza – *O Tempo não para*)

APRESENTAÇÃO

Com imensa satisfação apresento a obra de João Guilherme Gualberto Torres – "Fatos e Prognoses no Controle de Constitucionalidade".

O trabalho parte de uma sólida análise da filosofia da linguagem para estabelecer uma parametrização hermenêutica como ponto de partida para o correto uso do controle de constitucionalidade.

Em seguida, é enfrentado o complexo tema da hibridização do controle de constitucionalidade brasileiro e todas as nuances que sua compreensão impõe.

Delimitada a hibridização, é demonstrada a importância do *amicus curiae* e demais mecanismos para obtenção de informação na jurisdição constitucional. Esse conteúdo de informações é uma das chaves para correta compreensão sobre como se daria o controle da prognose.

Por fim, os últimos dois capítulos tratam da prognose jurídico-legislativa e de que forma é possível haver a verificação desses fatos e prognoses no âmbito da jurisdição constitucional.

O tema é altamente relevante porque sua análise pressupõe a compreensão de temas de alta densidade teórica que se entrelaçam, *e.g.*, discricionariedade legislativa, consequências, hibridização do controle e limites da interferência do STF no agir do Legislativo.

Desse modo, a obra contribui com elementos para o entendimento de um tema que ainda não foi explorado em sua plenitude, fornecendo para a comunidade científica elementos se construir melhores decisões sobre pontos paradoxais que a jurisdição constitucional brasileira precisa enfrentar.

Enfim, parabéns à Editora Del Rey e ao autor por proporcionarem ao público leitor obra de grande importância para a construção e consolidação de um modelo de controle de constitucionalidade democrático.

De São Paulo para Vitória

junho de 2019

Georges Abboud
Advogado sócio no escritório "Nery Advogados".
Mestre e doutor em direitos difusos e coletivos pela PUC-SP.
Professor de Processo civil da PUC-SP.

PREFÁCIO

Seu autor foi por mim orientado, o que, a rigor, deve dizer mais a meu favor do que a ele, já que alunos brilhantes demandam muito pouco de seus orientadores e acabam por lhes ensinar o que não sabiam antes da tarefa. Assim é João Guilherme Gualberto Torres, desde os bancos do curso de graduação em direito da própria UFES. Sua dissertação de mestrado não ficaria longe de sua capacidade intelectual.

De resto, essa é a missão de todo professor: ajudar a preparar os alunos que no futuro possam assumir a cátedra e levá-la adiante, muito além do que foi capaz seu antecessor. De minha parte, e em vista do trabalho em exame, acredito que aquela missão esteja muito perto do fim.

Fatos e prognoses jurídico-legislativos é um tema essencialmente da teoria do direito, mas, antes de expor seu desenvolvimento neste trabalho, gostaria de fazer uma aproximação a ele pela teoria política, porque as duas abordagens se encontram em um elemento comum: a figura do legislador.

Reza a lenda de Licurgo (atribuída a Heródoto) que, ao receber do Oráculo de Delfos várias leis esparsas do reino de Esparta, devia ele compilá-las com o objetivo de dar àquela cidade uma organização estável. Realizado o trabalho, Licurgo pediu ao Rei que prometesse somente alterar as leis consolidadas com a sua anuência, formulando ao mesmo tempo um pedido de ostracismo, para que, uma vez ausente, elas se perenizassem. O objetivo de Licurgo era o de evitar que a fraqueza dos homens, em especial dos legisladores, ditasse leis de ocasião, de modo que o expediente faria as leis transcenderem os homens.

Essa lenda destaca a importância não do legislador, enquanto representação coletiva, mas o mito de um legislador plenipotenciário que, ao mesmo tempo, não se vale de seu poder em seu próprio favor e o exerce para proteger os cidadãos de legisladores oportunistas, dando assim maior estabilidade às instituições da pólis. Talvez por isso, precisamente não passe de uma lenda!

Outra passagem interessante é o paradoxo do legislador de Rousseau, um dos jusnaturalistas contratualistas, que, ao contrário do realismo de Maquiavel, diziam como o estado devia ser, e não como ele era, e também afirmavam qual o fundamento (o direito natural) e a extensão (o contrato) do poder, com base em arquétipos de um estado de natureza cuja passagem ao estado civil representava um salto qualitativo, contendo aqui, a propósito, uma utopia somente desmentida após o sucesso das revoluções liberais do final do séc. XVIII.

Em Rousseau, o estado de natureza era essencialmente desigual, em decorrência do que chamou de "caprichos da fortuna". Para alcançar a igualdade plena, trocando assim a liberdade natural pela liberdade política (um eufemismo para obter a adesão dos caprichosos), os homens deviam renunciar a tudo, inclusive a suas vidas (mais do que em Hobbes, portanto), passando então do estado de natureza para o estado civil, no qual assumiriam o duplo papel de autores e sujeitos das leis, em conjugação do binômio liberdade/obediência. Afinal, obedecer a si mesmo ou às próprias decisões é um ato típico de homens livres e racionais (uma premissa que será retomada depois por Kant).

Mas o legislador é, em verdade, uma entidade, porque, como consta no Capítulo VII de O Contrato Social,

> Para descobrir as melhores regras de sociedade que convêm às nações, seria necessária uma inteligência superior, que, descobrindo todas as paixões humanas, não experimentasse nenhuma, que não tivesse relação com nossa natureza, e que a conhecesse a fundo, cuja felicidade fosse independente de nós, e que, por conseguinte, pudesse ocupar-se da nossa, e finalmente, que no transcurso dos tempos, contentando-se com uma glória longínqua, pudesse trabalhar num século para gozar sua obra no outro. Seriam precisos deuses para legislar aos homens.

Eis o paradoxo: como mediar a vontade geral e as leis sem um órgão de representação, que, por conceito, distancia os homens da imagem de produtores e destinatários das próprias leis?

Isso faz Rousseau separar Estado de governo (segue assim a dicotomia de Bodin, porém por motivo diverso), dando ao primeiro a titularidade da soberania popular, indivisível, e ao segundo o regime representativo. Mas o paradoxo permanece, com uma diferença de Licurgo: aqui, o legislador não é degredado, mas tampouco assume uma forma real, ficando apenas como um modelo ideal a ser seguido pelo corpo de representantes.

Metaforicamente, os legisladores de Licurgo e de Rousseau estão para as leis assim como o Juiz Hércules de Dworkin está para as decisões de hard cases: um referencial de perfeição inatingível, porque inumana, mas ainda assim um modelo para controle do produto.

O jusnaturalismo contratualista deu ao estado representativo exsurgente das revoluções liberais um argumento antes impossível: as leis são obrigatórias não por força da vontade de Deus ou do governante, mas do consenso, ou melhor, da imagem figurada da lei como resultado da vontade dos representados. Se o conceito de poder hobbesiano, como posse de meios para alcançar fins, continuou sendo aceito na literatura da teoria política, ele foi temperado pelo conceito de legitimidade, que exige uma justificação ética para a obediência. Não fosse assim, a política continuaria sendo aquela pregada por Maquiavel e as ações políticas continuariam a ser julgadas pelo resultado, e não pelo meio empregado.

No mundo do pensamento político é assim, mas no mundo da ação política a realidade é a mesma de Maquiavel. Por isso a política ainda é permeada pela mentira, tendente a contornar a exigência de justificação ética para a ação política, que fica apenas no discurso, e por isso os conceitos de Hannah Arendt ao examinar o caso dos "Documentos do Pentágono" (embuste, autoembuste, desfactualização, fatos contingentes, mentira de princípio, mentira contraproducente, mito da onipotência) são mais atuais do que nunca.

Essa realidade é demonstrada, por exemplo, pelo que Bobbio chamou de procedimento de contratação: no início do estado representativo, a representação política se fez individualmente e as decisões a respeito eram tomadas nas assembleias, depois passou a ser expressa por partidos políticos, com decisões ainda tomadas nas assembleias, e por fim pelas lideranças partidárias, agora no recesso dos gabinetes, somente indo às assembleias quando a decisão já foi tomada, sem o escrutínio da coletividade dos representantes, o que torna obscuras as razões e/ou motivos da decisão legislativa.

Para obviar esse problema, os americanos institucionalizaram o lobby e instituíram as *hearings*, que são mecanismos de transparência das decisões políticas, a tal ponto que, se a lei finalmente aprovada não corresponder ao que foi mediado pelos lobistas nas audiências públicas, elas podem ser tachadas de irracionais ou irrazoáveis (expressão variante da cláusula *due process of law* material que, por sua vez, é derivada da cláusula *law of the land*) e, assim, consideradas inconstitucionais, por expressarem um ato de abuso de poder. Afinal, como todo o sistema constitucional está orientado a coibir o abuso de poder, segue-se que toda lei irracional ou irrazoável é inconstitucional, por violar a relação entre meios e fins.

Na teoria do direito, uma vertente que se propôs a desvendar a relação causal (por conceito empírico) entre as leis e sua motivação foi a jurisprudência dos interesses (Heck). Essa escola visava restabelecer a relação causal da lei com os interesses gerais que ela trata de conciliar, para depois dela se estabelecer a relação causal entre a lei e os interesses concretos em jogo. Nessas duas operações causais, não cabia ao juiz acrescentar qualquer valoração pessoal na hipótese de a lei ser clara o suficiente para a resolução do caso concreto, caso em que a valoração do legislador sobre os interesses gerais prevaleceria sobre a valoração particular do juiz. Contudo, se a lei fosse obscura ou contraditória, vale dizer, se houvesse lacuna, pressupunha-se que ela autorizava o juiz a valorar a relação causal mais adequada para a solução do caso, priorizando assim os interesses concretos sobre os interesses gerais.

Essa escola teve uma segunda fase, na qual se recomendava ao juiz, na solução de um caso concreto, que restabelecesse a relação causal entre o juízo de valor feito pelo legislador sobre os interesses sociais em conflito, que determinaram a edição da lei, e o ideal social que ela devia servir. O juiz estava então vinculado aos juízos de valor do legislador nos casos em que a solução do caso concreto dependesse apenas do restabelecimento daquela relação causal (valorativa), podendo acrescentar a sua valoração pessoal apenas nos casos de lacuna, seguindo em linhas gerais os princípios de valoração contidos na lei. Nessa segunda fase, a relação deixa de ser propriamente causal, ou empírica, porque passa a explorar ou investigar valores, que não podem ser conferidos empiricamente.

Quando se diz que uma lei não é fiel aos fatos que a motivaram e/ou que seus objetivos não foram confirmados na prática, reclama-se o controle dos fatos e prognoses jurídico-legislativos, não, porém, pela linha da jurisprudência dos interesses e tampouco pelos dilemas da figura do legislador na teoria política, mas pela linha "...do giro linguístico e sob a influência da filosofia da linguagem do Direito..." (Resumo).

Uma das premissas do trabalho é a de que os fatos sempre estiverem sob o domínio do controle de constitucionalidade, mesmo no modelo abstrato kelseniano, e outra, decorrente da primeira, é a de que o exame de fatos motivadores (móbil) induz o controle do resultado (fim), que são as prognoses. De acordo com o autor,

> seria... incorrer em severo equívoco de premissa admitir o controle de normas jurídicas infraconstitucionais por inobservância dos parâmetros constitucionais erigidos se não se atentasse a que os órgãos de produção normativa devem observar os fatos e os prognósticos previstos na norma jurídica de produção normativa.

A definição literal de fatos jurídico-legislativos é a de

> ...circunstâncias analisadas pelo Órgão Legislativo antes e durante a elaboração de um projeto de ato normativo..., entendendo-se como tal todo e qualquer 'fato real' (realer Sachverhalt) que tenha relevo para aplicação de uma norma e, portanto, em sentido mais amplo do que aquele conferido à 'questão de fato' processual.

Ou por outra: "há fatores sociais que motivam a vontade do legislador para criar normas jurídicas", mas, "muito embora infinitos fatores possam influenciar a enunciação do legislador, para o direito importam aqueles que violem direitos fundamentais, verdadeiras limitações à empresa legislativa". Em outras palavras, os direitos fundamentais são, ao mesmo tempo, limite ao espaço de ação do legislador e medida do controle de regularidade dos fatos motivadores e dos objetivos visados por ele quando da edição de uma lei investigada.

Valendo-se da classificação de Klau Jürgen Philippi, o autor classifica os fatos jurídicos-legislativos em (i) históricos (fatos passados que motivaram o legislador), (ii) atuais (giram em torno do núcleo ou conteúdo da lei) e (iii) futuros (prognósticos ou objetivos). Em resumo, "diz-se 'diagnose' a investigação do passado (fatos históricos) e do presente (fatos atuais) e 'prognose' a declaração, fundamentada no passado ou no presente dirigida a uma situação futura". Nesse circuito, a investigação dos fatos futuros é essencial, porque "é o devido estabelecimento de prognoses legislativas que diminuirá o grau de insegurança e os danos ocasionados pela aplicação da lei".

A prognose propriamente dita é revelada em duas faces, a saber: (i) jurídico-legislativa, "...decorrente do processo legislativo por uma má percepção do legislador ou da elaboração, ou não elaboração, ou elaboração incorreta, de uma prognose pelo próprio legislador"; (ii) judicial, "...revelada a partir da aplicação concreta da lei...".

O controle se faz em 4 (quatro) etapas, a saber: (i) primeiro, deve-se "...perquirir as circunstâncias acerca da... formação do prognóstico, isto é, o grau de probabilidade da ocorrência futura do esperado pela prossecução da produção normativa"; (ii) "em seguida, avaliar a... base de prognóstico, ou seja, se o legislador tomou corretamente e em plenitude as circunstâncias para elaboração da avaliação prospectiva..."; (iii) ato contínuo, "...investiga-se o... procedimento da prognose, é dizer, se o legislador observou as normas do processo legislativo, se levou em consideração elementos alheios à prognose (se plausível, fundamentada, racional), se conclamou a comunidade à participação política, se realizou audiências públicas..."; e (iv) "por fim, o resultado da prognose, o juízo futuro em sentido estrito, que poderá acoimar a norma jurídica de inconstitucionalidade-vício".

Trata-se, portanto, de controle de resultado, como diz Gilmar Ferreira Mendes, mas não se despreza também o controle do meio, porque "...a verificação dos fatos e prognoses jurídico-legislativos passa pela construção da norma do veículo introdutor, a qual descreve, em seu antecedente, o fato jurídico efetivamente ocorrido da produção legislativa".

Com o presente trabalho, a literatura jurídica nacional adquire instrumental teórico consistente para o controle de constitucionalidade das leis e atos normativos, podendo-se dizer, sem qualquer dúvida, que com ele o exame de regularidade formal e material do produto legislativo sobe de patamar, para além da simples comparação texto/texto do modelo kelseniano.

Vitória-ES, 2 de julho de 2019.

GEOVANY CARDOSO JEVEAUX

Mestre (PUC/RJ), Doutor (UGF/RJ) e Professor da UFES

NOTA DO AUTOR

A vontade de escrever sobre o tema surgiu "de repente, não mais que de repente". Inexplorado na doutrina e incipiente no tratamento dispensado pela Suprema Corte, estava escondido nas páginas de um livro apresentado na cadeira "Aspectos Processuais do Controle de Constitucionalidade", lecionada, à época, pelo Professor Geovany Jeveaux, quando ingressei no programa de mestrado ainda como aluno especial.

Apresentado o projeto de pesquisa ao programa de Mestrado em Direito Processual da nossa Universidade Federal do Espírito Santo, Professor Geovany Jeveaux, cujas marcas na minha formação tentarei retribuir na docência, deu-me o voto de confiança necessário para perscrutar os insondáveis caminhos do processo constitucional. A agulha, ainda que regresse à caixa, não pode ser esquecida pelo bordado, pois sem aquela, este seria nada.

A dissertação, defendida sob o título "A verificação de fatos e prognoses jurídico-legislativos no controle de constitucionalidade brasileiro", apresentada, agora, na versão comercial, recebeu contribuições numerosas e enriquecedoras, sem as quais, tenho certeza, não chegaria a esse estágio.

Professor Georges Abboud, que muito me honra com a apresentação do livro, qualificou o trabalho, com generosidade e gratuidade pouco vistas na academia. Fruto da pesquisa, o encontro com Professor Renato Herani, cujo posfácio me envaidece, fez florescer as conclusões a partir de sua obra de referência.

Os marcos histórico e teórico, necessários à coerência e à coesão da pesquisa, não seriam possíveis não fosse a excelência do quadro docente que perfaz o programa do Mestrado em Direito Processual da Universidade capixaba, do qual destaco Professor Tárek Moussallem, com suas lições de teoria do direito, fundamentais a qualquer discernimento na Ciência Jurídica.

Fixadas as premissas, a revisão de conceitos sedimentados no direito constitucional tornou-se imprescindível para superar dogmas transmitidos sem maior acuidade, conformados por acordos semânticos a partir dos quais possa o leitor compreender o objeto central do trabalho: a verificação de fatos e prognoses no controle de constitucionalidade.

Meus agradecimentos à tradicional Editora Del Rey, por abraçar esse projeto pessoal e profissional e dar à luz as lucubrações recônditas.

Convido à leitura, pois o texto, uma vez publicado, já não pertence a seu autor; passa a ter asas. E, por não pertencer a um só, estará sempre inacabado, à espera de contribuições daqueles que o lerem. Essa é a proposta.

Governador Valadares, 3 de julho de 2019.

Enquanto aguardava embarcar para mais uma viagem.

O Autor.

SUMÁRIO

INTRODUÇÃO

Observou-se, a partir da leitura de estudos doutrinários[1] e de decisões proferidas pela Suprema Corte[2], que o Estado brasileiro não possui estudo consolidado sobre o problema[3] ora abordado, qual seja,

---

1 Em princípio, deparou-se com duas obras que abordam o tema, embora a ele não se dediquem integralmente: Gilmar Ferreira Mendes, em seu *Curso de Direito Constitucional* (MENDES, Gilmar Ferreira; BRANCO, Paulo Gustavo Gonet. *Curso de Direito Constitucional*. 12. ed. São Paulo: Saraiva, 2017, p. 1144), reproduz artigo já encontrado em revistas acadêmicas ou científicas, com data mais longínqua em 17.05.1997, quando tratou do problema dos fatos e das prognoses legislativas no controle de constitucionalidade em uma palestra proferida no XVIII Congresso Brasileiro de Direito Constitucional, em São Paulo, no Painel "Regulamentação e Integração de Normas Constitucionais" (MENDES, Gilmar Ferreira. Controle de constitucionalidade: hermenêutica constitucional e revisão de fatos e prognoses legislativos pelo órgão judicial. *Revista dos Tribunais*, São Paulo, ano 88, vol. 766, ago. 1999. Fascículo Cível, Primeira Seção, p. 11). Doutro lado, estudo mais balizado é encontrado na obra *Jurisdição Constitucional e Decisão Jurídica*, de Lenio Luiz Streck (STRECK, Lenio Luiz. *Jurisdição constitucional e decisão jurídica*. 4. ed. São Paulo: Revista dos Tribunais, 2014, p. 704), onde são abordadas as deficiências no tratamento de questão de relevada importância. Com a pesquisa, descobriu-se a tese de doutoramento publicada de Renato Gugliano Herani, que desponta como estudo mais alentado sobre o tema, embora não coincida com o objeto de pesquisa ora proposto, posto que o autor investiga, especificamente, a prova da inconstitucionalidade (HERANI, Renato Gugliano. *A prova da inconstitucionalidade*. Curitiba: Editora Prismas, 2016).

2 Destacam-se, entre outros, os julgamentos das ações constitucionais ADI 1.946/DF, ADI 855/PR, ADPF 54/DF e ADPF 186/DF, os quais demonstram a inexistência de jurisprudência íntegra e coerente da Corte Constitucional brasileira sobre a matéria e a dificuldade em lidar com superação de dogmas, que serão trabalhados adiante.

3 Para fins de trabalho científico, o problema deve ser formulado como pergunta, pois facilita a identificação do leitor, além de ser claro e preciso, empírico, suscetível de solução e de dimensão viável (GIL, Antonio Carlos. *Como elaborar projetos de pesquisa*. 4. ed. São Paulo: Editora Atlas, 2002, p. 26; BEAUD, Michel. *Arte da tese*: como redigir uma tese de mestrado ou de doutorado, uma monografia ou qualquer outro trabalho universitário. 2. ed. Rio de Janeiro: Bertrand Brasil, 1997). Neste trabalho, contudo, o problema será apresentado por meio perguntas indiretas, para viabilizar a leitura, partindo-se da identificação de um problema maior com suas subsequentes deduções.

a verificação de fatos e prognoses jurídico-legislativos no controle de constitucionalidade brasileiro. Além disso, o advento das Leis ns. 9.868/99 e 9.882/99 permitiu a utilização de técnicas, até então olvidadas, em controle de constitucionalidade, recrudescidas pelo Código de Processo Civil de 2015. Tais razões, igualmente, ensejam o estudo do tema e revelam a importância de que este se reveste para a academia.

Do problema que importa para a pesquisa, deduzem-se dois outros, os quais se buscam investigar e, para respondê-los, estruturam-se os capítulos do trabalho. Em primeiro lugar, se, à luz do arcabouço constitucional e do paradigma instaurado pela Constituição Federal de 1988, é possível a verificação de fatos e prognoses jurídico-legislativos no controle de constitucionalidade brasileiro, e, em segundo, caso seja afirmativa a resposta ao primeiro subproblema, quais os limites, se os há, a essa verificação.

Possível, ainda, o exame, no que tange ao segundo subproblema, de se o Supremo Tribunal Federal tem, em sua esteira jurisprudencial, fixado critérios para o controle dos fatos e prognoses jurídico-legislativos ou em que medida tem se escusado dessa análise com base em dogmas construídos historicamente sobre o processo constitucional.

De se ver que, ultrapassado o primeiro problema, isto é, em sendo possível o exame, no controle de constitucionalidade, de fatos e prognoses legislativos, tem-se como objetivo específico, a identificação de racionalidade nas decisões da Corte Constitucional, construídas democraticamente, jungida à preservação dos misteres de cada Órgão do Poder, sem que se permita uma subversão do princípio da divisão dos poderes, mas, ao contrário, construído historicamente e plasmado na Magna Carta. Ou, por outro lado, apontar critérios racionais que podem ser empreendidos nos julgamentos, dado que o equilíbrio entre os Órgãos do Poder enseja a manutenção da integridade do ordenamento jurídico-constitucional e, por isso, deve ser a preocupação a nortear o estudo.

Nesse sentido, os capítulos seguintes estão estruturados de modo a tentar responder os problemas levantados. Desse modo, demonstradas, no Capítulo 1, as bases metodológicas, bem assim o enfrentamento de confusão terminológica da qual ainda tem se ocupado a doutrina, fixar-se-ão, no Capítulo 2, o marco teórico e as premissas que servirão de base à compreensão do estudo, levando-se em conta a teoria geral do direito e de que forma a norma jurídica (produto da interpretação dos enunciados jurídicos) assume relevância para o atingimento da autonomia do Direito, em tempos de ruptura de antigos paradigmas e construção de novos. No contexto do Estado Democrático Constitucional, exige-se uma abertura da jurisdição constitucional a um processo de interpretação que conta com a participação de outros sujeitos interpretantes (sociedade aberta de intérpretes) e não alija, de sua análise, os fatos circundantes, nos limites da norma jurídica.

Em seguida, definem-se conceitos e estabelecem-se acordos semânticos (capítulos 3, 4 e 5), os quais permitirão guiar todo aquele que vier a ter contato com a abordagem da temática, que se pretende sistemática, analítica e racional. Anseia-se demonstrar, outrossim, a estruturação do ordenamento jurídico, que tem a Constituição como ápice e fundamento de validade para todas as demais normas jurídicas, com as quais estabelece uma relação causal de inferência, cuja quebra é passível de investigação pelo Órgão Judiciário, no controle de constitucionalidade, mesmo quando subjazem fatos e prognoses jurídico-legislativos.

O controle de constitucionalidade, a seu turno, tem razão de ser na rigidez constitucional, obstando que normas infraconstitucionais permaneçam impunes no ordenamento, afrontando (e modificando) a Constituição, sem se revestirem de requisitos específicos.

Ainda, a definição de "fatos jurídico-legislativos" e de "prognoses jurídico-legislativas" é ponto caro ao estudo, que encerra o *explicadum* do trabalho, a fim de permitir o diálogo com os interlocutores do texto e criar terreno propício ao exame do tema central do trabalho.

Concordando-se ou não com as premissas estabelecidas por este autor e definidos os termos essenciais, no capítulo 6 dedicar-se-á ao *explicatum*, um trabalho dogmático sobre a (im)possibilidade da verificação dos fatos e prognoses jurídico-legislativos no controle de constitucionalidade brasileiro, desde a observação da praxe judiciária, passando-se pelo enfrentamento de dicotomias postas pela doutrina até a possibilidade de estipulação de critérios para essa verificação.

Daí porque, ainda que se conclua pela impossibilidade da verificação, faz-se necessário traçar linhas que permitam atingir os objetivos já declinados, isto é, perseguir a racionalidade do ordenamento jurídico-constitucional, preservando-se a Constituição Federal, com decisões fundamentadas, precedidas de contraditório efetivo, gestadas em ambiente democrático, a fim de mitigar os riscos da interferência do Órgão Judiciário no produto decorrente do trabalho do Órgão Legislativo ao tempo em que se evita violação a direitos e garantias fundamentais pelo, como e no processo legiferante.

1

BASES METODOLÓGICAS

1.1 Aspectos Metodológicos

Para responder aos problemas levantados, inicia-se pela exposição da matriz hermenêutico-filosófica da qual se parte para compreensão do objeto proposto para análise. Trata-se, fundamentalmente, de revisão bibliográfica[1] pátria e estrangeira dos posicionamentos esposados pelos diversos autores pesquisados, contribuintes da difusão do conhecimento técnico específico sobre o tema, cujas inferências diretas e indiretas propiciam a sistematização do conteúdo, além de obras acadêmico-monográficas, artigos e periódicos científicos, os quais permitem certo aprofundamento.

---

1 "A pesquisa bibliográfica ou fonte secundária abrange toda bibliografia já publicada relacionada ao tema em estudo, desde livros, jornais, revistas, monografias, dissertações, teses, incluindo outras fontes como eventos científicos, debates, meios de comunicação como televisão, rádio, vídeos e filmes." (FIGUEIREDO, Antonio Macena de; SOUZA, Soraia Riva Goudinho de. *Como elaborar projetos, monografias, dissertações e teses*: da redação científica à apresentação do texto final. 3. ed. Rio de Janeiro: Lumen Juris, 2011, p. 88)

Paralela à pesquisa bibliográfica, destaca-se a pesquisa documental[2], de decisões proferidas pelo Supremo Tribunal Federal, mormente em ações constitucionais, e que abordam, direta ou indiretamente os problemas já antes revelados, ou antecipam pré-compreensões dos julgadores sobre o enfrentamento de fatos e de prognoses no controle de constitucionalidade. As decisões foram selecionadas a partir de obras consultadas e de julgamentos de notório relevo por se tratar de questões polemizadas na academia, na doutrina e na mídia.

Com a análise documental, será possível identificar o estágio em que se encontra a jurisprudência nacional sobre a verificação de fatos e prognoses jurídico-legislativos no controle de constitucionalidade e quais os caminhos podem ser apontados para uma maior adesão ao paradigma revelado nas premissas teóricas, por meio da efetivação dos direitos e garantias constitucionais. Quando necessário, serão declinadas decisões de outras Cortes Constitucionais, a fim de subsidiar a importância do tema e revelar novos horizontes, já atingidos no direito alienígena.

Como corolário da fundamentação filosófica adotada, a análise é feita de forma crítico-dialética, buscando constranger epistemologicamente o tratamento dispensado ao objeto de estudo, doutrinária e jurisprudencialmente, ainda que se saiba que já há uma pré-compreensão, revelado desde o título, antes mesmo de, propriamente, compreender o objeto.

A abordagem será qualitativo-exploratória[3]. Pretende-se investigar o tratamento conferido ao problema suscitado, além de racionalmente

---

[2] "A pesquisa documental assemelha-se muito à pesquisa bibliográfica. A diferença essencial entre ambas está na natureza das fontes. Enquanto a pesquisa bibliográfica se utiliza fundamentalmente das contribuições dos diversos autores sobre determinado assunto, a pesquisa documental vale-se de materiais que não recebem ainda um tratamento analítico, ou que ainda podem ser reelaborados de acordo com os objetos da pesquisa." (GIL, Antonio Carlos. *Como elaborar projetos de pesquisa*. 4. ed. São Paulo: Editora Atlas, 2002, p. 45)

[3] FIGUEIREDO, Antonio Macena de. *Como elaborar projetos, monografias, dissertações e teses*: da redação científica à apresentação do texto final. 4. ed. Rio de Janeiro: Lumen Juris, 2011, p. 91-92.

demonstrar a sustentabilidade, ou não, da verificação dos fatos e prognoses legislativos no paradigma constitucional evidenciado, em análise crítica dos autores e das decisões selecionados, a partir do advento da Constituição de 1988 e, de forma mais específica, com o surgimento das Leis ns. 9.868/99 e 9.882/99, que permitiram novo contorno do controle de constitucionalidade.

O objetivo geral, portanto, é dilucidar o estágio do estudo da verificação dos fatos e prognoses jurídico-legislativos, sistematizando-o. Como objetivo específico, propor revisões conceituais na senda do processo constitucional em relação ao objeto de estudo e apontar diretrizes para adequação ao paradigma inaugurado com a Carta de 1988.

A partir dos objetivos gerais e específicos traçados, o estudo busca, de igual modo, a partir da racionalização das decisões proferidas em controle de constitucionalidade e da preservação de garantias constitucionais, atender aos anseios do Estado Democrático Constitucional, o qual se consubstancia, entre outros, na defesa intransigente da harmonia entre as funções do Poder com preservação de sua separação (CRFB, art. 2º), em sua releitura constitucional.

Ademais, a atenção aos direitos e garantias fundamentais do indivíduo e da coletividade norteia o estudo, de modo que as decisões da Corte Constitucional, por meio de um processo constitucional, fundamentado na Constituição, devem pautar-se na promoção do novel paradigma descortinado em 1988, devidamente fundamentadas, precedidas de efetivo contraditório e construídas a partir de uma "sociedade aberta de intérpretes", o que ensejará a realização democrática da jurisdição constitucional.

Por fim, os efeitos do presente estudo são desconhecidos, como ocorre em qualquer ensaio que se apresente à comunidade acadêmica. Contudo, espera-se que, se não vingar a ideia trazida à baila, seja carecedora, ao menos, de dúvida por parte daqueles que vivem a buscar coerência interna e a racionalidade no estudo do direito positivo.

1.2 Direito Processual Constitucional ou Direito Constitucional Processual? A Dúvida Ainda Persiste?

Está-se a tratar, de forma geral, do direito processual constitucional[4], assim entendido, por J. J. Gomes Canotilho, como o

> conjunto de regras e princípios positivados na Constituição e noutras fontes de direito (leis, tratados) que regulam os procedimentos juridicamente ordenados à solução de questões de natureza jurídico-constitucional pelo Tribunal Constitucional.[5]

A definição é propícia e suficiente, se com direito processual constitucional quer-se enfatizar tão somente a solução de questões constitucionais pela Corte Constitucional.

Para Canotilho, em conceito amplo, abrange processos correspondentes às variadas funções do Tribunal Constitucional, as quais, em solo brasileiro, estão encartadas, sobretudo, no art. 102, da Constituição Federal.[6] Em sentido estrito, contudo, trata-se de processo de fiscalização das normas jurídicas, com promoção de atos tendentes à prolação de uma decisão judicial que assevere a conformidade, ou não, da norma jurídica submetida a seu crivo em face do parâmetro constitucional.

Trata-se, nesse último, de processo que tem por escopo regular a garantia constitucional, incumbindo à Corte Constitucional o

---

4 A título de aproximação, não se esmiuçará a distinção entre Ciência do Direito e direito positivo, objeto de capítulo próprio. Para um estudo sobre as origens e o desenvolvimento do vocábulo "direito processual constitucional", cf. NOGUEIRA ALCALÁ, Humberto. El derecho procesal constitucional a inicios del siglo XXI en América Latina, *Estudios Constitucionales*, Santiago, ano 7, n. 1, p. 13-58, 2009. Ainda, COUTURE, Eduado J. *Las garantias constitucionales del proceso civil*. Instituto Pacífico, 2015 (livro digital); FERRER MAC-GREGOR, Eduardo. La Ciencia del derecho procesal constitucional, *Díkaion*, vol. 22, n. 17, p. 97-129, dez. 2008; GARCÍA BELAUNDE, Domingo. *Derecho procesal constitucional*. Bogotá: Temis, 2001 (livro digital).

5 CANOTILHO, J. J. Gomes. *Direito constitucional e teoria da constituição*. 7. ed. Coimbra: Editora Almedina, 2003, p. 965.

6 CANOTILHO, J. J. Gomes. *Direito constitucional e teoria da constituição*. 7. ed. Coimbra: Editora Almedina, 2003, p. 970.

desempenho de guardiã da Constituição,[7] de modo que o objeto de maior relevo do processo constitucional é a jurisdição constitucional, atenta à preservação de direitos e garantias fundamentais.[8]

Tem-se, todavia, observado, mormente na doutrina, a dicotomia entre "direito processual constitucional" e "direito constitucional processual". José Alfredo de Oliveira Baracho ensina que a dicotomia teve origem na aproximação entre Constituição e Processo, decorrente "[d]a condensação metodológica e sistemática dos princípios constitucionais do processo", a implicar "um ponto de vista metodológico e sistemático, do qual se pode examinar o processo em suas relações com a Constituição"[9].

Segundo anota o autor, há quem defenda não se tratar de mero jogo semântico,[10] de palavras, importando, em verdade, em distinções entre o "estudo dos instrumentos processuais que garantem o cumprimento das normas constitucionais" (direito processual constitucional) e o "estudo sistemático dos conceitos, categorias e instituições processuais, consagradas nos dispositivos da Constituição"[11] (direito constitucional processual).

---

7 Sobre ser a Corte Constitucional a guardiã da Constituição, conferir, a propósito, a discussão entre Hans Kelsen (KELSEN, Hans. Quem deve ser o guardião da constituição?. In: ______. *Jurisdição constitucional*. 3. ed. São Paulo: WMF Martins Fontes, 2013, p. 237-298) e Carl Schmitt (SCHMITT, Carl. *O guardião da constituição*. Belo Horizonte: Del Rey, 2007).

8 CANOTILHO, J. J. Gomes. *Direito constitucional e teoria da constituição*. 7. ed. Coimbra: Editora Almedina, 2003, p. 965-966.

9 BARACHO, José Alfredo de Oliveira. *Processo constitucional*. Rio de Janeiro: Forense, 1984, p. 125. Sobre o enaltecimento da primazia da Constituição sobre todo o Direito e a tendência à "constitucionalização do direito", cf. CURI, Ivan Guérios; NUNES, Dierle José Coelho; BAHIA, Alexandre Gustavo Melo Franco. Processo constitucional contemporâneo. *Boletim da Faculdade de Direito*, Coimbra, vol. LXXXV, p. 343-373, 2009.

10 Cf. FIX-ZAMUDIO, Héctor. *Introducción al derecho procesal constitucional*. FUNDAp, 2002, p. 31-55.

11 BARACHO, José Alfredo de Oliveira. *Processo constitucional*. Rio de Janeiro: Forense, 1984, p. 126.

No primeiro caso, as normas constitucionais devem contar com meios eficazes para se tornarem obrigatórias, ao passo que, no segundo, ramo do direito constitucional, estuda-se, sistematicamente, as instituições processuais consagradas na Constituição, assim denominadas "garantias constitucionais de caráter processual"[12].

Na mesma linha, Canotilho compreende as distinções entre "direito processual constitucional", definido em transcrição anterior, com "direito constitucional processual", o qual tem por objeto o estudo de normas e princípios de natureza processual positivados na Constituição e materialmente constitutivos do *status activus processualis* no ordenamento jurídico constitucional, podendo-se mencionar, entre outros, o direito constitucional processual civil, o direito constitucional processual penal e o direito constitucional processual administrativo, todos vinculados ao paradigma constitucional do processo.[13]

Igualmente, Georges Abboud, ao fazer a mesma distinção[14], avança, com Enrique Falcón, para sustentar que o processo constitucional, em síntese, pode ser, ademais, definido como "subsistema processual responsável por assegurar a solução de conflitos jurídicos de ordem constitucional do Estado", bem como espaço privilegiado "para a proteção e implementação dos direitos fundamentais"[15].

---

12 BARACHO, José Alfredo de Oliveira. *Processo constitucional.* Rio de Janeiro: Forense, 1984, p. 129.

13 CANOTILHO, J. J. Gomes. *Direito constitucional e teoria da constituição.* 7. ed. Coimbra: Editora Almedina, 2003, p. 965-967.

14 ABBOUD, Georges. *Processo Constitucional Brasileiro.* 2. ed. São Paulo: Revista dos Tribunais, 2018, p. 381.

15 ABBOUD, Georges. *Processo Constitucional Brasileiro.* 2. ed. São Paulo: Revista dos Tribunais, 2018, p. 381. Apresentando definições inversas àquelas sustentadas pelos autores no texto, cf. RODRIGUES, Marcelo Abelha. *Manual de direito processual civil.* 5. ed. São Paulo: Editora Revista dos Tribunais, 2010, p. 65. Entendendo-se pela necessidade da distinção, não procede a inversão levada a efeito por Marcelo Abelha, pois os demais autores perfilham a correção gramatical

Como quer que seja, conquanto pareça didática, a distinção esboçada não ganha foros de importância científica e pode levar a severos equívocos, de modo a induzir o interlocutor sobre a existência de um processo que não seja constitucional.[16]

Se a Constituição é fundamento de validade do ordenamento jurídico, posto que estabelece normas jurídicas pelas quais outras normas jurídicas serão produzidas, não há Direito Processual válido que não seja constitucional. Se se persegue um processo constitucionalmente adequado, a dicotomia das expressões deixa de ter razão de ser.[17]

No ademais, a dicotomia incorre em severo problema ao não distinguir a ciência do direito processual do direito processual positivo, este objeto daquela, confundindo, pois, os planos de linguagem. Sobre esse ponto, no entanto, dispensa-se o capítulo seguinte.

Adota-se, para os fins do presente trabalho, um "modelo constitucional de processo"[18]. E, a partir das noções que serão desenvolvidas,

---

ao aporem locução adjetiva (constitucional) que caracteriza o substantivo (direito processual). Segundo Willian Roberto Cereja e Thereza Cochar Magalhães, adjetivo "é a palavra que caracteriza os seres. Refere-se sempre a um substantivo explícito ou subentendidos na frase, com o qual concorda em gênero e número" (CEREJA, Willian Roberto. *Gramática reflexiva*: texto, semântica e interação. 2. ed. São Paulo: Atual, 2005, p. 126).

[16] Sobre as imprecisões do termo, cf. GARCÍA BELAUNDE, Domingo. El derecho procesal constitucional: um concepto problemático. *Derecho PUCP*, v. 57, p. 185-192, 2004. Contundentemente, afirma Domingo García Belaunde que mais que um jogo de palavras, está-se diante de um crescimento desnecessário de disciplinas jurídicas, sem benefício de rigor. No original: "Aqui estamos, más que ante un juego de palabras, com un crecimiento innecesario de disciplinas jurídicas, sin beneficio del rigor." (GARCÍA BELAUNDE, Domingo. *Derecho procesal constitucional*. Bogotá: Temis, 2001. Cap. 1 (livro digital))

[17] ZANETI JR., Hermes. *A constitucionalização do processo*: o modelo constitucional da justiça brasileira e as relações entre processo e constituição. 2. ed. São Paulo: Atlas, 2014, p. 163-164.

[18] OLIVEIRA, Marcelo Cattoni de. *Processo Constitucional*. 3. ed. Belo Horizonte: Fórum, 2016, p. 174. Para um estudo sobre conceito de "processo" que sirva como conceito

intenta-se contribuir academicamente para o fortalecimento de um processo democrático, com adoção de técnicas, em controle de constitucionalidade, propícias ao cumprimento das promessas constitucionais e à efetivação de direitos e garantias fundamentais individuais e coletivos.

fundamental primário (conceito lógico-jurídico fundamental precípuo) a uma Teoria Geral do Processo e, de conseguinte, à ciência do direito processual, cf. DIDIER JR., Fredie. *Sobre a teoria geral do processo, essa desconhecida*. 4. ed. Salvador: JusPodivm, 2017, em específico p. 77-93.

2
PROLEGÔMENOS

Um estudo com pretensão científica deve realizar, inevitavelmente, um corte metodológico, posto que é impossível abarcar todo o conhecimento e, do contrário, haveria uma propagação ao infinito, inapreensível.[19] O estudo é, por isso, limitador do conhecimento em extensão, um redutor de complexidades, conquanto possa atingir alto nível em profundidade, ao descer às minudências da fenda aberta pelo questionamento inerente à espécie humana.[20]

Selecionar o objeto de pesquisa e delimitá-lo é imprescindível para que o cientista melhor o compreenda, permitindo-se emitir proposições sobre aquela fração selecionada do mundo circundante, a fim de operá-lo com a maior eficiência possível nas situações em que com ele se deparar.[21]

---

19 "Todo saber científico pressupõe um corte metodológico para que se torne possível o estudo do objeto; caso contrário, estudar-se-ia *tudo* em um regresso *ad infinitum*, o que seria incompatível com a pretensão científica." (MOUSSALEM, Tárek Moysés. *Fontes do direito tributário*. 2. ed. São Paulo: Noeses, 2006, p. 11)

20 "O conhecimento é um fato complexo. Simplificadamente diz-se que é relação do sujeito com o objeto. E se tivermos em conta o conhecimento do mundo físico exterior, sua origem é a experiência sensorial." (VILANOVA, Lourival. *As estruturas lógicas e o sistema do direito positivo*. São Paulo: Noeses, 2005, p. 39)

21 CARVALHO, Aurora Tomazini de. *Curso de teoria geral do direito*: o constructivismo lógico-semântico. 4. ed. São Paulo: Noeses, 2014, p. 3.

Sem esse recurso, sem a abstração da totalidade e a fixação no específico, com canalização da atenção para o espaço circunscrito para a experiência do sujeito cognoscente, tratar-se-ia de estudo generalizante e que não contribui cientificamente.[22] A seleção, todavia, é medida eminentemente arbitrária do sujeito cognoscente e, por isso, não se sujeita a contestações. Traça o cientista o ponto-início para guiar seu estudo até o ponto-fim, percorrendo, assim, todo o espaço demarcado.[23] E a esse campo delimitado deve ater-se o cientista, não extravasando os lindes por ele criados, mas pretendendo, exclusivamente, o conhecimento do próprio objeto, com exclusão de tudo quanto não pertença a este.[24]

O corte metodológico, pressuposto epistemológico do conhecimento científico, incide sobre o objeto, ou melhor, sobre a linguagem do objeto[25], como à frente se verá, delineando-o. Trata-se de "ato linguístico delineador da linguagem do objeto de estudo" que torna possível sua investigação[26].

O objeto do presente, porque se pretende uma ciência jurídica, é o direito positivo, enquanto conjunto de normas jurídicas válidas em determinado tempo e espaço, atinentes ao controle de constitucionalidade, sobretudo relacionados à fiscalização da constitucionalidade a partir de fatos e prognoses jurídico-legislativos, tendo como ponto-início

---

22 CARVALHO, Aurora Tomazini de. *Curso de teoria geral do direito*: o constructivismo lógico-semântico. 4. ed. São Paulo: Noeses, 2014, p. 45.

23 MOUSSALEM, Tárek Moysés. *Fontes do direito tributário*. 2. ed. São Paulo: Noeses, 2006, p. 12.

24 KELSEN, Hans. *Teoria Pura do Direito*. Tradução de João Baptista Machado. 8. ed. São Paulo: Editora WMF Martins Fontes, 2009, p. 1.

25 "A importância da linguagem, para o homem, encontra-se plasmada em sua inevitabilidade. *A linguagem é inevitável*. Permeia toda a realidade sociocultural, que, por sua vez, condiciona a *ação* humana." (Grifos do autor) (MOUSSALLEM, Tárek Moysés. *Revogação em matéria tributária*. São Paulo: Noeses, 2005, p. 8)

26 MOUSSALEM, Tárek Moysés. *Fontes do direito tributário*. 2. ed. São Paulo: Noeses, 2006, p. 11.

a Constituição Federal e ponto-fim a aplicação e a criação de normas jurídicas pela Corte Constitucional.

Excluem-se, pois, da análise pretendida, a moral, o costume não juridicizado e a justiça decisória de que se ocupam outros ramos do conhecimento. São jogos de linguagem distintos, que partem de cortes metodológicos diferentes.

A compreensão do sistema de direito positivo assume a pureza da Ciência Jurídica, libertando-a da influência de outras formas de conhecimento de objeto igual ou semelhante.[27]

Falar do "direito" (positivo, que seja) sempre pressupõe um ponto de vista. A rigor, o direito positivo, para se tomar como exemplo, pode ser objeto de estudo das mais diversas ciências. Essa realidade, não encarada por muitos cientistas do direito, voluntária ou involuntariamente, afasta a pretensa objetividade do Direito-Ciência. Com efeito, todo conhecimento de um objeto de estudo pressupõe um sistema de referência, o qual, se esclarecido, declarado e desvelado, denota a honestidade científica do próprio cientista e permite ao leitor a verificação das premissas discricionariamente adotadas e a concordância com as conclusões atingidas a partir delas.

Somente a partir da revelação do sistema de referência, o interlocutor (afinal o leitor é um deles) pode testar a coerência do estudo e, porque não, da teoria.[28]

De outro lado, e pelo mesmo motivo, o estudo aqui desenvolvido (é bom que se advirta desde o princípio) não pode almejar o saber absoluto, porquanto as soluções hão de ser sempre provisórias; do contrário,

---

[27] "Quando a si própria se designa como 'pura' teoria do Direito, isto significa que ela se propõe garantir um conhecimento apenas dirigido ao Direito e excluir deste conhecimento tudo quanto não pertença ao seu objeto, tudo quanto não se possa, rigorosamente, determinar como Direito." (KELSEN, Hans. *Teoria Pura do Direito*. Tradução de João Baptista Machado. 8. ed. São Paulo: Editora WMF Martins Fontes, 2009, p. 1)

[28] IVO, Gabriel. *Norma jurídica*: produção e controle. São Paulo: Noeses, 2006, p. XXIX.

deixaria de ser ciência para se tornar dogma. A ciência somente avança com a refutação e, desse modo, o presente estudo deve ser aberto à crítica perene e permanente da comunidade acadêmica. Somente assim a ciência avança, com e por meio da dialeticidade, inerente ao estudo de qualquer objeto, mesmo para os descrentes em uma "Ciência do Direito".[29]

Em que pese o estudo não alterar seu objeto, vez que se trata de incisões epistemológicas[30], não se olvida, todavia, que o cientista tece uma ponte entre a ciência e a realidade, posto que a elaboração do estudo destina-se à modificação da realidade na qual está o cientista imerso.[31]

E, portanto, há uma busca incessante, no presente trabalho, por uma racionalização da atuação do Órgão Judiciário no solo brasileiro, a partir de uma melhor compreensão do sistema de direito positivo.

Percorrer o caminho científico pressupõe, ademais, a adoção, unilateral e arbitrária, de um método científico, o qual constitui o caminho a ser percorrido pelo cientista para justificar suas asserções, ou os instrumentos que lhe permitem a aproximação (*approach*) do objeto de estudos[32], ou, ainda, *iter* procedimental no qual se baseia o pesquisador para construir proposições científicas.[33]

Porque de objeto linguístico se trata, o método adotado é o da análise linguística do sistema do direito positivo, em todos os planos da linguagem (sintático, semântico e pragmático). Além disso, conforme se deixou antever no capítulo precedente, a decomposição dos sentidos

---

29 IVO, Gabriel. *Norma jurídica*: produção e controle. São Paulo: Noeses, 2006, p. XXX.

30 CARVALHO, Aurora Tomazini de. *Curso de teoria geral do direito*: o constructivismo lógico-semântico. 4. ed. São Paulo: Noeses, 2014.

31 IVO, Gabriel. *Norma jurídica*: produção e controle. São Paulo: Noeses, 2006, p. XXXI.

32 MOUSSALEM, Tárek Moysés. *Fontes do direito tributário*. 2. ed. São Paulo: Noeses, 2006, p. 8-9.

33 CARVALHO, Aurora Tomazini de. *Curso de teoria geral do direito*: o constructivismo lógico-semântico. 4. ed. São Paulo: Noeses, 2014, p. 49.

obtidos pela interpretação (método analítico) e a contraposição de sentidos atribuídos (método dialético) igualmente contribuem para trilhar o caminho investigativo.

Os itens seguintes destinam-se a tornar mais claras as premissas adotadas, sem perder de vista o objeto selecionado e o método a ser empregado, de modo a criar a base necessária para avançar ao *explicatum*, isto é, a análise dos institutos centrais da pesquisa (inconstitucionalidade, controle de constitucionalidade, fatos e prognoses jurídico-legislativos) e, de conseguinte, ao *explicadum*, enquanto programa dogmático de explicitação do objeto de estudo (a verificação de fatos e prognoses jurídico-legislativos no controle de constitucionalidade).

Desde logo, não se propõe iniciar o estudo com a definição do que se pode entender por verificação dos fatos e prognoses jurídico-legislativos no controle de constitucionalidade brasileiro, porquanto é este, justamente, o ponto de chegada do trabalho, a construção do modelo de explicação (*explicatum*) ao objeto proposto.

2.1 À Guisa de Noções Introdutórias. Conhecimento e Linguagem

"O mundo era tão recente que muitas coisas careciam de nome, e para mencioná-las era preciso apontar com o dedo". A passagem extraída do clássico "Cem Anos de Solidão", com o qual o autor colombiano Gabriel García Márquez, em 1982, ganhou o Nobel de literatura, revela a exigência de uma linguagem que possa intermediar o contato do indivíduo com o mundo físico. Na Macondo de Aureliano Buendía, ou aqui, em tempos atuais, conhecimento só existe na e pela linguagem.

> O 'mundo da vida', com as alterações ocorridas no campo das experiências tangíveis, é submetido à nossa intuição sensível, naquele 'caos de sensações' a que se referiu Kant. O que sucede neste domínio e não é recolhido pela linguagem social não ingressa no plano por nós chamado de 'realidade', e, ao mesmo tempo, tudo que dele faz parte encontra sua forma de expressão nas organizações linguísticas com que nos comunicamos; exatamente

> porque todo conhecimento é redutor de dificuldades, reduzir as complexidades do objeto da experiência é uma necessidade inafastável para se obter o próprio conhecimento.[34]

"Linguagem" é a capacidade de comunicação por meio de signos, a ponte que se estabelece entre o mundo físico e o mundo cultural, forjado este, arbitrariamente, por convenções humanas, para representar aquele. Daí porque nada é fora dos quadrantes da linguagem. E também nada é antes. A palavra precede a coisa.[35]

Se os acontecimentos físicos, tratados como "eventos", exaurem-se no tempo e no espaço, sua recapitulação somente se torna possível por meio da linguagem, a qual tem a aptidão de reconstruir os acontecimentos. A linguagem resgata esses "eventos perdidos" para que efetivamente possam existir no universo humano. É na linguagem que esses eventos (re)acontecem.[36] "Acontecem cada vez que são contados", como diz Eduardo Galeano, em um de seus "Causos", no Livro dos Abraços.

> Temos para nós que a realidade não passa de uma interpretação, ou seja, de um sentido atribuído aos dados brutos que nos são sensorialmente perceptíveis. Não captamos a realidade, tal qual ela é, por meio da experiência sensorial (visão, tato, audição, paladar e olfato), mas a construímos atribuindo significado aos elementos sensoriais que se nos apresentam. O real é, assim, uma construção de sentido e como toda e qualquer construção de sentido dá-se num universo linguístico. É neste contexto que trabalhamos com a afirmação segundo a qual a linguagem cria e constrói a realidade.[37]

---

[34] CARVALHO, Paulo de Barros. *Direito tributário, linguagem e método.* 3. ed. São Paulo: Noeses, 2009, p. 7-8.

[35] MOUSSALEM, Tárek Moysés. *Fontes do direito tributário.* 2. ed. São Paulo: Noeses, 2006, p. 1-2. "Deus disse: 'Haja luz', e houve luz. Deus viu que a luz era boa, e Deus separou a luz e as trevas. Deus chamou á luz 'dia' e às trevas 'noite'. Houve uma tarde e uma manhã: primeiro dia." (Gn 1, 3-5). "No princípio era o verbo e o verbo estava com Deus e o Verbo era Deus. No princípio ele estava com Deus. Tudo foi feito por meio dele e sem ele nada foi feito." (Jo 1, 1-3)

[36] MOUSSALEM, Tárek Moysés. *Fontes do direito tributário.* 2. ed. São Paulo: Noeses, 2006, p. 2-3.

[37] CARVALHO, Aurora Tomazini de. *Curso de teoria geral do direito*: o constructivismo lógico-semântico. 4. ed. São Paulo: Noeses, 2014, p. 18.

Para John Searle, esses dados brutos, ou fatos brutos (*brute facts* ou *non-institutional facts*), sensorialmente perceptíveis, independem de linguagem e existem independentemente da vontade humana. Opõem-se aos fatos institucionais (*institutional facts*), constituídos pela linguagem e dependentes de convenção humana para sua existência; existem a partir dos fatos físicos brutos.[38]

Importa, a partir dessa distinção, esclarecer, desde logo, que as palavras com as quais se cognominam dados reais, do mundo físico, e por meio das quais, da linguagem, se os acessa, não criam ou inventam as coisas e os fatos.[39] "[A] linguagem é responsável por *instaurar* a realidade no homem. [...] Agora, *instaurar* não significa *criar*"[40] (grifos do autor). A areia da praia e a água salgada do mar existem *de per si*, embora apreensíveis somente pela e na linguagem.

Em um caso ou outro, fatos brutos ou institucionais, ambos dependem de linguagem para serem enunciados. Esse paradoxo, apontado por alguns autores, a saber, se dependente da enunciação linguística para sua constituição na realidade humana, não haveria que os relacionar sem o elemento linguístico, não encontra espaço neste trabalho, embora se reconheça a divergência.[41]

---

38 No original: "Brute facts exist independently of any human institutions; institutional facts can exist only within human institutions. Brute facts require the institution of language in order that we can *state* the facts, but the brute facts *themselves* exist quite independently of language or of any other institution. [...] Institutional facts, on the other hand, require special human institutions for their very existence. Language is one such institution; indeed, it is whole set of such institutions." (SEARLE, John. *The construction of social reality*. New York: First Free Press Edition, 1995, p. 27)

39 MOUSSALLEM, Tárek Moysés. *Revogação em matéria tributária*. São Paulo: Noeses, 2005, p. 7-9. No mesmo sentido, HERANI, Renato Gugliano. *A prova da inconstitucionalidade*. Curitiba: Editora Prismas, 2016, p. 59-62.

40 MOUSSALLEM, Tárek Moysés. *Revogação em matéria tributária*. São Paulo: Noeses, 2005, p. 6.

41 Sobre o ponto, cf. ALEXY, Robert. *Teoria da argumentação jurídica*: a teoria do discurso racional como teoria da fundamentação jurídica. 4. ed. Rio de Janeiro: Forense, 2017. Sobre a (im)possibilidade de se falar em sistemas reais, porque dependentes de linguagem, e,

Somente na linguagem e por meio dela que os sujeitos podem relacionar-se entre si, a partir da adoção de signos arbitrários, convenções dos sujeitos para "representar" o mundo físico, com os quais atribuem sentido à realidade.[42] E por esse processo comunicacional constroem conhecimento. O conhecimento é revelado na medida em que se estabelece a relação entre a linguagem do sujeito cognoscente e a linguagem do sujeito destinatário sobre a linguagem do objeto-enunciado.[43]

Esse processo comunicacional, todavia, depende, necessariamente, de que os sujeitos *hablantes* habitem o mesmo mundo linguístico e compartilhem o mesmo plexo de significações, conheçam as regras do jogo de linguagem.[44] Nesse sentido, fala-se em pré-compreensão porquanto o homem é sujeito pertencente a uma determinada comunidade, está imerso em uma cultura, com interpretações preestabelecidas.

O caminho deve iniciar-se por aí, pela fixação de um mesmo mundo linguístico, o que se afigura possível com a explicitação das premissas adotadas no trabalho. O marco histórico e o marco teórico, a seguir desenvolvidos, tomam por base a linguagem, quer seja constitutiva do modelo de Estado, quer seja pela mudança operada na filosofia e na Ciência do Direito.

---

portanto, impossibilitados de serem referidos como reais, pelo que haveria apenas sistemas proposicionais, cf. a divergência entre Paulo de Barros (CARVALHO, Paulo de Barros. *Curso de direito tributário*. 26. ed. São Paulo: Saraiva, 2015, p. 141-143.) e Marcelo Neves (NEVES, Marcelo. *Teoria da inconstitucionalidade das leis*. São Paulo: Saraiva, 1988, p. 1-8.)

42 Estamos imersos num mundo de linguagem e a linguagem é condição de possibilidade de acesso às coisas. Cf. STRECK, Lenio. *Hermenêutica jurídica e(m) crise*: uma exploração hermenêutica da construção do Direito. 11. ed. rev. atual. e ampl. Porto Alegre: Livraria do Advogado, 2014. Capítulos 6-11.

43 MOUSSALEM, Tárek Moysés. *Fontes do direito tributário*. 2. ed. São Paulo: Noeses, 2006, p. 2-6.

44 Cf. WITTGENSTEIN, Ludwig. *Investigações filosóficas*. 6. ed. Petrópolis: Vozes, 2009. Em tópico seguinte essas noções serão esclarecidas.

2.2 Fixação do Marco Histórico. Um Novo Paradigma: o Estado Democrático Constitucional

Parte-se de um paradigma, porque é necessário circunscrever o âmbito da análise e criar um pano de fundo compartilhado com o interlocutor, a fim de que emissor e destinatário da mensagem habitem o mesmo *locus* linguístico.

No caso, tem-se o Estado Democrático Constitucional, no qual se encontra, de um lado, a subordinação do Estado político, do administrador público, do legislador e do Órgão Judiciário ao ordenamento jurídico-positivo, enquanto comando normativo coercitivo e, de outro, a exigência de efetivação dos direitos e garantias fundamentais individuais e sociais encartados na norma constitucional superior.[45]

A ordem jurídico-normativa é anterior ao próprio Estado e o constitui, não de forma cronológica, senão logicamente, se por Estado também se pretender significar a comunidade de pessoas destinadas à convivência comum e que, por isso, estabelecem regras entre si, de forma paritária ou não.[46]

Com escopo de não incorrer em imprecisões terminológicas, assenta-se que a ordem jurídica constrói o Estado, prescreve sua estrutura,

---

[45] Estão, portanto, ultrapassados o Estado Polícia, no qual o Direito é mero instrumento a serviço do próprio Estado, assim como o Estado Legal, onde, conquanto limites preestabelecidos, não se privilegia o ordenamento jurídico, construtor e edificador do próprio Estado. (STRECK, Lenio Luiz. *Hermenêutica jurídica e(m) crise*: uma exploração hermenêutica da construção do Direito. 11. ed. rev., atual. e ampl. Porto Alegre: Livraria do Advogado, 2014, p. 87)

[46] "O Estado é uma ordem da conduta humana. Quando dizemos que o Estado é um <<agrupamento>> ou uma <<associação>> de indivíduos, subentende-se que êsse agrupamento ou essa associação, que êsse laço entre os homens a que chamamos Estado, tem o seu fundamento, ou melhor, consiste numa certa regulamentação, na subordinação das relações dos homens entre si a uma certa ordem." (KELSEN, Hans. *Teoria geral do estado*. São Paulo: Saraiva, 1938, p. 7.) Mais adiante na obra, Hans Kelsen denota o Poder do Estado, superior a todos os indivíduos, que estão submetidos às regras dirigidas às condutas humanas, a "Vontade do Estado", que não se confunde com as vontades particulares dos indivíduos. (KELSEN, Hans. *Teoria geral do estado*. São Paulo: Saraiva, 1938, p. 8-11)

seus órgãos, sua composição intrínseca e extrínseca, enfim, conforma-o, conferindo-lhe poder e vontade. Interessa o Estado a partir de sua constituição pelo ordenamento jurídico-normativo, pela sua lei constituinte e fundante, nada antes nem após. E dessa ordem normativa não se dissocia o Estado.[47]

> O Estado como comunidade jurídica não é algo separado de sua ordem jurídica, não mais do que a corporação é distinta de sua ordem constitutiva. Uma quantidade de indivíduos forma uma comunidade apenas porque uma ordem normativa regulamenta sua conduta recíproca. A comunidade [...] consiste tão-somente numa ordem normativa que regulamenta a conduta recíproca dos indivíduos. O termo 'comunidade' designa o fato de que a conduta recíproca de certos indivíduos é regulamentada por uma ordem normativa. A afirmação de que os indivíduos são membros de uma comunidade é uma expressão metafórica, uma descrição figurada de relações específicas entre os indivíduos, relações constituídas por uma ordem normativa.
>
> Como não temos nenhum motivo para supor que existam duas ordens normativas diferentes, a ordem do Estado e a sua ordem jurídica, devemos admitir que a comunidade a que chamamos de 'Estado' é a 'sua' ordem jurídica.[48]

Exatamente por ser o Estado uma ordem jurídica, que pode prescrever condutas e estabelecer relações recíprocas entre os indivíduos, eventuais "conflitos" entre as normas estatuídas e o comportamento do indivíduo podem ocorrer, porque de planos distintos (dever ser e ser) se trata.[49]

A concepção de Estado Democrático Constitucional demonstra o preenchimento dos conteúdos calcados em valores fundamentais oriundos de uma tradição, incorporados na ordem jurídico-normativa e, portanto, atidas ao modelo de Estado inaugurado. Não se reconhece, desse

---

[47] KELSEN, Hans. *Teoria geral do estado*. São Paulo: Saraiva, 1938, p. 25.

[48] KELSEN, Hans. *Teoria geral do direito e do estado*. São Paulo: Martins Fontes, 2000, p. 263.

[49] KELSEN, Hans. *Teoria geral do direito e do estado*. São Paulo: Martins Fontes, 2000, p. 271-273.

modo, o Estado Democrático Constitucional como paradigma limitado a uma concepção formal da ordem jurídica. Desconstrói-se o direito positivo como mero dispositivo técnico de limitação do poder ou de simples instrumento para a produção de normas jurídicas. Nesse novo momento, ele funda as liberdades públicas e, sobretudo, a democracia.

A análise proposta, não prescinde, contudo, de breve recuperação do curso histórico desde o Estado de Direito Liberal, passando por um Estado Social, modelos predecessores, até o atingimento do que se cognominou Estado Democrático Constitucional, que se entende corresponder ao modelo albergado na (e imposto pela) Carta Constitucional fundante e constitutiva do Estado. Enquanto justificação política do poder, o Estado pode e deve ser analisado de acordo com os fins para os quais normativamente se dirige.[50]

Em Thomas Hobbes, o homem, enquanto animal perverso, lobo de si mesmo, delega a um ente soberano a sua própria liberdade para desvencilhar-se da morte violenta.[51] O medo impulsiona a busca por um poder que controle a todos e atinja a paz social. Dessa forma, legitima-se o poder soberano autoritário como único capaz de proteger a todos da própria torpeza. Nesse modelo, para perseguir a paz, renuncia-se aos próprios "direitos sobre todas as coisas, contentando-se com a mesma liberdade que permite aos demais, na medida em que considerar tal decisão necessária à manutenção da paz e de sua própria defesa"[52].

---

[50] OLIVEIRA, Eugênio Pacelli de. *Processo e hermenêutica na tutela dos direitos fundamentais*. 3. ed. rev. e atual. São Paulo: Atlas, 2012, p. 9.

[51] HOBBES, Thomas. *O leviatã*. Tradução: Rosina D'Angina. 2. ed. São Paulo: Martin Claret, 2012, p. 102-106.

[52] HOBBES, Thomas. *O leviatã*. Tradução: Rosina D'Angina. 2. ed. São Paulo: Martin Claret, 2012, p. 108. A modernidade rompe com a metafísica clássica e desloca do objeto (realismo filosófico) a dita relação real entre ser e essência. Do sentido nas coisas (metafísica clássica) passa-se à subjetividade, o sentido está no cientista, é ele quem assujeita seu objeto. Por isso, a análise nos modelos de Estado se inicia aqui; não há mais que se falar em essencialismo. Daí, também, porque Hobbes, primeiro contratualista, é considerado o primeiro positivista, enquanto ruptura com o jusnaturalismo, fundado em uma ordem transcendente. Em

Diferentemente, John Locke assume a posição de que todo homem nasce com direito à perfeita liberdade e gozo ilimitado de todos os direitos e privilégios, os quais deverão ser resguardados pelo Estado, quando formado. Em assim não sendo, caberá ao povo reivindicar um governo que atenda a esses direitos ditos pré-estatais. Não se percebe, pois, um ente externo, soberano, ilimitado que possa coagir a todos do modo como entender necessário. Em Locke, admitir tal concepção é estar, ainda, preso ao estado de natureza ou admitir que o estado de natureza seja possível para alguém ou alguns.[53]

Para esse breve escorço, impende apresentar o contratualismo de Rousseau. Se, diante das dificuldades de se conviver em um estado de natureza, cada qual reúne sua vontade para a formação de um Estado que seja comum a todos, "só a vontade geral pode dirigir as forças do Estado segundo o fim de sua instituição, o bem comum"[54]. O pacto social

---

Hobbes, percebe-se o triunfo da vontade humana, que celebra pactos para vencer a barbárie. O início do percurso histórico com Hobbes também faz o elo necessário com as notas introdutórios do item anterior. É em Hobbes que a linguagem, instrumento fundamental para a comunicação humana, empreende a compreensão e a adesão para a formação do Estado. Sem ela, constitutiva das relações sociais e políticas, não haveria paz, guerra, contrato e lobo. Nesse sentido, cf. STRECK, Lenio Luiz. *Hermenêutica jurídica e(m) crise*: uma exploração hermenêutica da construção do Direito. 11. ed. rev., atual. e ampl. Porto Alegre: Livraria do Advogado, 2014, p. 191-198.

53 Para o teórico contratualista, contrariando a teoria hobbesiana, percebe-se uma sociedade política quando deixa de haver julgamento privado e a comunidade torna-se árbitro em virtude de regras fixas e estabelecidas, impessoais e iguais para todos. Esta mesma comunidade recebe a outorga do poder para a execução das regras, com uma magistratura à qual se possa apelar, em caso de discordância. (LOCKE, John. *Segundo tratado sobre o governo*. Tradução: Alex Martins. São Paulo: Martin Claret, 2002, p. 61-64) Locke importa para a presente construção também porque deduz a ligação arbitrária entre palavras e coisas, superando teorias clássicas metafísico-essencialistas de indissociabilidade entre palavras e coisas. STRECK, Lenio Luiz. *Hermenêutica jurídica e(m) crise*: uma exploração hermenêutica da construção do Direito. 11. ed. rev., atual. e ampl. Porto Alegre: Livraria do Advogado, 2014, p. 195-197.

54 ROUSSEAU, Jean-Jacques. *Do contrato social*. Tradução: Pietro Nasseti. 3. ed. São Paulo: Martin Claret, 2000, p. 36. Conclui o pensador: "Se a discordância dos interesses particulares tornou necessária a fundação das sociedades, a harmonia desses interesses a possibilitou. Eis que o que há de comum nos diversos interesses que formam o laço social, e não

garante, assim, ao corpo político, um poder absoluto sobre todos. E é este mesmo poder que, encaminhado pela vontade geral, tem o nome de soberania.[55] "O Estado se manifesta, pois, como criação deliberada e consciente da vontade dos indivíduos que o compõem, consoante as doutrinas do contratualismo social."[56]

As leis fundantes de um Estado devem, por essa via, ser fruto do consenso tomado no seio da sociedade, da forma possível em cada época, dadas as limitações fáticas de qualquer arranjo social. Preso aos modelos estatais existentes, esse mesmo indivíduo apoiou-se, em cada momento histórico, em um órgão de uma construção política que lhe pudesse garantir, em especial, a paz e a propriedade, bem como abrir espaço a que desenvolvesse suas potencialidades.[57]

Esses autores datados revelam, então, a superação da metafísica clássica e estabelecem a linguagem como fundamental para o agrupamento de indivíduos para a formação da comunidade, a qual, por conseguinte, ao estatuir regras que regule a si mesma, cria um ente soberano, o Estado, limitado conforme o contrato social preveja.

---

existiria sociedade alguma se não houvesse ponto em que os interesses concordassem. Ora, é somente nesse comum interesse que deve ser governada a sociedade. Digo, portanto, que, não sendo a soberania mais que o exercício da vontade geral, não pode nunca alienar-se; e o soberano, que é unicamente um ser coletivo, só por si mesmo se pode representar. É dado transmitir o poder, não a vontade". (ROUSSEAU, Jean-Jacques. *Do contrato social.* Tradução: Pietro Nasseti. 3. ed. São Paulo: Martin Claret, 2000, p. 36)

55 ROUSSEAU, Jean-Jacques. *Do contrato social.* Tradução: Pietro Nasseti. 3. ed. São Paulo: Martin Claret, 2000, p. 40.

56 BONAVIDES, Paulo. *Do estado liberal ao estado social.* 3. ed. Rio de Janeiro: Fundação Getúlio Vargas, 1972, p. 3.

57 Com a construção do Estado jurídico, cuidavam os pensadores do direito natural, principalmente os de sua variante racionalista, haver encontrado formulação teórica capaz de salvar, em parte, a liberdade ilimitada que o homem desfrutava na sociedade pré-estatal ou dar a essa liberdade função preponderante, fazendo do Estado o acanhado servo do indivíduo (BONAVIDES, Paulo. *Do estado liberal ao estado social.* 3. ed. Rio de Janeiro: Fundação Getúlio Vargas, 1972, p. 2)

O Estado, que de modo algum antecede a convivência humana (não é, portanto, um *prius*, mas um *a posteriori*), constitui-se pela ordem jurídica, na qual tem seu nascedouro, a partir do pacto estabelecido pelos concidadãos, que autorregulam, em última análise, a própria conduta, embora através da criação de um ente soberano.

O indivíduo, titular de direitos, exerce-os nos termos da ordem positiva perante o Estado, que se incumbe de prestar esses direitos ou de não intervir nas relações sociais, a depender da configuração do ordenamento ao qual está atido.[58]

A imposição de limites ao Estado, conforme a ordem jurídica válida não é, contudo, novidade. Calha a esse respeito considerar que, já na intenção liberal de impor limites ao poder soberano, surgem técnicas de limitação ao próprio poder, necessárias à formação constitucional de um Estado.[59]

---

[58] "Na sociedade estatal, a liberdade primitiva, para ser parcialmente recuperada, fêz-se liberdade jurídica. A organização política restitui os indivíduos, através da lei e da participação na elaboração da vontade estatal, os direitos que estes lhe haviam cometido, limitando a própria liberdade, ao estatuírem as bases do contrato social." (BONAVIDES, Paulo. *Do estado liberal ao estado social*. 3. ed. Rio de Janeiro: Fundação Getúlio Vargas, 1972, p. 18).

[59] Montesquieu engendrou técnica segundo a qual "há em cada Estado três tipos de poderes: o poder legislativo, o poder executivo das coisas que dependem dos direitos das gentes e o poder executivo das que dependem o direito civil. Pelo primeiro, o príncipe ou o magistrado faz leis para certo tempo ou para sempre, e corrige ou ab-roga as que são feitas. Pelo segundo, declara a paz ou a guerra, envia ou recebe embaixadas, estabelece a segurança, previne as invasões. Pelo terceiro, pune os crimes e julga os litígios dos particulares. Chamaremos este último de poder de julgar; e o outro, simplesmente de poder executivo do Estado". (MONTESQUIEU, Charles de Secondat, Baron de. *Do espírito das leis*. Tradução: Roberto Leal Ferreira. São Paulo: Martin Claret, 2010, p. 168-169). Anota Hermes Zaneti Jr. que a concepção clássica de Montesquieu vem sendo contundentemente criticada pela doutrina atual, em busca de novos arranjos contemporâneos para a separação dos poderes do Estado. O autor, atento a isso, faz a opção pela solução teórica do modelo garantista de Luigi Ferrajoli, que consiste na separação entre "funções de governo" e "funções de garantia". (ZANETI JR., Hermes. *O valor vinculante dos precedentes*: teoria dos precedentes normativos formalmente vinculantes. 3. ed. Salvador: JusPodivm, 2017, p. 43, nota 18, 207-244.)

Leciona, a propósito, Hermes Zaneti Jr., que não é natural ao poder ser limitado; a tendência é de sempre expandir-se na máxima medida. Nesse sentido, eclodiram as construções do *due process of law* e do *judicial review*, a fim de proporcionar equilíbrio às relações entre as funções do Poder.[60] A ideia de limitação expandiu-se e encontrou, em cada ordem jurídico-normativa, uma diferente configuração, e mesmo nos modelos estatais desenvolvidos na Idade Moderna, a partir das revoluções, como limite, inicialmente, ao arbítrio do monarca absolutista.

Em um caso ou outro, o que fica claro é a inexistência de direitos anteriores e superiores ao Estado, pois somente nascem e são abrangidos com a formação do contrato social. É a *volunté générale* a conformação final que legitima e integra a liberdade num grupo.

Explicitados os modelos teóricos contratualistas, mister avançar sobre a formação do Estado Liberal, passando-se pelo Estado de Bem-Estar Social até atingimento do que se concebeu linhas atrás como Estado Democrático Constitucional.

A primeira concepção de Estado de Direito, para Ela Wiecko,

> é uma concepção liberal e burguesa. Partindo da teoria tripartida da separação dos poderes estatais e do reconhecimento de direitos fundamentais do homem, essa concepção apresenta dois postulados básicos: a lei como instrumento de limitações do poder e de garantia da liberdade e o juiz como instrumento de controle da aplicação da lei. A legislação é vista como um conjunto de normas gerais e abstratas, manifestação de uma vontade geral e expressão da razão humana, sendo certa e justa por definição. [...] O judiciário é percebido como um corpo de juízes independentes, política e juridicamente, a que todos têm acesso na defesa de seus direitos.[61]

O Estado de Direito Liberal tem por característica a forma abstencionista privilegiadora da classe burguesa, que soergueu, em contraponto

---

60 ZANETI JR., Hermes. *O valor vinculante dos precedentes*: teoria dos precedentes normativos formalmente vinculantes. 3. ed. Salvador: JusPodivm, 2017, p. 40-43.

61 CASTILHO, Ela Wiecko V. de. *Controle da legalidade na execução penal*: reflexões em torno da jurisdicionalização. Porto Alegre: Sérgio Antonio Fabris Editor, 1988, p. 13-14.

ao despotismo dos monarcas absolutista (*Ancien Régime*), um modelo que lhes conviesse, enquanto forças econômicas desimpedidas.

De outro lado, o modelo liberal preza pelas liberdades negativas, asseguradas em face do poder estatal, como limite de intervenção na vida privada.

> A nota central deste Estado Liberal de Direito apresenta-se como uma limitação jurídico-legal negativa, ou seja, como garantia dos indivíduos-cidadãos frente à eventual atuação do Estado, impeditiva ou constrangedora de sua atuação cotidiana. Ou seja: a este cabia o estabelecimento de instrumentos jurídicos que assegurassem o livre desenvolvimento das pretensões individuais, ao lado das restrições impostas à sua atuação positiva.[62]

A ideia essencial do liberalismo, todavia, não é a presença do elemento popular na formação da vontade estatal, nem tampouco a teoria igualitária de que todos têm igual direito a essa participação ou que a liberdade é formalmente esse direito.[63] Neste modelo de Estado, prevalece a exaltação do indivíduo e de sua personalidade, preconizando-se pela ausência e pelo desprezo da coação estatal. A liberdade na qual se apoia é, tão somente, formal, encobrindo as desigualdades existentes de fato.[64]

Após a libertação das amarras do poder autocrático absolutista, sucede a supervalorização da figura do legislador, relegando ao Órgão Judiciário uma esfera muito fraca de intervenção. A este se atribuía uma força meramente corretiva, com pouco ou nenhum espaço para a atividade interpretativa, própria da configuração estanque da separação dos poderes.[65]

---

62 STRECK, Lenio Luiz; MORAIS, José Luiz Bolzan de. *Ciência política e teoria geral do estado*. 3. ed. Porto Alegre: Livraria do Advogado, 2003, p. 91.

63 BONAVIDES, Paulo. *Do estado liberal ao estado social*. 3. ed. Rio de Janeiro: Fundação Getúlio Vargas, 1972, p. 16.

64 BONAVIDES, Paulo. *Do estado liberal ao estado social*. 3. ed. Rio de Janeiro: Fundação Getúlio Vargas, 1972, p. 31.

65 ZANETI JR., Hermes. *O valor vinculante dos precedentes*: teoria dos precedentes normativos formalmente vinculantes. 3. ed. Salvador: JusPodivm, 2017, p. 212-213.

Buscando superar as vicissitudes do Estado de Direito Liberal, no Estado Social (ou Estado de Bem-Estar Social), há uma postura proativa do Administrador Público, intervindo nas relações econômicas e regulando a produção e a distribuição dos bens. Foca-se no campo social em detrimento da figura individualizada, positivando-se direitos coletivos, conquanto, ainda assim, sufocados pela intervenção estatal ao proporcionar o bem-estar social (*Welfare State*).[66]

> O Estado Social é uma fórmula mais bem adaptada às estruturas econômico-sociais do século XX, embora na essência continue a ser um Estado de Direito e um Estado capitalista. A legislação, antes reduzida e precisa, bem elaborada, se expande querendo regular tudo. Para tanto passa a utilizar cláusulas gerais, autorizando o executivo a completá-las, com o que entra em xeque a teoria da separação dos poderes.[67]

Entre outras, a revolução industrial promoveu o enaltecimento dos direitos sociais e desenhou um perfil de Estado Intervencionista (Estado de Bem-Estar Social ou *Welfare State*). O protagonismo foi assumido pelo Poder Executivo destinado a tornar efetivas as promessas constitucionais. Destaca-se, no período, a promulgação das Constituições Mexicana (1917) e de Weimar (1919), as quais incluíram o catálogo de direitos sociais (ou prestacionais).

Há sensível preocupação com a supremacia do interesse público sobre o particular, com o bem comum e com os objetivos da comunidade, a fim de fortalecer uma democracia comunitarista, segundo Hermes Zaneti Jr.[68]

No Estado moderno, a partir do século XVII, abdicou-se dos referenciais éticos, buscando sua legitimação e justificação internamente, em

---

66 OLIVEIRA, Eugênio Pacelli de. *Processo e hermenêutica na tutela dos direitos fundamentais*. 3. ed. rev. atual. São Paulo: Atlas, 2012, p. 10.

67 CASTILHO, Ela Wiecko V. de. *Controle da legalidade na execução penal*: reflexões em torno da jurisdicionalização. Porto Alegre: Sérgio Antonio Fabris Editor, 1988, p. 14-15.

68 ZANETI JR., Hermes. *O valor vinculante dos precedentes*: teoria dos precedentes normativos formalmente vinculantes. 3. ed. Salvador: JusPodivm, 2017, p. 213-214.

si e por si mesmo; o poder pelo poder. Nessa nova roupagem do Estado, dá-se um novo contorno axiológico-político, impondo ao Estado dever de prestar assistência, realizando a ideia social de Direito.[69]

O Estado Social é, pois, a superação da contradição entre igualdade política e desigualdade social.[70] O contraponto é que, por sua própria natureza, o Estado social é intervencionista, "que requer sempre a presença militante do poder político nas esferas sociais", onde cresce a dependência do indivíduo, "pela impossibilidade que este se acha, perante fatores alheios a sua vontade de prover certas necessidades existenciais mínimas"[71].

> A adjetivação pelo *social* pretende a correção do individualismo liberal por intermédio das garantias coletivas. Corrige-se o liberalismo clássico pela reunião do capitalismo com a busca do bem-estar social, fórmula geradora do *Welfare State* neocapitalista no pós-Segunda Guerra Mundial.[72]

O inchaço do Estado como subserviente aos interesses sociais contém em si mesmo a possibilidade de descambar para um regime autoritário, desvirtuando o poder, uma vez que controla a função social. Numa vertente democrática, entretanto, o modelo social se funda na garantia de tutelar os direitos da personalidade.[73]

---

69 STRECK, Lenio Luiz; MORAIS, José Luiz Bolzan de. *Ciência política e teoria geral do estado*. 3. ed. Porto Alegre: Livraria do Advogado, 2003, p. 91.

70 Desponta um tipo de Estado que tem por fim realizar o bem-estar geral, garantindo o desenvolvimento da pessoa humana. Todavia, não resta superada nesse modelo a questão problemática da igualdade, conquanto comecem os questionamentos sobre o plano meramente formal.

71 BONAVIDES, Paulo. *Do estado liberal ao estado social*. 3. ed. Rio de Janeiro: Fundação Getúlio Vargas, 1972, p. 228.

72 STRECK, Lenio Luiz; MORAIS, José Luiz Bolzan de. *Ciência política e teoria geral do estado*. 3. ed. Porto Alegre: Livraria do Advogado, 2003, p. 91.

73 BONAVIDES, Paulo. *Do estado liberal ao estado social*. 3. ed. Rio de Janeiro: Fundação Getúlio Vargas, 1972, p. 232-233. Importante consignar que o desenvolvimento do Estado provocou a eclosão de "dimensões de direitos". Os direitos de 1ª dimensão seriam aqueles individuais (direitos civis e políticos), tais como a liberdade e a igualdade (formal), relacionados às prestações negativas do Estado. Na 2ª dimensão, seriam observados os direitos

A frustração com as injustiças cometidas sob o Estado Legalista Liberal e a inexequibilidade das promessas do Estado Social confluíram, no período pós-Guerra, para a construção de Constituições que reafirmavam valores fundamentais da justiça e da dignidade humana criando obrigações para o legislador, para o administrador público e para o juiz. Enaltece-se o controle de constitucionalidade, como forma de garantir, de fato, as constituições rígidas que se formavam como instrumentos de direitos fundamentais.[74] O Estado Democrático Constitucional surge da superação dos paradigmas anteriores e consolida o atingimento da autonomia de cada cidadão.[75]

O Estado Democrático Constitucional, como enfrentamento aos modelos que o precederam, atribui para si a função de criar limites positivos e negativos, dotando o cidadão de autonomia para reger a própria vida, desde que sua liberdade não confronte a liberdade de outrem.

> Com efeito, para que se possa pensar em um Estado de Direito, é preciso a referência, como valor fundante, à realização dos direitos fundamentais; para que seja democrático, tanto em sua origem quanto na forma de exercício do poder, há de se fazer necessariamente presente a manifestação popular. Nesse sentido, o Direito irá se revelar, então, como a única alternativa viável para o cumprimento de semelhante tarefa, no ponto em que a eticização do Estado – poder exercido em nome e para a totalidade de

---

sociais, econômicos e culturais, a exemplo do direito à igualdade (substancial), ao trabalho, à educação, à saúde, assistência social, que exigem uma atuação estatal comissiva, por meio de efetivas políticas públicas. Enfim, na 3ª dimensão, os direitos (fraternidade e solidariedade), cujos titulares são indeterminados, são de cariz transindividuais como o direito ao ambiente ecologicamente equilibrado, à comunicação, à paz. Alguns entendem existirem, ainda, a 4ª dimensão (direitos à democracia, ao pluralismo) e a 5ª dimensão (direito à paz – para aqueles que não a compreendem na 3ª geração). (LEITE, Carlos Henrique Bezerra. *Direitos Humanos*. 2. ed. Rio de Janeiro: Lumen Juris, 2011, p. 87-98 *passim*)

74 ZANETI JR., Hermes. *O valor vinculante dos precedentes*: teoria dos precedentes normativos formalmente vinculantes. 3. ed. Salvador: JusPodivm, 2017, p. 214.

75 A superação dos modelos do Estado Liberal e do Estado Social pode ser conferida nas ideias de Elias Díaz, trazidas por Lenio Streck *in* STRECK, Lenio Luiz. *Hermenêutica jurídica e(m) crise*: uma exploração hermenêutica da construção do Direito. 11. ed. rev., atual. e ampl. Porto Alegre: Livraria do Advogado, 2014, p. 54.

> seus integrantes – é elevada ao nível superior de uma ordenação jurídica, tendo por coautores todos os membros da sociedade civil. A comunidade no Estado se estabelecerá, então, pelo jurídico.[76]

Sem que esteja preso à legalidade e se restrinja a uma versão melhorada do Estado Liberal (como no caso do Estado Social), quanto às condições sociais de existência, o "Estado Democrático de Direito" visa

> a agir simbolicamente como fomentador da participação pública quando o *democrático qualifica o Estado, o que irradia os valores da democracia sobre todos os seus elementos constitutivos e, pois, também sobre a ordem jurídica.*[77] (grifos do autor)

Somente se pode supor a construção de um Estado Democrático Constitucional se este estiver jungido a uma estrutura constitucional que sirva de instrumento básico de garantia jurídica, organizando a sociedade e resguardando a todos os direitos individuais e coletivos, com vistas à efetivação da liberdade, da justiça social e da solidariedade.

A vinculação normativa tende a ser o meio pelo qual restarão obstados o arbítrio e a prepotência, além do que servirá à segurança e à certeza jurídicas. De modo que todo o povo está assegurado de seus direitos, ciente de seus deveres e pode prever as consequências em caso de violação daqueles e descumprimento destes. "Dito de outro modo, o Estado Democrático é um *plus* normativo em relação às formulações anteriores."[78]

A nomenclatura a ser utilizada no presente trabalho difere, porém, daquela comumente referida pelos juristas, alguns dos quais citados anteriormente. Entende-se que a expressão "Estado Democrático

---

[76] OLIVEIRA, Eugênio Pacelli de. *Processo e hermenêutica na tutela dos direitos fundamentais*. 3. ed. rev. atual. São Paulo: Atlas, 2012, p. 11.

[77] STRECK, Lenio Luiz; MORAIS, José Luiz Bolzan de. *Ciência política e teoria geral do estado*. 3. ed. Porto Alegre: Livraria do Advogado, 2003, p. 93.

[78] STRECK, Lenio Luiz; MORAIS, José Luiz Bolzan de. *Ciência política e teoria geral do estado*. 3. ed. Porto Alegre: Livraria do Advogado, 2003, p. 94.

Constitucional", melhor informa os valores incorporados na novel ordem jurídico-constitucional democrática.

Em que pese não se buscar no nome a coisa supostamente por ele revelada, o que transpareceria um regresso infundado à metafísica clássica, a adoção do termo tem em vista superar expressões que já se encontram desgastadas e nada mais expressam. Investir tempo em refutá-las, todavia, seria completamente descabido.[79]

Fato é que "Estado Democrático Constitucional" implica o reconhecimento da evolução do Estado de Direito, com a consolidação do constitucionalismo e das conquistas históricas dos direitos fundamentais.[80]

Se, porém, a outras expressões atribui-se o mesmo sentido, não há qualquer problema. O que importa é, nesse Estado Pós-Social[81], vislumbrar a positiva superação do Estado Liberal e do Estado Social, agregando-se os direitos fundamentais da liberdade e da igualdade, acrescida da participação popular democrática e da força normativa da Constituição,

---

79 Luís Roberto Barroso anota diversas expressões que têm servido a essa "nova forma de organização política" que aproxima as ideias do constitucionalismo com a democracia: Estado Democrático de Direito, Estado Constitucional de Direito, Estado Constitucional Democrático. (BARROSO, Luis Roberto. Neoconstitucionalismo e constitucionalização do Direito (O triunfo tardio do direito constitucional no Brasil). *Revista de Direito Administrativo*, Rio de Janeiro, v. 240, p. 1-42, abr. 2005, p. 3.) Acresçam-se, ainda, as expressões estrangeiras *Rule of Law*, *Verfassungsstaat*, *État Légal*.

80 ZANETI JR., Hermes. *O valor vinculante dos precedentes*: teoria dos precedentes normativos formalmente vinculantes. 3. ed. Salvador: JusPodivm, 2017, p. 212. "Essa opção terminológica procura agregar o Estado de Direito, a Constituição e a Democracia como elementos incindíveis da concepção teórica do Estado contemporâneo. A questão terminológica não é a mais importante, a fórmula: Estado Democrático Constitucional, que iremos utilizar ao longo do texto, procura apenas ressaltar que não vivemos *apenas* um Estado de Direito, nem *apenas* um Estado Constitucional, ou *simplesmente* em uma democracia, na qual todo poder emana do povo, sem restrições, mas sim, um modelo de estado que vem caracterizado pela supremacia do direito escrito na Constituição, posto de forma rígida, assegurando direitos fundamentais e a natural pluralidade constitutiva das sociedades complexas atuais." (ZANETI JR., Hermes. *O valor vinculante dos precedentes*: teoria dos precedentes normativos formalmente vinculantes. 3. ed. Salvador: JusPodivm, 2017, p. 217, nota 24)

81 ZANETI JR., Hermes. *O valor vinculante dos precedentes*: teoria dos precedentes normativos formalmente vinculantes. 3. ed. Salvador: JusPodivm, 2017, p. 215.

rígida e, pois, guardada pela Corte Constitucional. Somente assim estará cumprido o desiderato preconizado na ordem jurídico-normativa que inaugura e constitui o Estado Democrático Constitucional.

Conquanto trate ao nível de paradigma teórico e sem lastro em qualquer ordenamento real, por assim dizer, mas cuja observação parte de um modelo conceitual, inescusável a passagem de Luigi Ferrajoli, na qual observa que

> [...] o terceiro modelo é o *constitucional* ou *neojuspositivista*, que se confirma com uma ulterior mudança de paradigma e com uma segunda revolução institucional: subordinação ao direito da própria legislação e, portanto, o completamento do Estado de direito como *Estado constitucional de direito* graças à difusão, na Europa, em seguida à Segunda Guerra Mundial, das constituições rígidas como parâmetros de validade do direito vigente. Com base neste modelo, enquanto a existência ou a vigência das normas continua a depender da sua *forma* de produção, cuja norma de reconhecimento continua sendo o velho *princípio da legalidade formal*, a sua validade depende também da sua *substância* ou conteúdo, cuja norma de reconhecimento consiste no *princípio de legalidade substancial*, que a vincula à coerência com os princípios e os direitos constitucionalmente estabelecidos. À separação e diferenciação externa entre justiça e validade, acrescenta-se, assim, a diferenciação interna entre validade e existência: podem muito bem existir, nos atuais ordenamentos constitucionais, normas existentes pelo fato de terem sido produzidas em conformidade com normas formais sobre a sua produção e, apesar disso, inválidas porque em contraste com a constituição. Com os princípios e direitos fundamentais por esta estabelecidos estipulou-se, de fato, como um solene "nunca mais" aos horrores dos totalitarismos, aquela que chamei de *a esfera do não decidível*: aquilo que nenhuma maioria pode decidir, em violação aos direitos de liberdade, e aquilo que nenhuma maioria pode decidir, em violação aos direitos sociais, estes e aqueles estabelecidos pela constituição.[82] (Grifos do autor)

---

[82] FERRAJOLI, Luigi. *A democracia através dos direitos*: o constitucionalismo garantista como modelo teórico e como projeto político. São Paulo: Revista dos Tribunais. (e-book) Tópico. 1.1. Alguns conceitos empregados pelo autor serão retrabalhados adiante, de modo que, por ora, interessa o tratamento conferido ao paradigma teórico *constitucional* ou *neojuspositivista*.

O advento do Estado Democrático Constitucional, por tudo isso, consolida as conquistas liberais, as conquistas igualitárias (questão social), busca a igualdade substancial e evidencia as conquistas da solidariedade e da comunidade. Além disso, reconhece como fundamental o direito à participação do cidadão, superando-se a dimensão das liberdades políticas dos direitos cívicos clássicos (por meio de uma estrutura democrático-participativa), de forma a assegurar a participação dos destinatários no ato final de decisão, nos atos intermediários de formação dessa decisão, bem como o direito de questionar a decisão tomada nas esferas próprias de competência, a fim de que reflita na sua esfera de interesses[83] – o que, aliás, será detalhado adiante, em relação à jurisdição constitucional e o fortalecimento desta neste contexto.

Esse Estado Democrático Constitucional, que agrega o elemento discursivo e participativo, supera os modelos predecessores e internaliza o valor "participação" (democracia) na formação e nos processos discursivos das decisões judiciais[84], tem início (sem desprezar a tradição e a construção histórica de luta), em solo brasileiro, na Constituição Federal de 1988, a qual não olvida rol extenso e exemplificativo de direitos fundamentais e torna-os marcos materiais balizadores dos comportamentos, de todos os mandatários do Poder, no ordenamento jurídico.[85]

---

83 ZANETI JR., Hermes. *O valor vinculante dos precedentes*: teoria dos precedentes normativos formalmente vinculantes. 3. ed. Salvador: JusPodivm, 2017, p. 218.

84 ZANETI JR., Hermes. *O valor vinculante dos precedentes*: teoria dos precedentes normativos formalmente vinculantes. 3. ed. Salvador: JusPodivm, 2017, p. 217-218.

85 "Sob a Constituição de 1988, o direito constitucional no Brasil passou da desimportância ao apogeu em menos de uma geração. Uma Constituição não é só técnica. Tem de haver, por trás dela, a capacidade de simbolizar conquistas e de mobilizar o imaginário das pessoas para novos avanços. [...] É um grande progresso. Superamos a crônica indiferença que, historicamente, se manteve em relação à Constituição." (BARROSO, Luis Roberto. Neoconstitucionalismo e constitucionalização do Direito (O triunfo tardio do direito constitucional no Brasil). *Revista de Direito Administrativo*, Rio de Janeiro, v. 240, p. 1-42, abr. 2005, p. 3) Observando o giro ontológico pelo qual passou a Constituição brasileira, em 1988, concluiu Miguel Reale: "Houve, pois, uma alteração de 180° no âmbito temático, sendo colocada antes a *problemática social* para, ao depois, cuidar-se da estrutura do Estado, cujas

Nesse paradigma, referidos direitos fundamentais exercem papel contramajoritário, submetendo atos normativos, emanados dos poderes públicos, à Constituição e, de conseguinte, ao controle de constitucionalidade, difuso ou concentrado, alvo dessa exposição. O Estado Democrático Constitucional

> composto de diversas dimensões dos direitos fundamentais, atende às exigências de uma democracia deliberativo-procedimental sem perder de vista a rigidez do projeto constitucional, a fundamentalidade dos direitos fundamentais do ordenamento brasileiro. Nesse sentido, uma 'democracia de direitos' traduz uma sociedade vinculada ao projeto constitucional dos direitos fundamentais, não apenas a singela regra da maioria.[86]

A fundamentalidade dos direitos fundamentais, ou, melhor dizendo, a fundamentalidade das normas dos direitos fundamentais é mais bem elucidada em Robert Alexy, na sua Teoria dos Direitos Fundamentais. O autor aduz que essa fundamentalidade decorre da soma de dois fatores: fundamentalidade formal e fundamentalidade substancial.[87]

No primeiro caso, as normas de direitos fundamentais situam-se no ápice da estrutura escalonada do ordenamento jurídico, vinculando diretamente o legislador, o Poder Executivo e o Poder Judiciário.[88] No

---

atribuições e poderes são fixados em função e razão da sociedade civil". Todavia, vaticinava que "o problema do conteúdo, além das dificuldades que acabo de realçar, alberga uma das mais graves ameaças ao destino da democracia, podendo levar ao que já denominei alhures de totalitarismo normativo". (REALE, Miguel. Estrutura da constituição de 1988. *Revista de direito administrativo*, Rio de Janeiro, n. 175, p. 1-8, jan.-mar. 1989, *passim*)

[86] ZANETI JR., Hermes. *O valor vinculante dos precedentes*: teoria dos precedentes normativos formalmente vinculantes. 3. ed. Salvador: JusPodivm, 2017, p. 220.

[87] ALEXY, Robert. *Teoria dos direitos fundamentais*. 2. ed. São Paulo: Malheiros Editores, 2017, p. 520.

[88] ALEXY, Robert. *Teoria dos direitos fundamentais*. 2. ed. São Paulo: Malheiros Editores, 2017, p. 520. A fundamentalidade formal das normas de direitos fundamentais é percebida a partir da contraposição entre outros dois modelos constitucionais extremos: puramente procedimental e puramente material. No modelo puramente procedimental, "a constituição contém apenas normas de organização e procedimento", "não exclui diretamente nada como um possível conteúdo do direito positivo". Neste caso, o conteúdo das leis é definido pela vontade do legislador, pela sua racionalidade ou irracionalidade, nos limites da

segundo, da fundamentalidade substancial, com as normas dos direitos fundamentais tomam-se decisões sobre a estrutura normativa básica do Estado e da sociedade, independentemente do conteúdo conferido; se se confere pouco conteúdo, delega-se muito ao legislador.[89]

Expor sobre a fundamentalidade (formal e material), portanto, enuncia a importância desempenhada pelas normas dos direitos fundamentais no ordenamento jurídico-positivo e, de conseguinte, no Estado, aqui, Estado Democrático Constitucional.

Outro ponto a se salientar, ainda na exposição do modelo paradigmático adotado, diz quanto à democracia engendrada no Estado Democrático Constitucional.

A democracia, entende Mac Iver, citado por Darcy Azambuja,

> não é uma forma de governo da maioria ou da minoria, mas é principalmente um modo de determinar quem deve governar e para que fim. O único modo pelo qual o povo, todo o povo, pode determinar quem deve governar consiste em apelar para a opinião pública e aceitar sempre o veredito das urnas.[90]

Esse conceito, que acentua a participação dos indivíduos e dos grupos políticos nas decisões do governo e na cobrança de responsabilidade dos governantes, deve ser trabalhado com mais vagar, porquanto fundamental para o desenvolvimento do estudo.

---

possibilidade de sua ação. Aduz Robert Alexy que, nesse modelo, os direitos fundamentais não têm força vinculante em face do legislador, o qual teria competência para restringi-lo à sua vontade. Oposto ao modelo puramente procedimental, destaca Alexy o puramente material, caso em que a constituição conta apenas com normas materiais, limitando-se o legislador à sua declaração. "Aquilo que no modelo puramente procedimental deve ser solucionado por meio de uma *decisão* no âmbito da constituição tem que ocorrer no modelo puramente material por meio de uma *cognição* de seu conteúdo." (ALEXY, Robert. *Teoria dos direitos fundamentais*. 2. ed. São Paulo: Malheiros Editores, 2017, p. 520-522 *passim*)

89 ALEXY, Robert. *Teoria dos direitos fundamentais*. 2. ed. São Paulo: Malheiros Editores, 2017, p. 522-523.

90 AZAMBUJA, Darcy. *Teoria geral do estado*. 34. ed. São Paulo: Globo, 1995, p. 313. Cf. CAMPILONGO, Celso Fernandes. *Direito e democracia*. São Paulo: Max Limonad, 1997.

O caráter democrático ocasiona uma necessária mutação e ampliação do conteúdo do Estado de Direito, para se atingir um Estado Democrático Constitucional.[91] A superação do Estado Social, pelo Estado Democrático Constitucional, reside na abertura ao elemento participativo na formação das decisões político-estatais e jurídico-estatais.[92] Tal ponto deve ficar claro com a adoção do paradigma teórico constitucional concretizado na Constituição de 1988, conforme alhures referido.[93] As escolhas da maioria são canalizadas em prol da redução das desigualdades sociais, pondo-se de lado a falácia da igualdade perante a lei (isonomia formal), ao passo em que todos os poderes públicos submetem-se à Constituição.

O ponto sensível da discussão sobre a democracia encontra-se, no entanto, na forma de seu exercício. Se não é possível ao povo o exercício direto do Poder, por limitações físicas e espaciais, dada a inviabilidade de um espaço aberto em que todos possam falar e ser ouvidos,

---

91 GRECO, Rogério. *Direitos humanos, sistema prisional e alternativas à privação de liberdade*. São Paulo: Saraiva, 2011, p. 49.

92 ZANETI JÚNIOR, Hermes. *A constitucionalização do processo*: o modelo constitucional da justiça brasileira e as relações entre processo e constituição. 2. ed. rev., ampl., alt.. São Paulo: Atlas, 2014, p. 107. "Assim, nas sociedades democráticas, a imposição da solução das tensões sociais não decorre do interesse ou da vontade pessoal de um indivíduo (Estado Liberal) ou de grupos de indivíduos (Estado Social – no qual a maioria define o conceito de "bem"), mas do direito, entendido como justiça (pretensão de correção)." (ZANETI JÚNIOR, Hermes. *A constitucionalização do processo*: o modelo constitucional da justiça brasileira e as relações entre processo e constituição. 2. ed. rev., ampl., alt. São Paulo: Atlas, 2014.)

93 Salienta-se a insuficiência da adoção, simplesmente, de um modelo teórico, compatível, inclusive, com sistemas políticos não democráticos. Assumir a Constituição como texto normativo hierarquicamente superior não significa nada, se com isso não se afirma a incorporação de uma tradição que torna possível a consolidação das conquistas sociais e a positivação de direitos fundamentais. Apenas, assim, pode-se passar de uma democracia formal para uma democracia substancial, e, desta para o que Luigi Ferrajoli referiu como "democracia constitucional". (FERRAJOLI, Luigi. *A democracia através dos direitos*: o constitucionalismo garantista como modelo teórico e como projeto político. São Paulo: Revista dos Tribunais. (e-book) Tópicos 1.3 a 1.5.

imprescindível a construção de mecanismos que condensem os anseios populares e canalizá-los a um propósito comum.

A luta pela democracia, no alvorecer do século XIX, escreve Hans Kelsen, deve-se à ascendente burguesia, a qual acreditava em que apenas um governo pelo povo conduziria ao progresso e a padrões mais elevados de vida social.[94] Ocorre, todavia, que no século XX, no período pós-Primeira Guerra Mundial, ao contrário do que se poderia dimensionar, ascenderam ao poder, sobretudo em Itália e Alemanha, defensores de uma nova doutrina política que se opunha à democracia, a saber, a ditadura (sob as vestes do fascismo italiano e nacional-socialismo alemão), que, confirma o autor, mesmo com o fim da Segunda Guerra Mundial, não desapareceu ideologicamente, ganhando novos contornos com o socialismo soviético (ditadura do proletariado como democracia).[95]

Ao resgatar o significado "original" do termo "democracia" e identificá-lo com o "governo do povo", Hans Kelsen decompõe-no no "princípio da liberdade no sentido de autodeterminação política" (participação dos governados no governo), cuja adoção foi feita pela civilização ocidental. O nó encontrava-se, justamente, em responder o que seja o interesse do povo, pressuposto de um "governo para o povo", desde a dúvida sobre uma opinião do povo até a autoconsideração, pelo governo, de um "governo para o povo".[96]

Atribuir à democracia a existência de um bem comum, objetivamente determinável, conhecido pelo povo e transformado em conteúdo

---

94 KELSEN, Hans. *A democracia*. 2. ed. São Paulo: Martins Fontes, 2000, p. 139.

95 KELSEN, Hans. *A democracia*. 2. ed. São Paulo: Martins Fontes, 2000, p. 139-140.

96 KELSEN, Hans. *A democracia*. 2. ed. São Paulo: Martins Fontes, 2000, p. 140-141. Na Antiguidade, Platão e Aristóteles denunciavam essa democracia amparada num governo para o povo que experiência alguma possuía para compreender os interesses populares, resvalando-se para um governo contra o povo. Daí porque também não há contradição em afirmar que uma autocracia (oposto da democracia) também é um governo para o povo. (KELSEN, Hans. *A democracia*. 2. ed. São Paulo: Martins Fontes, 2000, p. 141.)

da vontade deste, igualmente, padece de vícios. Isso porque, ao depender de juízos de valor subjetivos, que podem diferenciar fundamentalmente entre si, não se pode creditar ao povo uma vontade uniforme, uma "vontade do povo".[97]

Assim, "governo do povo" deve, segundo Hans Kelsen, designar

> um governo no qual o povo participa direta ou indiretamente, ou seja, um governo exercido pelas decisões majoritárias de uma assembléia popular, ou por um corpo ou corpos de indivíduos, ou até mesmo por um único indivíduo eleito pelo povo. Os indivíduos eleitos pelo povo são chamados seus representantes. Essa representação do povo significa a relação, constituída por eleição, entre o eleitorado e os eleitos. Por 'povo' devem ser entendidos todos os indivíduos adultos que estão sujeitos ao governo exercido diretamente pela assembléia desses indivíduos ou indiretamente pelos representantes eleitos. Eleições democráticas são aquelas que se fundamentam no sufrágio universal, igualitário, livre e secreto.[98]

E a reunião, para Hans Kelsen, desses requisitos (participação do povo – direta ou indireta –, decisões majoritárias, eleição, sufrágio universal, igualitário, livre e secreto, etc.) satisfaz o princípio democrático, que pode ser concretizado em diversos graus.[99] A característica essencial da democracia, sistema político, em arremate, é, para o jurista, a "participação no governo", a participação "na criação e aplicação das normas gerais e individuais da ordem social que constitui a comunidade". A democracia é, essencialmente, um governo do povo[100]. No mais, o que há, na democracia direta ou representativa, é "processo",

---

[97] KELSEN, Hans. *A democracia*. 2. ed. São Paulo: Martins Fontes, 2000, p. 141.

[98] KELSEN, Hans. *A democracia*. 2. ed. São Paulo: Martins Fontes, 2000, p. 141-142.

[99] Nesse sentido, anota Hans Kelsen, a expansão do direito ao voto (democracia de massa) contribuiu para a expansão do princípio democrático (KELSEN, Hans. *A democracia*. 2. ed. São Paulo: Martins Fontes, 2000, p. 142). No Brasil, não sem luta, o direito ao voto somente foi garantido a todas as mulheres no "Governo Provisório" de Getúlio Vargas, em 1932, com o Código Eleitoral Provisório (Decreto n. 21.076/32), que, contraditoriamente, anos mais tarde, desembocaria no Estado Novo, período ditatorial que durou de 1937 a 1946.

[100] KELSEN, Hans. *A democracia*. 2. ed. São Paulo: Martins Fontes, 2000, p. 143.

"um método específico de criar e aplicar a ordem social que constitui a comunidade, que é o critério do sistema político apropriadamente chamado democracia"[101].

A esse conceito formal de democracia[102] ("forma" de governo), podendo servir a um ou outro ideal, sem que nenhum problema haja nisso, Hans Kelsen refere a impossibilidade de liberdade natural realizada integralmente, mormente se aceito o princípio da maioria. Mesmo aquele indivíduo que vota com a maioria, segundo preleciona, não está sujeito à sua própria vontade, na medida em que esse indivíduo está sujeito a uma vontade alheia ou à validade objetiva da ordem social. Apenas se confirmada, pela maioria, a sua própria vontade, este indivíduo estará livre novamente. Tanto mais difícil será estabelecer essa conformidade (entre a vontade do indivíduo e da ordem social) e tão mais reduzida a garantia de liberdade desse indivíduo quanto mais qualificada for a maioria exigida para a modificação dessa dita vontade do Estado.[103]

Releve-se que o indivíduo nasce no seio de uma sociedade preexistente a ele e, por vezes, em um Estado que o antecede. Em caso de modificação ou de desenvolvimento da ordem jurídica fundante do Estado haverá a máxima possibilidade de aproximação à ideia de liberdade. A resolução, contudo, não é assim tão fácil mesmo nessa hipótese-limite.

A confluência das vontades dos indivíduos que desaprovam a ordem posta, a ponto de superar aqueles que a aprovam e, de conseguinte, modificá-la para estabelecer uma nova situação é pendular. Atingido esse estágio, haverá uma maioria que aprova, uma minoria que reprova,

---

101 KELSEN, Hans. *A democracia*. 2. ed. São Paulo: Martins Fontes, 2000, p. 142. Dado o fato de que o Direito se autorregula, também o método, o processo, é regido pela própria ordem jurídica e, portanto, não pode estar compreendido na ordem social.

102 "[...] o processo através do qual uma ordem social é criada e aplicada". (KELSEN, Hans. *A democracia*. 2. ed. São Paulo: Martins Fontes, 2000, p. 145.) O elemento material residiria no conteúdo dessa ordem.

103 KELSEN, Hans. *A democracia*. 2. ed. São Paulo: Martins Fontes, 2000, p. 178. Em caso de unanimidade, praticamente estará a garantia de liberdade individual abolida.

até que se alterne, novamente, a ordem. Subjaz, portanto, ao princípio da maioria a ideia "de que a ordem social estará em conformidade com o maior número de sujeitos possível e em desacordo com o menor número possível".[104]

Se, para Kelsen, liberdade política, significa a conformidade entre a vontade individual e a vontade coletiva expressa na ordem social, ela estará mais bem assegurada na adoção do princípio da maioria simples. A mudança da ordem social pela maioria qualificada ou, quiçá, pela unanimidade, praticamente aniquila a modificação da ordem por um único indivíduo ou por uma minoria. E, em casos como que tais, "a ordem poderia estar em desacordo com um número de indivíduos superior ao daqueles com cuja vontade ela está em conformidade".[105]

Claro está, ainda, o exercício da liberdade política deve pressupor o princípio da igualdade, a fim de que todos os indivíduos contem com o mesmo valor político e a mesma pretensão à liberdade, dirigida a conformar a vontade coletiva à individual.

> Essa síntese de liberdade e igualdade está na base da ideia democrática acerca da relação entre a ordem social (como a vontade coletiva) e a vontade individual, e entre o sujeito e o objeto de dominação, do mesmo modo que a síntese de liberdade e igualdade está na base da ideia relativista acerca da relação entre o sujeito e o objeto de conhecimento.[106]

Essa relação de síntese, propiciada, outrossim, pelo reconhecimento do outro como igual e detentor da mesma liberdade reduz poder e o domínio de um sobre o outro e, no fim das contas, minimiza as possibilidades de totalitarismo, incompatível com a ideia de igual e somente justificável pela diferença entre governados e governante.[107]

---

[104] KELSEN, Hans. *A democracia*. 2. ed. São Paulo: Martins Fontes, 2000, p. 179.

[105] KELSEN, Hans. *A democracia*. 2. ed. São Paulo: Martins Fontes, 2000, p. 179.

[106] KELSEN, Hans. *A democracia*. 2. ed. São Paulo: Martins Fontes, 2000, p. 180.

[107] KELSEN, Hans. *A democracia*. 2. ed. São Paulo: Martins Fontes, 2000, p. 180-182.

A democracia, desse modo, porque parte do princípio da liberdade e da igualdade, não pode converter-se em dominação absoluta, nem mesmo dominação absoluta da maioria. Não só por pressupor uma oposição (à minoria) como também por reconhecer sua existência e proteger seus direitos. Em consequência disso, o governo deve proteger, por lei, direitos fundamentais, somente assim as minorias serão protegidas contra o domínio arbitrário das maiorias.

Note-se bem que a permanente tensão sustentada entre maioria e minoria, entre governo e oposição, é, justamente, o processo dialético que sustenta a formação democrática da vontade do Estado. Eliminada a discussão, ter-se-ia verdadeiramente uma extirpação da democracia, uma autocracia (intolerância da oposição), deixando-se de proteger a liberdade, em suas mais variadas formas.[108]

Por fim, convém salientar o caráter racionalista da democracia, que torna clara a intenção de determinar os atos dos tribunais e dos órgãos administrativos, gerando segurança jurídica. Permitir o contrário, a indeterminação dos atos públicos, seria resvalar para o autoritarismo, que prescinde da restrição do poder discricionário por normas gerais preestabelecidas. Inexistem, neste último caso, medidas de controle do governo, o que, fatalmente, provocaria um colapso de sua autoridade e faria ruir, inclusive, a obediência dos cidadãos.[109]

Tratando a teoria kelseniana como "concepção formal da democracia", em tom pejorativo, Luigi Ferrajoli aduz que é ela inidônea "para fundamentar as democracias constitucionais, nas quais o poder do povo ou dos seus representantes não é ilimitado", mas submetidos "a vínculos impostos pelos direitos fundamentais constitucionalmente

---

108 KELSEN, Hans. *A democracia*. 2. ed. São Paulo: Martins Fontes, 2000, p. 180-185.

109 KELSEN, Hans. *A democracia*. 2. ed. São Paulo: Martins Fontes, 2000, p. 185-187. Mais à frente, concluirá Kelsen que somente a democracia pode trazer a paz. (KELSEN, Hans. *A democracia*. 2. ed. São Paulo: Martins Fontes, 2000, p. 191-192)

estabelecidos" e que, ao cabo, garantem a "própria democracia política" e cuja ausência "pode ser sobrepujada pela onipotência das maiorias".[110]

A acusação do formalismo diz quanto à impossibilidade de que o povo decida sobre o mérito das questões políticas, limitando-se a eleger, na medida permitida pelas leis eleitorais, quem serão aqueles que tomarão as decisões. Nada obstante, Ferrajoli enaltece a igualdade política, alcançada pelo sufrágio universal, de modo que, ao lado do princípio democrático, foram afirmados como método mais democrático de seleção dos governantes, aqueles que produzem normas heterônomas às quais todos estarão submetidos.[111]

Esse método de formação das decisões políticas, baseado na representação popular é, porém, para Ferrajoli, insuficiente, e limita-se à garantia da forma democrática de escolha dos governantes, carecendo de que as decisões tomadas tenham substância democrática. Apesar de condição da legitimação política, é inoperante para "garantir a bondade das decisões políticas". A "democracia constitucional" somente estará realizada quando, à dimensão formal, atrelar-se a dimensão substancial, relativo à substância das decisões, "aquilo que de um lado é proibido e, de outro, obrigatório decidir, quaisquer que sejam as maiorias

---

[110] FERRAJOLI, Luigi. *A democracia através dos direitos*: o constitucionalismo garantista como modelo teórico e como projeto político. São Paulo: Revista dos Tribunais. (e-book) Tópico 1.4. Luigi Ferrajoli atribui à identificação entre validade e existência, realizada por Hans Kelsen, na sua Teoria Pura do Direito, a formulação (formal) do princípio da maioria, em que pese reconhecer que, em Kelsen, a Constituição pode vincular o conteúdo das leis e que as normas superiores podem condicionar não apenas as formas, mas o conteúdo das que lhe são inferiores. Sobre a crítica, cf. FERRAJOLI, Luigi. *A democracia através dos direitos*: o constitucionalismo garantista como modelo teórico e como projeto político. São Paulo: Revista dos Tribunais. (e-book) Tópico 1.6. Sobre a identificação entre vigência, validade e existência, cf. KELSEN, Hans. *Teoria Pura do Direito*. Tradução de João Baptista Machado. 8. ed. São Paulo: Editora WMF Martins Fontes, 2009, p. 11-16.

[111] FERRAJOLI, Luigi. *A democracia através dos direitos*: o constitucionalismo garantista como modelo teórico e como projeto político. São Paulo: Revista dos Tribunais. (e-book) Tópico 1.4.

contingentes" ("esfera do não decidível" – "indecidível que" e "indecidível que não"[112]). As condições, segundo o jurista italiano, de validade da produção legislativa, reúnem, pois, condições formais e substanciais.[113]

A reunião da "democracia formal" e da "democracia substancial", denominada por Ferrajoli de "democracia constitucional", congloba um modelo quadridimensional de democracia, o qual se ancora nos direitos fundamentais, assim entendidos os direitos políticos, os direitos civis, os direitos da liberdade e os direitos sociais. Os dois primeiros fundam a dimensão formal da democracia, ao passo que os demais dizem respeito à dimensão substancial. Para Ferrajoli, esta é a base para um modelo garantista da moderna democracia constitucional.[114]

Refira-se, por fim, à concepção de democracia exposta por Ronald Dworkin, após o que, de posse desse instrumental teórico, que se entende suficiente para os limites que o presente tópico comporta, possa-se avançar para o estudo do objeto proposto.

Ronald Dworkin parte, semelhante a Hans Kelsen, do significado de "democracia" como "governo do povo" e, com dessa definição, questiona-se sobre o que isso quer, em verdade, dizer. Desde as discordâncias sobre as técnicas de representação até a repartição de competências entre os entes federados, passando por arranjos institucionais que

---

112 "[...] a esfera do indecidível que, desenhada pelo conjunto dos direitos de liberdade e de autonomia, os quais impõem a proibição, enquanto expectativas negativas, das decisões que possam lesá-los ou reduzi-los; a esfera do indecidível que não, determinada pelo conjunto dos direitos sociais, os quais impõem a obrigação, enquanto expectativas positivas, das decisões destinadas a satisfazê-los." (FERRAJOLI, Luigi. *A democracia através dos direitos*: o constitucionalismo garantista como modelo teórico e como projeto político. São Paulo: Revista dos Tribunais. (e-book) Tópico 1.6.)

113 FERRAJOLI, Luigi. *A democracia através dos direitos*: o constitucionalismo garantista como modelo teórico e como projeto político. São Paulo: Revista dos Tribunais. (e-book) Tópico 1.5.

114 FERRAJOLI, Luigi. *A democracia através dos direitos*: o constitucionalismo garantista como modelo teórico e como projeto político. São Paulo: Revista dos Tribunais. (e-book) Tópico 1.6.

forneçam o melhor modelo de democracia, nada escapa ao campo das divergências.[115]

Para Dworkin, "democracia" pode ser compreendida sob dois pontos de vista: democracia majoritária (*mojoritarian view*), segundo a qual a democracia é o governo da vontade da maioria, de acordo com a qual as decisões serão tomadas, sem garantia alguma de que estas serão justas, posto que interesses das minorias podem ser ignoradas, e democracia em parceria ou coparticipativa[116] (*partnership view*), para a qual o povo governa a si mesmo (autogoverno) como parceiro integral (*full partner*) do empreendimento coletivo, cujas decisões serão democráticas apenas se atendidas determinadas condições de proteção do *status* e dos interesses de cada cidadão como partícipe integral desse mesmo empreendimento. Nessa visão coparticipativa, uma comunidade que

---

115 No original: "Democracy means government by the people. But what does that mean? No explicit definition of democracy is settled among political theorists or in dictionary. On the contrary, it is a matter of deep controversy what democracy really is. People disagree about which techniques of representation, which allocation of power among local, state, and national governments, which schedule and pattern of elections, and which other institutional arrangements provide the best available version of democracy." (DWORKIN, Ronald. *Freedom's law*: the moral Reading of the american constitution. Cambridge: Harvard University Press, 1996, p. 15). Sobre a concepção dworkiniana de democracia, cf. MOTTA, Francisco José Borges. *Ronald Dworkin e a Decisão Jurídica*. Salvador: JusPodivm, 2017, p. 67-90.

116 A tradução não é isenta de divergências. Francisco Motta opta pelo termo "em parceria" (MOTTA, Francisco José Borges. *Ronald Dworkin e a Decisão Jurídica*. Salvador: JusPodivm, 2017, p. 67), já Alexandre Bahia e Diogo Bacha traduzem como "associativa", com base na versão em espanhol do livro "Is Democracy possible here?" (É possível a democracia aqui?), de Ronald Dworkin, e como "coparticipativa", conforme a tradução brasileira do livro "Justice for Hedgehogs" (Justiça para ouriços), de Ronald Dworkin. (BAHIA, Alexandre Melo Franco; SILVA, Diogo Bacha e. Supremo Tribunal Federal, devido processo legislativo e a teoria do direito como integridade: em busca da promoção de valores democráticos. In: OMMATI, José Emílio Medauar (coord.). *Ronald Dworkin e o direito brasileiro*. Rio de Janeiro: Lumen Juris, 2016. (Coleção Teoria Crítica do Direito – Vol. 2), p. 5-47, p. 25, nota 41.)

ignora os interesses da minoria ou outro grupo minoritário não é democrática, ainda que sejam eleitos membros de forma majoritária.[117]

Os Estados Unidos, na visão de Ronald Dworkin, não podem ser considerados um exemplo de democracia majoritária, dada a limitação do poder político majoritário pelos direitos individuais constitucionais, por exemplo.[118] De igual modo ocorreria, acredita Francisco Motta, com o Brasil, ante a consagração de cláusulas pétreas no texto constitucional.[119]

Especificamente quanto à democracia coparticipativa, não se trata, tão só, da preservação dos direitos fundamentais, exigindo, nessa visão, que a democracia seja relacionada a uma dimensão substantiva, e não meramente procedimental, na qual se promova o valor da dignidade humana.[120]

---

[117] No original: "The two views of democracy that are in contest are these. According to the *majoritarian* view, democracy is government by majority will, that is, in accordance with the will of the greatest number of people, expressed in elections with universal or near universal suffrage. There is no guarantee that a majority will decide fairly; its decisions may be unfairly to minorities whose interests the majority systematically ignores. If so, then the democracy is unjust but no less democratic for that reason. According to the rival *partnership* view of democracy, however, democracy means that the people govern themselves each as a full partner in collective political enterprise so that a majority's decisions are democratic only when certain further conditions are met that protect the status and interests of each citizens as a full partner in the enterprise. On the partnership view, a community that steadily ignores the interests of some minority or other group is just for that reason not democratic even though it elects officials by impeccably majoritarian means." (DWORKIN, Ronald. *Is democracy possible here?*: principles for a new political debate. Princeton: Princeton University Press, 2006, p. 131.)

[118] No original: "The United States is certainly not a pure example of the majoritarian conception of democracy. The framers did not intend to be because they limited the power of political majorities in various ways: they provide a set of individual constitutional rights, like the right of free speech, as trump over the majority-s power." (DWORKIN, Ronald. *Is democracy possible here?*: principles for a new political debate. Princeton: Princeton University Press, 2006, p. 131.)

[119] MOTTA, Francisco José Borges. *Ronald Dworkin e a Decisão Jurídica*. Salvador: JusPodivm, 2017, p. 68, nota 165.

[120] No original: "So on the partnership conception, democracy is a substantive, not a merely procedural, ideal." (DWORKIN, Ronald. *Is democracy possible here?*: principles for a new

Em linhas gerais, Ronald Dworkin compreende a dignidade humana em duas dimensões, traduzidas em dois princípios básicos: *principle of self-respect* (princípio do respeito próprio) e *principle of authenticity* (princípio da autenticidade).[121] Esses princípios, Dworkin os decompõe em dois outros princípios, estruturantes, segundo ele, da democracia constitucional: *equal concern* (igual consideração, desdobramento do princípio do respeito próprio) e *self-government* (autogoverno, desdobramento do princípio da autenticidade).[122]

Quanto ao primeiro (igual consideração), uma comunidade política deve demonstrar igual consideração pelas vidas de todos à sua volta, devendo os representantes agir com igual consideração para com todos,

---

political debate. Princeton: Princeton University Press, 2006, p. 134.) Ao tratar da *partnership democracy*, Dworkin retoma a concepção de dignidade humana tratada em capítulos anteriores para implicar os critérios de *equal concern* (igual consideração) e *self-government* (autogoverno). "We should return for that purpose to the conception of human dignity that I have been citing and celebrating throughout this book." (DWORKIN, Ronald. *Is democracy possible here?*: principles for a new political debate. Princeton: Princeton University Press, 2006, p. 143.)

121 Em síntese, "Para Dworkin, a dignidade humana tem uma *dupla dimensão*, que pode ser traduzida em dois princípios básicos: o princípio do *valor intrínseco da vida humana* e o princípio da *responsabilidade pela vida humana* [ou, em tradução literal, responsabilidade pessoal]; outra maneira de enunciá-los é: princípio do *respeito próprio* (*principle of self-respect*) e princípio da *autenticidade* (*principle of authenticity*). De acordo com o primeiro [...], toda vida humana tem um tipo de valor objetivo [...] [pelo que] haveria uma falha grave, uma falta de *dignidade pessoal*, naquele que deixa de dar valor à vida – seja à própria, seja à alheia. [...] [Conforme o segundo] cada um tem uma responsabilidade especial por buscar o sucesso da própria vida [...] [pelo que] o indivíduo não deve aceitar, portanto, que qualquer outro lhe imponha esses valores pessoais [...]." (MOTTA, Francisco José Borges. Dworkin e a decisão jurídica democrática: a leitura moral da Constituição e o novo Código de Processo Civil. In: OMMATI, José Emílio Medauar (coord.). *Ronald Dworkin e o direito brasileiro*. Rio de Janeiro: Lumen Juris, 2016. (Coleção Teoria Crítica do Direito – Vol. 2), p. 253-286, p. 255-256.) Ronald Dworkin não afasta a possibilidade de imposição, pelo Estado de obrigações, inclusive, obrigações morais, o que somente pode ser compreendido na distinção que realiza entre ética e moralidade. A análise, contudo, foge ao objeto de estudo. Cf. DWORKIN, Ronald. *Is democracy possible here?*: principles for a new political debate. Princeton: Princeton University Press, 2006. Cap. 1 (*common ground*).

122 DWORKIN, Ronald. *Is democracy possible here?*: principles for a new political debate. Princeton: Princeton University Press, 2006, p. 144-146.

em vez de se preocuparem apenas com alguns, o que pode ser mais bem alcançado por meio de sufrágio geral.[123] Em relação ao segundo (autogoverno), os arranjos políticos devem respeitar a responsabilidade pessoal dos indivíduos de identificarem o valor em suas próprias vidas, de modo que uma maioria não tem um direito geral de impor sua vontade a uma minoria, mesmo quando aquela afirma agir no interesse desta. Democracia significa autogoverno e este, por sua vez, é a forma de governo no qual as pessoas se governam, livrando-se da submissão coercitiva de outros, com direito à participação efetiva nas decisões políticas.[124]

Se, portanto, há participação, como parceiro igual, na construção das decisões políticas, não haverá dano à dignidade do indivíduo. Daí porque a democracia não subsiste com a igual consideração, demandando que o próprio povo estabeleça as obrigações que deva cumprir.[125]

Há três condições democráticas (estruturais e relacionais), propostas por Dworkin, sem as quais um indivíduo não se torna membro moral da comunidade política: a) participação em qualquer decisão coletiva; b) interesse nessa decisão; e c) independência em relação

---

123 No original: "[...] a political community must show equal concern for the lives of all those who live within its borders. So we must do our best to ensure that our political officials act with equal concern for all rather than especial concern for only some, and that is best achieved with widespread and roughly equal suffrage." (DWORKIN, Ronald. *Is democracy possible here?*: principles for a new political debate. Princeton: Princeton University Press, 2006, p. 144.)

124 No original: "[...] political arrangements must respect people's personal responsibility for identifying value in their own lives. I just argued that a majority has no general or automatic right to impose its will on a minority. [...] people have no moral right to assume coercive authority over others, even when they act in those other people's interest. [...] Democracy is said to be an effective answer to that objection because democracy means *self*-government: it is the form of government in which the people govern themselves. [...] The right to participate in political decision, as a voter and as an eligible for political office, is obviously essential." (DWORKIN, Ronald. *Is democracy possible here?*: principles for a new political debate. Princeton: Princeton University Press, 2006, p. 145.)

125 MOTTA, Francisco José Borges. *Ronald Dworkin e a Decisão Jurídica*. Salvador: JusPodivm, 2017, p. 76.

a essa decisão.[126] Por participação, cada pessoa deve ter a oportunidade de fazer a diferença nas decisões coletivas (sufrágio universal, eleições efetivas, representação), e a força de sua participação não pode ser fixa ou limitada a refletir a suposição sobre suas preferências.[127] Em segundo lugar, o processo político de uma comunidade deve expressar reciprocidade; o indivíduo não é um membro, a menos que seja tratado como membro pelos demais, a fim de que as consequências da decisão sejam consideradas tão importantes para si quanto para os outros. Uma sociedade que despreza os interesses de uma minoria é, nesse sentido, não só ilegítima como também injusta.[128] Por fim, a independência moral diz quanto à manutenção de uma esfera privada de decisões que não se podem alienar, em que pese a aceitação da coerção coletiva.[129]

---

[126] No original: "A political community cannot count anyone as a moral member unless it gives that person a *part* in any collective decision, a *stake* in it, and *independence* from it." (DWORKIN, Ronald. *Freedom's law*: the moral Reading of the american constitution. Cambridge: Harvard University Press, 1996, p. 24.)

[127] No original, "First, each person must have an opportunity to make a difference in the collective decisions, and the force of his role must not be structurally fixed or limited in ways that reflect assumptions about his worth or talent or ability, or the soundness of his convictions or tastes." (DWORKIN, Ronald. *Freedom's law*: the moral Reading of the american constitution. Cambridge: Harvard University Press, 1996, p. 24.)

[128] No original: "Second, the political process of a genuine community must express some bona fide conception of equal concern for the interests of all members, which means that political decisions that affect the distribution of wealth, benefits, and burdens must be consistent with equal concern for all. Moral membership involves reciprocity: a person is not a member unless he is treated as a member by others, which means that they treat the consequences of any collective decision for his life as equally significant a reason for or against else. So the communal conception of democracy explains an intuition many of us share: that a society in which the majority shows contempt for needs and prospects of some minority is illegitimate as well as unjust." (DWORKIN, Ronald. *Freedom's law*: the moral Reading of the american constitution. Cambridge: Harvard University Press, 1996, p. 25.)

[129] "A genuine political community must therefore be a community of independent moral agents. It must not dictate what its citizens think about matters of political or moral or ethical judgement, but must, on the contrary, provide circumstances that encourage them to arrive at beliefs on these matters through their own reflective and finally individual conviction." (DWORKIN, Ronald. *Freedom's law*: the moral Reading of the american constitution. Cambridge: Harvard University Press, 1996, p. 26.)

O atendimento a essas condições democráticas, a par de servirem ao processo político, devem ser atendidas, igualmente, em processo jurisdicional, em geral, e na jurisdição constitucional, em particular.[130]

De outro lado, é a presença de critérios democráticos que justifica e fortalece a revisão dos atos praticados pelos atores públicos (leiam-se administrador público e legislador) pelo Órgão Judiciário. Na medida em que a jurisdição constitucional desincumbe-se do seu mister de rever os atos públicos praticados, aprimora a legitimidade política da comunidade e, em última análise, fortalece a democracia. É esta a instância à qual se recorre quando as demais falharam no comprometimento democrático de evitar que maiorias conjecturais se sobreponham a minorias, violando-lhes direitos e enfraquecendo a participação política destas.

> Posto sob esta luz, o instituo da revisão judicial da legislação será legítimo na medida em que aprimore a legitimidade política como um todo, ou seja, na medida em que torne mais provável que a comunidade dê consequência a valores como igualdade e a liberdade. O *judicial review* não é universalmente necessário para o sucesso de uma comunidade política democrática – mas também dele não decorre, em si, uma perda de autogoverno. Tudo depende, em última análise, do *acerto* das decisões que forem tomadas.[131]

A visão de Kelsen, Ferrajoli e Dworkin favorecem, naquilo em que se assemelham, a construção de um terreno sólido para projetar o estudo e examinar o objeto proposto, qual seja, o exame, pelo Órgão Judiciário, dos atos públicos, em particular legislativos, em

---

130 A essa mesma conclusão chega Francisco Motta. Cf. MOTTA, Francisco José Borges. Dworkin e a decisão jurídica democrática: a leitura moral da Constituição e o novo Código de Processo Civil. In: OMMATI, José Emílio Medauar (coord.). *Ronald Dworkin e o direito brasileiro*. Rio de Janeiro: Lumen Juris, 2016. (Coleção Teoria Crítica do Direito – Vol. 2), p. 253-286, p. 261.

131 MOTTA, Francisco José Borges. *Ronald Dworkin e a Decisão Jurídica*. Salvador: JusPodivm, 2017, p. 90. O pensamento não está imune a críticas, entre as quais as lançadas por Jeremy Waldron, as quais se encontram sintetizadas em MOTTA, Francisco José Borges. *Ronald Dworkin e a Decisão Jurídica*. Salvador: JusPodivm, 2017, p. 77-90.

razão de inobservância de fatos e prognoses. A consolidação do Estado Democrático Constitucional, soerguido sobre a pedra fundamental da democracia revela que a Constituição não só pode, como deve, ser utilizada como remédio contra maiorias, daí porque se compatibiliza a Jurisdição Constitucional com a democracia, impedindo o sufocamento das minorias.[132]

A passagem do modelo de Estado Liberal ao modelo de Estado Democrático Constitucional releva, por isso, a ressignificação da separação dos poderes, melhor dizendo, a separação das funções do poder.[133] Porque o Poder pertence ao povo, que o exerce diretamente por meio de seus representantes (CRFB, art. 1º, parágrafo único), é que se opta por falar em Órgãos Executivo, Legislativo e Judiciário, e não em Poderes Executivo, Legislativo e Judiciário, vez que o Poder é único e indivisível e, repita-se, pertencente ao povo.[134] Também por isso não encontra guarida a separação estanque dessas frações funcionais do Poder, obrigando-se todas elas ao cumprimento da Constituição e à intervenção em caso de violação de direitos e garantias fundamentais. O princípio democrático reside no

> <<domínio do povo>>, expresso através dos <<processos>> destinados a assegurar a <<participação universal>> dos cidadãos e exercido no quadro

---

132 A correção, pelo Órgão Judiciário, de atos executivos e legislativos que representem déficit democrático merece oportuna dedicação em outro espaço.

133 Cf., nesse sentido, ABBOUD, Georges; OLIVEIRA, Rafael Tomaz de. Neoconstitucionalismo: Vale a pena acreditar?. *Revista da Academia Brasileira*, Curitiba, v. 7, n. 12, p. 196-214, jan.-jun. 2015, p. 203-206. Segundo os autores, as novas Constituições não mais se limitam ao estabelecimento da separação das funções do Poder e à delimitação das competências do Poder Público, na medida em que impõem a todos os segmentos a permanente efetivação dos direitos fundamentais, ao que ganha maior importância a Jurisdição Constitucional, dado o papel que tem a desempenhar.

134 ZANETI JÚNIOR, Hermes. *A constitucionalização do processo*: o modelo constitucional da justiça brasileira e as relações entre processo e constituição. 2. ed. rev., ampl., alterada. São Paulo: Atlas, 2014, p. 112. Para um estudo balizado sobre a distinção entre Poder, objeto da Ciência Política, e competência, objeto da Ciência Jurídica, cf. MENDONÇA, Cristiane. *Competência tributária*. São Paulo: Quartier Latin, 2004, p. 27-46.

> de uma ordem de <<princípios>> e <<competências>> constitucionais (soberania da constituição). Por outras palavras: a democracia do Estado Constitucional concebe-se como <<poder popular>> fundamentado na constituição e não como poder fora da constituição.[135]

Encontra-se, no processo, constitucional, como um todo, o espaço privilegiado para o debate democrático, quando as instâncias precedentes não tiverem se inclinado ao fortalecimento da democracia participativa.[136] Inclinar-se não significa atender, mas permitir o diálogo, franco, aberto em paridade de armas, conforme visto anteriormente, naquele espaço possível.

Com a Constituição de 1988, projetou-se, no processo[137], um discurso democrático que relaciona os atores processuais (juiz e partes e outros), que atuam em colaboração[138], de forma problematizada

---

135 CANOTILHO, J. J. Gomes. *Constituição dirigente e vinculação do legislador*: contributo para a compreensão das normas constitucionais programáticas. 2. ed. Coimbra: Coimbra Editora, 2001, p. 25.

136 ZANETI JÚNIOR, Hermes. *A constitucionalização do processo*: o modelo constitucional da justiça brasileira e as relações entre processo e constituição. 2. ed. rev., ampl., alterada. São Paulo: Atlas, 2014, p. 53.

137 De modo geral, CRFB, art. 5º, XXXV a LXXVIII, e §§ 1º e 2º. Sobre os direitos fundamentais processuais, cf., entre outros, SARLET, Ingo Wolfgang; MARINONI, Luiz Guilherme. MITIDIERO, Daniel. *Curso de Direito Constitucional*. 6. ed. São Paulo: Saraiva, 2017, p. 765-831. Para uma leitura do processo como procedimento em contraditório, único modo de se poder falar em processo, tendo por base a doutrina de Elio Fazzalari, cf. ZANETI JÚNIOR, Hermes. *A constitucionalização do processo*: o modelo constitucional da justiça brasileira e as relações entre processo e constituição. 2. ed. rev., ampl., alterada. São Paulo: Atlas, 2014; ______. *O valor vinculante dos precedentes*: teoria dos precedentes normativos formalmente vinculantes. 3. ed. Salvador: JusPodivm, 2017. Em que pese o brilhantismo do autor, o processo em contraditório torna, nos limites deste estudo, o processo válido, não sendo, portanto, condição de sua existência. Nesse sentido, cf. DIDIER JR., Fredie. *Sobre a teoria geral do processo, essa desconhecida*. 4. ed. Salvador: JusPodivm, 2017.

138 Cf., a propósito, interessante diálogo entre Daniel Mitidiero (MITIDIERO, Daniel. Colaboração no processo civil como prêt-à-porter? Um convite ao diálogo para Lenio Streck. *Revista de processo*, vol. 194, p. 55, abr. 2011) e Lenio Streck e Francisco Motta (STRECK, Lenio Luiz; MOTTA, Francisco José Borges. Um debater com (e sobre) o formalismo-valorativo de Daniel Mitidiero, ou "colaboração no processo civil" é um princípio?. *Revista de processo*, vol. 213, p. 13, nov. 2012).

e argumentativa, fundada na participação conjunta para a solução das controvérsias jurídicas, isto é, com a garantia substancial do contraditório. Esses contornos, concretizados no Código de Processo Civil de 2015[139], não podem ser olvidados, também, em julgamentos de ações constitucionais, em particular naqueles destinados à fiscalização das normas infraconstitucionais, sob pena de malferimento do viés democrático no controle de constitucionalidade, conforme tratado adiante.[140]

Se é bem verdade que a democracia não nasce pronta e precisa ser vigiada diuturnamente[141], com participação de todos, mister o apontamento do déficit democrático em cada esfera das funções do Poder. A contribuição do presente estudo desenvolve-se tendo como alvo o Órgão Judiciário, instado a se manifestar em caso de desmandos do Órgão Legislativo, na elaboração de textos normativos desprovida de prévio exame das circunstâncias fáticas e descuidada quanto às possíveis prognoses.

Se, antes, referiu-se à eclosão dos direitos fundamentais e, em desfecho, retomou-se a fórmula democrática para conformação do Estado Democrático Constitucional é porque um não existe sem o outro. Desse modo, direitos fundamentais, garantidos e exercidos, só encontram viabilidade em Estados verdadeiramente democráticos, substancialmente democráticos, constitucionalmente democráticos. Em outro giro, Estado Democrático só se constrói com a proteção incansável dos direitos fundamentais.[142]

---

[139] Entre outros, CPC, arts. 2º a 11, 138, 489 e 926.

[140] ZANETI JÚNIOR, Hermes. *A constitucionalização do processo*: o modelo constitucional da justiça brasileira e as relações entre processo e constituição. 2. ed. rev., ampl., alterada. São Paulo: Atlas, 2014, p. 52.

[141] ZANETI JÚNIOR, Hermes. *A constitucionalização do processo*: o modelo constitucional da justiça brasileira e as relações entre processo e constituição. 2. ed. rev., ampl., alterada. São Paulo: Atlas, 2014, p. 119.

[142] ZANETI JÚNIOR, Hermes. *A constitucionalização do processo*: o modelo constitucional da justiça brasileira e as relações entre processo e constituição. 2. ed. rev., ampl., alterada.

> Se na Constituição se coloca o modo, é dizer, os instrumentos para buscar/resgatar os direitos de segunda e terceira dimensões, via institutos como substituição processual, ação civil pública, mandado de segurança coletivo, mandado de injunção (individual e coletivo) e tantas outras formas, *é porque no contrato social – do qual a Constituição é a explicitação – há uma confissão de que as promessas da realização da função social do Estado não foram (ainda) cumpridas*. (Grifos do autor)[143]

No Estado Democrático Constitucional, por tudo isso, cumprir "a letra da lei", é extremamente salutar e a discricionariedade não tem espaço.[144] A responsabilidade do intérprete está em se dirigir pautando toda a sua interpretação nos direitos e garantias cristalizados na Magna Carta, porquanto representação fidedigna, dados os limites anteriormente esclarecidos, da vontade popular e soberana. Quando se avilta a lei constitucionalmente construída, agride-se o sistema de garantias reivindicadas ao longo dos séculos.

A Constituição representa, portanto, a concretização das expectativas e anseios de um povo, as escolhas realizadas. É o dado objetivo da opção popular pelos novos rumos a serem tomados, dentro dos limites compreensíveis que o modelo impõe, como, por exemplo, o princípio da maioria. Como diz Lenio Streck, "a explicitação do contrato social".

Nesse sentido, avulta o problema circunscrito anteriormente. Se, de um lado, tem-se o Órgão legislativo, o qual, legitimado pela escolha popular, deve promover atos para efetivação das garantias e dos direitos fundamentais, não pode, todavia, pautar-se de forma desregrada, sem

---

São Paulo: Atlas, 2014, p. 133. Perceba-se que Hermes Zaneti Jr. aposta na democracia participativa como fator legitimador do processo político. (ZANETI JÚNIOR, Hermes. *A constitucionalização do processo*: o modelo constitucional da justiça brasileira e as relações entre processo e constituição. 2. ed. rev., ampl., alterada. São Paulo: Atlas, 2014, p. 128-132).

143 STRECK, Lenio Luiz. *Hermenêutica jurídica e(m) crise*: uma exploração hermenêutica da construção do Direito. 11. ed. rev., atual. e ampl. Porto Alegre: Livraria do Advogado, 2014, p. 48.

144 STRECK, Lenio Luiz. Aplicar a "letra da lei" é uma atitude positivista? *Revista NEJ – Eletrônica*, Vale do Itajaí, v. 15, n. 1, p. 158-173, jan.-abr. 2010, p. 164.

contenção ou de forma irresponsável, sobretudo em questões que suscitam, por si sós, grandes debates.

Porque representante da vontade popular, e não podendo a seu alvedrio legislar, incumbe-lhe a análise prévia e o controle dos próprios atos legislativos, não somente na aferição formal, por meio de suas comissões da constitucionalidade, senão também na análise da realidade fática (presente e futura).

Daí porque, num Estado Democrático Constitucional, que prima pela responsabilidade dos agentes públicos, o legislador não tem liberdade irrestrita de conformação. Pelo contrário, essa liberdade de conformação lhe foi sendo reduzida gradativamente, sobretudo no segundo pós-guerra.[145] No paradigma do Estado Democrático Constitucional, paradigma expressamente assumido para o desenvolvimento desse estudo, o Direito assume elevado grau de autonomia e deve, de conseguinte, servir de baliza mestra para atuação, entre outros, do Órgão Legislativo.[146]

> O Estado de Direito Democrático-Constitucional é um Estado alicerçado em normatividade jurídica quanto aos direitos fundamentais, garantias, definição de competências, controlo do poder, solução de conflitos (*racionalidade do Estado de Direito Liberal*); é um Estado aberto a uma definição normativo-constitucional de direitos sociais, económicos e culturais, a uma fixação dos fins e tarefas do Estado, a uma planificação (em sentido não ideológico) dos problemas económicos e sociais (*racionalidade do Estado de Direito Democrático*).[147] (Grifos do autor)

---

145 Consoante apontam Georges Abboud e Rafael Tomaz de Oliveira, a racionalização do poder e os freios ao exercício das suas funções decorre do constitucionalismo, aqui entendido como fenômeno político-jurídico enquadrado na tradição, que supera as vicissitudes de modelos predecessores, e insere as relações institucionais no contexto de formação das democracias modernas. (ABBOUD, Georges; OLIVEIRA, Rafael Tomaz de. O Supremo Tribunal Federal e a nova separação de poderes: entre a interpretação da Constituição e as modificações da engenharia constitucional. *Revista de processo*, v. 39, n. 233, p. 13-39, jul. 2014, p. 26.)

146 STRECK, Lenio Luiz. *Jurisdição constitucional e decisão jurídica*. 4. ed. São Paulo: Revista dos Tribunais, 2014, p. 702-703. Cf., a propósito, CANOTILHO, J. J. Gomes. *Constituição dirigente e vinculação do legislador*: contributo para a compreensão das normas constitucionais programáticas. 2. ed. Coimbra: Coimbra Editora, 2001.

147 CANOTILHO, J. J. Gomes. *Constituição dirigente e vinculação do legislador*: contributo para a compreensão das normas constitucionais programáticas. 2. ed. Coimbra: Coimbra Editora, 2001, p. 49.

2.3 Fixação do Marco Teórico. Filosofia da Linguagem no Direito

Adotar um paradigma é propiciar o surgimento de uma visão de mundo (*Weltanschauung*). É coordenar um conjunto de regras, princípios, percepções e impressões sobre algo. É, ademais, a forma como se vê algo. "Essa forma, essa perspectiva, permite que eu tenha uma ideia sobre aquilo que estudo. Essa é uma das razões que me permite falar num paradigma do Direito: é a forma como percebo o fenômeno jurídico."[148]

Incômodo o questionamento de Friedrich Müller sobre "o que define as transformações epocais na ciência jurídica"[149]. Na Ciência Jurídica, porém, o esforço do trabalho é dirigido à norma jurídica, e, ao redor desta, orbitam as concepções formuladas historicamente.[150]

Se algo pode ser tomado como ponto do qual não mais se retrocederá, este reside na lei (melhor dizendo, na norma jurídica), que parte do povo e demanda respeito irrestrito pela sociedade e pelo Estado, e realização cuidadosa e incorruptível, enquanto pilar da democracia, sem a qual não se pode falar em Estado Democrático Constitucional, tarefa desenvolvida no tópico anterior e alicerce para as reflexões presentes.[151]

Permanece a descoberto, no entanto, o que é norma jurídica. A adoção de um paradigma e da fixação de um marco teórico é, pois, novamente, fundamental.

Estabelecer o paradigma do qual se parte, situar o *locus* da fala é importante para fazer com que também o interlocutor compreenda o

148 MAIA, Alexandre Campaneli Aguiar. Paradigma. *Revista da Faculdade de Direito Padre Arnaldo Janssen*, Belo Horizonte, v. 1, n. 1, p. 7-13, jan.-dez. 2008, p. 8.

149 MÜLLER, Friedrich. *O novo paradigma do direito*: introdução à teoria e metódica estruturantes. 3. ed. São Paulo: Revista dos Tribunais, 2013, p. 9.

150 MÜLLER, Friedrich. *O novo paradigma do direito*: introdução à teoria e metódica estruturantes. 3. ed. São Paulo: Revista dos Tribunais, 2013, p. 9.

151 MÜLLER, Friedrich. *O novo paradigma do direito*: introdução à teoria e metódica estruturantes. 3. ed. São Paulo: Revista dos Tribunais, 2013, p. 9-10.

círculo que delimita o que ora se propugna, a superação de paradigmas e concepções anteriores, bem como apresenta filtros, imprescindíveis a qualquer análise científica. É, pois, necessário selecionar o que do mundo importa.

> As posições teóricas que assumimos refletem, muitas vezes, apenas a superfície de um processo compreensivo muito mais complexo. Na verdade, em inúmeros casos, elas acabam por espelhar um conjunto de elementos que conformam o *modo* de se organizar o pensamento e de determinação do processo de conhecimento que rege uma determinada época. Essa dimensão profunda, organizadora da nossa racionalidade, não pode ser acessada através dos instrumentos teóricos desenvolvidos por uma ciência qualquer. Essa dimensão é filosófica. Para termos acesso a ela, necessitamos nos envolver em um processo catártico, de *des-construção* da história da filosofia. Um processo no qual, desde Heidegger, nós mesmos estamos envolvidos em face de nossa facticidade.[152] (Grifos do autor)

Na linha do que se evidenciou anteriormente, tem-se por paradigma o surgimento do Estado Democrático Constitucional, além da concepção de que, na Constituição, explicitação do contrato social, encontram-se plasmadas as escolhas da maioria, sem que signifique a possibilidade de intervenção autoritária e injustificada em zonas de interesses da minoria. A partir disso, parte-se a desvendar de que modo, nessa quadra da história, deve-se voltar a atenção ao modo de compreender o Direito.

A aplicação/criação do direito (positivo) e a efetivação dos direitos fundamentais estão diretamente ligadas ao paradigma vigente, esse plano *a priori* que condicionará a interpretação; pano de fundo compartilhado, que não pode ser, simplesmente, descartado, pois o texto nada é fora de seu contexto.

> [...] um paradigma jurídico delineia ou conforma uma determinada concepção de sociedade, a fim de explicar como direitos constitucionais e

---

[152] STRECK, Lenio Luiz. *Hermenêutica jurídica e(m) crise*: uma exploração hermenêutica da construção do Direito. 11. ed. rev., atual. e ampl. Porto Alegre: Livraria do Advogado, 2014, p. 142.

> princípios devem ser concebidos e implementados, para que possam cumprir, naquele dado contexto, as funções que lhes são normativamente atribuídas, orientando, assim, o projeto de realização de uma comunidade jurídica.[153]

Desde logo, já se percebe a necessidade de, à luz do progresso da filosofia, desvendar de que forma o discurso jurídico deve ser compreendido. Em especial, de que modo o campo jurídico sofreu (ou deveria ter sofrido) os influxos da filosofia da linguagem, fruto da superação de paradigmas predecessores e que se tornaram incompatíveis com o atual modelo estatal desenhado. Deve-se, sobretudo, a Lenio Streck, em sua vasta obra[154], a importação da Filosofia da Linguagem[155] para a Ciência do Direito, a elaboração, enfim, de uma Filosofia *no* Direito.

---

153 COURA, Alexandre Castro. *Hermenêutica jurídica e jurisdição (in)constitucional*: para uma análise crítica da "jurisprudência" de valores à luz da teoria discursiva de Habermas. Belo Horizonte: Mandamentos, 2009, p. 40.

154 Destacam-se, entre outras: STRECK, Lenio. *Hermenêutica jurídica e(m) crise*: uma exploração hermenêutica da construção do Direito. 11. ed. rev. atual. e ampl. Porto Alegre: Livraria do Advogado, 2014; STRECK, Lenio. *Jurisdição constitucional e decisão jurídica*. 4. ed. São Paulo: Revista dos Tribunais, 2014; STRECK, Lenio. *Verdade e consenso*: constituição hermenêutica e teorias discursivas. 4. ed. São Paulo: Saraiva, 2012; STRECK, Lenio. *Lições de crítica hermenêutica do Direito*. Porto Alegre: Livraria do Advogado, 2014. E, mais recentemente: STRECK, Lenio Luiz. *Dicionário de hermenêutica*: quarenta temas fundamentais da teoria do direito à luz da crítica hermenêutica do Direito. Belo Horizonte: Letramento, 2017.

155 Para John Searle, Filosofia da Linguagem, que se distingue de Filosofia Linguística, é o intento de proporcionar descrições filosoficamente iluminadoras de certas características gerais da linguagem, tais como a referência, a verdade, o significado e a necessidade, e somente se preocupa, de passagem, com elementos particulares de uma linguagem particular; nada obstante, o método de investigação, empírico e racional, mas *a priori* e especulativo, obriga naturalmente a prestar atenção estrita aos fatos das linguagens naturais efetivas. Na versão em espanhol: "La filosofía del lenguaje es el intento de proporcionar descripciones filosóficamente iluminadoras de ciertas características generales del lenguaje, tales como la referencia, la verdad, el significado y la necesidad, y solamente se preocupa de pasada de elementos particulares de un lenguaje particular; sim embargo, su método de investigación, empírico y racional más que *a priori* y especulativo, obligará naturalmente a prestar atención estricta a los hechos de los lenguajes naturales efectivos." (SEARLE, John. *Actos de habla*: ensayo de filosofía del lenguaje. Madrid: Planeta-de Agostini, 1994, p. 14)

> O que importa referir é que, uma vez que passamos da epistemologia para a hermenêutica (fundada no giro linguístico-ontológico), é razoável pensar (e esperar) que essa ruptura paradigmática deveria obter uma ampla recepção nessa complexa área do conhecimento que é o direito, mormente se parti(r)mos da concepção de que há uma indissociável ligação entre o positivismo jurídico – que tanto queremos combater – e o esquema sujeito-objeto (afinal, ninguém admite, principalmente no Brasil, ser epitetado 'positivista'). [...]
>
> Por isso, aliás, é que cunhei a expressão 'filosofia *no* direito', para diferenciá-la da tradicional 'filosofia *do* direito'. Afinal, o direito é um fenômeno bem mais complexo do que se pensa. Em definitivo: o direito não é mera racionalidade instrumental. *Isso implica reconhecer que fazer filosofia no direito não é apenas pensar em levar para esse campo a analítica da linguagem ou que os grandes problemas do direito estejam na mera interpretação dos textos jurídicos.* Mais importante é perceber que, quando se interpretam textos jurídicos, há um acontecimento que se mantém encoberto, mas que determina o pensamento do direito de uma maneira profunda.
>
> Ou seja, fazer filosofia *no* direito não expressa uma simples 'terapia conceitual', mas, sim, um exercício constante do pensamento dos conceitos jurídicos fundamentais, de modo a problematizar seus limites, demarcando seu campo correto de atuação. Enfim, filosofia *no* direito implica construção de possibilidades para a correta colocação do fenômeno jurídico que, na atual quadra da história, não pode mais ser deslocado de um contexto de legitimação democrática.[156] (Grifos do autor)

Os paradigmas filosóficos, destarte, operam como "princípio organizador" que exerce influência sobre o pensamento científico e, por meio do qual, é possível examinar do que está carregado implicitamente o discurso científico.[157]

Conforme se referiu no início do estudo, a linguagem é condição de possibilidade do conhecimento, e este é limitado por aquela, na medida

---

[156] STRECK, Lenio. *Verdade e consenso*: constituição hermenêutica e teorias discursivas. 4. ed. São Paulo: Saraiva, 2012, p. 464-466.

[157] "A filosofia, entretanto, tem como tarefa fundamental desenvolver um discurso sobre a totalidade e essa totalidade é o mundo que envolve, como condição de possibilidade, todos os discursos científicos. A filosofia, portanto, fala sobre o mundo e as ciências falam dentro do mundo." (STEIN, Ernildo. *Aproximações sobre hermenêutica*. 2. ed. Porto Alegre: EDIPUCRS, 2010, p. 11.)

em que a vastidão do conhecimento conecta-se à capacidade do cientista de formular proposições sobre o seu objeto de estudo. Formular proposições é produzir linguagem.[158] Conhecimento é fato complexo que ocorre dentro do processo comunicacional, pressupondo a relação entre a linguagem do sujeito cognoscente, a linguagem do sujeito destinatário e a linguagem do objeto-enunciado.[159] A linguagem é a condição de possibilidade desse relacionamento.

Tal como ocorrido na Filosofia, não poderia a Ciência do Direito[160] ficar imune à viragem ontológico-linguística.[161] É certo que a linguagem adentrou de uma vez por todas a ciência jurídica (e, com ela, o mundo prático), e fazê-la ser compreendida entre os juristas e utentes da prestação jurisdicional, direta ou indiretamente, mesmo entre os promotores de tal prestação, é tarefa que não pode escapar ao estudo, sob pena de

---

158 Conquanto não se possa limitar o pensamento, sua expressão é limitada pela linguagem, adverte Ludwig Wittgenstein, na Introdução ao seu "Tratactus Logico-Philosophicus". Mais adiante, confirma "5.6 *Os limites de minha linguagem* significam os limites do meu mundo". (WITTGENSTEIN, Ludwig. *Tratactus Logico-Philosophicus*. São Paulo: Universidade de São Paulo, 2001, p. 245) Cf. CARVALHO, Aurora Tomazini de. *Curso de teoria geral do direito*: o constructivismo lógico-semântico. 4. ed. São Paulo: Noeses, 2014, p. 12-13.

159 MOUSSALLEM, Tárek Moysés. *Fontes do direito tributário*. 2. ed. São Paulo: Noeses, 2006, p. 5-6.

160 Contra a utilização da expressão "Ciência do Direito", António Manuel Hespanha, para quem "'Ciência do Direito' insinua que o saber jurídico obedece a um modelo de discurso semelhante ao das "ciências": ou seja, em que há uma referência à verdade (e a uma só), em que se produzem resultados objetivos, por métodos dotados de rigor e univocidade, sobre uma realidade objectiva, exterior ao observador ('positiva'), de tal modo a obter um saber geral (de 'leis'), sobre o qual as pré-compreensões ou as opções (filosóficas, políticas, existenciais) do estudioso (do 'cientista') não têm qualquer influência ('neutralidade' da ciência)" (HESPANHA, António Manuel. *O caleidoscópio do direito*: o direito e a justiça nos dias e no mundo de hoje. Coimbra: Almedina, 2007, p. 24, nota 12).

161 "Embora o ceticismo de parcela considerável da comunidade jurídica, é impossível negar as consequências da viragem linguístico-ontológica para a interpretação do direito. Trata-se de uma ruptura paradigmática que supera séculos de predomínio do esquema sujeito-objeto, e, consequentemente, a superação daquilo que, no direito, representou o lócus privilegiado da relação sujeito-objeto: o positivismo." (STRECK, Lenio Luiz. *Verdade e consenso*: constituição hermenêutica e teorias discursivas. 4. ed. São Paulo: Saraiva, 2012, p. 454)

aprisionamento nos paradigmas da metafísica clássica (filosofia do objeto) e da modernidade (filosofia da consciência).[162]

A partir do giro ontológico-linguístico, é que se encontrará a condição de possibilidade para a desconstrução e reconstrução do pensamento (e, pois, da própria existência no mundo), sobretudo, jurídico, em especial aquele relacionado ao elemento interpretativo que reveste a experiência jurídica.[163]

Em linhas gerais[164], quanto à metafísica clássica, já em Platão reside a busca de um *fundamentum absolutum inconcussum veritatis*, posteriormente idealizada por Aristóteles na *substância* e no *esse subsistens* do

---

[162] STRECK, Lenio Luiz. *Verdade e consenso*: constituição hermenêutica e teorias discursivas. 4. ed. São Paulo: Saraiva, 2012, p. 465. "Esse giro 'liberta' a filosofia do *fundamentum* que, da essência, passara, na modernidade, para a consciência. Mas, registre-se, o giro ou guinada não se sustenta tão somente no fato de que, agora, os problemas filosóficos serão linguísticos, em face da propalada 'invasão' da filosofia pela linguagem. Mais do que isso, tratava-se do ingresso do mundo prático na filosofia." (STRECK, Lenio Luiz. *Dicionário de hermenêutica*: quarenta temas fundamentais da teoria do direito à luz da crítica hermenêutica do Direito. Belo Horizonte: Letramento, 2017, p. 86)

[163] Para melhor compreensão dos momentos históricos, ainda que de modo reduzido, cf. STRECK, Lenio Luiz. *Hermenêutica jurídica e(m) crise*: uma exploração hermenêutica da construção do Direito. 11. ed. rev., atual. e ampl. Porto Alegre: Livraria do Advogado, 2014. Cap. 6, p. 177-210. Importa notar que, para fins deste estudo, não há como fazer uma passeio, ainda que breve, por cada fase histórica trazendo notas acerca do desenvolvimento da relação pensamento-coisa, sujeito-coisa, ou de como o conhecimento pôde/pode ser visto como um processo de adequação do olhar ao objeto, ou, ainda, de que modo foi cindida, em determinados períodos, a ligação entre palavras e coisas, senão que, num outro corte metodológico, serão evidenciados os paradigmas mais importantes e que, diretamente, interessam à complementaridade das premissas ora lançadas. Cf., também, CARVALHO, Aurora Tomazini de. *Curso de teoria geral do direito*: o constructivismo lógico-semântico. 4. ed. São Paulo: Noeses, 2014, p. 13-18. Ainda, a obra que marca essa viragem hermenêutica, ultrapassando a filosofia da consciência: WITTGENSTEIN, Ludwig. *Tratactus Logico-Philosophicus*. São Paulo: Universidade de São Paulo, 2001, bem como aquela que regenera os pensamentos deste último, confessadamente pelo próprio autor WITTGENSTEIN, Ludwig. *Investigações filosóficas*. 6. ed. Petrópolis: Vozes, 2009, p. 12)

[164] Trata-se de resumo a partir da consulta às obras já listadas. Relevando-se, pela capacidade de síntese: STRECK, Lenio Luiz. *O que é isto – decido conforme minha consciência?* 3. ed. Porto Alegre: Livraria do Advogado Editora, 2012. Esse breve escorço sobre os paradigmas será realizado sem referência às obras consultadas, a fim de que se torne mais fluida a leitura.

medievo. De outra parte, dando azo à filosofia da consciência, Descartes preconiza o *cogito*, posteriormente havido no *eu penso* kantiano, bem assim afirmada no *absoluto* hegeliano, na *vontade de poder* (*Wille zur Macht*) nietzschiana, até chegar-se ao "imperativo do dispositivo da era técnica", em que o ser desaparece no pensamento que calcula (Heidegger).

Na metafísica clássica (filosofia do objeto – objetivista), de modo geral, os sentidos estavam nas coisas. As coisas possuíam essência e, por isso, sentido. A tarefa do intérprete consistia em desvelar esse sentido, buscando-o no objeto ("mito do dado" – *adequatio intellectum et rei*). A atividade interpretativa cinge-se ao objeto conhecido ou cognoscível, aprisionando o sujeito que conhece ao objeto que é conhecido. A metafísica é entendida como ontologia, a qual estuda os caracteres fundamentais do ser (aquilo sem o qual algo não é).

Na modernidade (*Aufklärung*), aparece o sujeito assujeitador das coisas (filosofia da consciência – subjetivista), que domina a certeza de si do pensamento pensante (*Selbstgewissenheit des denkenden Denken*). Desponta a subjetividade do sujeito que se antecipa a todo processo de conhecimento, "assujeita" a coisa. O conhecimento é "construído" pelo sujeito que emprega método específico de análise, a partir do qual estabelece os sentidos; o intérprete é o dono dos sentidos.[165] O mundo passa a ser explicado pela razão, não sendo mais o homem sujeito às estruturas.[166] Tem-se, pois, neste ciclo, a prevalência do esquema

---

165 Os métodos de análise do objeto encobrem a subjetividade assujeitadora, que quer encontrar o que se deseja, justificando-se pelo método previamente escolhido. Eis porque a necessidade de uma metódica que se revele transparente e permita a reconstrução do caminho trilhado pelo sujeito interpretante, mormente, na Ciência jurídica. (MÜLLER, Friedrich. *Teoria estruturante do direito*. 3. ed. São Paulo: Revista dos Tribunais, 2011, p. 47-55). Nesse sentido, MÜLLER, Friedrich. *O novo paradigma do direito*: introdução à teoria e metódica estruturantes. 3. ed. São Paulo: Revista dos Tribunais, 2013, p. 14-15. De modo geral, MÜLLER, Friedrich. *Metodologia do direito constitucional*. 4. ed. São Paulo: Revista dos Tribunais, 2010.

166 Assumindo-se o risco do reducionismo, na Ciência do Direito, para as posturas objetivistas (Escola da Exegese, da Jurisprudência dos Conceitos, da Jurisprudência Analítica), a lei

sujeito-objeto[167], segundo o qual os sentidos estão no próprio cientista, o mundo passa a ser explicado pela razão.

No paradigma, porém, do qual se partirá para o exame da questão de fundo neste trabalho, a relação entre sujeito e objeto, melhor, entre linguagem do sujeito e linguagem do objeto, adquire nova conotação. O sujeito não é mais senhor dos sentidos e o objeto não contém em si um sentido a ser revelado. Pelo contrário, a linguagem, que se antecipa a essa relação, possibilita o acesso do sujeito ao objeto.

A superação da filosofia da consciência (paradigma da subjetividade) dá-se no século XX, a partir do que se consagrou como *linguistic turn*. Trata-se, como dito, do ingresso do mundo prático na linguagem. A invasão da linguagem promove, na filosofia, a transferência do conhecimento para os próprios lindes da linguagem.[168] A partir deste

---

é vista como dado jurídico pronto e acabado, devendo o intérprete revelar o sentido intrínseco a este objeto de estudo; sentido este advindo de uma autoridade externa ao intérprete, quer seja divina, cosmológica das coisas ou racional. Por outro lado, as posturas subjetivistas (Movimento do Direito Livre, Realismo Jurídico e Jurisprudência dos Interesses) desprendem o intérprete deste invólucro legal, fazendo-o verdadeiro criador dos sentidos. O sujeito cognoscente lança mão dos interesses sociais que permitiram a criação do objeto, até o extremo de colocar a interpretação como ato de vontade livre daquele que a profere, sendo o direito o resultado de suas ações interpretativas.

167 O esquema sujeito-objeto pode ser visto sob duas perspectivas. A primeira, objetivista, acredita em que o sentido está nas coisas, cabendo ao intérprete descobri-lo. A segunda, por sua vez, admite que o sujeito é quem manipula, discricionariamente, o objeto. Neste último caso, o sentido está na mente do sujeito, que "assujeita" a coisa. Refira-se que é justamente a fundamentação na razão para a explicação do mundo que torna possível a ruptura com a ordem transcendental, evidenciada no surgimento do Estado Moderno. Linhas atrás, observou-se a importância de Thomas Hobbes no período, enquanto primeiro teórico contratualista e o qual utiliza a linguagem (viragem linguística) como possibilidade de reunião de todos para se sujeitarem ao Estado.

168 Com Ernildo Stein, situa-se não se tratar simplesmente de estudar a linguagem, como faz a linguística, de falar da linguagem no mundo, mas "falar da linguagem enquanto ela é o mundo sobre o qual falamos. Então é o tratamento filosófico da linguagem que está em questão quando falarmos das questões da hermenêutica, ou da hermenêutica filosófica. Trata-se de falar do mundo e de nos darmos conta de que não podemos falar do mundo a não ser falando da linguagem". (STEIN, Ernildo. *Aproximações sobre hermenêutica*. 2. ed. Porto Alegre: EDIPUCRS, 2010, p. 15)

momento, na linguagem se dará o sentido. É dizer, o sujeito surge na linguagem e pela linguagem. Com a ressalva que faz Lenio, "o que morre é a subjetividade 'assujeitadora', e não o sujeito da relação de objetos"[169].

Pedagogicamente, a invasão da filosofia pela linguagem ocorreu sob três frentes distintas.[170] Na primeira delas, situa-se o "primeiro" Ludwig Wittgenstein, com o seu "*Tratactus* Logico-*Philosophicus*".[171] Consagrava-se o neopositivismo lógico ou empirismo lógico, fruto do Círculo de Viena da década de 20[172], consubstanciado na "ideia de que o conhecimento pode ser obscurecido por certas perplexidades de natureza estritamente linguística", pelo que "a filosofia deve realizar-se à margem as especulações metafísicas, numa busca de questionamentos estritamente linguísticos". Realça-se que "onde não há rigor linguístico não há ciência", pois "*Fazer ciência é traduzir numa linguagem rigorosa os dados do mundo*; é elaborar uma linguagem mais rigorosa que a linguagem natural"[173].

---

169 STRECK, Lenio Luiz. *O que é isto – decido conforme minha consciência?* 3. ed. Porto Alegre: Livraria do Advogado Editora, 2012, p. 15. É possível afirmar que não mais há entes (os humanos) que se compreendem por si mesmos, senão que a compreensão é fundamental para a própria condição humana. A isso, denominou-se círculo hermenêutico-ontológico. (STEIN, Ernildo. *Aproximações sobre hermenêutica*. 2. ed. Porto Alegre: EDIPUCRS, 2010)

170 STRECK, Lenio Luiz. *Hermenêutica jurídica e(m) crise*: uma exploração hermenêutica da construção do Direito. 11. ed. rev., atual. e ampl. Porto Alegre: Livraria do Advogado, 2014, p. 240.

171 MOUSSALEM, Tárek Moysés. *Fontes do direito tributário*. 2. ed. São Paulo: Noeses, 2006, p. 1-2.

172 Essa corrente linguístico-epistemológica recebeu outras denominações, tais como Filosofia Analítica, Empirismo Contemporâneo, Positivismo Lógico. (WARAT, Luis Alberto. *O direito e sua linguagem*. 2. ed. Porto Alegre: Sérgio Antonio Fabris, 1984, p. 37) Sobre os aspectos gerais do Círculo de Viena, cf. CARVALHO, Paulo de Barros. *Direito tributário, linguagem e método*. 3.ed. São Paulo: Noeses, 2009, p. 20-27.

173 WARAT, Luis Alberto. *O direito e sua linguagem*. 2. ed. Porto Alegre: Sérgio Antonio Fabris, 1984, p. 37. "Como se pode verificar, na visão do Positivismo Lógico salienta-se a importância fundamental da linguagem para a ciência do direito, pois esta deve construir seu objeto sobre dados que são expressos pela própria linguagem, ou seja, a linguagem da ciência jurídica fala sobre algo que já é linguagem anteriormente a esta fala." (WARAT, Luis Alberto. *O direito e sua linguagem*. 2. ed. Porto Alegre: Sérgio Antonio Fabris, 1984, p. 38.) Não somente pela forma como foi escrito o livro, mas também pelo rigorismo linguístico e lógico, cf. WITTGENSTEIN, Ludwig. *Tratactus Logico-Philosophicus*. São Paulo: Universidade de São Paulo, 2001.

O estudo da linguagem dá-se pela semiótica e a unidade de análise é o signo. Este, por sua vez, pode ser estudado de acordo com os seus três tipos de vinculações: a) sintática (relação dos signos entre si, sob regras de formação – combinação de signos elementares para a formação de signos mais complexos – e de derivação – geração de expressões a partir de outras já dadas)[174]; b) semântica (relação entre signos e objetos a que se referem – surge o problema da verdade[175]); c) pragmática (relação entre o signo e o usuário)[176].[177]

---

[174] "Do ponto de vista jurídico, a expressão está sintaticamente bem formada quando o enunciado acerca de uma ação encontra-se deonticamente modalizado." (WARAT, Luis Alberto. *O direito e sua linguagem*. 2. ed. Porto Alegre: Sérgio Antonio Fabris, 1984, p. 40)

[175] O problema central da semântica é a verdade. Uma expressão será semanticamente verdadeira se tiver correspondência com os fatos; se sua significação é aceita como existente; deve ser empiricamente verificável ("condição positivista de sentido"). (WARAT, Luis Alberto. *O direito e sua linguagem*. 2. ed. Porto Alegre: Sérgio Antonio Fabris, 1984, p. 40-41) Em que pese não se devesse considerar relevante para o direito a análise semântica, constata Warat, desde o normativismo kelseniano até o realismo de Alf Ross, "uma profunda preocupação com os métodos de verificação da ciência jurídica". Em nota, observa que, para Kelsen, uma norma é significativa se é válida, logo a norma tem sentido e é válida quando estabelece relação de concordância com o critério de validade. (WARAT, Luis Alberto. *O direito e sua linguagem*. 2. ed. Porto Alegre: Sérgio Antonio Fabris, 1984, p. 43 e nota 13) Cf. KELSEN, Hans. *Teoria Pura do Direito*. Tradução de João Baptista Machado. 8. ed. São Paulo: Editora WMF Martins Fontes, 2009, p. 11-16. Não se olvida que, a partir da análise semântica, Kelsen superou o positivismo sintático ou exegético, que se sustentava ao nível da sintaxe. (STRECK, Lenio. *Hermenêutica jurídica e(m) crise*: uma exploração hermenêutica da construção do Direito. 11. ed. rev. atual. e ampl. Porto Alegre: Livraria do Advogado, 2014, p. 242)

[176] Pela pragmática, renegada pelo Positivismo Lógico, compreende-se a ideologia como fator indissociável da estrutura conceitual. Fatores intencionais dos usuários provocam alterações na relação designativo-denotativa dos significados das palavras ou expressões. No âmbito da ciência jurídica, somente a análise pragmática permite a formação de juristas críticos. Sem essa dimensão, "o discurso científico das ciências sociais e jurídicas perde toda a possibilidade de converter-se em um discurso de denúncia, de diagnóstico das desigualdades e dos mecanismos de dominação". (WARAT, Luis Alberto. *O direito e sua linguagem*. 2. ed. Porto Alegre: Sérgio Antonio Fabris, 1984, p. 46-48) É a pragmática que permite a descoberta das conexões existentes entre a lei e os fatores políticos que a engendraram; não é possível estudo jurídico à margem dessa dimensão. (STRECK, Lenio. *Hermenêutica jurídica e(m) crise*: uma exploração hermenêutica da construção do Direito. 11. ed. rev. atual. e ampl. Porto Alegre: Livraria do Advogado, 2014, p. 243) A abertura à pragmática é imperiosa para o presente trabalho.

[177] WARAT, Luis Alberto. *O direito e sua linguagem*. 2. ed. Porto Alegre: Sérgio Antonio Fabris, 1984, p. 38-48. "La sintaxis es el punto de partida de la semántica, ya que para estudiar las formas de significación y sus problemas es preciso admitir primero ciertas expresiones a

A segunda frente do giro linguístico, ou Filosofia da Linguagem Ordinária, tem início, por assim dizer, com o "segundo" Wittgenstein e o "Investigações Filosóficas". Segundo Warat, nesta segunda fase, Wittgenstein "passa a acreditar que a *linguagem natural é correta e que as dificuldades de origem linguística surgem porque os filósofos a reconstituem deficientemente*"[178]. Se, antes, a busca era por uma linguagem perfeita, capaz de reproduzir com exatidão a estrutura ontológica do mundo, que existe independente da linguagem, que esta tem a função de exprimir (visão instrumentalista-designativa-objetivista), agora, porém, a linguagem é a condição de possibilidade do mundo; preserva-se o ângulo pragmático.[179]

Sepultam-se, desse modo, as concepções objetivista (paradigma aristotélico-tomista; "mito do dado") e subjetivista (filosofia do ser). Torna-se impossível determinar a significação das palavras sem um contexto socioprático em que são usadas.[180] Com efeito, Wittgenstein trabalha com "jogo de linguagem" para aludir ao processo de uso de

---

las cuales haya de atribuirse aquella significación, y para distinguir las expresiones aceptables (bien formadas) de las inaceptables (mal formadas) es necesario conocer o establecer ciertas reglas de formación. A su vez, la semántica es un base necesario para la pragmática, ya que el uso que se hace del lenguaje presupone el manejo de los significados atribuidos a los signos que se empleen". (GUIBOURG, Ricardo. *Introducción al conocimiento científico*. 3. ed. Buenos Aires: EUDEBA, 2000, p. 66) "La pragmática ha sido definida como la disciplina que estudia el discurso (es decir, el habla, el acto de hablar o de escribir) como un acto humano que se dirige a la producción de ciertos efectos [...] puede decirse que la pragmática es la parte de la semiótica que trata del origen de los signos, sus usos y de los efectos que ellos producen en la conducta dentro de la cual aparecen" (GUIBOURG, Ricardo. *Introducción al conocimiento científico*. 3. ed. Buenos Aires: EUDEBA, 2000, p. 65)

[178] WARAT, Luis Alberto. *O direito e sua linguagem*. 2. ed. Porto Alegre: Sérgio Antonio Fabris, 1984, p. 63.

[179] STRECK, Lenio Luiz. *Hermenêutica jurídica e(m) crise*: uma exploração hermenêutica da construção do Direito. 11. ed. rev., atual. e ampl. Porto Alegre: Livraria do Advogado, 2014, p. 243-245. Pelo mesmo motivo, a linguagem pode servir de instrumento de dominação social.

[180] STRECK, Lenio Luiz. *Hermenêutica jurídica e(m) crise*: uma exploração hermenêutica da construção do Direito. 11. ed. rev., atual. e ampl. Porto Alegre: Livraria do Advogado, 2014, p. 245.

palavras e a parcialidade de seu emprego. Opera-se o sistema de comunicação, de fato, com diferentes tipos de linguagem, de acordo com sistemas de regras diversos, aprendidos com um "ensino ostensivo das palavras".

> 6. Poderíamos imaginar que a linguagem no § 2º é toda a linguagem de A e B; e até, toda a linguagem de um povo, As crianças são educadas para executar *essas* atividades, para usar *essas* palavras e para reagir *dessa maneira* às palavras dos outros.
>
> Uma parte importante do treinamento consistirá em o instrutor apontar para objetos, dirigir a atenção da criança para eles enquanto profere uma palavra, por exemplo, a palavra 'laje', mostrando esta forma. [...]
>
> 7. Na prática do uso da linguagem (2), uma parte grita as palavras, a outra age de acordo com elas; mas na instrução da linguagem vamos encontrar *este* processo: o aprendiz *dá nome* aos objetos. Isto é, ele diz a palavra quando o professor aponta para a pedra. [...]
>
> Podemos imaginar também que todo o processo de uso de palavras em (2) seja um dos jogos por meio dos quais as crianças aprendem sua língua materna. Quero chamar esses jogos de '*jogos de linguagem*' [...]. Chamarei de 'jogo de linguagem' também a totalidade formada pela linguagem e pelas atividades com as quais ela vem entrelaçada.[181]

O texto só o é no seu contexto.[182] E é preciso que os sujeitos interlocutores estejam inseridos no mesmo contexto, habitem o mesmo mundo linguístico e conheçam as regras do jogo. Essas noções devem ficar claras, sobretudo, quando, linhas adiante forem os jogos linguísticos do sistema do direito positivo e da Ciência do Direito, jogos linguísticos jogados com regras determinadas.[183]

Necessário, ainda, que se observem os critérios para emprego "correto" das palavras, assim entendido como tal pela comunidade

---

[181] WITTGENSTEIN, Ludwig. *Investigações filosóficas*. 6. ed. Petrópolis: Vozes, 2009, p. 17-19.

[182] WARAT, Luis Alberto. *O direito e sua linguagem*. 2. ed. Porto Alegre: Sérgio Antonio Fabris, 1984, p. 65.

[183] MOUSSALLEM, Tárek Moysés. *Fontes do direito tributário*. 2. ed. São Paulo: Noeses, 2006, p. 57.

linguística que as emprega. É o acordo entre membros de uma comunidade que torna possível a comunicação.[184] Não se pode ouvir a palavra "vermelho" e escolher outra cor; deverá tomar a imagem correspondente à palavra escutada.[185] O indivíduo não age isoladamente; age, isso sim, conforme regras estabelecidas com outros indivíduos, na comunidade à qual pertence. Mas, por ser linguagem, mesmo seguindo as mesmas regras, ninguém joga o mesmo jogo; as palavras sofrem alterações no processo de comunicação[186]. Suplantam-se os problemas da semântica ao se atingir o nível pragmático.[187]

A terceira e última frente ocorreu com o desenvolvimento da Filosofia da Linguagem Ordinária, a partir do exame dos problemas das linguagens ordinárias.[188] Aqui, a filosofia é invadida pela pragmática, ponto do qual se ocupou John Austin, quem distinguiu os enunciados em suas dimensões: a) constatativa, pelo qual o enunciado descreve a realidade; e b) performativa (sentença performativa ou proferimento performativo), pela qual se realizam ações (ex.: "lego a meu irmão este

---

184 STRECK, Lenio Luiz. *Hermenêutica jurídica e(m) crise*: uma exploração hermenêutica da construção do Direito. 11. ed. rev., atual. e ampl. Porto Alegre: Livraria do Advogado, 2014, p. 246.

185 Este é o exemplo trabalhado por Wittgenstein para demonstrar a necessidade de se estabelecerem critérios, no caso, "escolher a cor que ocorre a alguém quando ouve a palavra". (WITTGENSTEIN, Ludwig. *Investigações filosóficas*. 6. ed. Petrópolis: Vozes, 2009, p. 122-123).

186 WARAT, Luis Alberto. *O direito e sua linguagem*. 2. ed. Porto Alegre: Sérgio Antonio Fabris, 1984, p. 65.

187 STRECK, Lenio Luiz. *Hermenêutica jurídica e(m) crise*: uma exploração hermenêutica da construção do Direito. 11. ed. rev., atual. e ampl. Porto Alegre: Livraria do Advogado, 2014, p. 246.

188 Warat informa que as correntes que se ocuparam dos problemas internos da Filosofia da Linguagem Ordinária não chegaram a constituir uma escola organizada. Ao redor das ideias de Wittgenstein, estiveram Malcon e Waismann. Num segundo grupo (Escola de Oxford), destacam-se, entre outros, John Austin e H.L.A. Hart. (WARAT, Luis Alberto. *O direito e sua linguagem*. 2. ed. Porto Alegre: Sérgio Antonio Fabris, 1984, p. 63.)

relógio" – no caso do testamento ou legislar[189]), ainda que sem proferimento de qualquer palavra, mas em circunstâncias apropriadas.[190]

Para Austin, palavras há que, inseridas em declarações aparentemente descritivas, não indicam a realidade relatada, "mas são usadas para indicar (e não para relatar) as circunstâncias em que a declaração foi feita, as restrições às quais está sujeita ou a maneira como deve ser recebida, ou coisa desse teor"[191]. Ao menosprezo dessa possibilidade, pelos movimentos anteriores, Austin denominou "falácia 'descritiva'".

Ao compreender a linguagem a partir do contexto sócio-histórico, que gera os pressupostos habilitadores dos atos de fala[192], Austin avança

---

[189] O exemplo é de MOUSSALLEM, Tárek Moysés. *Revogação em matéria tributária*. São Paulo: Noeses, 2005, p. 12. Segundo John Searle, atos de fala são unidades mínimas ou básicas da comunicação linguística. Na versão em espanhol: "[...] los actos de habla (de ciertos géneros que se explicarán más adelante) son las unidades básicas o mínimas de la comunicación lingüística." (SEARLE, John. *Actos de habla*: ensayo de filosofía del lenguaje. Madrid: Planeta-de Agostini, 1994, p. 26.)

[190] AUSTIN, John Langshaw. *Quando dizer é fazer*. Porto Alegre: Artes Médicas, 1990, p. 21-27. "Além do proferimento das palavras chamadas performativas, muitas outras coisas em geral têm que ocorrer de modo adequado para podermos dizer que realizamos, com êxito, a nossa ação." (AUSTIN, John Langshaw. *Quando dizer é fazer*. Porto Alegre: Artes Médicas, 1990, p. 30.) Austin classifica os enunciados performativos em (a) felizes (*happy*) ou (b) *infelizes* (*unhappy*), a depender do preenchimento ou não das condições requeridas para a emissão do ato de fala, que, para ele, são seis regras, superando, portanto, a dicotomia entre "verdadeiro" e "falso", aplicável aos enunciados declarativos (usados para descrever determinadas situações-de-fato). (AUSTIN, John Langshaw. *Quando dizer é fazer*. Porto Alegre: Artes Médicas, 1990, p. 30-31). Para uma síntese, cf. MOUSSALLEM, Tárek Moysés. *Revogação em matéria tributária*. São Paulo: Noeses, 2005, p. 12-15.

[191] AUSTIN, John Langshaw. *Quando dizer é fazer*. Porto Alegre: Artes Médicas, 1990, p. 22-23.

[192] Austin trabalha com (1) ato locucionário (ato de "dizer algo"), (2) ato ilocucionário (aquilo que se faz ao dizer algo; a maneira ("sentido") de usar a fala), e (3) ato perlocucionário ou perlocução (produção de certos efeitos ou consequências sobre os sentimentos, pensamentos ou ações dos ouvintes, ou de quem está falando, ou de outras pessoas; e isso pode ser feito com o propósito, intenção ou objetivo de produzir tais efeitos). (AUSTIN, John Langshaw. *Quando dizer é fazer*. Porto Alegre: Artes Médicas, 1990, p. 85-90) Cf. STRECK, Lenio Luiz. *Hermenêutica jurídica e(m) crise*: uma exploração hermenêutica da construção do Direito. 11. ed. rev., atual. e ampl. Porto Alegre: Livraria do Advogado, 2014, p. 248, nota 381; MOUSSALLEM, Tárek Moysés. *Revogação em matéria tributária*. São Paulo: Noeses, 2005, p. 17-18.

em relação a Wittgenstein, e perquire "o contexto intersubjetivo que gera o sentido",[193] posto que, embora indispensável, a linguagem é insuficiente para conhecimento da realidade.

Tendo se chegado à pragmática e situado o "giro ontológico-linguístico", com intuito de distanciar das pretensões meramente analíticas do neopositivismo lógico, o sujeito não é mais o fundamento do conhecimento; o sujeito assujeitador dos sentidos e solipsista responde, agora, a uma relação intersubjetiva, em que existe um *a priori* compartilhado, *locus* do sentido que se antecipam a esse "novo sujeito". O sujeito consciente-de-si-do-pensamento pensante é substituído por um sujeito imerso numa tradição e no modo-de-ser-no-mundo. O conhecimento é transferido para a linguagem, condição de possibilidade de sentido e, por isso mesmo, não existe a proibição de interpretar.[194]

Trata-se, pelo contrário, de "uma compreensão de caráter ontológico, no sentido de que nós somos, enquanto seres humanos, entes que já sempre compreendem a si mesmos e, assim, o compreender é um existencial da própria condição humana"[195], que, igualmente, faz parte da dimensão ontológica (giro hermenêutico-ontológico[196]), que precede

---

[193] STRECK, Lenio Luiz. *Hermenêutica jurídica e(m) crise*: uma exploração hermenêutica da construção do Direito. 11. ed. rev., atual. e ampl. Porto Alegre: Livraria do Advogado, 2014, p. 249.

[194] STRECK, Lenio Luiz. *Hermenêutica jurídica e(m) crise*: uma exploração hermenêutica da construção do Direito. 11. ed. rev., atual. e ampl. Porto Alegre: Livraria do Advogado, 2014, p. 252-253.

[195] STRECK, Lenio Luiz. *O que é isto – decido conforme minha consciência?* 3. ed. Porto Alegre: Livraria do Advogado Editora, 2012, p. 15.

[196] Para Lenio Streck, essa viragem hermenêutico-ontológica foi provocada, especialmente, por Martin Heidegger, com "Ser e Tempo", e Hans-Georg Gadamer, com "Verdade e Método". (STRECK, Lenio Luiz. *Hermenêutica jurídica e(m) crise*: uma exploração hermenêutica da construção do Direito. 11. ed. rev., atual. e ampl. Porto Alegre: Livraria do Advogado, 2014, p. 261.)

qualquer relação positiva, numa comunidade que antecipa qualquer constituição de sujeito.[197]

> É aí que surge o termo compreensão. O termo compreensão ao mesmo tempo pode ser visto como expressando uma intelecção de um enunciado, de uma frase, do conteúdo de uma frase. Mas, ao mesmo tempo, esse termo *compreensão* pode significar também eu já sei onde essa frase é pronunciada, qual é o contexto no qual ela se dá. Meu modo prático de ser no mundo já remete a alguém que é capaz de dizer uma frase. Tenho ainda uma compreensão em outro sentido. O compreender não existiria se não soubesse, se não compreendesse o contexto. Essa é a grande questão: pensar as condições de possibilidade de uma relação entre sujeito e objeto, em que o sujeito e o objeto não se separam inteiramente. Porque na relação sujeito-objeto que aparece na frase, compreendo o que está ali, dito na frase, mas só compreendo porque antes já sempre compreendo o que significa pronunciar uma frase, pronunciar algo que tenha sentido. Portanto, compreender significa ao mesmo tempo *uma qualidade* que tenho para comunicar, dizendo algo compreensível e compreendendo aquilo que é dito e *um modo* de existir como o existencial compreensão.[198] (Grifos do autor)

Compreender é uma qualidade do ser humano; do ser humano, enquanto humano, não qualidade natural.[199] É com Martin Heidegger, e sua filosofia hermenêutica, principalmente, que vem a lume a introdução do elemento antropológico no problema hermenêutico (na base do conhecimento humano está a compreensão). A partir do filósofo alemão, é possível perceber que toda compreensão (de um texto, da história, etc.) se encontra já fundamentada em uma "compreensão que o ser humano tem de si mesmo, enquanto ser histórico dotado de existência"[200].

---

[197] STRECK, Lenio Luiz. *Hermenêutica jurídica e(m) crise*: uma exploração hermenêutica da construção do Direito. 11. ed. rev., atual. e ampl. Porto Alegre: Livraria do Advogado, 2014, p. 255-257.

[198] STEIN, Ernildo. *Aproximações sobre hermenêutica*. 2. ed. Porto Alegre: EDIPUCRS, 2010, p. 28.

[199] STEIN, Ernildo. *Aproximações sobre hermenêutica*. 2. ed. Porto Alegre: EDIPUCRS, 2010, p. 29.

[200] STRECK, Lenio Luiz. *Hermenêutica jurídica e(m) crise*: uma exploração hermenêutica da construção do Direito. 11. ed. rev., atual. e ampl. Porto Alegre: Livraria do Advogado, 2014, p. 263.

A hermenêutica passa a ser uma verdade que "se estabelece dentro das condições humanas do discurso e da linguagem" e "exsurge a partir de um a priori compartilhado"[201].

> É a partir daí que a fenomenologia (hermenêutica) faz uma distinção entre ser (*Sein*) e ente (*Seiende*). Ela trata do ser enquanto compreensão do ser e do ente enquanto compreensão do ser de um ou outro (ou cada) modo de ser. Classicamente, a ontologia tratava do ser e do ente. Aqui, a ontologia trata do ser ligado ao operar fundamental do ser-aí (*Dasein*), que é o compreender do ser. Esse operar é condição de possibilidade de qualquer tratamento dos entes.[202]

Para que a presença (*Anwesen*) ou automanifestação ocorra é necessária uma clareira, uma abertura, um vazio, uma ausência (*Abwesen*). E é a existência humana que constitui essa abertura necessária para que a presença (ser) dos entes tenha lugar. Quando se dá esta presença através da abertura que sou, deparo-me com um ente *enquanto* ente; ou

---

201 STRECK, Lenio Luiz. *Dicionário de hermenêutica*: quarenta temas fundamentais da teoria do direito à luz da crítica hermenêutica do Direito. Belo Horizonte: Letramento, 2017, p. 79.

202 STRECK, Lenio Luiz. *O que é isto – decido conforme minha consciência?* 3. ed. Porto Alegre: Livraria do Advogado Editora, 2012, p. 15. "Na medida em que o ser constitui o questionado e ser diz sempre ser de um ente, o que resulta como *interrogado* na questão do ser é o próprio ente. Este é como que interrogado em seu ser. Mas para se poder apreender sem falsificações os caracteres de seu ser, o ente já deve se ter feito acessível antes, tal como é em si mesmo. Quanto ao interrogado, a questão do ser exige que se conquiste e assegure previamente um modo adequado de acesso ao ente. Chamamos de "ente" muitas coisas e em sentidos diversos. Ente é tudo de que falamos, tudo que entendemos, com que nos comportamos dessa ou daquela maneira, ente é também o que e como nós mesmos somos. Ser está naquilo que é e como é, na realidade, no ser simplesmente dado (Vorhandenheit), no teor e recurso, no valor e validade, na presença, no 'há'." (HEIDEGGER, Martin. *Ser e tempo*. Parte I. 15. ed. Petrópolis: Vozes, 2005, p. 32.) "O ser passa a ter uma característica fundamentalmente hermenêutica, referindo-se ao modo como nós, num movimento de profundidade, aproximamo-nos dos entes, já sempre os compreendendo em seu ser. O ser não é uma generalidade, dirá todo tempo Heidegger. Com o ser chegamos aos entes. O ser existe para dar sentido aos entes. Não vemos o ser; vemos o ente no seu ser." (STRECK, Lenio Luiz. *Dicionário de hermenêutica*: quarenta temas fundamentais da teoria do direito à luz da crítica hermenêutica do Direito. Belo Horizonte: Letramento, 2017, p. 78-79.) Cf., ainda, STRECK, Lenio. *Verdade e consenso*: constituição hermenêutica e teorias discursivas. 4. ed. São Paulo: Saraiva, 2012, p. 105-110, no qual Lenio Streck faz uma defesa da filosofia hermenêutica (Heidegger) e da hermenêutica filosófica (Gadamer) das críticas, entre outras, lançadas por Habermas.

seja, *entendo* o que *é*. Heidegger usa, justamente, o termo *Dasein* para denominar esta receptividade peculiar da existência humana para o ser (automanifestação) dos entes. *Dasein* significa, desse modo, o local onde o ser ocorre, a abertura na qual a presença acontece. Nem a temporalidade (ausência, nada), nem o ser (presença, automanifestação) são um *ente*. São condições necessárias para que os entes surjam enquanto tal.[203]

A diferença entre *ser* e *ente* é ontológica. Ser é ser do ente, pois está presente no modo da passagem para o ente. O ente é o ente do ser, porquanto ele não é sem o ser, mas como ente é sempre um chegar ao desocultamento do ser. O ser é sempre o ser de um ente, e o ente só é no seu ser. Não há ser sem ente.[204]

Decorre dessa análise hermenêutica, para o discurso jurídico, a incindibilidade entre "texto" e "norma". Possuem eles uma diferença, que é ontológica, mas

> a norma é sempre o resultado da interpretação de um texto, quero dizer que estou falando do sentido que esse texto vem a assumir no processo compreensivo. *A norma de que falo é o sentido do ser do ente (texto).* O texto só ex-surge na sua 'normação', valendo o mesmo raciocínio para a 'dicotomia' vigência-validade.[205] (Grifos do autor)

Com Heidegger, a hermenêutica, no nível ontológico, articula a ideia de que o horizonte do sentido é somente dado pela compreensão e, ademais, consagra a finitude, porquanto a verdade passa a ser estabelecida dentro das condições humanas do discurso e da linguagem. Assim,

---

[203] STRECK, Lenio Luiz. *Hermenêutica jurídica e(m) crise*: uma exploração hermenêutica da construção do Direito. 11. ed. rev., atual. e ampl. Porto Alegre: Livraria do Advogado, 2014, p. 284-285, nota 443.

[204] HEIDEGGER, Martin. *Ser e tempo*. Parte I. 15. ed. Petrópolis: Vozes, 2005, p. 35.

[205] STRECK, Lenio Luiz. *Hermenêutica jurídica e(m) crise*: uma exploração hermenêutica da construção do Direito. 11. ed. rev., atual. e ampl. Porto Alegre: Livraria do Advogado, 2014, p. 312.

também, porque não se pode compreender um significado infinito, toda interpretação é especulativa.[206]

> A possibilidade como existencial não significa um poder-ser solto no ar, no sentido da 'indiferença do arbítrio' (*libertas indifferentiae*). Enquanto algo essencialmente disposto, a pre-sença já caiu em determinadas possibilidades, doando continuamente a si mesma as possibilidades de seu ser assumindo-as ou recusando-as. Isso diz, no entanto, que para si mesma a pre-sença é a possibilidade de ser que está entregue à sua responsabilidade, é a *possibilidade* que lhe foi inteiramente *lançada*. A pre-sença é a possibilidade de ser livre *para* o poder-ser mais próprio. A possibilidade de ser é, para ela mesma, transparente em diversos graus e modos possíveis.
>
> Compreender é o ser desse poder-ser, que nunca está ausente no sentido de algo que simplesmente ainda não foi dado mas que, na qualidade essencial de nunca ser simplesmente dado, 'é' junto com o ser da pre-sença, no sentido da existência. A pre-sença é de tal maneira que ela sempre compreendeu ou não compreendeu ser dessa ou daquela maneira. Como uma tal compreensão ela 'sabe' *a quantas* ela mesma anda, isto é, a quantas anda o seu poder-ser. Esse 'saber' não nasce primeiro de uma percepção imanente de si mesma, mas pertence ao ser do pre da pre-sença que, em sua essência, é compreensão. E somente *porque* a pre-sença é na compreensão de seu pre é que ela *pode-se* perder e desconhecer. E na medida em que a compreensão está na disposição e, nessa condição, está lançada existencialmente, a pre-sença já sempre se perdeu e desconheceu. Em seu poder-ser, portanto, a pre-sença já se entregou à possibilidade de se reencontrar em suas possibilidades.
>
> *Compreender é o ser existencial do próprio poder-ser da pre-sença de tal maneira que, em si mesmo, esse ser abre e mostra a quantas anda seu próprio ser*. Trata-se de apreender ainda mais precisamente a estrutura desse existencial.

---

[206] Com Karl Larenz, pode-se afirmar que "se bem que toda e qualquer interpretação, devida a um tribunal ou à ciência do Direito, encerre necessariamente a pretensão de ser uma interpretação 'correta', no sentido de conhecimento adequado, apoiado em razões compreensíveis, não existe, no entanto, uma interpretação 'absolutamente correta', no sentido de que seja tanto definitiva como válida para todas as épocas. [...] Com isso não se pretende dizer que o intérprete deve seguir a par e passo cada tendência da época ou da moda. A continuidade da jurisprudência, a confiança do cidadão, que nela se estriba, de que sua questão será resolvida de acordo com as pautas até aí vigentes, é um valor muito específico". (LARENZ, Karl. *Metodologia da ciência do direito*. 3. ed. Lisboa: Fundação Calouste Gulbenkian, 1997, p. 443)

> Como abertura, a compreensão sempre alcança toda a constituição fundamental do ser-no-mundo. Como poder-ser, o ser-em é sempre um poder-ser-no-mundo. Este não apenas se abre como mundo, no sentido de possível significância, mas a liberação de tudo que é intramundano libera esse ente em *suas* possibilidades.[207]

É na compreensão (ser do poder-ser) que se esboça a matriz do método fenomenológico. A compreensão, por sua vez, possui uma estrutura na qual se antecipa o sentido, compondo-se de uma posição prévia (*Vorhabe*), visão prévia (*Vorsicht*) e concepção prévia (*Vorgriff*), nascendo desta estrutura a situação hermenêutica.[208] "A compreensão que o homem tem do sentido é a de que nós temos o sentido da compreensão porque se realizam no ser humano duas compreensões: a compreensão de si mesmo e a compreensão do ser"[209].

Também com as observações de Heidegger, desponta a temporalidade do ser humano, histórico, marcado pela tradição cultural na qual está inserido e influenciado pelas concepções prévias condicionantes da interpretação que realiza. Toda interpretação funda-se em uma concepção prévia, jamais havendo apreensão de um dado preliminar que seja isenta de pressuposições. Do que decorre que aquilo que está no texto

---

207 HEIDEGGER, Martin. *Ser e tempo*. Parte I. 15. ed. Petrópolis: Vozes, 2005, p. 199-200.

208 STRECK, Lenio Luiz. *Hermenêutica jurídica e(m) crise*: uma exploração hermenêutica da construção do Direito. 11. ed. rev., atual. e ampl. Porto Alegre: Livraria do Advogado, 2014, p. 276-277.

209 STRECK, Lenio Luiz. *Hermenêutica jurídica e(m) crise*: uma exploração hermenêutica da construção do Direito. 11. ed. rev., atual. e ampl. Porto Alegre: Livraria do Advogado, 2014, p. 279, nota 429. "[...] a compreensão constitui o ser do pre na medida em que uma pre-sença, com base na compreensão, pode, em existindo, formar as múltiplas possibilidades de visão, circunvisão e mera visualização. [...] Apreendida de modo existencialmente originário, compreensão significa: *ser, projetando-se num poder-ser, em função do qual a pre-sença sempre existe*." (HEIDEGGER, Martin. *Ser e tempo*. Parte II. 13. ed. Petrópolis: Vozes, 2005, p. 132-133.) Cf., nesse sentido, MÜLLER, Friedrich. *Teoria estruturante do direito*. 3. ed. São Paulo: Revista dos Tribunais, 2011, p. 60-61.

"nada mais é do que a opinião prévia, indiscutida e supostamente evidente, do intérprete"[210].

> Enquanto existência, compreensão é *primordialmente* porvir, no poder-ser de qualquer projeto. Contudo, ela não se temporalizaria se não fosse temporal, isto é, se não fosse determinada, de modo igualmente originário, pelo vigor de ter sido e pela atualidade.[211]

A hermenêutica se refere ao mundo da experiência, da pré-compreensão[212], no qual já somos e já nos compreendemos como seres a partir da estrutura prévia de sentido. A interpretação, aqui, supera sua condição de método e diz respeito à existência do intérprete. A compreensão, por outro modo, liga-se ao contexto vital do existente humano e o ato de compreender é uma realidade existencial. Há uma relação necessária entre teoria e prática cognominada "contexto intersubjetivo de fundamentação", dentro do qual os saberes teórico e prático se dão na abertura do pré-compreender estruturante.[213]

Importa referir que, nessa nova hermenêutica, o processo interpretativo não decorre da descoberta do "exato" ou do "correto" sentido do texto ou da norma, mas do exame das condições em que ocorre a compreensão. Por meio da hermenêutica, chega-se a compreender o próprio homem, o mundo em que vive, sua história e sua existência.

---

210 COURA, Alexandre Castro. *Hermenêutica jurídica e jurisdição (in)constitucional*: para uma análise crítica da "jurisprudência" de valores à luz da teoria discursiva de Habermas. Belo Horizonte: Mandamentos, 2009, p. 32.

211 HEIDEGGER, Martin. *Ser e tempo*. Parte II. 13. ed. Petrópolis: Vozes, 2005, p. 134.

212 Tárek Moussallem, com supedâneo em Lourival Vilanova, afirma que "[o] sujeito cognoscente dirige-se à linguagem da realidade social munido de uma noção provisória e incompleta da linguagem do objeto, encarregando-se de adquirir nova linguagem e obtendo, em consequência, conhecimento". (MOUSSALEM, Tárek Moysés. *Fontes do direito tributário*. 2. ed. São Paulo: Noeses, 2006, p. 27-28)

213 STRECK, Lenio Luiz. *O que é isto – decido conforme minha consciência?* 3. ed. Porto Alegre: Livraria do Advogado Editora, 2012, p. 62. Cf, a propósito, MÜLLER, Friedrich. *Teoria estruturante do direito*. 3. ed. São Paulo: Revista dos Tribunais, 2011, p. 57-58.

A interpretação se funda existencialmente na compreensão e, nesta toada, palavras e significados têm grande relevância. É crível referir-se a que todo intérprete já traz em si pré-compreensões que podem levar ao desvirtuamento do texto e, em consequência, permitir que predadores externos (moral, política e economia) ganhem espaço. O que ocorre é que o intérprete já possui uma pré-compreensão daquilo que vai interpretar, inclusive das palavras que irá usar.

> Os pré-juízos são condições de possibilidade da compreensão porque nos permitem projetar sentido. Entretanto, o sentido projetado só pode se confirmar se ele for derivado de um pré-juízo legítimo. Pré-juízos ilegítimos geram projetos de sentido ilegítimos e, inevitavelmente, fazem a interpretação incorrer em erro. Apenas quem suspende os próprios pré-juízos é que interpreta corretamente. Um julgador que não consegue suspender seus pré-juízos está incapacitado para a sua tarefa.[214]

Assim, a compreensão opera num todo relacional, no interior de um conjunto de relações já interpretadas, vale dizer, dentro de um "círculo hermenêutico" (*der hermeneutische Zirkel*), inseparável da existência do intérprete. Não é possível conceber a compreensão fora de um contexto histórico e social.

A compreensão é condição de possibilidade para a interpretação. Não é, porém, um modo de conhecer, senão que é um modo ser. Do que se extrai que compreender independe de um método, não se faz por partes.[215]

---

214 STRECK, Lenio Luiz. *Hermenêutica jurídica e(m) crise*: uma exploração hermenêutica da construção do Direito. 11. ed. rev., atual. e ampl. Porto Alegre: Livraria do Advogado, 2014, p. 330-331. "Quem procura compreender está sujeito a errar por causa das opiniões prévias, que não se confirmam nas coisas elas mesmas. Dessa forma, a constante tarefa do compreender consiste em elaborar projetos corretos, adequados às coisas, isto é, ousar hipóteses que só devem ser confirmadas 'nas coisas elas mesmas'. Aqui não há outra objetividade além da elaboração da opinião prévia a ser confirmada. Faz sentido afirmar que o intérprete não vai diretamente ao 'texto', a partir da opinião prévia e instalada nele. Ao contrário, põe à prova, de maneira expressa, a opinião prévia instalada nele a fim de comprovar sua legitimidade, o que significa sua origem e sua validade." (GADAMER, Hans-Georg. *Verdade e Método II*: complementos e índice. Petrópolis: Vozes, 2012, p. 75.)

215 A interpretação só é possível com a compreensão, que nada mais é que um acontecer. Existe um processo de compreensão prévio (pré-compreensão) que antecipa qualquer

E, retomando-se o que dito no início dessa abordagem, a estruturação do paradigma é o móvel capaz de direcionar a interpretação, estando o intérprete nele mergulhado. Ao aplicar o texto legal, através da criação de normas, não é permitido ao julgador (ou ao intérprete de modo geral) desvencilhar-se do contexto paradigmático que o cerca ou alijar-se dos limites do texto (antes, precisa permitir que o texto lhe "diga" algo). Estará ele sempre atrelado às circunstâncias, é de se colocar, constitucionais, juntamente com a carga valorativa pelo texto constitucional trazido no "contexto intersubjetivo de fundamentação", não se obliterando que a norma não subsiste sem o texto e o texto não subsiste sem a norma.

A suspensão dos pré-juízos ilegítimos recebe aqui grande importância, sem o que seria volver aos paradigmas anteriores e reduzir a nada o giro ontológico-linguístico por que passou (deve passar) a Ciência do Direito.

> Quem quiser compreender não pode de antemão abandonar-se cegamente à causalidade das próprias opiniões para em consequência e de maneira cada vez mais obstinada não dar ouvidos à opinião do texto, até que esta opinião não mais se deixe ouvir, impedindo a compreensão presumida. Quem quiser compreender um texto está, ao contrário, disposto a deixar

---

intepretação e que é fundamental, levando para uma ideia de duplo sentido da compreensão. Impende lembrar que "sob pretexto da busca da superação de um exegetismo vetusto ainda reinante em alguns setores da doutrina e da jurisprudência, algumas correntes críticas *correm o risco de incentivarem uma 'busca de valores'*, como se a Constituição fosse uma ordem positivada de valores. Nesses casos, por vezes esses setores críticos confundem o combate ao velho positivismo sintático (exegético) com as novas formas de positivismo [...]. O resultado é a troca de uma 'metodologia' por outra." (Grifos do autor) (STRECK, Lenio Luiz. *O que é isto – decido conforme minha consciência?* 3. ed. Porto Alegre: Livraria do Advogado Editora, 2012, p. 78). Sobre métodos de interpretação, em que pese a crítica à sua utilização, cf. REALE, Miguel. *Lições preliminares de direito*. 17. ed. São Paulo: Saraiva, 2002; FERRAZ JR., Tércio Sampaio. *Introdução ao estudo do direito*: técnica, decisão, dominação. 4. ed. São Paulo: Atlas, 2003. Sobre a crítica à utilização do método, já se referiu a MÜLLER, Friedrich. *Metodologia do direito constitucional*. 4. ed. São Paulo: Editora Revista dos Tribunais, 2010; MÜLLER, Friedrich. *Teoria estruturante do direito*. 3. ed. São Paulo: Revista dos Tribunais, 2011; MÜLLER, Friedrich. *O novo paradigma do direito*: introdução à teoria e metódica estruturantes. 3. ed. São Paulo: Revista dos Tribunais, 2013.

> que ele diga alguma coisa. Por isso, uma consciência formada hermeneuticamente deve ser de antemão receptiva à alteridade do texto. Essa receptividade não pressupõe, no entanto, uma 'neutralidade' quanto à coisa, nem um anulamento de si mesmo, incluindo a apropriação seletiva das próprias opiniões e preconceitos. Há que se ter consciência dos próprios pressupostos a fim de que o texto se apresente a si mesmo em sua alteridade, de modo a possibilitar o exercício de sua verdade objetiva contra a opinião própria.[216]

O contraponto reside em arrimar eventuais vicissitudes na fundamentação do intérprete. Aquele que interpreta precisa dar à comunidade jurídica as razões de sua interpretação, demonstrando que sua interpretação está correta, fundada em pré-juízos legítimos e que sua subjetividade não se sobrepôs àquilo que deveria ser interpretado (direito e contexto circunstancial do caso concreto), mormente quando se está a dizer sobre a revisão de fatos e prognoses legislativos, sob pena de se passar o Órgão Judiciário a Órgão Legislador, sem que haja outro órgão capaz de o controlar, com vulneração, em última instância, da própria democracia.

A obrigação de oferecer os motivos da interpretação, explicitando o compreendido, assenta-se em colocar o sentido ventilado na decisão no contexto da história institucional do direito.

> A representação e publicação da *fundamentação* devem, por um lado, convencer os atingidos, por outro, tornar a decisão controlável para um possível reexame por tribunais de instância superior, para outras chances da tutela jurídica e com vistas à questão da sua conformidade à constituição.[217]

---

216 GADAMER, Hans-Georg. *Verdade e Método II*: complementos e índice. Petrópolis: Vozes, 2012, p. 76.

217 MÜLLER, Friedrich. *Metodologia do direito constitucional*. 4. ed. São Paulo: Editora Revista dos Tribunais, 2010, p. 53-54. Dentro da metódica constitucional do autor, "deve[-se] decompor os processos de elaboração da decisão e da fundamentação expositiva em passos de raciocínio suficientemente pequenos para abrir caminho ao *feed-back controlador por parte dos destinatários da norma, dos afetados por ela, dos titulares das funções estatais* (tribunais revisores, jurisdição constitucional, etc.) *e da ciência jurídica*." (MÜLLER, Friedrich. *Metodologia do direito constitucional*. 4. ed. São Paulo: Editora Revista dos Tribunais, 2010, p. 54.)

Em face de qualquer texto, a tarefa não será a de introduzir, direta e acriticamente, os próprios hábitos linguísticos, mas o que se exigirá será simplesmente a abertura à opinião do outro, notadamente a sociedade aberta de intérpretes, composta, ao lado da Corte Constitucional, de sujeitos participantes na compreensão de normas jurídicas, ou à do texto.[218]

É essa noção que tem que ser difundida no espaço jurídico. Ao clamar para que se leve o texto mais a sério, Lenio Streck[219] visa a que todos possam, em primeiro lugar, deixar que o texto se apresente, diga algo por si mesmo.[220] A consciência formada hermeneuticamente tem que possibilitar a receptividade da alteridade do texto. A compreensão somente ocorre a partir dos pré-conceitos do intérprete, que são muito mais que meros juízos individuais, mas a realidade do ser. Tais preconceitos

---

218 Assevera Alexandre Coura: "Gadamer marcou a reviravolta hermenêutica na filosofia, ao afirmar a importância da história, da tradição e dos preconceitos humanos para a (re)construção da ideia de verdade, defendendo a noção de que toda compreensão é interpretação e de que toda interpretação desenvolve-se no seio da linguagem e demonstrando como o problema hermenêutico revela-se a partir da relação fundamental existente entre pensamento, compreensão e linguagem". (COURA, Alexandre Castro. *Hermenêutica jurídica e jurisdição (in)constitucional*: para uma análise crítica da "jurisprudência" de valores à luz da teoria discursiva de Habermas. Belo Horizonte: Mandamentos, 2009, p. 37)

219 "Então, o que quero dizer é que saltamos de um legalismo rasteiro-pedestre, que reduziria o elemento central do Direito ora a um conceito estrito de lei (como nos casos dos códigos oitocentistas, base para o positivismo primitivo), ora a um conceito abstrato-universalizante de norma (que se encontra plasmado na ideia de Direito presente no positivismo normativista), para uma concepção da legalidade que só se constitui sob o manto da constitucionalidade. Afinal – e me recordo sempre de Elias Díaz –, não seríamos capazes, nesta quadra da história, de admitir uma legalidade inconstitucional. Isso deveria ser evidente. Óbvio (embora este, o óbvio, esteja sempre no anonimato, sendo necessário retirar o véu que lhe encobre)." (STRECK, Lenio. *Compreender direito*: desvelando as obviedades do discurso jurídico. São Paulo: Editora Revista dos Tribunais, 2013, p. 76)

220 Adverte Karl Larenz, "a esse propósito, o que caracteriza o processo de interpretação é que o intérprete só quer fazer falar o texto, sem acrescentar ou omitir que quer que seja. Evidentemente que nós sabemos que o intérprete nunca se comporta aí de modo puramente passivo. O texto nada diz a quem não entenda já alguma coisa do que ele trata". (LARENZ, Karl. *Metodologia da ciência do direito*. 3. ed. Lisboa: Fundação Calouste Gulbenkian, 1997, p. 441)

não são arbitrários, pois a compreensão somente alcança sua verdadeira possibilidade quando as opiniões prévias, com as quais ela se inicia, não são arbitrárias. É, nesse sentido, que toda experiência hermenêutica pressupõe uma inserção no processo de transmissão da tradição.

> [O] homem está inserido em um complexo de significações, traduzidos pela linguagem, que o coloca no mundo. Assim, quando se afirma que a Constituição é a explicitação do contrato social, está-se afirmando o caráter discursivo que assume a noção de Constituição, enquanto produto de um processo constituinte. O conjunto de discursos, portanto, linguagem, construída na caminhada da elaboração do texto constitucional, significa entender a linguagem como constructo, que estabelece (novos) limites ao mundo jurídico-social.[221]

O sujeito interpretante, neste novo paradigma hermenêutico-filosófico, condicionado pela linguagem, responde, portanto, a uma relação intersubjetiva, em que existe um *a priori* compartilhado, *locus* dos sentidos que se antecipam a esse sujeito. Não há (e nem poderia haver) proibição de interpretar, pois todos estão fadados a interpretar e "temos uma estrutura do nosso modo de ser que é interpretação"[222]. O intérprete não reproduz sentidos (*Auslegung*), mas atribui sentido (*Sinngebung*). O sentido, assim, dá-se na linguagem e não na consciência do sujeito-intérprete.[223]

É, nesse sentido, que, no campo da Ciência Jurídica, importa combater, necessariamente, o "positivismo", em suas variadas formas, que remanescem atreladas ao paradigma moderno, de um sujeito

---

[221] STRECK, Lenio Luiz. *Hermenêutica jurídica e(m) crise*: uma exploração hermenêutica da construção do Direito. 11. ed. rev., atual. e ampl. Porto Alegre: Livraria do Advogado, 2014, p. 57, nota 75.

[222] STEIN, Ernildo. *Aproximações sobre hermenêutica*. 2. ed. Porto Alegre: EDIPUCRS, 2010, p. 51.

[223] STRECK, Lenio Luiz. *Hermenêutica jurídica e(m) crise*: uma exploração hermenêutica da construção do Direito. 11. ed. rev., atual. e ampl. Porto Alegre: Livraria do Advogado, 2014, p. 252-253 *passim*.

interpretante dono dos sentidos e assujeitador do seu objeto, o direito positivo (solipsismo).

De se referir que o que há de "positivo" no positivismo são os "fatos",[224] correspondentes a uma determinada interpretação da realidade que engloba apenas aquilo que se pode contar, medir ou pesar ou, no limite, algo que se possa definir por meio de um experimento.[225]

Positivismo está relacionado com convencionalismo.[226] Assim, os sofistas (desindexação entre palavras e coisas), Hobbes (direito como produto do soberano), Nietzche (*Wille zur Macht*), a liberdade francesa para dizer o que é Direito trazem como elemento central a discricionariedade sendo, pois, positivistas.

Trilhando essa linha, o positivismo primevo ou exegético é o legalista, o qual assenta o problema da interpretação na realização de uma análise sintática. Refere-se o modelo, tão somente, à conexão lógica dos signos, como sendo suficiente para resolver o problema de interpretação do direito.[227]

No positivismo jurídico clássico, exegético ou legalista, acreditava-se que o mundo podia ser abarcado pela linguagem e que a regra – no plano do direito – abarcava essa suficiência do mundo, isto é, a parte do mundo que depositava na regra as universalidades conceituais que pretendem esgotar a descrição da realidade. A enunciação da lei, no positivismo, é descolada da facticidade, tornando uma razão autônoma

---

[224] STRECK, Lenio Luiz. *Verdade e consenso*: constituição hermenêutica e teorias discursivas. 4. ed. São Paulo: Saraiva, 2012, p. 31.

[225] STRECK, Lenio Luiz. *Hermenêutica jurídica e(m) crise*: uma exploração hermenêutica da construção do Direito. 11. ed. rev., atual. e ampl. Porto Alegre: Livraria do Advogado, 2014, p. 123.

[226] STRECK, Lenio Luiz. *O que é isto – decido conforme minha consciência?* 3. ed. Porto Alegre: Livraria do Advogado Editora, 2012, p. 11-12.

[227] STRECK, Lenio Luiz. *Hermenêutica jurídica e(m) crise*: uma exploração hermenêutica da construção do Direito. 11. ed. rev., atual. e ampl. Porto Alegre: Livraria do Advogado, 2014, p. 124.

atemporal. Neste caso, o direito já possui as respostas antes do surgimento das perguntas. Independe de inserção em um contexto compartilhado de significâncias.[228]

Buscando a superação desse modelo restrito à análise sintática, surge, com Hans Kelsen, o que se veio chamar de positivismo normativista ou semântico. Eis que tem início a problematização da indeterminação dos sentidos.[229] Constata Kelsen que o problema advindo da interpretação do direito é muito mais de índole semântica que sintática. Em sua obra "Teoria Pura do Direito", Kelsen trata de evidenciar a distinção que deve haver entre direito (linguagem-objeto) e Ciência do Direito (metalinguagem), como também a cisão necessária entre interpretação como ato de vontade (produção de normas na aplicação) e como ato de conhecimento (descrição objetiva e neutral).[230]

---

[228] STRECK, Lenio Luiz. *Hermenêutica jurídica e(m) crise*: uma exploração hermenêutica da construção do Direito. 11. ed. rev., atual. e ampl. Porto Alegre: Livraria do Advogado, 2014, p. 135-136 *passim*. O modelo, como visto anteriormente, foi apropriado ao Estado Liberal de Direito, no qual se repetia a pura subsunção, numa interpretação literal do texto legal, para o fim de se consolidarem as conquistas dos direitos de primeira dimensão (liberdade, igualdade e propriedade) e, com isso, garantir a desejada segurança jurídica. Não se impedia, desse modo, que a classe ascendente (burguesia) atingisse a efetivação de seus anseios.

[229] "Mais pacientemente: positivismo exegético (que era a forma de positivismo primitivo) separava direito e moral, além de confundir texto e norma, lei e direito, ou seja, tratava-se da velha crença – ainda muito presente no imaginário dos juristas – em torno da *proibição de interpretar*, corolário da vetusta separação entre fato e direito, algo que nos remete ao período pós-revolução francesa e todas as consequências políticas que dali se seguiram. Depois veio o positivismo normativista, seguido das mais variadas formas e fórmulas que – identificando (arbitrariamente) a impossibilidade de um "fechamento semântico" do direito – relegou o problema da interpretação jurídica a uma "questão menor" (lembremos, aqui, de Kelsen). Atente-se: nessa nova formulação do positivismo, *o problema do direito não está(va) no modo como os juízes decidem, mas, simplesmente, nas condições lógico-deônticas de validade das "normas jurídicas"*. (Grifos do autor) (STRECK, Lenio Luiz. *Hermenêutica jurídica e(m) crise*: uma exploração hermenêutica da construção do Direito. 11. ed. rev., atual. e ampl. Porto Alegre: Livraria do Advogado, 2014, p. 50)

[230] Cf. KELSEN, Hans. *Teoria pura do direito*. Tradução de João Baptista Machado. 8. ed. São Paulo: Editora WMF Martins Fontes, 2009, p. 79-84; 387-388; 392-395. Já se explicou alhures sobre a "pureza" da teoria.

A Teoria Pura do Direito, dessa forma, é uma metalinguagem da linguagem objeto, um modo de corrigir a inevitável indeterminação do sentido do direito, seja decorrente da plurivocidade das palavras ou dos juízos políticos, morais, ideológicos, etc.

Na aplicação do Direito, dada a polissemia dos signos linguísticos, para Kelsen, sempre haverá um espaço de mobilidade para o intérprete. A *applicatio* será sempre um ato de vontade (do intérprete autêntico), uma escolha de qualquer das possibilidades normativas elencadas pela Ciência do Direito na moldura normativa.[231] As normas surgidas de um ato de vontade terão um espaço de mobilidade sob o qual se movimentará o intérprete.

Eis, então, a semente da ideia de discricionariedade do intérprete (ou do decisionismo) presente na metáfora da "moldura". Assim, Kelsen amplia os problemas semânticos da interpretação, "acabando por ser picado fatalmente pelo 'aguilhão semântico'[232] de que fala Ronald Dworkin"[233].

---

[231] "O Direito a aplicar forma, em todas estas hipóteses, uma moldura dentro da qual existem várias possibilidades de aplicação, pelo que é conforme ao Direito todo ato que se mantenha dentro deste quadro ou moldura, que preencha esta moldura em qualquer sentido possível. Se por 'interpretação' se entende a fixação por via cognoscitiva do sentido do objeto a interpretar, o resultado de uma interpretação jurídica somente pode ser a fixação da moldura que representa o direito a interpretar e, consequentemente, o conhecimento de várias possibilidades que dentro desta moldura existem. Sendo assim, a interpretação de uma lei deve necessariamente conduzir a uma única solução como sendo a única correta, mas possivelmente a várias soluções que – na medida em que apenas sejam aferidas pela lei a aplicar – têm igual valor, se bem que uma delas se torne Direito positivo no ato do órgão aplicador do Direito – no ato do tribunal, especialmente. Dizer que uma sentença judicial é fundada na lei, não significa, na verdade, senão que ela se contém dentro da moldura ou quadro que a lei representa – não significa que ela é *a* norma individual, mas apenas que é *uma* das normas individuais que podem ser produzidas dentro da moldura da norma geral." (Grifos do autor) (KELSEN, Hans. *Teoria pura do direito*. Tradução de João Baptista Machado. 8. ed. São Paulo: Editora WMF Martins Fontes, 2009, p. 390-391)

[232] DWORKIN, Ronald. *O império do direito*. Tradução Jefferson Luiz Camargo. São Paulo: Martins Fontes, 2003, p. 54-55.

[233] STRECK, Lenio Luiz. *Verdade e consenso*: constituição hermenêutica e teorias discursivas. 4. ed. São Paulo: Saraiva, 2012, p. 33.

Kelsen confirma que a interpretação do direito é eivada de subjetivismos, provenientes de uma razão prática solipsista. O jurista privilegiou as dimensões sintática e semântica dos enunciados jurídicos, relegando a pragmática ao plano da discricionariedade do intérprete. Conquanto tenha superado o positivismo exegético, Kelsen abandonou o problema da interpretação concreta, ao nível da "aplicação".

Para o neopositivista lógico, a Ciência do Direito estaria limitada a apresentar os vários significados possíveis de uma determinada norma, contudo, sem jamais indicar uma ou outra como correta, cabendo à volição do intérprete a decisão. No fatídico oitavo capítulo de sua obra *Reine Rechtslehre*, ao realizar a distinção entre *interpretação como ato de vontade* e *interpretação como ato de conhecimento*, o jurista austríaco gesta o "ovo da serpente do decisionismo"[234]. Nas palavras dele, "a questão de saber qual é, dentre as possibilidades que se apresentam nos quadros do Direito a aplicar, a 'correta', não é sequer [...] um questão de conhecimento dirigido ao Direito positivo, [...] [é] um problema de política do Direito" (acrescentou-se)[235]. A interpretação autêntica[236] estaria eivada de subjetivismos provenientes de uma razão prática solipsista; "desvio" impossível de ser corrigido.

---

[234] Sempre lúcidas as palavras de Ferraz Jr. ao afirmar que Hans Kelsen, "ao final de seu volume dedicado à Teoria Pura do Direito (1960), depois de ter enfrentado o problema de como estabelecer parâmetros para uma ciência do direito enquanto teoria sistemática das normas, [perfaz] uma explanação sobre a interpretação jurídica que, no entanto, nos frustra, porque não fornece nenhuma base para a hermenêutica dogmática". (acrescentou-se) (FERRAZ JR., Tércio Sampaio. *Introdução ao estudo do direito*: técnica, decisão, dominação. 4. ed. São Paulo: Atlas, 2003, p. 228).

[235] KELSEN, Hans. *Teoria pura do direito*. Tradução de João Baptista Machado. 8. ed. São Paulo: Editora WMF Martins Fontes, 2009, p. 393.

[236] "Desta forma, existem duas espécies de interpretação que devem ser distinguidas claramente uma da outra: a interpretação do Direito pelo órgão que o aplica e a interpretação do Direito que não é realizada por um órgão jurídico, mas por uma pessoa privada e, especialmente, pela ciência jurídica". A primeira chamou-se interpretação autêntica; a segunda, não autêntica. (KELSEN, Hans. *Teoria pura do direito*. Tradução de João Baptista Machado. 8. ed. São Paulo: Editora WMF Martins Fontes, 2009, p. 388)

E, em seguida,

> a propósito importa notar que, pela via da interpretação autêntica, [...] não somente se realiza uma das possibilidades reveladas pela interpretação cognoscitiva da mesma norma, como também se pode produzir uma norma que se situe completamente fora da moldura que a norma a aplicar representa.[237]

Notória a fixação no paradigma da filosofia da consciência, trabalhado há instantes, que, para Lenio Streck, no campo jurídico, pode ser entendido como voluntarismo e discricionariedade. Ademais, Kelsen era relativista moral, acreditando que os valores absolutos estariam além do conhecimento racional e que a moralidade social seria mutável de indivíduo para indivíduo.[238]

Se, com Hans Kelsen, pode-se afirmar a superação do positivismo exegético, não significa dizer que se encontra o positivismo normativista (ou semântico) estreme de problematizações. A bem da verdade, é, daqui, onde predomina a subjetividade do intérprete, aprisionando os fatos na realidade da lei para o "triunfo da vontade sobre essa razão plenipotenciária",[239] que deve ter início a análise crítica.

O ato de vontade transforma o intérprete em sujeito solipsista (*Selbstsüchtiger*) capaz de criar e de modificar o próprio objeto, transpondo, por vezes, os limites semânticos do texto, podendo, até mesmo, decidir *contra legem* (fora da moldura; além da textura), usurpando

---

237 KELSEN, Hans. *Teoria pura do direito*. Tradução de João Baptista Machado. 8. ed. São Paulo: Editora WMF Martins Fontes, 2009, p. 394.

238 STRECK, Lenio Luiz. *Hermenêutica jurídica e(m) crise*: uma exploração hermenêutica da construção do Direito. 11. ed. rev., atual. e ampl. Porto Alegre: Livraria do Advogado, 2014, p. 128.

239 STRECK, Lenio Luiz. *Hermenêutica jurídica e(m) crise*: uma exploração hermenêutica da construção do Direito. 11. ed. rev., atual. e ampl. Porto Alegre: Livraria do Advogado, 2014, p. 136.

funções propriamente legislativas, em menoscabo do princípio da separação das funções do Poder.[240]

O controle de fatos e prognoses jurídico-legislativos, proposto neste estudo, não haverá de se guiar, em absoluto, pelo livre arbítrio das instâncias de decisão, senão que deverão fundamentar, na Constituição, as decisões tomadas, sob pena de incorrer em "atividade inconstitucional", discricionária.

---

[240] "Kelsen, portanto, *privilegiou, em seus esforços teóricos, as dimensões semânticas e sintáticas dos enunciados jurídicos*, deixando a pragmática em um segundo plano: o da discricionariedade do intérprete. Esse ponto é fundamental para compreendermos o positivismo que se desenvolveu no século XX e o modo como encaminho minhas críticas nessa área de teoria do direito. Sendo mais claro: falo do positivismo normativista, não de um exegetismo que, como pôde ser demonstrado, já havia dado sinais de exaustão no final do século passado. Numa palavra: Kelsen já havia superado o positivismo exegético, mas abandonou o principal problema do direito: a interpretação concreta, no nível da "aplicação". (grifos do autor) (STRECK, Lenio Luiz. *Verdade e consenso*: constituição hermenêutica e teorias discursivas. 4. ed. São Paulo: Saraiva, 2012, p. 34.) Semelhante a Kelsen, também se apresenta como neopositivista lógico H. L. A. Hart, para quem "a textura aberta do direito significa que há, na verdade, áreas de conduta em que muitas coisas devem ser deixadas para serem desenvolvidas pelos tribunais ou pelos funcionários, os quais determinam o equilíbrio, à luz das circunstâncias, entre interesses conflitantes que variam em peso, de caso para caso" (HART, H. L. A. *O conceito de direito*. 5. ed. Lisboa: Fundação Calouste Gulbenkian, 2007, p. 148). Portanto, quer seja na moldura kelseniana, quer seja na textura aberta de Hart, a discrionariedade surge como pilar da filosofia da consciência, permitindo que o intérprete cometa liberalidades, decidindo até mesmo contra o texto legislado, como já se disse alhures. Em sua obra, após a analogia entre a decisão judicial e o jogo de críquete, Hart arremata: "a base para tal predição consiste no conhecimento de que os tribunais não consideram as regras jurídicas como predições, mas antes como padrões a seguir da decisão, suficientemente determinados, apesar da sua textura aberta, para limitar o seu caráter discricionário, embora sem o excluir." (HART, H. L. A. *O conceito de direito*. 5. ed. Lisboa: Fundação Calouste Gulbenkian, 2007, p. 160-161). A par disso, aproximam-se, ainda, as correntes do Realismo Jurídico ou Positivismo Fático (Alf Ross), no qual o Direito é aquilo que os tribunais dizem que é, como também as teorias que apostam na regra da ponderação de princípios (Robert Alexy) como regra para solucionar *hard cases*. (STRECK, Lenio Luiz. *Hermenêutica jurídica e(m) crise*: uma exploração hermenêutica da construção do Direito. 11. ed. rev., atual. e ampl. Porto Alegre: Livraria do Advogado, 2014, p. 51)

De conseguinte, é crível concluir que o inimigo, nestes tempos, é outro![241] Em tempos de Constitucionalismo compromissado, tem-se que combater o paradigma arraigado da filosofia subjetivista em que o intérprete é o detentor de todos os sentidos, o que conduz, irremediavelmente, à abertura de espaço para o surgimento de voluntarismos, de discricionariedade, até redundar em arbitrariedades e, portanto, máximo desvencilhamento do texto produzido democraticamente, urgindo o comprometimento com os marcos histórico (Estado Democrático Constitucional) e teórico (Filosofia da linguagem no direito) que sustentam este trabalho.

Disso ressoa, inclusive, a necessidade de fixação de critérios (limites) para a verificação dos fatos e das prognoses legislativas, com vistas à obtenção de decisões fundadas racionalmente, cujo *iter* da fundamentação esteja evidenciado, a fim de se submeter à crítica, acadêmica que seja, em uma espécie de *accountability* das decisões da Suprema Corte.

No Brasil, o "neoconstitucionalismo" e o "pamprincipiologismo" são reafirmação da filosofia da consciência e nova aposta no protagonismo judicial. É dizer, expressões desvinculadas, vazias de sentido, que são proferidas para o fim de justificar uma decisão pré-tomada, em fundamentação daquilo que escolhido anteriormente, com mascaramento do processo de decisão.[242]

> Do exposto, pode-se concluir que: a) apegar-se à letra da lei pode ser uma atitude positivista... ou pode não ser, depende do modo como entendemos a linguagem; b) do mesmo modo, não apegar-se à letra da lei pode caracterizar uma atitude positivista ou antipositivista (ou, se quisermos, pós-positivista ou não positivista); c) por vezes, 'trabalhar' com princípios (e aqui vai, mais uma vez, meu libelo contra o pamprincipiologismo que tomou

---

241 STRECK, Lenio. *Compreender direito*: desvelando as obviedades do discurso jurídico. São Paulo: Editora Revista dos Tribunais, 2013, p. 36.

242 STRECK, Lenio Luiz. *Hermenêutica jurídica e(m) crise*: uma exploração hermenêutica da construção do Direito. 11. ed. rev., atual. e ampl. Porto Alegre: Livraria do Advogado, 2014, p. 130.

> conta do 'campo' jurídico de *terrae brasilis*) pode representar uma atitude (deveras) positivista; d) utilizar os princípios para contornar a Constituição ou ignorar dispositivos legais – sem lançar mão da jurisdição constitucional (difusa ou concentrada) ou de uma interpretação que guarde fidelidade à Constituição – é uma forma de prestigiar tanto a irracionalidade constante do oitavo capítulo da TPD de Kelsen, quanto homenagear, tardiamente, o positivismo discricionário de Herbert Hart (e de seus sucedâneos mais radicais, como os 'neoconstitucionalismos').[243]

No Estado Democrático Constitucional, o jurista não fabrica seu objeto, mas inserido no contexto da Constituição, percebe que o sentido não está a sua disposição. Pós-Constituição de 1988, é preciso compreender que o novo paradigma, imbuído dos auspícios de um novo tempo, trouxe valores inexoráveis à ordem jurídica e não há como compreendê-la apartando-se do texto constitucional.[244]

É decorrência desse Constitucionalismo Contemporâneo, sustentar, ao lado da importância dos limites semânticos da Constituição, o controle de validade das leis em conformidade com esta, inclusive quanto à verificação de fatos e prognoses.

Enfim, cumprir um texto democraticamente produzido é um avanço nesses tempos.[245] O dado objetivo da vontade popular é de ser "levado à risca". "Abandonar" a lei, afora os casos em que se

---

243 STRECK, Lenio Luiz. *Hermenêutica jurídica e(m) crise*: uma exploração hermenêutica da construção do Direito. 11. ed. rev., atual. e ampl. Porto Alegre: Livraria do Advogado, 2014, p. 137.

244 Há outro problema que deve ser explicitado. No Brasil, tem-se confundido (e cindido) discurso de aplicação (*Anwendugsdiskurs*) com discurso de fundamentação (*Begründungsdiskurs*). A vitória sobre o sujeito solipsista não se dá com a criação de um momento prévio de justificação. Não se decide para depois fundamentar. Domina o imaginário que o discurso de fundamentação resolveria os *hard cases*, ao passo que o discurso de aplicação resolveria os *easy cases*, isto porque, para dar liberdade ao intérprete (no mito dos casos difíceis x casos fáceis), os casos fáceis poderiam ser resolvidos por subsunção, enquanto os casos difíceis exigiriam uma argumentação maior. Longe de viabilizar uma coerência no direito, busca-se, apenas, uma forma de fugir à aplicação da norma jurídica.

245 STRECK, Lenio Luiz. Aplicar a "letra da lei" é uma atitude positivista? *Revista NEJ – Eletrônica*, Vale do Itajaí, v. 15, n. 1, p. 158-173, jan.-abr. 2010, p. 164.

realiza jurisdição constitucional, é negar a construção de um Estado Democrático Constitucional. E, aí, sim, retroceder.

Contrario sensu, em havendo motivos constitucionalmente suficientes que permitam ao intérprete questionar a validade do ato legislativo ou executivo porque incondizente com o parâmetro de validade, é dado ao julgador, e, sobremodo, à Corte Constitucional, assomar-se dessa responsabilidade e acoimar de írrito o produto do Órgão Legislativo, máxime em caso de violação de direitos e garantias fundamentais, conquista democrática.

Vem ao encontro dessas lucubrações, a teoria pós-positivista proposta por Friedrich Müller, ao lado de sua metódica estruturante do direito. Conforme afirma, "as tarefas não podem ser resolvidas sem as semânticas da frase, do texto e do contexto". A rigor, "[u]ma metódica pós-positivista aproxima-se da complexidade efetiva da linguagem do direito e da decisão jurídica com meios também mais complexos".[246]

Dentro da linha hermenêutica traçada, "direito" e "realidade" "não aparecem mais como categorias opostas abstratas; eles atuam agora como elementos da ação jurídica, sintetizáveis no trabalho jurídico efetivo de caso para caso – na forma da norma jurídica produzida"[247]. Claro está que essa ação jurídica só pode ser pela e na linguagem, inscrevendo-se na estrutura textiforme da democracia fundada no Estado de Direito.[248]

---

246 MÜLLER, Friedrich. *O novo paradigma do direito*: introdução à teoria e metódica estruturantes. 3. ed. São Paulo: Revista dos Tribunais, 2013, p. 12.

247 MÜLLER, Friedrich. *O novo paradigma do direito*: introdução à teoria e metódica estruturantes. 3. ed. São Paulo: Revista dos Tribunais, 2013, p. 13. "A Teoria Estruturante do Direito sempre se empenhou em testemunhar a realidade na qual o direito é usado e na qual ele (se) orienta; sempre se empenhou em testemunhar *o que é o caso no direito*." (MÜLLER, Friedrich. *O novo paradigma do direito*: introdução à teoria e metódica estruturantes. 3. ed. São Paulo: Revista dos Tribunais, 2013, p. 14.)

248 MÜLLER, Friedrich. *O novo paradigma do direito*: introdução à teoria e metódica estruturantes. 3. ed. São Paulo: Revista dos Tribunais, 2013, p. 13.

Depois do exposto, já não é mais possível compreender de maneira a concretização ou apenas, em formulação mais estrita, a interpretação do texto como reconstrução do que foi intencionado pelo elaborador da norma no sentido da identificação da sua 'vontade' ou da 'vontade' da norma jurídica. A simples futuridade dos casos regulamentandos e consequentemente das decisões individuais atribuendas a uma norma determinada faz que nem 'a' vontade nem 'a' decisão de uma prescrição em si possam ser identificadas. Em contrapartida, a possibilidade para posições decisionistas (e tributárias do positivismo legalista) de isolar a 'vontade' e colocá-la em caso de conflito acima do teor normativo metodicamente elaborado, no fundo já não é mais um problema do direito, mas uma questão de poder histórico de fato; não mais um problema da ciência do direito, mas uma questão de metafísica da história e de *ideologia prática*.[249]

2.4 Aportes da Teoria do Direito Necessários à Compreensão do Problema. Sistema de Referência

Fixados os marcos histórico e teórico, é preciso descer, em definitivo ao campo jurídico e delimitar a compreensão de "norma jurídica", sobretudo a norma de produção normativa, inevitável ao objeto de estudo proposto.

Já se viu que a realidade social somente é apreensível pela linguagem, e esta importa necessariamente um recorte daquela, sem o que não seria possível, nem mesmo, o conhecimento.

Além da linguagem, condição de possibilidade do conhecimento, mister a identificação de um sistema de referência, com o qual se possam estabelecer relações associativas e galgar um discurso científico. A

[249] MÜLLER, Friedrich. *Metodologia do direito constitucional*. 4. ed. São Paulo: Editora Revista dos Tribunais, 2010, p. 63.

justeza de um sistema de referência denota as condições que informam o conhecimento de algo. Em que pese o mesmo objeto poder ser estudado por vários sistemas de referência, estabelecê-lo é condição *sine qua non* para estabelecer a comunicação. Essas são as lentes com as quais se enxergará o objeto.[250]

Habitar o mesmo mundo linguístico importa diferençar entre conhecimento vulgar e conhecimento científico. O presente trabalho propõe análise científica do objeto de estudos (norma jurídica) e, por isso, deve acautelar-se, além do corte metodológico e da exposição do método, de precisão linguística tal, a expungir, ao máximo, vaguezas, ambiguidades e carga emotiva[251], inerentes a qualquer discurso.

A precisão linguística, a seu turno, somente se torna possível a partir da explicitação ao interlocutor deste sistema de referência a que se aludiu.

Pretende-se, a partir da Filosofia da Linguagem, cujos influxos são sensíveis na Ciência do Direito, uma construção da realidade para o direito, direito positivo, assim entendido como normas jurídicas válidas em determinado tempo e espaço.

Sobre a realidade social, recortada pela linguagem, incide ainda outro recorte, o do Direito (positivo), que seleciona os fatos que a ele importam.

Fala-se, por isso em dados ou fatos brutos, existentes independentemente da linguagem, mas acessíveis somente por ela, e fatos

---

[250] CARVALHO, Aurora Tomazini de. *Curso de teoria geral do direito*: o constructivismo lógico-semântico. 4. ed. São Paulo: Noeses, 2014, p. 24-25.

[251] Sobre vagueza, ambiguidade e carga emotiva, cf. MOUSSALLEM, Tárek Moysés. *Fontes do direito tributário*. 2. ed. São Paulo: Noeses, 2006, p. 32-38; CARVALHO, Aurora Tomazini de. *Curso de teoria geral do direito*: o constructivismo lógico-semântico. 4. ed. São Paulo: Noeses, 2014, p. 66-75; SANTIAGO NINO, Carlos. *Introducción al análisis del derecho*. 11. ed. Barcelona: Ariel, 2003.

institucionais, dependentes de convenções humanas para existirem; são constituídos pela linguagem.[252]

A essa realidade ainda intocada pela linguagem, chamar-se-á, neste estudo, "evento", para diferençar de fato, inteligido como o "evento" invadido pela linguagem. Assim, a chuva que cai lá fora, de *per se*, é o evento, convertido em fato quando alguém a observa, compreende-a e converte em linguagem ("chove lá fora"). Não se desconhece que para o estabelecimento de uma comunidade intersubjetiva do discurso, há necessidade de fatos, eventos revestidos de linguagem, pelo que se instaura a comunicação.

Nem se desconhece, também, que a linguagem, por isso mesmo, é inevitável, porquanto permeia toda a realidade social, para que possa existir dentro do discurso, e condiciona a ação humana. Sem a linguagem, portanto, e nesse sentido, nada é.[253]

Em síntese, "eventos" existem independentemente de linguagem. "Fatos" são eventos forjados na linguagem. Com a linguagem, afirmamos eventos (agora "fatos") e damos nome a eles; passam a existir *para nós*.

Em razão disso, pode-se distinguir entre sistemas reais ou empíricos e sistemas proposicionais. Para os limites da proposta, sistema[254] deve ser entendido como "objeto formado de porções que se vinculam debaixo de um princípio unitário ou como a composição de partes orientadas por um vetor comum"; "conjunção de elementos governados por uma ideia comum". Por outras palavras, "[o]nde houver um conjunto de

---

252 MOUSSALLEM, Tárek Moysés. *Revogação em matéria tributária*. São Paulo: Noeses, 2005, p. 8.

253 MOUSSALLEM, Tárek Moysés. *Revogação em matéria tributária*. São Paulo: Noeses, 2005, p. 8. Tárek Moussallem alude a um "elo umbilical" entre cultura, linguagem e realidade. (MOUSSALLEM, Tárek Moysés. *Revogação em matéria tributária*. São Paulo: Noeses, 2005, p. 6.)

254 Sobre a plurivocidade de sentidos do vocábulo "sistema", cf. MOUSSALLEM, Tárek Moysés. *Fontes do direito tributário*. 2. ed. São Paulo: Noeses, 2006, p. 44-48; NEVES, Marcelo. *Teoria da inconstitucionalidade das leis*. São Paulo: Saraiva, 1988. pp.1-2.

elementos relacionados entre si e aglutinados perante uma referência determinada, teremos a noção fundamental de sistema".[255] Note-se bem que a referência aos sistemas é pedagógica como modo de distinguir os jogos de linguagem e propiciar um refinamento teórico sobre objeto de estudo e ciência. Mais à frente, enfrentar-se-ão problemas que poderiam surgir a partir dessa sistematização.

Por sistemas reais, deve-se entender o sistema constituído por objetos do mundo físico ou social, da maneira como aparecem à intuição sensível do ser cognoscente[256], "pelos fenômenos físicos, psíquicos ou sociais, na medida em que eles se apresentam ao sujeito cognoscente em suas relações de causalidade".[257]

Essa classificação não é isenta de críticas. Com efeito, Paulo de Barros critica a existência de "sistema real", posto que não haveria que se falar em "objeto-em-si" se sua reunião pressupõe a manipulação de conjuntos de signos linguísticos[258]; daí não se falar em sistema no plano do mundo físico[259].

De toda sorte, deixando a divergência de lado, embora reconhecendo o fundamento teórico que a embasa, reconheça-se a existência de "algo", ainda que não possa ser conhecido nem reunido nem classificado

---

255 CARVALHO, Paulo de Barros. *Direito tributário*: fundamentos jurídicos de incidência. 7. ed. São Paulo: Saraiva, 2009, p. 47-48. Marcelo Neves ignora a coerência ou a compatibilidade entre os elementos como essencial ao conceito de sistema. (NEVES, Marcelo. *Teoria da inconstitucionalidade das leis*. São Paulo: Saraiva, 1988, p. 2) Todavia, atente-se para que incoerência ou conflito só pode haver dentro de um mesmo sistema, dentro de um mesmo jogo de linguagem. (MOUSSALLEM, Tárek Moysés. *Fontes do direito tributário*. 2. ed. São Paulo: Noeses, 2006, p. 45.)

256 CARVALHO, Paulo de Barros. *Direito tributário*: fundamentos jurídicos de incidência. 7. ed. São Paulo: Saraiva, 2009, p. 48-49.

257 NEVES, Marcelo. *Teoria da inconstitucionalidade das leis*. São Paulo: Saraiva, 1988, p. 3.

258 CARVALHO, Paulo de Barros. *Direito tributário*: fundamentos jurídicos de incidência. 7. ed. São Paulo: Saraiva, 2009, p. 49-51.

259 MOUSSALLEM, Tárek Moysés. *Fontes do direito tributário*. 2. ed. São Paulo: Noeses, 2006, p. 45.

sem a linguagem. Há eventos e há "objetos-em-si" cognoscíveis na e pela linguagem.

Quanto aos sistemas proposicionais, estes se constituem por proposições, pressupõem linguagem.[260] Dividem-se em sistemas proposicionais nomológicos (meramente formais, cujas partes são entidades ideais) e sistemas proposicionais nomoempíricos (formados por proposições com referência empírica; constituem-se de proposições que se referem a objetos reais).[261]

Os sistemas proposicionais nomoempíricos, a seu turno, os quais, além da dimensão sintática, possuem relevância para as dimensões semântica e pragmática, subdividem-se em sistemas proposicionais nomoempíricos descritivos (teoréticos) e sistemas proposicionais nomoempíricos prescritivos (normativos; que se dirigem à conduta social para alterá-la).[262]

O Direito, na ambiguidade que esse signo carrega, é fato institucional, de acordo com a distinção realizada anteriormente. Quanto aos fatos institucionais[263], a linguagem é parte constitutiva do objeto, havendo, por isso mesmo, duas linguagens: uma do próprio objeto (o fato institucional) e outra linguagem de descrição desse objeto (fato institucional de sobrenível).[264]

---

[260] CARVALHO, Paulo de Barros. *Direito tributário*: fundamentos jurídicos de incidência. 7. ed. São Paulo: Saraiva, 2009, p. 48.

[261] CARVALHO, Paulo de Barros. *Direito tributário*: fundamentos jurídicos de incidência. 7. ed. São Paulo: Saraiva, 2009, p. 48; NEVES, Marcelo. *Teoria da inconstitucionalidade das leis*. São Paulo: Saraiva, 1988, p. 4-6.

[262] NEVES, Marcelo. *Teoria da inconstitucionalidade das leis*. São Paulo: Saraiva, 1988, p. 6; CARVALHO, Paulo de Barros. *Direito tributário*: fundamentos jurídicos de incidência. 7. ed. São Paulo: Saraiva, 2009, p. 48-49.

[263] Sobre os elementos constituintes dos fatos institucionais, cf. HERANI, Renato Gugliano. *A prova da inconstitucionalidade*. Curitiba: Editora Prismas, 2016, p. 62.

[264] MOUSSALLEM, Tárek Moysés. *Revogação em matéria tributária*. São Paulo: Noeses, 2005, p. 9.

Transportando-se para o universo jurídico, pode-se falar em direito como sistema proposicional nomoempírico prescritivo, que se destina à realidade social para alterá-la, bem como sistema proposicional nomoempírico descritivo, que possui função gnosiológica, de representação proposicional de relacionamento dos dados reais (descrevem relações reais ou proposições prescritivas – melhor, enunciados prescritivos).

Ao primeiro, nominar-se-á sistema de direito positivo; ao segundo, sistema da Ciência do Direito. Assim, evita-se a ambiguidade que o termo "direito" comporta para se referir tanto ao objeto de estudo quanto à Ciência que o estuda. Enquanto dado cultural que é, o direito positivo encontra-se plasmado em linguagem e carregado de valores. Doutro lado, à Ciência do Direito (Dogmática Jurídica) incumbe a descrição do objeto (direito positivo) em sua estrutura hierárquica, tendo como ápice a Constituição.

Se se tomar direito positivo como normas jurídicas válidas em determinado tempo e espaço aglutinadas sob um fundamento comum, à Ciência do Direito caberá a função meramente descritiva com pretensão científica, desse sistema tomado por objeto. Trabalha, pois, ao nível de metalinguagem; linguagem que fala da linguagem. E seus enunciados científicos, ou proposições, são qualificadas sobre o critério apofântico (verdadeiro ou falso).[265]

---

265 A análise que se desenvolverá, portanto, é dogmático-jurídica; preocupa-se com o estudo do sistema do direito positivo, buscando conhecer melhor o objeto e verificar as respostas que podem ser fornecidas ao objeto do trabalho proposto; o que não impede a realização de críticas. Isso posto, a análise das decisões tomadas pela Corte Constitucional brasileira não diz respeito a eventual ou suposta "justiça" no caso concreto, palavra impregnada por carga valorativa. Pelo contrário, busca evidenciar eventual descompasso entre a decisão e o sistema de direito positivo vigente. Sobre a distinção entre o enfoque dogmático e zetético (investigações que tomam o direito como objeto da Sociologia, da Antropologia, da Filosofia, etc.), cf. FERRAZ JR., Tércio Sampaio. *Introdução ao estudo do direito*: técnica, decisão, dominação. 4. ed. São Paulo: Atlas, 2003, p. 39-51. Nada obsta, todavia, que a Ciência do Direito seja, ela mesma, objeto de estudo, com o que se alçaria ao nível da Epistemologia (Teoria da Ciência).

O direito positivo, por outro lado, é vazado em linguagem prescritiva técnica, dirige condutas da realidade social, pelo que seus elementos (normas jurídicas) são julgados de acordo com o critério veritativo (válidos ou inválidos – lógica deôntica), conforme a pertinência ao conjunto, de acordo com o fundamento comum do sistema.[266]

Particularmente, o direito positivo apresenta estrutura hierarquizada, regida por uma fundamentação, a Constituição, e, ademais, regula, ele mesmo, sua criação e transformação.[267] Dado isso, torna-se possível observá-lo sob dois planos distintos: estático e dinâmico. Trata-se de modos de observar o mesmo fenômeno jurídico. Em linhas gerais, o estático verifica o direito positivo como um sistema de normas em vigor, o conhecimento é dirigido às normas jurídicas produzidas a aplicar e a observar; ao passo que o dinâmico verifica o processo jurídico em que o direito positivo é produzido e aplicado, ou seja, em movimento, foca-se nos atos de produção, aplicação ou observância determinados por normas jurídicas.[268]

> Deve, no entanto, observar-se, a propósito, que este mesmo processo é, por sua vez, regulado pelo Direito. É, com efeito, uma característica muito significativa do Direito o ele regular a sua própria produção e aplicação. A produção de normas jurídicas gerais, isto é, o processo legislativo, é regulado pela Constituição, e as leis formais ou processuais, por seu turno, tomam à sua conta regular a aplicação de leis materiais pelos tribunais e autoridades administrativas.[269]

---

266 MOUSSALLEM, Tárek Moysés. *Fontes do direito tributário*. 2. ed. São Paulo: Noeses, 2006, p. 49-52; CARVALHO, Aurora Tomazini de. *Curso de teoria geral do direito*: o constructivismo lógico-semântico. 4. ed. São Paulo: Noeses, 2014, p. 97-123. A distinção feita, que se encontra atualmente mais difundida, deve-se, sobretudo a Hans Kelsen. Nesse sentido, cf. KELSEN, Hans. . *Teoria Pura do Direito*. Tradução de João Baptista Machado. 8. ed. São Paulo: Editora WMF Martins Fontes, 2009, p. 79

267 CARVALHO, Paulo de Barros. *Direito tributário*: fundamentos jurídicos de incidência. 7. ed. São Paulo: Saraiva, 2009, p. 55.

268 KELSEN, Hans. *Teoria Pura do Direito*. Tradução de João Baptista Machado. 8. ed. São Paulo: Editora WMF Martins Fontes, 2009, p. 79-80. Cf. JEVEAUX, Geovany Cardoso. *Teorias do Estado e da Constituição*. Rio de Janeiro: GZ Editora, 2015, p. 413; MOUSSALLEM, Tárek Moysés. *Fontes do direito tributário*. 2. ed. São Paulo: Noeses, 2006, p. 52-55.

269 KELSEN, Hans. *Teoria Pura do Direito*. Tradução de João Baptista Machado. 8. ed. São Paulo: Editora WMF Martins Fontes, 2009, p. 80.

Há uma espécie de recondução imediata ao fundamento de validade (princípio da inferência); determinada norma é válida porque haure seu fundamento em outra norma que lhe é superior e da qual aquela é derivável. A validade, desse modo, não se condiciona pela realidade, por um fato (muito embora possa se reconhecer a necessidade da sua observância - eficácia[270]), mas por outra norma.

A fim de obstar um *regresso ad infinitum*, Hans Kelsen chamou "norma fundamental" aquela cuja validade não pode ser derivada de outra que lhe seja superior. De conseguinte, num sistema de normas, numa ordem jurídica, a validade das normas reconduz-se a uma mesma "norma fundamental". Nos limites deste trabalho, a recondução última do sistema normativo e de onde retiram as demais normas jurídicas sua fundamentação de validade será a Constituição.[271] Eis outro corte metodológico.

No sistema estático de normas, portanto, normas são válidas e isso significa que os indivíduos, cuja conduta é por elas regulada, devem conduzir-se do modo prescrito. Presume-se a sua força obrigatória

---

[270] "Tal eficácia é condição no sentido de que uma ordem jurídica como um todo e uma norma jurídica singular já não são consideradas como válidas quando cessam de ser eficazes. Mas também a eficácia de uma ordem jurídica não é, tampouco como o fato que a estabelece, fundamento da validade. Fundamento da validade, isto é, a resposta à questão de saber por que devem as normas desta ordem jurídica ser observadas e aplicadas, é a norma fundamental pressuposta, segundo a qual devemos agir de harmonia com uma Constituição efetivamente posta, globalmente eficaz, e, portanto, de harmonia com as normas efetivamente postas de conformidade com esta Constituição e globalmente eficazes. [...] Uma condição não pode identificar-se como aquilo que condiciona." (KELSEN, Hans. *Teoria Pura do Direito*. Tradução de João Baptista Machado. 8. ed. São Paulo: Editora WMF Martins Fontes, 2009, p. 236.) Kelsen faz a distinção entre "fundamento de validade" e "condição de validade" exatamente para não fundamentar a validade da norma jurídica no "ser", na realidade. Cf. KELSEN, Hans. *Teoria geral do direito e do estado*. São Paulo: Martins Fontes, 2000, p. 161-163.

[271] Trabalhar a norma hipotético-fundamental pressuposta kelseniana não encontra espaço neste estudo, cf. KELSEN, Hans. *Teoria Pura do Direito*. Tradução de João Baptista Machado. 8. ed. São Paulo: Editora WMF Martins Fontes, 2009. Cap. 5.

porque deduzíveis de uma norma geral.[272] De novo, o regresso último é à Constituição, à qual se chega por uma operação intelectual, a inferência.

Diversamente, no sistema dinâmico, não é suficiente a operação intelectual. A norma de ápice do sistema estabelece certa autoridade, que, a seu turno, confere poder de criar normas a certas autoridades (delegação). Examina-se se uma norma jurídica foi criada da maneira determinada pela norma que lhe é superior[273], *in casu*, pela Constituição.

Interessa o sistema dinâmico para avançar no estudo do objeto proposto inicialmente e a atenção ao jogo linguístico compreendido no sistema de direito positivo, com as suas respectivas regras. Com algumas observações. Na teoria kelseniana, identificada no "Teoria Pura do Direito", o "tipo dinâmico é caracterizado pelo fato de a norma fundamental pressuposta não ter por conteúdo senão a instituição de um fato produtor de normas, a atribuição de poder a uma autoridade legisladora" [274] – como devem ser criadas normas no ordenamento fundado pela norma fundamental.

De igual modo, em "Teoria Geral do Direito e do Estado", Hans Kelsen é assertivo: "[u]ma norma é uma norma jurídica válida em virtude de ter sido criada segundo uma regra definida, e apenas em virtude disso", de modo que "[a] validade de uma norma jurídica não pode ser questionada a pretexto de seu conteúdo ser incompatível com algum valor moral ou político"[275].

---

[272] KELSEN, Hans. *Teoria geral do direito e do estado.* São Paulo: Martins Fontes, 2000, p. 163-164.

[273] KELSEN, Hans. *Teoria geral do direito e do estado.* São Paulo: Martins Fontes, 2000, p. 165.

[274] KELSEN, Hans. *Teoria Pura do Direito.* Tradução de João Baptista Machado. 8. ed. São Paulo: Editora WMF Martins Fontes, 2009, p. 219.

[275] KELSEN, Hans. *Teoria geral do direito e do estado.* São Paulo: Martins Fontes, 2000, p. 166.

Todavia, merece redobrada atenção a "noção de Constituição" implicada, por Kelsen, ao tratar da garantia jurisdicional da Constituição e da Constituição em sentido lato, a merecer a transcrição seguinte:

> Através das múltiplas transformações por que passou, a noção de Constituição conservou um núcleo permanente: a idéia de um princípio supremo determinando a ordem estatal inteira e a essência da comunidade constituída por essa ordem. Como quer que se defina a Constituição ela é sempre fundamento do Estado, a base da ordem jurídica que se quer apreender. O que se entende antes de mais nada e desde sempre por Constituição – e, sob esse aspecto, tal noção coincide com a de forma do Estado – é um princípio em que se exprime juridicamente o equilíbrio das forças políticas no momento considerado, é a norma que rege a elaboração das leis, das normas gerais para cuja execução se exerce a atividade dos organismos estatais, dos tribunais e das autoridades administrativas. [...] No limite, somente a Constituição, no sentido estrito e próprio da palavra, está revestida dessa forma especial; ou – como se tem costume, se não felicidade, de dizer – a Constituição no sentido material coincide com a Constituição no sentido formal.
>
> Se o direito positivo conhece uma forma constitucional especial, distinta da forma legal, nada se opõe a que essa forma também seja empregada para normas que não entram na Constituição no sentido estrito, e antes de mais nada, para normas que regulam, não a criação, mas o conteúdo das leis. Daí resulta a noção de Constituição no sentido lato. É ela que está em jogo quando as Constituições modernas contêm não apenas regras sobre os órgãos e o procedimento da legislação, mas também um catálogo dos direitos fundamentais dos indivíduos ou de liberdades individuais. Com isso – é o sentido primordial, senão exclusivo, dessa prática –, a Constituição traça princípios, diretivas, limites, para o conteúdo das leis vindouras. [...] A Constituição não é, então, unicamente uma regra de procedimento, mas também uma regra de fundo; por conseguinte, uma lei pode ser, então, inconstitucional, seja por causa de uma irregularidade de procedimento em sua elaboração, seja em decorrência da contrariedade de seu conteúdo aos princípios ou diretivas formulados na Constituição, quando excede os limites estabelecidos por esta.[276]

---

[276] KELSEN, Hans. *Jurisdição constitucional*. 3. ed. São Paulo: WMF Martins Fontes, 2013, p. 130-132. Cf., também, KELSEN, Hans. A garantia jurisdicional da Constituição. *Sub Judice. Justiça e Sociedade*. Coimbra, DocJuris, v. 20-21, p. 9-32, 2001.

Atenha-se a essa passagem. A partir dela se desenvolverão as noções subsequentes. Antes, contudo, mais uma observação.

A desconformidade entre norma superior e inferior não implica invalidade imediata. No raciocínio aqui desenvolvido não se prescinde de uma autoridade competente que, por meio de um procedimento adequado, constitua essa invalidade, do que resultará a anulabilidade da norma em descompasso (portanto, trata-se de anulabilidade e não de nulidade). Decorre disso, a inexistência de invalidade autoevidente, posto que, ante o princípio da força obrigatória da lei, nega-se o direito de resistência ativo do indivíduo, o qual, por sua vez, deverá submeter a questão da invalidade a uma autoridade competente por meio de um procedimento adequado.[277]

> A afirmação de que uma lei válida é 'contrária à Constituição' (anticonstitucional) é uma *contradictio in adjecto*; pois uma lei somente pode ser válida com fundamento na Constituição. Quando se tem fundamento para aceitar a validade de uma lei, o fundamento da sua validade tem de residir na Constituição. De uma lei inválida não se pode, porém, afirmar que ela é contrária à Constituição, pois uma lei inválida não é sequer uma lei, porque não é juridicamente existente e, portanto, não é possível acerca dela qualquer afirmação jurídica. [...] O seu [da lei inconstitucional] significado apenas pode ser o de que a lei em questão, de acordo com a Constituição, pode ser revogada não só pelo processo usual, quer dizer, por uma outra lei, segundo o princípio *lex posteriori derrogat priori*, mas também através de um processo especial, previsto pela Constituição. Enquanto, porém, não for revogada, tem de ser considerada como válida; e, enquanto for válida, não pode ser inconstitucional.[278] (Grifos do autor)

---

[277] "A questão da regularidade ou da irregularidade dos atos das autoridades não deve ser decidia pura e simplesmente pelo cidadão ou pelo órgão estatal a que estes se dirigem pedindo observância, mas pela própria autoridade que produziu o ato cuja regularidade é contestada, ou por uma outra autoridade cuja decisão é provocada por meio de um procedimento determinado." (KELSEN, Hans. *Jurisdição constitucional*. 3. ed. São Paulo: WMF Martins Fontes, 2013, p. 141.) Trata-se daquilo que Kelsen denominou de "princípio de autolegitimação dos atos das autoridades públicas", pelo que deverão ser considerados válidos "até ser anulado por um ato emanado de outra autoridade". (KELSEN, Hans. *Jurisdição constitucional*. 3. ed. São Paulo: WMF Martins Fontes, 2013, p. 141-142.)

[278] KELSEN, Hans. *Teoria Pura do Direito*. Tradução de João Baptista Machado. 8. ed. São Paulo: Editora WMF Martins Fontes, 2009, p. 300. As noções ficarão mais claras adiante.

A título de aproximação, poder-se-ia afirmar que "proposição jurídica" e "norma jurídica" distinguem-se. Aquela seria sentença (estrutura oracional) descritiva do objeto, pela Ciência do Direito; já esta seria produzida por órgão jurígeno e constituiria o próprio objeto de estudos da Ciência Jurídica.[279] A distinção é rudimentar e não serve ao rigorismo científico que se quer empreender. Algumas especificações precisam, pois, de ser feitas.

Já se disse que o ser humano constrói o seu mundo na e pela linguagem. E o faz por meio de enunciados, estes são "produto da atividade psicofísica de enunciação", "um conjunto de fonemas ou de grafemas que, obedecendo a regras gramaticas de determinado idioma, consubstancia a mensagem expedida pelo sujeito emissor para ser recebida pelo destinatário, no contexto da comunicação"[280]. Ao termo "enunciado" podem relacionar-se outros, tais como "oração", "sentença" e "asserção", como equivalentes nominais. O vocábulo "proposição", contudo, será tomado "com a carga semântica de conteúdo significativo que o enunciado, sentença, oração ou asserção exprimem"[281], e "proposição jurídica" será destinado aos enunciados descritivos da Ciência do Direito e, portanto, não se equivalerá à "norma jurídica".

A "norma jurídica" será utilizada quando se tratar do sistema do direito positivo. Norma jurídica e texto não se confundem. Friedrich Müller, dentro da sua teoria pós-positivista do direito e na metódica do

---

É, porém, o quanto basta para a observação pretendida. Cf., a propósito, a síntese esclarecedora que se colhe em JEVEAUX, Geovany Cardoso. *Teorias do Estado e da Constituição*. Rio de Janeiro: GZ Editora, 2015, p. 414-415.

279 A distinção aparece na segunda edição do Teoria Pura do Direito (cf. KELSEN, Hans. *Teoria Pura do Direito*. Tradução de João Baptista Machado. 8. ed. São Paulo: Editora WMF Martins Fontes, 2009, p. 80-84).

280 CARVALHO, Paulo de Barros. *Direito tributário*: fundamentos jurídicos de incidência. 7. ed. São Paulo: Saraiva, 2009, p. 22.

281 CARVALHO, Paulo de Barros. *Direito tributário*: fundamentos jurídicos de incidência. 7. ed. São Paulo: Saraiva, 2009, p. 22.

direito, concebe o "texto de norma" com sendo "formulários de textos", é dizer, expressões com significância, mas ainda desprovidas de significado, pré-formas legislativas da norma jurídica, de modo que esta será produzida no curso temporal da decisão.[282]

Müller busca superar antagonismos postos há séculos na Ciência do Direito, tais como "norma/caso", "fato/norma" e "direito/realidade", para tanto concebe a norma jurídica estruturada em "programa da norma" e "âmbito da norma". Para o autor, "o teor literal expressa o 'programa da norma'" e o "âmbito da norma" é "o recorte da realidade social na sua estrutura básica que o programa da norma 'escolheu' para si ou em parte criou para si com seu âmbito de regulamentação"[283].

Importa referir que a importância da força do texto não pode ser compreendida de forma completamente dissociada da norma. Ver-se-á que se trata de momentos distintos da concretização, mas o texto há de servir de limite à criação da norma jurídica. O texto existe e impõe limites à interpretação, à luz do que referido anteriormente.

Para maior detalhamento, examinar-se-ão, a seguir, os quatro planos ou subsistemas linguísticos, em vista do esquema proposto por

[282] MÜLLER, Friedrich. *O novo paradigma do direito*: introdução à teoria e metódica estruturantes. 3. ed. São Paulo: Revista dos Tribunais, 2013, p. 10-11. Com isso, a norma jurídica não existe *ante casum*, o caso da decisão é coconstitutivo. Enquanto o texto é o dado de entrada do processo chamado "concretização", a norma jurídica é criada no caso. (MÜLLER, Friedrich. *O novo paradigma do direito*: introdução à teoria e metódica estruturantes. 3. ed. São Paulo: Revista dos Tribunais, 2013, p. 11.) "Ocorre que uma norma jurídica é mais do que o seu texto de norma. A concretização prática da norma é mais do que a interpretação do texto." (MÜLLER, Friedrich. *Metodologia do direito constitucional*. 4. ed. São Paulo: Editora Revista dos Tribunais, 2010, p. 28.)

[283] MÜLLER, Friedrich. *Metodologia do direito constitucional*. 4. ed. São Paulo: Editora Revista dos Tribunais, 2010, p. 57-58. Ao nexo entre as partes conceituais integrantes da norma (âmbito da norma e programa da norma) Müller denominou "estrutura da norma" e por "normatividade" designa a qualidade dinâmica de uma norma, tanto de ordenar a realidade subjacente quanto de ser condicionada e estruturada por essa realidade. (MÜLLER, Friedrich. *O novo paradigma do direito*: introdução à teoria e metódica estruturantes. 3. ed. São Paulo: Revista dos Tribunais, 2013, p. 15-36.)

Paulo de Barros Carvalho.[284] São eles: a) plano da expressão ou subsistema da literalidade; b) plano da significação ou subsistema das significações isoladas de enunciados prescritivos; c) plano das significações normativas articuladas ou subsistema das normas jurídicas; e d) plano de organização das normas jurídicas ou forma superior do sistema normativo.[285]

Esse itinerário tem por escopo dissecar o processo interpretativo do direito positivo. Conhecer o direito positivo é interpretá-lo. Interpretar é construir o conteúdo, sentido e alcance da comunicação legislada, adjudicar significação e, por meio desta, referência a objeto. O direito positivo, objeto de estudo da Ciência do Direito, surge ao intérprete plasmado em linguagem e de modo textual (texto), envolto em um contexto, no qual também estará inserido o intérprete para caso queira compreendê-lo.

É a partir do contato com o plano da literalidade ou plano da expressão, onde se encontram estruturas morfológicas e sintáticas que o intérprete inicia o processo de interpretação ao que passará à construção dos conteúdos significativos dos vários enunciados prescritivos para os ordenar na forma de normas jurídicas e, ao cabo, articulá-las sob vínculos de coordenação e de subordinação.

---

284 Não se trata, em absoluto, de estabelecer um método de interpretação. A proposta visa, sobretudo, à elucidação da diferença entre enunciado e norma e de como o enunciado pode estabelecer limites à construção da norma. De fato, a norma somente exsurge no caso, somente no caso ela é construída e concretiza-se. À Ciência do Direito incumbe fornecer aos órgãos do direito positivo propostas interpretativas que auxiliem no julgamento.

285 CARVALHO, Paulo de Barros. *Direito tributário*: fundamentos jurídicos de incidência. 7. ed. São Paulo: Saraiva, 2009, p. 84-107; CARVALHO, Paulo de Barros. *Curso de direito tributário*. 26. ed. São Paulo: Saraiva, 2015, p. 117-136; MOUSSALLEM, Tárek Moysés. *Fontes do direito tributário*. 2. ed. São Paulo: Noeses, 2006, p. 65-67; CARVALHO, Aurora Tomazini de. *Curso de teoria geral do direito*: o constructivismo lógico-semântico. 4. ed. São Paulo: Noeses, 2014, p. 242-262; IVO, Gabriel. *Norma jurídica*: produção e controle. São Paulo: Noeses, 2006, p. XXXVI-XLIII.

No primeiro plano, a literalidade textual compõe-se de enunciados prescritivos, a base empírica e objetiva em documentos concretos, postos intersubjetivamente entre os integrantes da comunidade do discurso. Essas orações soltas devem obedecer às regras gramaticas de formação e transformação já referidas anteriormente. Não é possível gerar conteúdo sem uma boa organização sintática do texto. Esses enunciados, necessariamente, suscitam sentido se construídos de forma gramaticalmente correta, contudo, não encerram uma unidade completa de significação deôntica, na medida em que aguardam juntar-se a outros enunciados para formar as normas jurídicas. Os artigos, os incisos, os parágrafos e as leis, genericamente falando, são os enunciados prescritivos explícitos. Há, ainda, enunciados implícitos, carecedores de expressão material, mas decorrentes logicamente de outros enunciados.

No segundo plano, o da significação, ingressa-se no conteúdo; compõe-se de proposições formuladas a partir da leitura dos enunciados.[286] Um enunciado pode gerar uma ou várias proposições assim como uma proposição pode redundar de dois ou mais enunciados. "O jurista lida com os significados dos signos jurídicos. Percorre os enunciados e constrói significações isoladas"[287]. O jurista, nesse estágio, tendo ingressado no mundo jurídico, lida com os significados dos signos, para associá-los e compará-los, estruturá-los enquanto significações de cunho jurídico, "que transitam algo peculiar ao universo

---

286 É um caminho que deve ser trilhado com vagar, deixando o texto dizer algo primeiramente (Gadamer) e compreender o universo no qual se entra, partilhar o contexto no qual está jogado esse ser-aí (*Dasein*). "Penetra surdamente no reino das palavras./ Lá estão os poemas que esperam ser escritos./ Estão paralisados, mas não há desespero,/ há calma e frescura na superfície intata./ Ei-los sós e mudos, em estado de dicionário." "Chega mais perto e contempla as palavras./ Cada uma/ tem mil faces secretas sob a face neutra/ e te pergunta, sem interesse pela resposta,/ pobre ou terrível que lhe deres:/ Trouxeste a chave?" (Procura da poesia – Carlos Drummond de Andrade)

287 MOUSSALLEM, Tárek Moysés. *Fontes do direito tributário*. 2. ed. São Paulo: Noeses, 2006, p. 66.

das regulações das condutas intersubjetivas"[288]. Predomina a função prescritiva, ainda que não seja esta a forma encontrada no plano da literalidade. Com efeito, o direito positivo destina-se a regular condutas; não as descreve simplesmente.

A "norma jurídica" somente surge no terceiro plano, enquanto conjunto articulado das significações obtidas no plano anterior. A "norma jurídica" deve ser entendida, em todo o restante do estudo, como produto da interpretação promovida pelo intérprete na contextualização das significações, obtidas a partir dos enunciados prescritivos, com a finalidade de produzir unidades dotadas de sentido deôntico.

"Norma jurídica" é, conforme Paulo de Barros, a "unidade irredutível de manifestação do deôntico".[289] Em suas palavras:

> Quero transmitir, dessa maneira, que reconheço a força prescritiva às frases isoladas dos textos positivados. Nada obstante, esse teor prescritivo não basta, ficando na dependência de integrações em unidades normativas, como mínimos deônticos completos. *Somente a norma jurídica, tomada em sua integridade constitutiva, terá o condão de expressar o sentido cabal dos mandamentos da autoridade que legisla.*[290] (Grifos do autor)

A norma jurídica, assim entendida, desfruta de uma estrutura implicacional [D(p→q)][291] composta de uma hipótese e de uma tese.[292] A hipótese ou antecedente normativo [p] descreve um fato de possível

---

288 CARVALHO, Paulo de Barros. *Direito tributário*: fundamentos jurídicos de incidência. 7. ed. São Paulo: Saraiva, 2009, p. 92-93.

289 CARVALHO, Paulo de Barros. *Direito tributário*: fundamentos jurídicos de incidência. 7. ed. São Paulo: Saraiva, 2009, p. 20.

290 CARVALHO, Paulo de Barros. *Direito tributário*: fundamentos jurídicos de incidência. 7. ed. São Paulo: Saraiva, 2009, p. 21.

291 [D (p→q)], onde: "D" e "→" = sincategoremas (invariáveis); functores deônticos não modalizados, incidente sobre a ligação entre antecedente "p" e consequente "q".

292 MOUSSALLEM, Tárek Moysés. *Fontes do direito tributário*. 2. ed. São Paulo: Noeses, 2006, p. 68. Cf. VILANOVA, Lourival. *As estruturas lógicas e o sistema de direito positivo*. 3. ed. São Paulo: Noeses, 2005; CARVALHO, Paulo de Barros. *Direito tributário*: fundamentos jurídicos de incidência. 7. ed. São Paulo: Saraiva, 2009, p. 24-33.

ocorrência (na norma abstrata) ou ocorrido (na norma concreta) e a tese ou o consequente [q] estabelece a relação jurídica [$S'R_{(O, V, P)}S''$] entre quaisquer sujeitos-de-direito (norma geral) ou entre sujeitos-de-direito especificados (norma individual) [S' e S''] sob a incidência do modal deônticos obrigatório (O), proibido (V) ou permitido (P).[293]

Importa frisar que em relação a essa norma jurídica abstrata, que traz em seu antecedente um fato de possível ocorrência, não se afigura correto, nos limites deste estudo, predicá-lo [o fato] como "fato jurídico", assim entendido aquele fato que sofreu a positivação, efetivada pela aplicação do direito positivo, por uma autoridade competente através de um procedimento adequado.

Nesse sentido, "incidência da norma" deve ser compreendida como "aplicação do direito". Aquilo que linhas atrás se chamou "evento", acontecimento do mundo físico, é revestido pela linguagem da realidade social, pelo que passa a ser compreendido como fato. Do fato, a linguagem do direito positivo ou linguagem normativa seleciona aquilo que lhe importa e cuja incidência na linguagem da realidade social implicará a linguagem da facticidade jurídica.

> *O fenômeno de a linguagem da norma jurídica assentar-se sobre a linguagem da realidade social dando por resultado a linguagem da facticidade jurídica, chamamos de incidência.*[294] (Grifos do autor)

A norma jurídica, aqui N_1, estatui o que deve-ser em ocorrendo aquele fato descrito no seu antecedente. Segue-se que, se ocorrido,

---

[293] MOUSSALLEM, Tárek Moysés. *Fontes do direito tributário*. 2. ed. São Paulo: Noeses, 2006, p. 68-70; VILANOVA, Lourival. *As estruturas lógicas e o sistema de direito positivo*. 3. ed. São Paulo: Noeses, 2005, p. 94.

[294] MOUSSALLEM, Tárek Moysés. *Fontes do direito tributário*. 2. ed. São Paulo: Noeses, 2006, p. 97. Assim, torna-se inaceitável, nesse estudo, separar a "aplicação do direito" da "incidência". Em sentido contrário ao entendimento ora perfilhado, tratando a "incidência" como fenômeno infalível e a "aplicação" como ato humano que efetiva a eficácia jurídica prevista, em abstrato, na norma jurídica, cf. MELLO, Marcos Bernardes de. *Teoria do fato jurídico*: plano da existência. 20. ed. São Paulo: Saraiva, 2014. p.116-134.

haverá o prescrito no consequente; uma relação intersubjetiva modalizada deonticamente. Não se afigura inevitável, todavia, que, no campo do ser, ocorrente o fato previsto, não se suceda a relação igualmente estatuída. Justamente por não olvidar essa possibilidade, qual seja, de violação à norma jurídica N_1, a que se denominará "ilícito", é que o próprio sistema encarrega-se estabelecer normas (meios) que farão perante a essa eventualidade.

Essa segunda norma jurídica N_2 descreve, em seu antecedente, o descumprimento da relação jurídica da norma N_1 e, no consequente, prescreve uma atuação do Órgão Judiciário.[295] Tem-se, assim, na norma N_1, a norma primária e, na norma N_2, a norma secundária.[296] A norma primária descreve fatos "lícitos" e estatui direitos e deveres; a norma secundária descreve os fatos tidos por "ilícitos" e prescreve a sanção (atuação do Estado-Juiz). A norma secundária não visa somente ao cumprimento coativo do consequente da norma primária, senão que enseja a produção de outra norma, que, por sua vez, pode ser o pressuposto de uma coação – execução forçada – ao veicular norma de conduta ou referir-se a uma norma para expulsá-la do sistema (norma de revisão sistêmica). Não é tolerável apequenar essa norma secundária, sob pena de esvaziamento de um processo de produção normativa. E o controle de constitucionalidade, que se intenta estudar, depende necessariamente dessa compreensão.

---

295 MOUSSALLEM, Tárek Moysés. *Fontes do direito tributário*. 2. ed. São Paulo: Noeses, 2006, p. 70.

296 Essa é a classificação adotada por Tárek Moysés Moussallem (MOUSSALLEM, Tárek Moysés. *Fontes do direito tributário*. 2. ed. São Paulo: Noeses, 2006, p. 70-72), Paulo de Barros Carvalho (CARVALHO, Paulo de Barros. *Direito tributário*: fundamentos jurídicos de incidência. 7. ed. São Paulo: Saraiva, 2009, p. 34-35) e Lourival Vilanova (VILANOVA, Lourival. *As estruturas lógicas e o sistema de direito positivo*. 3. ed. São Paulo: Noeses, 2005, p. 94). Hans Kelsen, inicialmente admitindo a classificação inversa daquela aqui utilizada (KELSEN, Hans. *Teoria geral do direito e do estado*. São Paulo: Martins Fontes, 2000, p. 96-87) passou a admitir aquela que ora se trilha (KELSEN, Hans. *Teoria geral das normas*. Porto Alegre: Sérgio Antônio Fabris, 1986, p. 68-70; 181-183).

À luz dessa exposição, a estrutura da norma jurídica é bimembre:

> Norma primária (oriunda de normas civis, comerciais, administrativas) e norma secundária (oriunda de norma de direito processual objetivo) compõem a bimembridade da norma jurídica: a primária sem a secundária desjuridiciza-se; a secundária sem a primária reduz-se a mero instrumento, meio, sem fim material, a adjetivo sem o suporte substantivo.[297]

As normas jurídicas primária e secundária, que possuem a mesma estrutura lógico-sintática, variando no aspecto semântico, podem ser assim enunciadas em conjunto: D{[F → (S'*R*S")] v [- (S'*R*S") → (S'*R*'S"')]}, em que D[F → (S'*R*S")] é a norma primária e D[- (S'*R*S") → (S'*R*'S"')] é a norma secundária, em que "D" é functor deônticos não modalizado (dever-ser); "F" é o antecedente da norma jurídica primária, que descreve um fato de possível ocorrência no mundo físico; "→" é o nexo de imputação jurídica "sincategorema", inerente à estrutura normativa; "(S'*R*S")" é o consequente da norma primária, tendo "*R*" por variável functorial (relacional), categorema, portanto, passível de conversão em proibido (Vp), obrigatório (Op) e permitido (Pp), "S'" por sujeito ativo, categorema apto a ser preenchido com um sujeito qualquer com personalidade jurídica para figurar na relação jurídica estabelecida, detentor de um direito subjetivo e "S"" como sujeito passivo, categorema a ser preenchido com um sujeito qualquer com personalidade jurídica para figurar na relação jurídica estabelecida, detentor de um dever jurídico; "v" é o disjuntor includente, pois ambas as normas são válidas, ainda que no caso concreto somente uma venha a ser aplicada; "- (S'*R*S")" é o antecedente da norma secundária, descritor de um fato "ilícito", qual seja, o descumprimento da relação jurídica primária, em que "-" é o negador da relação "*R*" e "(S'*R*'S"')" é o consequente da norma secundária, relação jurídica de direito processual, que estabelece "*R*'" como variável relacional, categorema passível de variação por "O" (obrigatório),

[297] VILANOVA, Lourival. *Causalidade e relação no direito*. 4. ed. São Paulo: Revista dos Tribunais, 2000, p. 190.

"P" (permitido) e "V" (proibido) e possui "S""" como o Estado-Juiz, que está obrigado a dar a prestação jurisdicional, funcionando como sujeito passivo.

Conquanto sempre presente a referência às normas, que estatuem relação de obrigação, permissão e proibição entre sujeitos-de-direito, cognominadas "normas de conduta", ao lado destas existem aquelas que se convencionou chamar "normas de estrutura", as quais "não prescrevem a conduta que deve ter ou não ter, mas as condições e os procedimentos através dos quais emanam normas de conduta válidas"[298]. Uma vez referido que as normas do ordenamento jurídico encontram fundamento de validade na Constituição, torna-se despiciendo referir que normas de estrutura, bem como normas de conduta haurem seu fundamento de validade na mesma norma hierarquicamente superior.

Normas de estrutura são, simplesmente, normas regulam a produção de outras normas.[299] Destinando o presente estudo à investigação das normas elaboradas pelo Órgão Legislativo, precipuamente, mister examinar a norma que determina a produção de outra norma, posto que somente assim será possível verificar se o produto legislado (norma produzida) atendeu aos comandos normativos da norma que determinou sua produção.

Com Tárek Moussallem, é possível ampliar a classificação das normas para três tipos, quais sejam, (a) normas de produção jurídica, (b) normas de revisão sistêmica e (c) normas de conduta.[300]

Em que pese todas as normas jurídicas destinarem-se, modo geral, à conduta humana, podem elas se voltar à conduta humana como escopo

---

298 BOBBIO, Norberto. *Teoria do ordenamento jurídico*. 6. ed. Brasília: Universidade de Brasília, 1995, p. 33.

299 MOUSSALLEM, Tárek Moysés. *Fontes do direito tributário*. 2. ed. São Paulo: Noeses, 2006, p. 76.

300 MOUSSALLEM, Tárek Moysés. *Fontes do direito tributário*. 2. ed. São Paulo: Noeses, 2006, p. 77.

final (normas de conduta), com a finalidade de pautar a produção normativa (norma de produção normativa), ou dirigir-se imediatamente a uma norma para mediatamente regular a conduta humana (norma de revisão sistêmica).[301] A síntese expendida pelo autor pode ser aqui aproveitada:

> Para classificarmos as unidades do direito positivo em normas de condutas, normas de produção normativa e norma de revisão sistêmica, tenhamos em mente o *efeito do ato de aplicação de uma norma*: (1) quando a aplicação da norma N_1 tiver como efeito imediato e mediato regular uma conduta C, chamaremos N_1 de *norma de conduta*; e (2) quando a aplicação de uma norma N_1 tiver como objetivo imediato regular uma conduta C pra mediatamente produzir uma norma N_2, chamaremos N_1 de *norma de produção normativa*; (3) quando a aplicação de uma norma N_1 tiver como escopo principal, não uma conduta humana, mas a modificação ou extinção de uma norma N_2, estaremos diante de uma revisão do sistema do direito positivo e passaremos a designá-la *norma de revisão sistêmica*. Nesta, o efeito imediato é a norma N_2, a conduta é o efeito mediato.[302]

A norma de revisão sistêmica, portanto, dirige-se a outra norma e a norma de produção normativa regula a produção de uma norma (N_1) ao ser aplicada no momento da produção desta; "*aplica-se a norma de conduta ou a norma de revisão sistêmica somente ao se aplicar norma de produção normativa.*"[303]

Ao ser aplicada, a norma de produção normativa pode tanto ter por efeito a introjeção de uma norma inovadora no ordenamento jurídico, caso em que ocorrerá uma expansão sistêmica, como também revogar norma existente no ordenamento jurídico, caso em que será uma norma revogadora, de contração sistêmica.[304]

---

301 MOUSSALLEM, Tárek Moysés. *Fontes do direito tributário*. 2. ed. São Paulo: Noeses, 2006, p. 77.

302 MOUSSALLEM, Tárek Moysés. *Fontes do direito tributário*. 2. ed. São Paulo: Noeses, 2006, p. 77.

303 MOUSSALLEM, Tárek Moysés. *Fontes do direito tributário*. 2. ed. São Paulo: Noeses, 2006, p. 78.

304 MOUSSALLEM, Tárek Moysés. *Fontes do direito tributário*. 2. ed. São Paulo: Noeses, 2006, p. 78.

As normas de produção normativa ganham especial importância para este trabalho pelo fato de que são as responsáveis por estatuírem as "regras" do "jogo linguístico" do direito positivo. Não só conferem a autorreferencialidade a esse sistema, mas também, por meio delas, é possível detectar eventual descompasso entre a previsão da elaboração de uma norma e a sua concreta produção normativa. "[*J*]*ogar o jogo de linguagem do direito positivo é aplicar suas normas de produção normativa*"[305]. E aplicar uma norma (de produção normativa, por exemplo) é criar direito (positivo).[306]

As normas, contudo, alerta Gabriel Ivo, não são criadas por inferência; entre elas há atos. Os atos para a criação de uma norma estão previstos em outra norma e, destarte, para que uma autoridade crie uma norma é preciso que haja outra norma que lhe faculte este ofício. Daí porquanto é falaciosa a afirmação segundo a qual a produção normativa independe de pessoas competentes.[307] Competência é, precisamente, a aptidão, conferida por uma norma jurídica, para que determinado sujeito produza enunciados. Note-se bem que a aptidão linguística conferida pelo sistema de direito positivo, mediante a linguagem prescritiva que o constitui, é para a produção de "enunciados". Se a "competência" autoriza o sujeito a habitar a linguagem desse sistema de direito positivo

---

305 MOUSSALLEM, Tárek Moysés. *Fontes do direito tributário*. 2. ed. São Paulo: Noeses, 2006, p. 79.

306 "Uma norma somente pertence a uma ordem jurídica porque é estabelecida em conformidade com uma outra norma desta ordem jurídica. [...] Uma norma que regula a produção de outra norma é aplicada na produção, que ela regula, dessa outra norma. A aplicação do Direito é simultaneamente produção do Direito. [...] É desacertado distinguir entre atos de criação e atos de aplicação do Direito." (KELSEN, Hans. *Teoria Pura do Direito*. Tradução de João Baptista Machado. 8. ed. São Paulo: Editora WMF Martins Fontes, 2009, p. 260.) Cf., nesse sentido, IVO, Gabriel. *Norma jurídica*: produção e controle. São Paulo: Noeses, 2006, p. XXVI-XXVII.

307 IVO, Gabriel. *Norma jurídica*: produção e controle. São Paulo: Noeses, 2006, p. XXVII.

e a imiscuir-se no processo comunicacional, a "atuação" diz quanto ao exercício dessa competência.[308]

Tomando de empréstimo a compreensão de "competência tributária" consignada por Cristiane Mendonça e adequando-a aos fins deste trabalho, tem-se que "competência" é norma de estrutura ou de produção normativa que autoriza (permitindo ou impondo) os diferentes órgãos das pessoas políticas de direito público interno a produzir normas jurídicas dentro de determinados limites formais e materiais.[309]

De se observar que não há contradição alguma em dizer produção de enunciado ou produção de norma jurídica, mas a perante isso restará explicitado. Por ora, tenha-se, dentro dos limites do que já foi explanado, que as normas jurídicas são construídas a partir de enunciados constantes do sistema de direito positivo, conforme os planos linguísticos propostos por Paulo de Barros. Assim, a alteração no sistema se dá, imediatamente, no plano sintático com o acréscimo ou com a expulsão de outro enunciado. As normas jurídicas dependem, de outro lado, da construção pelo sujeito interpretante a partir de um ou mais enunciados.

A norma de competência pode ser assim expressa[310]:

$$\text{Dsm}$$

$$\leftrightarrow$$

$$NC = \{H_c = [Cm + Ce + Ct] \rightarrow C_c = [Cp\ (Sa + Sp) + Cda\ (Lf + Lm)]\}$$

[308] MOUSSALLEM, Tárek Moysés. *Fontes do direito tributário*. 2. ed. São Paulo: Noeses, 2006, p. 80-82. Cf. MENDONÇA, Cristiane. *Competência tributária*. São Paulo: Quartier Latin, 2004.

[309] MENDONÇA, Cristiane. *Competência tributária*. São Paulo: Quartier Latin, 2004, p. 69.

[310] A formulação toma por base a norma de competência tributária apresentada em MENDONÇA, Cristiane. *Competência tributária*. São Paulo: Quartier Latin, 2004, p. 71-72.

Em que: NC = norma de competência; H_c = hipótese da norma de competência; Cm = critério material da hipótese; Ce = critério espacial da hipótese; Ct = critério temporal da hipótese; → = dever-ser neutro (conectivo deônticos interproposicional); C_c = consequente norma de competência; Cp = critério pessoal; Sa = sujeito ativo da norma de competência; Sp = sujeito passivo da norma de competência; Cda = critério delimitador da autorização (indica o que foi autorizado com todos os limites formais e materiais); Lf = limites formais; Lm = limites materiais; Dsm = dever ser modalizado (significa o direito (permissão) ou o dever (obrigação) de o Sa editar e revogar (parcial ou totalmente) os enunciados prescritivos).

Desse modo, se for pessoa política constitucional no território brasileiro no tempo X, deve ser a autorização (permissão/imposição) para distintos sujeitos de direitos, de acordo com determinados limites formais (relativos a procedimento) e materiais (relativo a conteúdo), editarem e revogarem enunciados prescritivos e o dever jurídico de a comunidade respeitar o exercício de tal permissão, em consonância com os limites previstos no sistema.[311]

A norma de produção jurídica a seu turno, ao tomar por referência a norma de competência, pode ser enunciada como: Ser sujeito competente para produção de normas jurídicas por procedimento adequado em determinado tempo e espaço, deve ser a obrigação de atender aos limites materiais impostos constitucionalmente e o direito da comunidade de ver esses limites observados, bem como o direito de regular determinada conduta e o dever da comunidade de observar essas prescrições.

Se na norma de produção normativa compreendem-se a norma de procedimento e a norma de conteúdo, estas podem ser assim deduzidas: a) norma de procedimento: dada a existência de uma autoridade

---

[311] MENDONÇA, Cristiane. *Competência tributária*. São Paulo: Quartier Latin, 2004, p. 69-70.

normativa competente, deve ser a obrigação de observar o procedimento para a criação de determinado instrumento introdutor de normas e o direito dos demais sujeitos autorizados juridicamente de exigir o cumprimento do procedimento estabelecido; b) norma de conteúdo: ser sujeito competente no território brasileiro no tempo x, deve ser obrigado a observar os limites materiais da norma de produção normativa e o direito da comunidade de exigir essa observância.[312]

Em todo caso, o processo de produção do direito positivo consiste na sua enunciação.[313] Por "enunciação" entenda-se "ato produtor de enunciado"[314]. Se antes se tratou de atos de fala, os quais se encontram presentes no sistema de direito positivo visto que é constituído por linguagem, já agora convém salientar que não há ato de fala que não advenha de um ato de enunciação.[315] Enunciação no direito positivo só pode, então, ter que ver com a atividade produtora de enunciados prescritivos, verdadeira fonte do direito. Enunciação é a atividade humana (psicofísica) dirigida à produção de enunciados, *in casu*, prescritivos.[316]

Trata-se de um acontecimento no mundo do ser, regido por um ato de vontade humano, pela realização de determinado procedimento

---

[312] É imprescindível determinar os limites formais e matérias de atuação do sujeito credenciado pelo ordenamento jurídico para a introdução de normas jurídicas. Adiante, será traçado o paralelo entre essas normas e controle de constitucionalidade, bem como entre limites formais e materiais e os vícios de inconstitucionalidade formal e material possíveis de serem fiscalizados pelo Órgão Judiciário. Ademais, o não atendimento às determinações da Constituição de produção normativa é o que enseja a fiscalização do vício da inconstitucionalidade por omissão. Importa para o momento fixar essas noções que serão detalhadas no decorrer do estudo.

[313] IVO, Gabriel. *Norma jurídica*: produção e controle. São Paulo: Noeses, 2006, p. 2.

[314] FIORIN, José Luiz. *As astúcias da enunciação*: as categorias de pessoa, espaço e tempo. São Paulo: Ática, 1996, p. 31.

[315] MOUSSALLEM, Tárek Moysés. *Revogação em matéria tributária*. São Paulo: Noeses, 2005, p. 21.

[316] CARVALHO, Aurora Tomazini de. *Curso de teoria geral do direito*: o constructivismo lógico-semântico. 4. ed. São Paulo: Noeses, 2014, p. 667.

e por um agente competente, que redunda na introdução de enunciados no sistema jurídico. Esta atividade é a fonte do direito.[317]

Se se tem acesso aos enunciados prescritivos, primeiro dos planos linguísticos, o plano da expressividade, é porque houve algo que lhe precedeu. Esse algo é a atividade conducente à sua produção. Se há produto, é porque houve produção. Essa produção é a enunciação.

A produção, a enunciação, o acontecimento, todavia, esvai-se no tempo e no espaço e só se torna recuperável com as marcas deixadas no "produto produzido". É por meio do produto que se atingirá a instância produtora. A essas marcas deixadas no produto (enunciado), chama-se enunciação-enunciada. À porção do produto desprendido dessas marcas da enunciação chama-se enunciado-enunciado. Desse modo, os enunciados, produtos da atividade enunciativa, dividem-se em enunciação-enunciada (conjunto de marcas, deixadas no texto, que remetem à enunciação) e enunciado-enunciado (sequência enunciada desprovida das marcas da enunciação).[318]

Pode-se, com isso, afirmar que a norma jurídica teve origem em um processo legislativo e adveio de uma atividade (mundo fenomênico) exercida por uma autoridade credenciada pelo sistema de direito positivo para a produção de enunciados prescritivos.[319]

Esse conjunto de enunciados (enunciação-enunciada e enunciado-enunciado) está contido em um documento normativo, dado físico ao qual se tem acesso pelas experiências sensoriais. De fato, se se tem acesso ao documento normativo é de se pressupor uma instância de enunciação anterior.

---

317 CARVALHO, Aurora Tomazini de. *Curso de teoria geral do direito*: o constructivismo lógico-semântico. 4. ed. São Paulo: Noeses, 2014, p. 668.

318 MOUSSALLEM, Tárek Moysés. *Fontes do direito tributário*. 2. ed. São Paulo: Noeses, 2006, p. 125; IVO, Gabriel. *Norma jurídica*: produção e controle. São Paulo: Noeses, 2006, p. 2.

319 CARVALHO, Aurora Tomazini de. *Curso de teoria geral do direito*: o constructivismo lógico-semântico. 4. ed. São Paulo: Noeses, 2014, p. 669.

Para os fins propostos neste trabalho, interessa o exame da instância enunciativa, produtora de enunciados prescritivos, os quais inteligidos como normas jurídicas serão submetidos à apreciação judiciária em caso de se questionar sobre o descompasso entre sua produção e aquela produção estatuída em normas de produção normativa. Controle de constitucionalidade, em última análise, destina-se à fiscalização da coerência entre a norma de produção normativa e a norma advinda da produção efetivamente ocorrida.

Os vícios da elaboração legislativa e, portanto, da enunciação, são recapitulados pelas marcas deixadas no produto (enunciação-enunciada). Dêiticos são os elementos de linguagem que permitem ao intérprete a reconstrução da enunciação, são as marcas de pessoa, de tempo e de espaço projetadas no enunciado; nelas estão contidos os "fatos enunciativos", enquanto unidades linguísticas que se prestam como índices de coordenadas espaço-temporais da atividade enunciativa. Todos esses dêiticos fazem referência à situação de enunciação e tornam possível a análise da atividade produtora de enunciados jurídicos.[320]

Não é demais reiterar que a enunciação é regulada pelo próprio direito positivo, pois, já foi referido *ad nauseam* que o direito positivo se autorregula. Desse modo, os pressupostos de validade ou de correção da produção normativa são tecidos nos enunciados, os quais, interpretados, permitem a construção de normas jurídicas de produção normativa, que regulam o processo de produção do direito positivo (enunciação).

---

[320] MOUSSALLEM, Tárek Moysés. *Revogação em matéria tributária*. São Paulo: Noeses, 2005, p. 24-31. Debreagem informa Tárek Moussallem, é a operação pela qual a enunciação disjunge de si e projeta para fora de si certo termos vinculados à sua estrutura de base, a fim de constituir os elementos do discurso. Essa debreagem pode ser enunciativa, aquela na qual se instalam no enunciado os actantes, espaço e tempo da enunciação, ou enunciva, em que se instauram os actantes, o espaço e o tempo do enunciado. Com efeito, importa a debreagem enunciativa para a recuperação de possíveis vícios da atividade produtora de enunciados prescritivos. (MOUSSALLEM, Tárek Moysés. *Revogação em matéria tributária*. São Paulo: Noeses, 2005, p. 33-34.)

A aplicação dessas normas é mostrada na enunciação-enunciada (parcela do enunciado que traz as marcas da enunciação no documento normativo). As normas de produção regulam, a seu turno, a competência, o procedimento e a matéria das normas a serem produzidas.[321] Eventual descompasso pode ser investigado na seara jurisdicional, culminando, se for o caso, com a anulação ou invalidação dessa norma produzida.

A enunciação-enunciada é o "presente da enunciação", com o que se pode voltar à produção (enunciação). É pelo produto que se verifica a produção, e não o contrário. A enunciação, dada a sua efemeridade, perde-se no tempo e no espaço; pelos dêiticos, reconstrói-se o processo.[322]

Dessa enunciação-enunciada, constrói-se uma norma jurídica concreta e geral, chamada de instrumento introdutor ou veículo introdutor de normas. Essa norma veículo introdutor é resultado da aplicação da norma de produção normativa; é concreta porque, no antecedente, descreve um fato jurídico acontecido, resultante da aplicação da norma de produção normativa, e geral, porque, no consequente, estatui a relação jurídica que torna obrigatória a observação dos seus enunciados (afinal, normas jurídicas).[323]

Se é verdade que a enunciação é a atividade que precede o produto (documento normativo – suporte físico que carrega o plexo de enunciados), segue que essa ação é regulada pelo ordenamento jurídico, conforme já exposto. Todavia, não sucede que toda ela o seja, posto que há atividades decorrentes do próprio jogo político e que não interessam ao direito positivo, pois não encontra previsão em normas de produção normativa.[324]

---

[321] IVO, Gabriel. *Norma jurídica*: produção e controle. São Paulo: Noeses, 2006, p. 3.

[322] IVO, Gabriel. *Norma jurídica*: produção e controle. São Paulo: Noeses, 2006, p. 3.

[323] MOUSSALLEM, Tárek Moysés. *Fontes do direito tributário*. 2. ed. São Paulo: Noeses, 2006, p. 127-128; IVO, Gabriel. *Norma jurídica*: produção e controle. São Paulo: Noeses, 2006, p. 5.

[324] IVO, Gabriel. *Norma jurídica*: produção e controle. São Paulo: Noeses, 2006, p. 5.

Gabriel Ivo, a propósito, nota que a enunciação compõe-se de uma "fase pré-legislativa" e de uma "fase legislativa", sendo que nem todos os elementos merecem registros na enunciação-enunciada, como índice, para, por exemplo, eventual controle de constitucionalidade. Tudo dependerá da forma como o direito positivo regulou o estilo, a forma de apresentação, a enunciação dos enunciados-enunciados.[325]

Segundo o autor, na "fase pré-legislativa" desenvolvem-se as ações voltadas para a elaboração do anteprojeto de instrumento introdutor de normas, "[d]esde as avaliações políticas de conveniência e oportunidade, passando por pormenores técnicos até a redação final do anteprojeto"[326]. Gabriel Ivo divide essa fase em "momentos não regulados pelo direito" e "momentos regulados pelo direito". Quanto ao primeiro, discorre que as razões da lei não são reguladas pelo direito positivo. Para ele, os motivos colhidos no plano social, que impulsionam a criação normativa, visam à formação da vontade do poder jurídico-político.

> Consiste no processo de avaliação sobre a necessidade da lei, as negociações que surgem para possibilitar a regulação de determinada matéria. Na fase pré-legislativa, as autoridades normativas buscam construir um consenso para que seja possível a criação de um novo documento normativo, como, por exemplo, a lei. Nela interferem os mais diversificados atores, como os movimentos sociais por meio dos seus representantes, a imprensa, etc. Os documentos normativos que inovam originariamente o ordenamento jurídico não surgem da vontade de um único poder político.[327]

Prossegue afirmando que a preparação do documento a ser submetido ao Órgão Legislativo deve ser guiada, outrossim, por considerações de natureza técnica, pois a "identificação adequada do contexto e das circunstâncias de fato do problema a ser solucionado por via legal exige, além de objetivos políticos bem definidos, estudos técnicos", inclusive para a escolha do tipo de instrumento introdutor de normas mais adequado.[328]

---

[325] IVO, Gabriel. *Norma jurídica*: produção e controle. São Paulo: Noeses, 2006, p. 8.

[326] IVO, Gabriel. *Norma jurídica*: produção e controle. São Paulo: Noeses, 2006, p. 8.

[327] IVO, Gabriel. *Norma jurídica*: produção e controle. São Paulo: Noeses, 2006, p. 8.

[328] IVO, Gabriel. *Norma jurídica*: produção e controle. São Paulo: Noeses, 2006, p. 9.

Segundo o autor, a "parte mais rica" desse momento que entende não regulado pelo direito, tais como os debates, a construção do consenso, os sentimentos e as pressões sociais, esvai-se no tempo, mas o pouco que ficar "marcado", fica em documentos não jurídicos (jornais, revistas, vídeos"; "[s]ó que aqui esses registros ficam à margem do direito"[329]. Esses enunciados, contudo, são, para ele, juridicamente irrelevantes, embora possam servir a outros ramos do conhecimento. Para a Ciência do Direito, porém, que tem as normas como objeto, esses enunciados nada dizem.[330]

Como "momentos regulados pelo direito", na fase pré-legislativa, de formação do documento (projeto de lei) a ser construído, alguns decorrem da redação, elaboração e consolidação das leis, tal como prescrito pela Lei Complementar n. 95/98, conforme determina o parágrafo único do art. 59, da Constituição Federal. Segundo Gabriel Ivo, a redação provisória do projeto de lei é albergada pelo direito positivo ao normar sua elaboração, cuja conformação final somente ocorrerá na fase legislativa. Simetricamente, refere Gabriel Ivo ao Decreto Federal n. 4.176/2002, que estabelece normas e diretrizes para a elaboração, a redação, a alteração, a consolidação e o encaminhamento ao Presidente da República de projetos de atos normativos de competência dos órgãos do Poder Executivo Federal.[331] Tenha-se em conta que referido Decreto foi revogado pelo Decreto n. 9.191/2017, mas que se destina a igual desiderato. No Anexo I, inclusive, são estabelecidas questões a serem analisadas quando da elaboração de atos normativos no âmbito do Poder Executivo Federal, a exemplo do objetivo pretendido, das razões que determinaram a iniciativa, o atual estágio fático e jurídico da situação, as repercussões do ato na economia, na ciência, na técnica e

---

329 IVO, Gabriel. *Norma jurídica*: produção e controle. São Paulo: Noeses, 2006, p. 9.

330 IVO, Gabriel. *Norma jurídica*: produção e controle. São Paulo: Noeses, 2006, p. 9-10.

331 IVO, Gabriel. *Norma jurídica*: produção e controle. São Paulo: Noeses, 2006, p. 10-11.

na jurisprudência, as alternativas existentes, os resultados da análise do problema, os instrumentos adequados para alcançar os objetivos e os custos envolvidos, a necessidade da lei, etc.

Na síntese que apresenta, Gabriel Ivo confirma que os momentos não regulados pelo direito consomem-se inteiramente no tempo e no espaço, não deixando registro ou, quando deixam, não possuem imanência jurídica, pelo que não passam da enunciação, não deixam registro na enunciação-enunciada. Por outro lado, alguns aspectos da fase pré-legislativa são regulados pelo direito, mas se exaurem por completo no tempo e no espaço, e os que ficam registrados "por não terem importância para o controle de produção do ato normativo (= processo), não ficam registrados na enunciação enunciada", não teriam, por isso, "imanência para o controle do processo de feitura do produto" e mesmo aqueles aspectos regulados pela Lei Complementar e pelo Decreto aludidos ficam na enunciação.[332]

> Toda a enunciação denominada de pré-legislativa, entendida na sua totalidade e dinâmica, esgota-se no tempo e no espaço. Não permanece. Dela resulta o *anteprojeto de instrumento normativo*. Os registros que ficam, como os mostrados, apanham apenas etapas ou momentos do conjunto. Todo o processo de produção do anteprojeto de lei esgota-se com o seu surgimento. É nesse sentido que se pode falar da sua não imanência. A produção do anteprojeto de lei desaparece para que ele surja. [...] No âmbito do direito constitucional, tudo começa com o desencadeamento do processo legislativo.[333]

Já a fase legislativa da enunciação, consiste, segundo ele, no processo legislativo, assim entendido o "conjunto de atos que desemboca na criação de um instrumento introdutor de normas, tomando como paradigma a lei"[334], que começa com a inciativa e finda com a publicação.

---

[332] IVO, Gabriel. *Norma jurídica*: produção e controle. São Paulo: Noeses, 2006, p. 11-12.

[333] IVO, Gabriel. *Norma jurídica*: produção e controle. São Paulo: Noeses, 2006, p. 12.

[334] IVO, Gabriel. *Norma jurídica*: produção e controle. São Paulo: Noeses, 2006, p. 12-13.

Para Gabriel Ivo muitos dos aspectos tratados na fase pré-legislativa da enunciação projetam-se no espaço do processo legislativo, com o objetivo da construção de consenso destinado à aprovação do projeto de lei. Importam, para ele, na fase legislativa, os momentos regulados pelo direito positivo, a saber: a) a regulação constitucional; b) a regulação não constitucional (infraconstitucional).[335]

Na regulação constitucional, encontrar-se-iam as meta-regras que têm como objeto a criação de normas jurídicas, as quais seriam quatro: i) normas que conferem competência normativa (atribui a determinado órgão a possiblidade de criar um determinado veículo introdutor de normas); ii) normas que regulam o exercício da competência normativa ou que regulam o procedimento (a competência deve se desenvolver por meio de procedimento específico para cada veículo introdutor de normas – fases de iniciativa (propositura do projeto de lei para apreciação pelo parlamento; impulsiona a sequência procedimental[336]), constitutiva (tem início com a apresentação do projeto ao parlamento; no âmbito legislativo, compreende discussão e votação e no âmbito executivo, sanção e veto) e complementar (promulgação e publicação; encerramento da enunciação); iii) norma de produção jurídica que delimita a matéria; iv) norma de produção jurídica em sentido amplo (aglutinação de todas as normas de produção normativa mediante processo de simplificação).[337]

---

[335] IVO, Gabriel. *Norma jurídica*: produção e controle. São Paulo: Noeses, 2006, p. 13.

[336] Anota Gabriel Ivo: "Com a iniciativa instaura-se o processo de formação das leis, por isso ela se constitui em condição necessária e suficiente. A apresentação do projeto de lei ao parlamento carrega formalidades. O projeto de lei não é desprovido de forma; consiste num *documento*, inclusive publicado no diário oficial. Embora ainda não seja um documento normativo, mas em condições técnicas para sê-lo. Por isso veste-se dos aparatos todos de um documento normativo, na forma indicada pela Lei Complementar n. 95, de 1998". (Grifo do autor) (IVO, Gabriel. *Norma jurídica*: produção e controle. São Paulo: Noeses, 2006, p. 18).

[337] IVO, Gabriel. *Norma jurídica*: produção e controle. São Paulo: Noeses, 2006, p. 13-30.

Na regulação infraconstitucional, o autor aponta os instrumentos infraconstitucionais que cuidam não propriamente da competência, do procedimento e da matéria, mas da forma como os enunciados prescritivos devem ser apresentados. Aqui, Gabriel Ivo retoma a Lei Complementar n. 95/98 e a estrutura que o documento normativo deve conter (partes preliminar, normativa e final[338]).

Essas noções sobre a atividade de enunciação, bem como a segmentação da atividade enunciativa proposta por Gabriel Ivo devem ser fixadas para se prosseguir no caminho da investigação do objeto de estudo proposto. Com efeito, a verificação de fatos e prognoses (jurídico-) legislativos ocorre na atividade produtora, na enunciação; precede o advento de um novo documento normativo. A recuperação dessa instância enunciativa, propiciada pela enunciação-enunciada (marcas deixadas pela enunciação no enunciado) permitirá, de igual modo, a aferição da empresa legislativa de observância, ou não, dos fatos e das prognoses.

A sua fiscalização incumbe ao Órgão Judiciário, cuja função de fiscalização dos atos emanados do Órgão Legislativo poderá implicar a invalidação deste. Para tanto, insta debruçar sobre a jurisdição constitucional e a conformação que lhe foi adjudicada com o avanço democrático e com a invasão da filosofia da linguagem no direito.

---

338 *Lei Complementar n. 95/98. [...] Art. 3º.* A lei será estruturada em três partes básicas: I – parte preliminar, compreendendo a epígrafe, a ementa, o preâmbulo, o enunciado do objeto e a indicação do âmbito de aplicação das disposições normativas; II – parte normativa, compreendendo o texto das normas de conteúdo substantivo relacionadas com a matéria regulada; III – parte final, compreendendo as disposições pertinentes às medidas necessárias à implementação das normas de conteúdo substantivo, às disposições transitórias, se for o caso, a cláusula de vigência e a cláusula de revogação, quando couber. *Art. 4º.* A epígrafe, grafada em caracteres maiúsculos, propiciará identificação numérica singular à lei e será formada pelo título designativo da espécie normativa, pelo número respectivo e pelo ano de promulgação. *Art. 5º.* A ementa será grafada por meio de caracteres que a realcem e explicitará, de modo conciso e sob a forma de título, o objeto da lei. *Art. 6º.* O preâmbulo indicará o órgão ou instituição competente para a prática do ato e sua base legal. Para um estudo dessas partes componentes: IVO, Gabriel. *Norma jurídica*: produção e controle. São Paulo: Noeses, 2006, p. 32-40; MOUSSALLEM, Tárek Moysés. *Fontes do direito tributário*. 2. ed. São Paulo: Noeses, 2006, p. 128-132.

2.5 Jurisdição Constitucional e Sociedade Aberta de Intérpretes

"Diz-me a tua posição quanto à jurisdição constitucional e eu te direi que conceito tens de Constituição". Essa incômoda provocação de Lenio Streck[339], extraída de Werner Kägi[340], implica a compreensão da relação entre Constituição e Jurisdição Constitucional.

A Constituição é a verdade, criada por linguagem e torna-se paradigma porque os membros da comunidade partilham dessa linguagem. Ela fundamenta o ordenamento jurídico e é condição de possibilidade do próprio Estado Democrático Constitucional.

Por isso, o estudo iniciou-se com a demonstração do paradigma adotado e a partir dele podem ser deduzidas as demais conclusões, tecendo o pano de fundo no qual a interpretação ocorrerá.

> Portanto, o significado de Constituição depende do processo hermenêutico que desvendará o conteúdo do seu texto, a partir dos paradigmas exsurgentes, que envolvem a produção democrática do direito (veja-se o acerto de Habermas ao tratar da co-originariedade entre direito e moral), da doutrina e da jurisprudência dos tribunais encarregados da justiça constitucional. Com isso, conceitos como soberania popular, separação de poderes e maiorias paralamentárias cedem lugar à legitimidade constitucional, instituidora de um constituir da sociedade.[341]

A Jurisdição Constitucional[342] é democrática, se a ela se atribui o caráter contramajoritário de defesa das minorias. A ela se confere o controle dos atos do Órgão Executivo, a correção de equívocos e omissões do Órgão Legislativo, a garantia da existência das minorias e a proteção dos direitos fundamentais encartados na Constituição, bem como

---

339 STRECK, Lenio Luiz. *Jurisdição constitucional e decisão jurídica*. 4. ed. São Paulo: Revista dos Tribunais, 2014, p. 37.

340 No original: "Sage mir Deine Einstellung zur Verfassungsgerichtsbarkeit und ich sage Dir, man für eninen Verfassungsbegriff Du hast."

341 STRECK, Lenio Luiz. *Jurisdição constitucional e decisão jurídica*. 4. ed. São Paulo: Revista dos Tribunais, 2014, p. 37.

342 Por ora, "Jurisdição Constitucional" e "Justiça Constitucional" serão tomados indistintamente.

a garantia da preservação da autonomia da Direito, por meio da Defesa intransigente da Constituição.[343]

Volvendo-se ao tópico 2.2 anterior, a Jurisdição Constitucional exsurge no contexto de fortalecimento da democracia como salvaguarda dos direitos das minorias quando maiorias sazonais intentam a restrição de direitos de uma parcela populacional. Os valores agregados à Carta Constitucional, fruto de luta dos povos contra os desmandos do Poder Público, exigem um Órgão Judicial fortalecido para evitar a supressão dos direitos e das garantias fundamentais, sob pena de ressurgimento de governos totalitários.[344]

Os direitos fundamentais são, assim, a última trincheira (*entrenchment*) dos direitos fundamentais, a fim de obstar o retrocesso na concretização de um Estado Democrático Constitucional e na solidificação da legalidade democrática.[345] Tal somente é realizável se à Jurisdição Constitucional se outorga o papel de implementação dos direitos fundamentais[346], quando as instâncias políticas prévias houverem falhado no cumprimento da Constituição compromissória e dirigente.[347]

---

[343] ABBOUD, Georges. STF vs. Vontade da maioria: as razões pelas quais a existência do STF somente se justifica se ele for contramajoritário. *Revista dos Tribunais*, vol. 921, p. 191, jul. 2012. A Constituição deve ser compreendida dentro do paradigma que ela mesma constitui, dentro do Estado Democrático Constitucional que representa um *plus* normativo-qualitativo em relação aos modelos estatais anteriores, visto que consagra as promessas da modernidade, conserva o caráter compromissário da Constituição, outorga ao Órgão Judiciário o controle de constitucionalidade e o caráter das regulações sociais, garante políticas públicas e obsta o privatismo de ações estatais. (STRECK, Lenio Luiz. *Jurisdição constitucional e decisão jurídica*. 4. ed. São Paulo: Revista dos Tribunais, 2014, p. 42-43).

[344] ABBOUD, Georges. *Processo constitucional brasileiro*. 2. ed. São Paulo: Revista dos Tribunais, 2018.

[345] AGRA, Walber de Moura. O *entrenchment* como condição para a efetivação dos direitos fundamentais. *In*: TAVARES, André Ramos (Coord.). *Justiça constitucional*: pressupostos teóricos e análises concretas. Belo Horizonte: Fórum, 2007. cap. 1, p. 23-41, p. 25.

[346] TAVARES, André Ramos. O discurso dos direitos fundamentais na legitimidade e deslegitimação de uma justiça constitucional substantiva. In: TAVARES, André Ramos (Coord.). *Justiça constitucional*: pressupostos teóricos e análises concretas. Belo Horizonte: Fórum, 2007. cap. 5, p. 153-172, p. 163.

[347] Peremptórias as palavras de J. J. Gomes Canotilho ao afirmar que "o direito constitucional é um direito não dispositivo, pelo que não há âmbito ou liberdade de conformação do

Importante salientar, à luz das premissas que vêm sendo estabelecidas neste estudo, que a vinculação constitucional dos Poderes Públicos, em geral, dá-se não somente num aspecto formal, relacionado à forma e ao procedimento, mas também, e, sobretudo, quanto ao conteúdo.[348]

Com efeito, tratando-se do Órgão Legislativo, não satisfaz a constitucionalidade do produto legislado a sua conformidade com o procedimento previamente estabelecido para a edição de documentos normativos, senão que se impõe o atendimento às proibições e às obrigações encartadas no texto maior no mister legislativo.[349]

Eis o porquê ao se estabelecer a norma de competência legislativa, restaram enaltecidos os limites formais e materiais para a edição do ato normativo. A Constituição proíbe, ao legislador, entre outros, legislar contra os direitos e as garantias fundamentais, bem como lhe obriga, em outros casos, a efetivar os direitos sociais, por exemplo, sob pena de incorrer em omissão. E, no Brasil, o quadro é grave ao se constar a inefetividade da Constituição, dada a inércia dos Poderes Públicos, implicando a intervenção da Justiça Constitucional.[350]

---

legislador contra as normas constitucionais nem discricionariedade na não actuação da lei fundamental." (Grifos do autor) (CANOTILHO, J. J. Gomes. *Constituição dirigente e vinculação do legislador*: contributo para a compreensão das normas constitucionais programáticas. 2. ed. Coimbra: Coimbra Editora, 2001, p. 63). Sobre a falácia da morte de uma Constituição dirigente, como poderia induzir uma leitura apressada do prefácio à segunda edição do livro do mestre português, cf. COUTINHO, Jacinto Nelson de Miranda (org.). *Canotilho e a constituição dirigente*. Rio de Janeiro: Renovar, 2003.

348 ABBOUD, Georges. STF vs. Vontade da maioria: as razões pelas quais a existência do STF somente se justifica se ele for contramajoritário. *Revista dos Tribunais*, vol. 921, p. 191, jul. 2012.

349 ABBOUD, Georges. STF vs. Vontade da maioria: as razões pelas quais a existência do STF somente se justifica se ele for contramajoritário. *Revista dos Tribunais*, vol. 921, p. 191, jul. 2012.

350 STRECK, Lenio. Jurisdição constitucional e hermenêutica: perspectivas e possibilidades de concretização dos direitos fundamentais sociais no Brasil. *Novos estudos jurídicos*, v. 8, n. 2, p. 257-301, maio-ago. 2003, p. 260-261.

A inércia legislativa ou a comissão violadora encontram na Jurisdição Constitucional a garantia para o pluralismo social e a garantia de um instrumento hábil para recomposição do déficit democrático.[351] O que não significa assinar um cheque em branco para que o julgador afaste o comando legal ou constitucional a seu bel-prazer, por uma atitude voluntarista e solipsista, que contradiz o paradigma constituinte desse ser-aí. Casos em que tais haveria enfraquecimento da democracia, pois, ao fazer soçobrar o produto democraticamente legislado, substitui esse produto por sua própria vontade, sem declinar as razões constitucionais pelas quais o faz, sem suspensão de seus pré-juízos inautênticos.[352]

Pode-se afirmar, com isso, haver uma reserva de direitos inatingível pelo Estado, em qualquer das esferas do Poder Público. Referidos direitos "constituem prerrogativas que asseguram diversas posições jurídicas ao cidadão, ao mesmo tempo em que constituem limites/restrições à atuação do Estado"[353]. Decorre que a preservação dos direitos fundamentais é pilar do Estado Democrático Constitucional, posto que fortalece a pretensão contramajoritária, na medida em que "assegura a existência de posição juridicamente garantida contra as decisões políticas de eventuais maiorias".[354]

Fecha-se o círculo explicativo no momento em que se confere à Corte Constitucional e, no Brasil, ao Supremo Tribunal Federal, a proteção às violações de direitos fundamentais praticadas por maiorias. E,

---

[351] ABBOUD, Georges. *Processo Constitucional Brasileiro*. 2. ed. São Paulo: Revista dos Tribunais, 2018, p. 364.

[352] STRECK, Lenio Luiz. *Jurisdição constitucional e decisão jurídica*. 4. ed. São Paulo: Revista dos Tribunais, 2014, p. 40-41, 72-73.

[353] ABBOUD, Georges. STF vs. Vontade da maioria: as razões pelas quais a existência do STF somente se justifica se ele for contramajoritário. *Revista dos Tribunais*, vol. 921, p. 191, jul. 2012.

[354] ABBOUD, Georges. *Processo Constitucional Brasileiro*. 2. ed. São Paulo: Revista dos Tribunais, 2018, p. 364.

exatamente pelo mesmo motivo, é extremamente temerário e, porque não dizer antidemocrático, enxergar no papel a ser desempenhado pela Corte, à qual incumbe a guarda da Constituição, a consideração da vontade da maioria. Nesse caso, há sensível desvirtuamento da sua função precípua e nesse exato instante deixa de ser democrática.[355]

Observa Fernández Segado que a universalização da Justiça Constitucional é dos fenômenos mais relevantes dos ordenamentos constitucionais recentes. A Justiça Constitucional é "filha" de uma cultura do constitucionalismo, de uma concepção de democracia sustentada por um conjunto de valores sociais, propícia a um governo limitado pela Constituição.[356] A defesa da dignidade humana e a previsão de direitos fundamentais, regentes de um governo democrático e de qualquer convivência social civilizada, atrai a exigência de uma Jurisdição Constitucional, tendo em vista a proteção substancial dos atos legislativos.

A acusação de um déficit democrático no desempenho da Jurisdição Constitucional, ante a fiscalização dos atos legislativos, em violação à

---

355 ABBOUD, Georges. *Processo Constitucional Brasileiro*. 2. ed. São Paulo: Revista dos Tribunais, 2018, p. 365; ABBOUD, Georges. STF vs. Vontade da maioria: as razões pelas quais a existência do STF somente se justifica se ele for contramajoritário. *Revista dos Tribunais*, vol. 921, p. 191, jul. 2012. A crítica é dura e tem de ser feita. Recorrentemente, o Supremo Tribunal Federal tem se valido de suposta opinião da maioria para sufragar violação a direitos fundamentais. Como exemplo, tome-se o julgamento do HC n. 126.292/SP, no qual, contrária à "expressão dicção" da Constituição e subsidiada por uma suposta opinião pública de impunidade no Brasil, a Corte autorizou a execução "definitiva" da pena a partir do esgotamento das vias ordinárias, de forma automática. Ora, é de clareza solar o texto constitucional e a norma que dele se constrói não pode ser outra senão a de que possibilita o cumprimento definitivo da pena somente após o trânsito em julgado da sentença penal condenatória. A prisão antes desse momento, por certo, não prescinde de fundamentação idônea, consoante os pressupostos e requisitos constantes do código de processo penal (arts. 212 e 213).

356 FERNÁNDEZ SEGADO, Fernando. *La justicia constitucional ante el siglo XXI*: la progresiva convergencia de los sistemas americano y europeo-kelseniano. Ciudad de México: Universidad Nacional Autónoma de México, 2004, p. 1-4. Também, ZAGREBELSKY, Gustavo; MARCENÒ, Valeria. *Giustizia costituzionale*. Bologna: il Mulino, 2012, p. 62-63.

suposta vontade da maioria, não procede, mormente quanto se observa que, em verdade, é nesta fiscalização que se fortalece a função contramajoritária da Corte Constitucional a justificar a sua existência.[357]

Ao fazer a defesa da Corte Constitucional como guardiã da Constituição, Hans Kelsen ressaltava que o controle não deve ser confiado aos órgãos cujos atos devam ser controlados. Pelo contrário, se a função da Constituição é estabelecer limites ao exercício do poder (e garantia da Constituição significa a segurança de que tais limites não serão ultrapassados) sua guarda deve ser confiada a um órgão, na medida do possível imune às vicissitudes do Poder. Nesse sentido, Kelsen enxerga no Tribunal Constitucional o órgão autorizado a desempenhar referida função, visto que não participa do exercício do Poder e não se coloca antagonicamente em relação ao Parlamento e ao governo.[358]

---

[357] A visão aqui exposta, por óbvio, não é isenta de críticas, havendo defensores de que se estaria atribuindo uma força tamanha ao Órgão Judiciário que o tornaria tão antidemocrático quanto qualquer outra função do Poder ao não encontrar limites no seu exercício jurisdicional, violando os acordos sociais existentes e concretizados nos atos legislativos. De outro lado, aponta-se que a comparação com o autoritarismo é falha, na medida em que este representa, justamente, uma ditadura da minoria, daí porque não se pode partir de Estados não democráticos para problematizar o governo da maioria. Nesse sentido, cf. SANT'ANNA, Lara Freire Bezerra de. *Judiciário como guardião da constituição*: democracia ou guardiania?. Rio de Janeiro: Lumen Juris, 2014. A autora em questão parte de autores como Jeremy Waldron já referido em nota anterior, quando das críticas realizadas a Ronald Dworkin. Alguns dos apontamentos feitos por ela serão enfrentados no texto. Todavia, uma defesa minuciosa dos argumentos expostos demandaria outro espaço.

[358] KELSEN, Hans. *Jurisdição constitucional*. 3. ed. São Paulo: WMF Martins Fontes, 2013, p. 237-298 *passim*. Sobre o embate entre Hans Kelsen e Carl Schmitt, cf. BAHIA, Alexandre Gustavo Melo Franco. Controle de constitucionalidade: o "Guardião da Constituição" no embate entre Hans Kelsen e Carl Schmitt. *Revista de informação legislativa*, v. 41, n. 164, p. 87-103, out.-dez. 2005. O autor alerta a algumas deficiências na teorização kelseniana, as quais também são, em boa parte, compartilhadas no texto. Segundo Alexandre Bahia, se a cidadania não precisa de tutores, somente os cidadãos legítimos intérpretes da Constituição, podem não somente guardá-la como desenvolvê-la procedimentalmente. Necessário, nesse sentido, instaurar a democracia também no processo constitucional, por exemplo, através de uma sociedade aberta de intérpretes, como na fundamentação das decisões tomadas, mormente, em controle de constitucionalidade. Cf., ainda, ZAGREBELSKY, Gustavo; MARCENÓ, Valeria. *Giustizia costituzionale*. Bologna: il Mulino, 2012, p. 52-59.

A expansão da Jurisdição Constitucional tornou-a conectada com a democracia mantendo um elo indissolúvel, a ponto de superar a visão anterior que afirmava a incompatibilidade entre uma e outra, posto que a vontade expressa pelo povo ou seus representantes não poderia ser submetida à apreciação jurisdicional.[359]

Essa concepção de democracia, todavia, é bastante simplificada e não compreende a "democracia constitucional", conforme referem Gustavo Zagrebelsky e Valeira Marcenó, como aquela na qual, mais que possuir uma Constituição, protege direitos políticos e sociais das minorias e os valores políticos fundamentais, que não podem ser circunscritos à vontade de uma maioria.[360]

Uma democracia, posta nesses termos, assenta-se sobre uma base pluralista, que não deve sofrer instabilidades oriundas da convivência entre pessoas diferentes entre si, mas que promove a coexistência pacífica e multicultural, entre grupos que não pertencem à mesma tradição. Além, é claro, da convivência com novas realidades e o avanço tecnológico que exigem da Jurisdição Constitucional inarredável proteção das garantias constitucionais.

---

[359] No original: "La giustizia costituzionale e la democrazia, dunque: questo nesso è divenlato indissolubile e su questo punto si è verificato addirittura un rovesciamento da quando, un tempo, si riteneva che vi fosse incompatibilità, poisché la volontà espressa dal popolo o dai suoi rappresentanti no avrebble potutto subire censure da perte di nessuno, meno che mai da un giudice, privo de legittimazione democratica. Oggi, la democrazia che si è diffusa nem mondo non abbracci più questa sua visione rozza, simplificata." (ZAGREBELSKY, Gustavo; MARCENÓ, Valeria. *Giustizia constituzionale*. Bologna: il Mulino, 2012, p. 63)

[360] ZAGREBELSKY, Gustavo; MARCENÓ, Valeria. *Giustizia constituzionale*. Bologna: il Mulino, 2012, p. 63. No original: "È una <<democrazia costituzionale>>: formula densa di significato, al de là del suo semplice avere una constituzione. Essa si preocupa dei diritto delle minoranze, politische e sociali, e della tutela di valori politici fondamentali che non possono essere rimessi alla voluntà totalitaria di nessuna maggioranza edevono poter convivere, armonizzandosi nella vita prática, pur nella loro diversità di principio. Il pluralismo è la sua base e la sua preoccupazione, una preoccupazione che appare legata a difficoltà crescenti, dato il procedere della disgregazione sociale nelle nostre società e daa la sfida che oggi abbiamo di fronte: la creazione di convivenze pacifiche, amichevoli e <<multiculturali>> tra gruppi di esseri umani che non appartengono alla stessa tradizione."

É pela diversidade que a Jurisdição Constitucional deve ser democrática, na medida em que constrói decisões que promovam os valores constitucionais e dissipe a vontade de uma maioria amesquinhar a minoria com pautas violadoras de direitos fundamentais.

Conquanto o foco dirigido à Corte Constitucional, não significa suprimir da dita "jurisdição ordinária" a preocupação com a guarda da Constituição. De fato, não há essa separação na medida em que toda e qualquer jurisdição é constitucional, da mesma forma que todo e qualquer processo é constitucional. A jurisdição que não fiscaliza a constitucionalidade das leis (em controle difuso ou concentrado) degenera as promessas constitucionais e permite a violação dos direitos fundamentais. Compreender de modo diverso é inserir-se em paradigma que se pretende ver superado, que se limita a um cumprimento cego da "legislação ordinária" sem interpretá-la no contexto constitucional.[361]

A Constituição de 1988 situou o Brasil nesse movimento constitucionalista, que de há tempos era observado na Europa,[362] demonstrando a preocupação com os direitos sociais e, sobretudo, com a dignidade humana.[363] Observe-se que, no Brasil, diferentemente do que teorizou

---

[361] STRECK, Lenio Luiz. *Jurisdição constitucional e decisão jurídica*. 4. ed. São Paulo: Revista dos Tribunais, 2014, p. 38. A crise é profunda na praxe jurídica brasileira. Lenio Streck é contundente ao afirmar que, nesse paradigma, urge seja redimensionado o papel do jurista e do Órgão Judiciário (sobretudo da Justiça Constitucional), para se evitar o seguinte paradoxo: "uma Constituição rica em direitos (individuais coletivos e sociais) e uma prática jurídico-judiciária que, reiteradamente, (só)nega a aplicação de tais direitos, mormente no plano dos direitos prestacionais e dos direitos de liberdade." (STRECK, Lenio Luiz. *Jurisdição constitucional e decisão jurídica*. 4. ed. São Paulo: Revista dos Tribunais, 2014, p. 39.)

[362] ZAGREBELSKY, Gustavo; MARCENÓ, Valeria. *Giustizia constituzionale*. Bologna: il Mulino, 2012, p. 62-63.

[363] THAMAY, Rennan Faria Krüger; HERANI, Renato Gugliano. *Jurisdição constitucional concentrada*. Curitiba: Juruá, 2016, p. 78-79. "O processo de elaboração do texto constitucional durou dois anos. Do entrechoque ideológico nasceu um texto programático, compromissário e dirigente, espelhado nas Constituições europeias. O advento do novo texto constitucional não teve, entretanto, o poder de construir um novo imaginário na sociedade. Expressiva parcela dos juristas não se deu conta do que representou esse processo de refundação social. Acostumados a lidar com um emaranhado de textos jurídicos infraconstitucionais em vigor

Kelsen[364], a Jurisdição Constitucional é exercida pelo Supremo Tribunal Federal que divide, ao lado do Executivo e do Legislativo, as funções do Poder, além de contar com competência em matéria cível e penal que por vezes inviabilizam o trabalho da Corte de guarda da Constituição, como nos julgamentos de controle de constitucionalidade, por exemplo.[365]

Todavia, sendo o modelo vigente, cabe à doutrina buscar apontar elementos que possam aperfeiçoá-lo, tornando mais adequado ao paradigma democrático no qual se insere. Diante disso, não olvidando toda a evolução do constitucionalismo[366] e também as diversas formas de

---

há muitas décadas, o advento do novo fundamento de validade não chegou a criar a necessária empolgação no seio dos operadores do direito." (STRECK, Lenio Luiz. *Jurisdição constitucional e decisão jurídica*. 4. ed. São Paulo: Revista dos Tribunais, 2014, p. 50.) Novamente, é preciso habitar o mesmo mundo linguístico, a fim de condicionar as práticas adequadamente ao contexto instaurado. Ao celebrar os 30 (trinta) anos da Constituição, ainda parece que muitos não se deram conta do novo paradigma.

364 Consoante mencionado anteriormente, Hans Kelsen apostava em um Tribunal Constitucional que não participava do exercício do poder e não se colocava antagonicamente ao Parlamento e ao governo. (KELSEN, Hans. *Jurisdição constitucional*. 3. ed. São Paulo: WMF Martins Fontes, 2013, p. 276.)

365 THAMAY, Rennan Faria Krüger; HERANI, Renato Gugliano. *Jurisdição constitucional concentrada*. Curitiba: Juruá, 2016, p. 80-81.

366 O termo "constitucionalismo" tem sofrido enorme desgaste decorrente de seu emprego irracional e desmensurado. Em rigor, vários são os autores que utilizam o termo sem qualquer preocupação em forjá-lo dentro de uma tradição que evidencie, de um lado, a superação de paradigmas anteriores e, de outro, delinear o conteúdo que possui, ponto que demonstra a notória divergência entre as várias escolas do pensamento jurídico. Também o "neoconstitucionalismo" não é isento de críticas, com o que vários autores têm se referido como um modelo que se preocupa com o conteúdo veiculado na legislação, mas que passa a apostar em uma espécie de protagonismo judicial, incondizentes com as premissas adotadas neste estudo. De um modo ou de outro, não deixando de reconhecer a divergência, opta-se por se referir, tão somente, às mudanças paradigmáticas ocorridas, sobretudo, no período pós-guerra, ou pós-Auschwitz, para lembrar Lenio Streck, e assim não incorrer na falácia que o emprego desgastado pode transmitir à palavra. Cf., a propósito, dentro das particularidades e das críticas: ABBOUD, Georges; OLIVEIRA, Rafael Tomaz de. Neoconstitucionalismo: Vale a pena acreditar?. *Revista da Academia Brasileira*, Curitiba, v. 7, n. 12, p. 196-214, jan.-jun. 2015; BARROSO, Luis Roberto. Neoconstitucionalismo e constitucionalização do Direito (O triunfo tardio do direito constitucional no Brasil). *Revista de Direito Administrativo*, Rio de Janeiro, v. 240, p. 1-42, abr. 2005.

comportamento da Jurisdição Constitucional, o intuito aqui, bem mais modesto, se cinge a conectar a Jurisdição com o paradigma do Estado Democrático Constitucional e, como se fará em instantes, situá-lo na comunidade comunicacional, fruto do avanço da filosofia da linguagem na Ciência do Direito e no modo de interpretação. Às definições dogmáticas de inconstitucionalidade e os apontamentos sobre o controle de constitucionalidade destinam-se capítulos seguintes.

Para desfecho das premissas, cumpre apenas revelar a necessidade de abertura da Corte Constitucional, especificamente no tratamento de questões constitucionais à sociedade aberta de intérpretes da Constituição, forma de alcançar maior nível democrático das decisões e enrijecer o diálogo com outros setores.

Esse diálogo permanente e aberto com os segmentos sociais não reduz a função democrática da Jurisdição Constitucional. Pelo contrário, torna-a atenta aos problemas circundantes ainda que os rejeite na decisão, sempre fundamentada, por imposição constitucional, mas, acima de tudo, concretiza democraticamente a decisão, na medida em que se abre à comunidade política e dialoga com os mais diversos setores, bem como com as demais frações do Poder, à procura da realização dos valores democráticos subjacentes à Constituição.[367] Lembre-se que, nesse paradigma, a moral é co-originária ao direito; de modo que se revela inadmissível a substituição da moral da qual está impregnada o direito positivo por aquela do julgador (solipsismo), a menos que realize controle de constitucionalidade.

Pode ocorrer que as decisões tomadas pela Corte Constitucional coincidam com a vontade maioria, o que não significa afirmar que a Corte Constitucional deve fundamentar suas decisões na vontade da

---

[367] COSTA, Thereza Luiza Fontenelli. Jurisdição constitucional e legitimidade democrática: breve análise da abertura democrática do controle de constitucionalidade no Brasil. *Observatório da Jurisdição Constitucional*, Brasília, ano 6, v. 1, p. 139-158, maio 2013.

maioria. A comunhão entre a decisão judicial em controle de constitucionalidade e a vontade da maioria é meramente acidental, sob pena de desvirtuamento da função precípua da Jurisdição Constitucional e diminuição da proteção dos direitos fundamentais. A fim de que se mantenha hígido o sistema constitucional e seja preservada a remodelação das funções do Poder[368], tratada alhures, qualquer teorização diversa é passível de gerar um déficit democrático no tratamento dessa questão.[369]

De todo modo, não se sustenta a postura de uma Jurisdição Constitucional passiva, ante as imposições constitucionais de efetivações dos direitos fundamentais e de vigilância diuturna da democracia. As promessas constitucionais, incumpridas nos "países de modernidade tardia" requerem da Jurisdição Constitucional uma postura de inserção no âmbito das relações com as demais funções do Poder, "mediante uma atuação que leve em conta a perspectiva de que os valores constitucionais têm precedência mesmo contra textos legislativos produzidos por maiorias parlamentares"[370].

---

368 Mais que fixar na fórmula da separação das funções do Poder, importa buscar mecanismos de concretização da democracia, a fim de evitar, inclusive, a usurpação do próprio Poder por qualquer de suas frações. Quanto ao Órgão Judiciário, por exemplo, torná-lo manipulador da Constituição, em total desapego dos limites semânticos do texto. Cf. ABBOUD, Georges; OLIVEIRA, Rafael Tomaz de. O Supremo Tribunal Federal e a nova separação de poderes: entre a interpretação da Constituição e as modificações da engenharia constitucional. *Revista de processo*, v. 39, n. 233, p. 13-39, jul. 2014.

369 ABBOUD, Georges. STF vs. Vontade da maioria: as razões pelas quais a existência do STF somente se justifica se ele for contramajoritário. *Revista dos Tribunais*, vol. 921, p. 191, jul. 2012. A comparação, pelo autor, do STF a Don Juan é certeira. De fato, não pode o STF querer fazer as vezes de Don Juan e agradar universalmente; é preciso, pelo contrário, consistência nos votos e, por vezes, coragem e independência dos julgadores para decidir contra o pensamento majoritário, a fim de preservar o pacto constitucional. Não deve, em outras palavras, deixar-se guiar ao sabor da opinião pública ou publicada. (ABBOUD, Georges. *Processo Constitucional Brasileiro*. 2. ed. São Paulo: Revista dos Tribunais, 2018, p. 366-367.)

370 STRECK, Lenio. Jurisdição constitucional e hermenêutica: perspectivas e possibilidades de concretização dos direitos fundamentais sociais no Brasil. *Novos estudos jurídicos*, v. 8, n. 2, p. 257-301, maio. -Ago. 2003, p. 281.

A toda evidência, supera-se a Jurisdição Constitucional como "legislador negativo" de que falava Kelsen[371], enquanto mero "anulador da lei", para, efetivamente, cumprir os preceitos e princípios ínsitos aos direitos fundamentais (sociais) e, nesse particular, tomar uma atitude ativa (e não ativista ou discricionária) de realização dos fins constitucionais.[372]

No processo de aplicação da Constituição, deve-se levar em conta o papel que esta assume dentro do contexto do Estado Democrático Constitucional, e a Jurisdição Constitucional precisa, a seu turno, situar-se dentro do processo comunicacional que possibilita "fazer-ser" o Direito.

Com efeito, as rupturas com a metafísica clássica e a filosofia da consciência, revelam, nesse quadro, a compreensão de um novo papel a ser desempenhado pela Jurisdição Constitucional, preocupada com o Direito enquanto fator de transformação social, pelo que coloca o intérprete dentro do contexto histórico, no qual se realiza a interpretação.

---

[371] "Pois um tribunal que não aplica no caso concreto uma lei por sua inconstitucionalidade ou um decreto por sua ilegalidade, elimina uma norma geral e assim atua também como *legislador negativo* (no sentido material da palavra *lex* – lei)." (KELSEN, Hans. *Jurisdição constitucional*. 3. ed. São Paulo: WMF Martins Fontes, 2013, p. 263-264.) "Ora, anular uma lei é estabelecer uma norma geral, porque a anulação de uma lei tem o mesmo caráter de generalidade que sua elaboração, nada mais sendo, por assim dizer, que a elaboração como sinal negativo e, portanto, ela própria uma função legislativa. E um tribunal que tenha o poder de anular as leis é, por conseguinte, um órgão do poder legislativo. Portanto poder-se-ia interpretar a anulação das leis por um tribunal tanto como uma repartição do poder legislativo entre dois órgãos, quanto como uma intromissão no poder legislativo. [...] Enquanto o legislador só está preso pela Constituição no que concerne a seu procedimento – e, de forma totalmente excepcional, no que concerne ao conteúdo das leis que deve editar, e mesmo assim, apenas por princípios ou diretivas gerais –, a atividade do legislador negativo, da Jurisdição Constitucional, é absolutamente determinada pela Constituição. E é precisamente nisso que sua função se parece com a de qualquer outro tribunal em geral: ela é principalmente aplicação e somente em pequena medida criação do direito." (KELSEN, Hans. *Jurisdição constitucional*. 3. ed. São Paulo: WMF Martins Fontes, 2013, p. 151-152.)

[372] STRECK, Lenio. Jurisdição constitucional e hermenêutica: perspectivas e possibilidades de concretização dos direitos fundamentais sociais no Brasil. *Novos estudos jurídicos*, v. 8, n. 2, p. 257-301, maio-ago. 2003, p. 281-282.

O acontecer da interpretação, a isso já se referiu anteriormente, ocorre com a fusão de horizontes (compreender é sempre processo de fusão de horizontes); para interpretar é preciso compreender. E torna-se inolvidável a compreensão da Constituição, enquanto estrutura prévia antecipadora de sentidos. É exatamente essa condição-de-ser-no-mundo que determina o sentido do texto. O processo hermenêutico é produtivo, atribuidor de sentido e, por isso, existência e facticidade. A norma que exsurgirá do texto, nesse processo atributivo, conforma-se com a Constituição.

A Jurisdição Constitucional, por outras palavras, situa-se dentro do círculo hermenêutico, em que a estrutura prévia do sentido está antecipada, conforme a Constituição. E porque se situa numa comunidade linguística com outros que participam do processo hermenêutico não pode alijar-se às interpretações fornecidas pela comunidade da qual faz parte. É essa inserção que lhe garante uma propriedade democrática, participadora da construção do sentido e reveladora dos anseios sociais conformados pela Constituição, forjada na tradição da construção de um Estado Democrático Constitucional.

Não só se ultrapassa a concepção clássica da separação das funções do Poder e do "legislador negativo", como também se avança para estabelecer um diálogo entre os segmentos sociais, pois isso confere o atributo democrático à Jurisdição Constitucional, situada que está no contexto comunicativo intersubjetivo.

Nessa senda, aproveita-se a teoria da sociedade aberta dos intérpretes da Constituição engendrada por Peter Häberle, a fim de conferir dignidade constitucional e democrática à Constituição. Essa concepção häberliana precisa, todavia, ser bem compreendida, sob pena de ser deturpada e voltar-se contra as premissas estabelecidas anteriormente.

De início, ressalte-se que Häberle, confirma Georges Abboud, pretende, "a partir de sua sociedade aberta, é inserir os valores pluralistas da sociedade democrática como elementos da construção da jurisprudência do Tribunal Constitucional, mediante o maior acesso do cidadão a essa esfera de justiça"[373]. No mesmo sentido, é o posicionamento de Gilmar Mendes na apresentação da edição brasileira da obra "*Die offene Gesellschaft der Verfassungsinterpreten. Ein Beitrag zur pluralistischen um 'prozessualen' Verfassungsinterpretatation*" ("Hermenêutica Constitucional – a sociedade aberta dos intérpretes da Constituição: contribuição para a interpretação pluralista e 'procedimental' da Constituição"), segundo o qual Häberle propugna por uma hermenêutica constitucional adequada à sociedade pluralista (sociedade aberta)[374], que como, visto anteriormente, é, ao lado da democracia e da valorização da dignidade da pessoa humana, a base do Estado Democrático Constitucional.[375] A Constituição funda o Estado e a sociedade de modo que todo aquele que vive a Constituição é seu legítimo intérprete, urgindo a ampliação e o aperfeiçoamento das formas de participação na interpretação constitucional.[376]

Com efeito, Häberle inicia seu texto com críticas à teoria da interpretação vinculada a um modelo de interpretação daquilo que ele denominou de "sociedade fechada", na medida em que ela reduz o âmbito de investigação ao concentrar a interpretação constitucional nos juízes e nos procedimentos formalizados, focando na indagação sobre as tarefas e os objetivos da interpretação, bem assim nos métodos e regras de interpretação.[377]

---

[373] ABBOUD, Georges. *Processo Constitucional Brasileiro.* 2. ed. São Paulo: Revista dos Tribunais, 2018, p. 368.

[374] MENDES, Gilmar. Apresentação. In: HÄBERLE, Peter. *Hermenêutica constitucional*: a sociedade aberta dos intérpretes da Constituição: contribuição para a interpretação pluralista e "procedimental" da Constituição. Porto Alegre: Sérgio Antonio Fabris, 1997, p. 9.

[375] ABBOUD, Georges. *Processo Constitucional Brasileiro.* 2. ed. São Paulo: Revista dos Tribunais, 2018, p. 376.

[376] MENDES, Gilmar. Apresentação. In: HÄBERLE, Peter. *Hermenêutica constitucional*: a sociedade aberta dos intérpretes da Constituição: contribuição para a interpretação pluralista e "procedimental" da Constituição. Porto Alegre: Sérgio Antonio Fabris, 1997, p. 9-10.

[377] HÄBERLE, Peter. *Hermenêutica constitucional*: a sociedade aberta dos intérpretes da Constituição: contribuição para a interpretação pluralista e "procedimental" da Constituição. Porto Alegre: Sérgio Antonio Fabris, 1997, p. 11-12.

Há, todavia, vai dizer, um "círculo muito amplo de participantes do processo de interpretação pluralista" sobre a qual se deve colocar a questão de "uma interpretação constitucional pela e para uma sociedade aberta" ("*von der geschlossenen Gesellschaf der Verfassungsinterpreten zur Verfassungsinterpretation durch und für die offene Gesellschaft*")[378]. Propõe, destarte, a seguinte tese:

> no processo de interpretação constitucional estão potencialmente vinculados todos os órgãos estatais, todas as potências públicas, todos os cidadãos e grupos, não sendo possível estabelecer-se um elenco cerrado ou fixado com *numerus clausus* de intérpretes da Constituição.[379]

Explica-se. Para Häberle, quem "vive" a Constituição acaba por interpretá-la ou, ao menos, cointerpretá-la ("*Wer die Norm 'lebt', interpretiert sie auch (mit)*"), de modo que cidadãos, grupos, órgãos públicos, sistema público e opinião pública representam "forças produtivas de interpretação" ("*interpretatorische Produktivkräfte*"), são "intérpretes constitucionais em sentido *lato*; atuam como "pré-intérpretes" ("*Vorinterpreten*").[380]

Note-se bem que, ao usar a expressão *Vorinterpreten*, literalmente "pré-intérpretes", aqueles que interpretam antes, Häberle acentua a responsabilidade da Jurisdição Constitucional que fornecerá a última palavra na interpretação, mas que deverá atender à democratização da interpretação constitucional ao "ouvir antes" as interpretações dadas pelos segmentos sociais. Eis a influência da democracia na tomada de decisões da Corte Constitucional.

---

378 HÄBERLE, Peter. *Hermenêutica constitucional*: a sociedade aberta dos intérpretes da Constituição: contribuição para a interpretação pluralista e "procedimental" da Constituição. Porto Alegre: Sérgio Antonio Fabris, 1997, p. 10-13.

379 HÄBERLE, Peter. *Hermenêutica constitucional*: a sociedade aberta dos intérpretes da Constituição: contribuição para a interpretação pluralista e "procedimental" da Constituição. Porto Alegre: Sérgio Antonio Fabris, 1997, p. 13.

380 HÄBERLE, Peter. *Hermenêutica constitucional*: a sociedade aberta dos intérpretes da Constituição: contribuição para a interpretação pluralista e "procedimental" da Constituição. Porto Alegre: Sérgio Antonio Fabris, 1997, p. 14-15.

Não se pretende, em absoluto, que a Corte Constitucional se conforte com as interpretações dadas pelos segmentos sociais, mas que garanta a estes a participação na construção interpretativa, cabendo, como determina a Constituição, à Jurisdição Constitucional a palavra final. A discordância deverá suscitar, mormente na doutrina jurídica, as críticas ao posicionamento adotado pela Corte Constitucional e em que medida é ela violadora do pacto social do qual a Constituição é sua explicitação.

Em concordância com Georges Abboud, a teoria da sociedade aberta visa aproximar o tribunal constitucional da sociedade, oferecendo instrumentos para que a sociedade civil, em seus diversos segmentos, possa estabelecer, com a Corte Constitucional, um canal de comunicação para se manifestar. Desse modo, restarão salvaguardados o pluralismo e a função contramajoritária para a proteção dos direitos fundamentais. "Ouvir" é dar a oportunidade de participação, é fazer com que a sociedade participe do processo de interpretação; não é atender, cegamente, às vontades, ao clamor das ruas, o que não obsta, possa vir a coincidir. À Corte incumbe a guarda da Constituição, mas uma guarda democrática e participativa. Eis a razão de ser do Estado Democrático Constitucional.[381]

Dentro das premissas enaltecidas anteriormente, não há que subverter a distinção entre o sistema de direito positivo e o sistema da Ciência do Direito, que jogam "jogos de linguagem" distintos. Contudo, há de se referir que a participação de segmentos sociais diversos é de ser observada no suporte às decisões judiciais, estas, sim, normas jurídicas, aptas a expulsarem outras normas do ordenamento jurídico, em caso de controle concentrado de constitucionalidade, por exemplo. Se é verdade que a inconstitucionalidade somente pode ser aferida dentro de um processo de positivação, por meio de autoridades competentes que

---

[381] ABBOUD, Georges. *Processo Constitucional Brasileiro*. 2. ed. São Paulo: Revista dos Tribunais, 2018, p. 369.

atuam em procedimento adequado, ambos (autoridade e procedimento) juridicamente previstos, não é menos verdade que esses mesmos órgãos podem ser influenciados por outros sistemas ou, melhor dizendo, por discursos construídos por outros agentes sociais no processo de construção da decisão.

Daí poder falar-se em sociedade aberta de intérpretes, daqueles que interpretam antes (*Vorinterpreten*), os quais, apesar de não constituírem a invalidade de uma norma jurídica, trabalham influenciando o órgão competente para tal mister, ao estabelecer possíveis significações de uma norma jurídica.[382]

É a Ciência do Direito que se incumbe da tarefa de emitir proposições relacionadas ao objeto de estudo, qual seja, o direito positivo, nas quais são formuladas descrições dos vícios contidos no objeto. Referidas proposições, a seu turno, enquanto linguagem da Ciência do Direito, são capazes de influenciar outros jogos linguísticos, como os actantes do direito positivo que, com base nas observações tecidas, podem constituir a inconstitucionalidade.

Note-se: há sensível diferença entre afirmar que a Ciência do Direito constitui a inconstitucionalidade – o que se afigura incorreto, ante as premissas adotadas neste estudo – e afirmar que a Ciência do Direito emite proposições relacionadas ao objeto direito positivo, as quais são passíveis de consideração por Órgãos inseridos no direito positivo que têm o condão de constituir a inconstitucionalidade, por meio de norma jurídica que expulsará outra norma jurídica.[383]

---

382 "A interpretação jurídico-científica não pode fazer outra coisa senão estabelecer as possíveis significações de uma norma jurídica. Como conhecimento do seu objeto, ela não pode tomar qualquer decisão entre as possibilidades por si mesma reveladas, mas tem de deixar tal decisão ao órgão que, segundo a ordem jurídica, é competente para aplicar o Direito." (KELSEN, Hans. *Teoria Pura do Direito*. Tradução de João Baptista Machado. 8. ed. São Paulo: Editora WMF Martins Fontes, 2009, p. 396.)

383 IVO, Gabriel. *Norma jurídica*: produção e controle. São Paulo: Noeses, 2006, p. 145.

Desse modo, os diversos atores sociais, são chamados a construir proposições jurídicas, relacionadas ao objeto em apreço, demonstrando a possibilidade de construção de normas jurídicas, que podem ser, ou não, absorvidas pelo Órgão Judiciário. É, nesse exato sentido, que Peter Häberle, frise-se, afirma que os diversos atores sociais são aqueles que interpretam antes, que constroem normas jurídicas antecipadamente, são os *Vorinterpreten*, com o condão de influenciar a tomada de decisões dos órgão vocacionados para o controle de constitucionalidade. "Como não são apenas os intérpretes jurídicos da Constituição que vivem a norma, não detêm eles o monopólio da interpretação da Constituição"[384].

Note-se, a propósito, que mesmo Hans Kelsen, que traçou a distinção entre "intérprete autêntico" e "intérprete inautêntico"[385], não deixou de observar a possibilidade de que, por tratar de assuntos de interesse geral, o Tribunal Constitucional devesse considerar, não somente a publicidade de seus julgamentos, como também a participação de "partes" em audiência pública.

> Para o processo diante do tribunal constitucional, cumpre recomendar de maneira geral o princípio da publicidade e do caráter oral, embora se trate principalmente de puro direito e a ênfase recaia evidentemente nas explicações de direito das peças escritas que as partes venham a apresentar – ou, mesmo, devam apresentar – ao tribunal. Os casos de que o tribunal constitucional trata são de um interesse geral tão considerável que não se poderia excluir em princípio a publicidade do procedimento, que somente uma audiência pública garante. Poderíamos até perguntar se o julgamento pelo colégio de juízes também não deveria ocorrer em audiência pública.[386]

---

[384] HÄBERLE, Peter. *Hermenêutica constitucional*: a sociedade aberta dos intérpretes da Constituição: contribuição para a interpretação pluralista e "procedimental" da Constituição. Porto Alegre: Sérgio Antonio Fabris, 1997, p. 15.

[385] "Desta forma, existem duas espécies de intepretação que devem ser distinguidas claramente uma da outra: a interpretação do Direito pelo órgão que o aplica [autêntica], e a intepretação do Direito que não é realizada por um órgão jurídico [inautêntica], mas por uma pessoa privada e, especialmente, ciência jurídica." (Acrescentou-se) (KELSEN, Hans. *Teoria Pura do Direito*. Tradução de João Baptista Machado. 8. ed. São Paulo: Editora WMF Martins Fontes, 2009, p. 388.)

[386] KELSEN, Hans. *Jurisdição constitucional*. 3. ed. São Paulo: WMF Martins Fontes, 2013, p. 177.

Se é fato que, publicada uma lei (documento normativo), a opinião sobre sua suposta inconstitucionalidade, afirmada por qualquer particular, pela imprensa, por estudantes, por destinatários das normas, por juristas, etc., não tem o condão de tornar esse documento inconstitucional, não menos verdade se afigura que essas intepretações poderão servir de fundamento para tornar o documento normativo inconstitucional, em rigor, as normas a partir dele construídas. "É uma forma de o discurso que se constrói fora do sistema influenciar as decisões dentro do sistema, que é condicionado por outros sistemas", mas a inconstitucionalidade, reitere-se, tem de ser construída dentro e por meio do processo de construção da decisão jurídica.[387]

> Isto significa que não apenas o processo de formação, mas também o desenvolvimento posterior, revela-se pluralista: a teoria da ciência, da democracia, uma teoria da Constituição e da hermenêutica propiciam aqui uma mediação específica entre Estado e sociedade![388]

---

[387] IVO, Gabriel. *Norma jurídica*: produção e controle. São Paulo: Noeses, 2006, p. 145.

[388] HÄBERLE, Peter. *Hermenêutica constitucional*: a sociedade aberta dos intérpretes da Constituição: contribuição para a interpretação pluralista e "procedimental" da Constituição. Porto Alegre: Sérgio Antonio Fabris, 1997, p. 18. Häberle apresenta, a partir de uma perspectiva socioconstitucional, um catálogo sistemático dos participantes do processo de interpretação constitucional, cuja relação advém de um "sentido puramente sociológico da ciência da experiência". Para ele, a teoria constitucional deve explicitar grupos concretos de pessoas e os fatores que formam o espaço público (*Öffentlichkeit*), o tipo de realidade de que se cuida, a forma como ela atua no tempo, as possibilidades e necessidades existentes. À guisa de um catálogo provisório dos participantes da intepretação, elenca: (1) as funções estatais: (a) na decisão vinculante da Corte Constitucional, o voto vencido, (b) nos órgãos estatais com poder de decisão vinculante, submetidos a um poder de revisão, o órgão Executivo, especialmente na (pré)formulação do interesse público; (2) participantes que não são, necessariamente, órgãos do Estado: (a) requerente/recorrente/requerido/recorrido, no recurso constitucional (Häberle escreve na sociedade alemã e refere-se ao *Verfassungsbeschewerde*, mas que aqui poderíamos ter no recurso extraordinário idêntica participação), (b) outros participantes do processo (aqueles que têm direito de manifestação ou de integração à lide, ou eventualmente convocados pela Corte Constitucional), (c) pareceristas e *experts*, (d) peritos e representantes de interesses nas audiências públicas, associações, partidos políticos, (e) grupo de pressão organizados, (f) requerentes ou partes em procedimento administrativo de caráter participativo; (3) opinião pública democrática e pluralista (mídia, imprensa, jornalismo profissional, igrejas, editoras, escolas, associações); (4) doutrina constitucional. (HÄBERLE, Peter. *Hermenêutica constitucional*: a sociedade aberta dos intérpretes da Constituição: contribuição para a interpretação pluralista e "procedimental" da Constituição. Porto Alegre: Sérgio Antonio Fabris, 1997, p. 19-23 *passim*). Conquanto tenha em vista a realidade jurídica alemã, pode-se aproveitar,

Que fique claro: a interpretação constitucional é um processo que, potencialmente diz respeito a todos! A Constituição não está à disposição do intérprete, ela possui plena normatividade. Analisar os institutos jurídicos à luz da Constituição e com ampla participação democrática é tarefa obrigatória, e a Jurisdição Constitucional age como "catalisador essencial, ainda que não o único, da Ciência do Direito Constitucional como interpretação constitucional"[389]. Somente assim se poderá garantir a força normativa da Constituição e da dignidade da pessoa humana, pilares do Estado Democrático Constitucional, conforme alhures assentado.

Häberle tem em vista superar a mera subsunção e, com fundamento na hermenêutica defendida anteriormente, sustentar a ampliação do círculo de intérpretes como forma de integração da realidade no processo de interpretação[390], a fim de comungar com a historicidade e com a facticidade de que se reveste o processo interpretativo. Ao se conhecer que a norma jurídica não nasce pronta e acaba, mas, pelo contrário, é construída com diversos participantes, que atuam ativamente, indubitável a intepretação judicial inserida nessa esfera pública de debate e nessa realidade. Afinal, "[l]imitar a hermenêutica constitucional aos intérpretes 'corporativos' ou autorizados jurídica ou funcionalmente pelo Estado significaria um empobrecimento ou um autoengodo"[391].

---

em muito, as considerações do jurista na interpretação constitucional levada a efeito pela Corte Constitucional brasileira. Mas, mais à frente, arremata Häberle: "A sociedade é livre e aberta na medida em que se amplia o círculo dos intérpretes da Constituição em sentido *lato*". (HÄBERLE, Peter. *Hermenêutica constitucional*: a sociedade aberta dos intérpretes da Constituição: contribuição para a interpretação pluralista e "procedimental" da Constituição. Porto Alegre: Sérgio Antonio Fabris, 1997, p. 40.)

389 HÄBERLE, Peter. *Hermenêutica constitucional*: a sociedade aberta dos intérpretes da Constituição: contribuição para a interpretação pluralista e "procedimental" da Constituição. Porto Alegre: Sérgio Antonio Fabris, 1997, p. 28.

390 HÄBERLE, Peter. *Hermenêutica constitucional*: a sociedade aberta dos intérpretes da Constituição: contribuição para a interpretação pluralista e "procedimental" da Constituição. Porto Alegre: Sérgio Antonio Fabris, 1997, p. 30.

391 HÄBERLE, Peter. *Hermenêutica constitucional*: a sociedade aberta dos intérpretes da Constituição: contribuição para a interpretação pluralista e "procedimental" da Constituição. Porto Alegre: Sérgio Antonio Fabris, 1997, p. 34.

A participação dos segmentos sociais deve permitir uma influência qualitativa e de conteúdo dos participantes da própria decisão, a fim de que não se legitime a decisão da Corte Constitucional apenas pelo atendimento formal e protocolar da participação da comunidade política. Por isso, advoga-se, no presente estudo, pelo dever da Corte Constitucional de refutar os argumentos expendidos pelos partícipes do processo de interpretação na elaboração do seu voto; somente na clareza da argumentação e na refutação das ideias contrárias pode-se garantir a participação efetiva da sociedade no debate constitucional.[392]

Se atrás se definiu que a democracia é um governo do povo e para o povo, a abertura desse canal de comunicação confirma ser o povo "um elemento pluralista para a interpretação que se faz presente de forma legitimadora no processo constitucional"[393] Os direitos fundamentais, enquanto sólida base da legitimação democrática não pode escamotear o cidadão (termo preferido por Häberle a "povo"[394]) como intérprete da Constituição.[395]

---

392 Nesse sentido, não se pode olvidar a inovação legislativa carreada ao Código de Processo Civil de 2015, ao prescrever, no art. 489, §1º, IV, o dever do julgador de refutar todas as alegações capazes de, em tese, infirmar as conclusões adotadas na decisão. Lapidar a proposta interpretativa veiculada no enunciado n. 128, do Fórum Permanente de Processualistas Civis: "(art. 138; art. 289, §1º, IV) No processo em que há intervenção do *amicus curiae*, a decisão deve enfrentar as alegações por ele apresentadas, nos termos do inciso IV do §1º do art. 489." Ainda, desde antes, a contribuição, das alterações provocadas no controle de constitucionalidade pelas Leis ns. 9.868/99 e 9.882/99, com a admissão de audiências públicas e da participação de *amicus curiae*. Na década de 2000, também o Código de Processo Civil de 1973, já previa a participação da comunidade política, em razão do julgamento de recursos repetitivos.

393 HÄBERLE, Peter. *Hermenêutica constitucional*: a sociedade aberta dos intérpretes da Constituição: contribuição para a interpretação pluralista e "procedimental" da Constituição. Porto Alegre: Sérgio Antonio Fabris, 1997, p. 37.

394 "A democracia do cidadão está muito próxima da idéia que se concebe a democracia a partir dos direitos fundamentais e não a partir da concepção segundo a qual o Povo soberano limita-se apenas a assumir o lugar do monarca." (HÄBERLE, Peter. *Hermenêutica constitucional*: a sociedade aberta dos intérpretes da Constituição: contribuição para a interpretação pluralista e "procedimental" da Constituição. Porto Alegre: Sérgio Antonio Fabris, 1997, p. 38.)

395 HÄBERLE, Peter. *Hermenêutica constitucional*: a sociedade aberta dos intérpretes da Constituição: contribuição para a interpretação pluralista e "procedimental" da Constituição. Porto Alegre: Sérgio Antonio Fabris, 1997, p. 36-38. A Corte Constitucional

A Jurisdição Constitucional dever perseguir a consolidação das promessas constitucionais e efetivar os direitos e garantias fundamentais insculpidos nos textos jurídicos produzidos democraticamente[396]. Para tanto, a interpretação do juiz constitucional é antecedida pela interpretação das forças pluralistas beneficiárias dos direitos fundamentais, as quais, de toda sorte, promovem a atualização do contexto intersubjetivo de comunicação e situam a Corte Constitucional no momento histórico no qual se revela a construção da interpretação.[397]

A Corte constitucional deve ter autoconsciência dos limites de sua atividade para escrever e para continuar escrevendo o contrato social de uma comunidade política, e, na força da fundamentação de suas decisões, residirá o combate ao ativismo e ao decisionismo[398], desde que se

---

deve dirigir sua atenção inclusive àqueles que não participaram do processo de interpretação, por que não representados ou porque não representáveis. (HÄBERLE, Peter. *Hermenêutica constitucional*: a sociedade aberta dos intérpretes da Constituição: contribuição para a interpretação pluralista e "procedimental" da Constituição. Porto Alegre: Sérgio Antonio Fabris, 1997, p. 46 e nota 83.) "Uma das virtudes da teoria de Häberle reside na negação de um monopólio da interpretação constitucional, mesmo naqueles casos em que se confere a um órgão jurisdicional específico o monopólio da censura. O reconhecimento da pluralidade e da complexidade da intepretação constitucional traduz não apenas uma concretização do princípio democrático como também uma consequência metodológica da abertura material da Constituição." (MENDES, Gilmar. Controle de constitucionalidade: hermenêutica constitucional e revisão de fatos e prognoses legislativos pelo órgão judicial. *Revista dos Tribunais*, São Paulo, ano 88, vol. 766, ago. 1999. Fascículo Cível, Primeira Seção, p. 11-28, p. 25.)

396 STRECK, Lenio. *Jurisdição constitucional e decisão jurídica*. 4. ed. São Paulo: Revista dos Tribunais, 2014, p. 39.

397 HÄBERLE, Peter. *Hermenêutica constitucional*: a sociedade aberta dos intérpretes da Constituição: contribuição para a interpretação pluralista e "procedimental" da Constituição. Porto Alegre: Sérgio Antonio Fabris, 1997, p. 41-42.

398 ABBOUD, Georges. *Processo Constitucional Brasileiro*. 2. ed. São Paulo: Revista dos Tribunais, 2018, p. 386-377. "Um *minus* de efetiva participação deve levar a um *plus* de controle constitucional. A intensidade do controle de constitucionalidade há de variar segundo as possíveis formas de participação." (HÄBERLE, Peter. *Hermenêutica constitucional*: a sociedade aberta dos intérpretes da Constituição: contribuição para a interpretação pluralista e "procedimental" da Constituição. Porto Alegre: Sérgio Antonio Fabris, 1997, p. 46.)

abra à interpretação de intérpretes prévios e preste constas de suas decisões, através de um processo constitucional público e participativo.[399]

A verificação de fatos e prognoses jurídico-legislativos, passa, outrossim, pela construção de uma interpretação constitucional a partir da concepção de uma sociedade aberta, denegando as premissas de um processo objetivo, que se alheia aos fatos e não se atenta às circunstâncias sociais e aos inerentes partícipes desse processo comunicacional.[400]

A obtenção de informações por meio da coleta de depoimentos de segmentos da comunidade política propicia ao intérprete constitucional por excelência a densidade da argumentação e revela a tendência democrática de acautelar-se contra o arbítrio da decisão, sem suspensão dos pré-juízos e sem a pré-compreensão constitucional na qual deverá construir a interpretação. Realmente, a antecipação do sentido no controle de constitucionalidade deve se dar, precipuamente, pela e na Constituição, a partir do que estará a Jurisdição Constitucional autorizada à fiscalização constitucional dos atos legislativos, e, de conseguinte, exercer este que é dos mecanismos mais contramajoritários existentes (controle de constitucionalidade) e, portanto, justifica a sua razão de existir.

Adiante, fixar-se-ão acordos semânticos, levando em consideração as premissas adotas e em revisão do comumente postulado pela Doutrina Jurídica do Direito Constitucional, a fim de que se chegue à conclusão do estudo.

---

[399] "A interpretação constitucional jurídica traduz (apenas) a pluralidade da esfera pública e da realidade (*die pluralistische Öffentlichkeit und Wirklichkeit*), as necessidades e as possibilidades da comunidade, que constam do texto, que antecedem os textos constitucionais ou subjazem a ele." (HÄBERLE, Peter. *Hermenêutica constitucional*: a sociedade aberta dos intérpretes da Constituição: contribuição para a interpretação pluralista e "procedimental" da Constituição. Porto Alegre: Sérgio Antonio Fabris, 1997, p. 43.)

[400] Com a mesma conclusão, cf. MENDES, Gilmar. Controle de constitucionalidade: hermenêutica constitucional e revisão de fatos e prognoses legislativos pelo órgão judicial. ***Revista dos Tribunais***, São Paulo, ano 88, vol. 766, ago. 1999. Fascículo Cível, Primeira Seção, p. 11-28, p. 28.

3

INCONSTITUCIONALIDADE: UMA QUEBRA DA RELAÇÃO CAUSAL DE INFERÊNCIA

As noções que subseguem, a saber "inconstitucionalidade", "controle de constitucionalidade" e "fatos e prognoses jurídico-legislativos", bem podiam estar aglutinadas em um só capítulo denominado "acordos semânticos". Ocorre, contudo, que a opção por destrinchar esses acordos e estabelecer com o interlocutor um mesmo mundo linguístico justifica-se a partir da revisão bibliográfica empreendida e a crítica a algumas conceituações historicamente postas.

Com supedâneo nas premissas claramente assumidas no capítulo anterior, que assentaram as bases do edifício teórico a ser soerguido, esse e os próximos capítulos destinam-se a criar as paredes dessa construção.

Impende, por oportuno, referir que o desfecho das premissas teóricas com a análise do papel desempenhado no contexto paradigmático do Estado Democrático Constitucional possui íntima relação com o estudo da inconstitucionalidade. De fato, a Jurisdição Constitucional somente se justifica ao alçar a Constituição como fundamento último de validade do ordenamento jurídico, da qual as normas que lhe são inferiores retiram o fundamento de validade. Por outras palavras, num processo inferencial, as normas infraconstitucionais haurem o fundamento de validade na Constituição, que ocupa o ápice do ordenamento jurídico.

Ressoa dessa exposição, a noção praticamente automática de "unidade de Constituição", enquanto fundamento de validade de todas as normas pertencentes a um mesmo ordenamento jurídico, guiadas pelo princípio da não contradição e, portanto, um sistema fechado, completo e acabado.[401]

Todavia, essa pré-compreensão de "unidade" esbarra nas premissas anteriormente assumidas, na medida em que deposita na "unidade" uma estrutura ontológica previamente existente que integra a Constituição como elemento ordenador, ou que reconhece na Constituição um ente esgotante e exaustivo da concepção de Estado e de sociedade.[402]

Quando linhas atrás se insistiu na distinção entre sistemas de direito positivo e sistema da Ciência do Direito, com suas especificações não se referiu às conclusões que vão adiante. Com efeito, aquela sistematização didática, necessita, agora, de uma visão crítica e adequada aos moldes do paradigma adotado.[403]

A "unidade", nos lindes deste estudo, na esteira do que assinala J. J. Gomes Canotilho, também não pode ser inteligida como "uma 'tarefa' a realizar",[404] tampouco como recondução à interpretação sistemática,

---

[401] KELSEN, Hans. *Teoria Pura do Direito*. Tradução de João Baptista Machado. 8. ed. São Paulo: Editora WMF Martins Fontes, 2009, p. 228-232.

[402] CANOTILHO, J. J. Gomes. *Constituição dirigente e vinculação do legislador*: contributo para a compreensão das normas constitucionais programáticas. 2. ed. Coimbra: Coimbra Editora, 2001, p. 143-145.

[403] Cf. CASTANHEIRA NEVES, António. A unidade do sistema jurídico: o seu problema e o seu sentido. In: CASTANHEIRA NEVES, António. *Digesta*: escritos acerca do direito, do pensamento jurídico, da sua metodologia e outros. v. 2. Coimbra: Coimbra Editora, 1995, p. 95-180.

[404] "Se a unidade não existe enquanto dado nem pode ser tornada plausível, ela também não existe como meta a ser atingida na práxis. Do contrário só substituiremos uma ilusão por outra, a ilusão positivista pela ilusão antipositivista. O que conduz mais longe é uma *estruturação pós-positivista* do campo de problemas." (Grifos do autor) (MÜLLER, Friedrich. *O novo paradigma do direito*: introdução à teoria e metódica estruturantes. 3. ed. São Paulo: Revista dos Tribunais, 2013, p. 106.)

sobretudo enquanto método de interpretação,[405] ou como pressuposto de um sistema isento de contradições e lacunas, que forneça antecipadamente todas as respostas.[406]

Com Friedrich Müller, a "positividade da Constituição" resolve "tanto os casos nos quais os discursos da unidade da constituição fracassam diante da própria constituição (ausência de lacunas, isenção de contradições, unidade lógica)", bem como nos casos em que a "unidade" "já se vê fundamentada pelo direito positivo (unidade legitimadora, unidade funcional, unidade como meio de interpretação sistemática e harmonizadora da constituição)".[407]

É preciso apostar na "abertura constitucional" para inserir a Constituição no paradigma proposto. Uma Constituição que se abre à historicidade e à tradição e deixa, conscientemente, de regular certas tarefas (incompletude material), opta pela técnica normativa de normas abertas (estrutura aberta) e aceita a mutação constitucional como fenômeno inerente à sua historicidade (abertura ao tempo).[408]

É preciso salientar a dimensão material do projeto constitucional e situar a Constituição entre a formalidade e o excesso programático, para que possa pressupor uma mediação política para sua efetivação e ofereça uma conformação normativo-constitucional vinculativa.[409]

---

405 CANOTILHO, J. J. Gomes. *Constituição dirigente e vinculação do legislador*: contributo para a compreensão das normas constitucionais programáticas. 2. ed. Coimbra: Coimbra Editora, 2001, p. 144-145. Nesse sentido, cf. MÜLLER, Friedrich. *Metodologia do direito constitucional*. 4. ed. São Paulo: Editora Revista dos Tribunais, 2010, p. 158.

406 MÜLLER, Friedrich. *O novo paradigma do direito*: introdução à teoria e metódica estruturantes. 3. ed. São Paulo: Revista dos Tribunais, 2013, p. 102.

407 MÜLLER, Friedrich. *O novo paradigma do direito*: introdução à teoria e metódica estruturantes. 3. ed. São Paulo: Revista dos Tribunais, 2013, p. 105.

408 CANOTILHO, J. J. Gomes. *Constituição dirigente e vinculação do legislador*: contributo para a compreensão das normas constitucionais programáticas. 2. ed. Coimbra: Coimbra Editora, 2001, p. 147.

409 CANOTILHO, J. J. Gomes. *Constituição dirigente e vinculação do legislador*: contributo para a compreensão das normas constitucionais programáticas. 2. ed. Coimbra: Coimbra Editora, 2001, p. 147-149.

A Constituição, como explicitação do pacto social fundador, pressupõe um caráter discursivo, próprio dessa intersubjetividade, de interação humana; por isso, não pode ser um *dado*, completo em si mesmo. Há um mundo circundante no qual ela se manifesta. Por isso, ela é um acontecer. Um espaço que une o político ao jurídico e fundamenta o jurídico, antecipando-se ao processo de compreensão, enquanto manifestação prévia de sentido, que se antecipa ao intérprete. Enquanto condição de possibilidade do ser-no-mundo do intérprete ela constitui a ação, cria um *a priori* compartilhado, uma estrutura pré-compreensiva de sentido.[410]

Desvelar os problemas da liberdade de conformação do legislador, sobretudo na seara de fatos e prognoses jurídico-legislativos, não se adéqua com a pretensão totalizante de uma ordem constitucional que, em última análise, poderá cingir o julgador a um mero repetidor da letra da lei, volvendo ao paradigma do positivismo jurídico clássico, no qual o mundo poder ser abarcado pela linguagem.

Isso posto, ao se adotar a Constituição como parâmetro do sistema normativo, é possível a fiscalização da adequação das normas infraconstitucionais a seu fundamento de validade. Essa incompatibilidade observada tem-se nominado "inconstitucionalidade".

O signo "inconstitucionalidade" suscita, de antemão, ambiguidade e, por isso, num estudo científico, no qual se exige linguagem precisa e técnica, necessário realizar acordo semântico, a fim de conduzir o interlocutor. Nessa senda, o presente capítulo visa a expurgar algumas dúvidas suscitadas a partir do tratamento doutrinário da "inconstitucionalidade", bem como as classificações que vêm sendo realizadas.

Em seguida, a identificação de objetos e parâmetros, que importarão ao controle de constitucionalidade, deve atender às concepções

---

[410] STRECK, Lenio Luiz. *Jurisdição constitucional e decisão jurídica*. 4. ed. São Paulo: Revista dos Tribunais, 2014, p. 134-135.

teóricas retratadas no capítulo anterior, como modo de satisfazer às exigências do que se entende por "enunciado prescritivo" e por "norma jurídica".

Por fim, a quebra da relação causal de inferência observada entre objeto e parâmetro, suscetível de controle de constitucionalidade ganha espaço para se discriminar de que modo o Órgão Judiciário, pelo controle de constitucionalidade, deverá se comportar ante as queixas sobre incompatibilidades observadas no ordenamento jurídico, em relação ao parâmetro de validade das normas adotado. Ou, para o que importa, quando houver desvios legislativos na elaboração de documentos normativos, pela insuficiência de análise da realidade fática ou no estabelecimento de prognósticos.

3.1 Acordo Semântico

"Inconstitucionalidade" é vocábulo polissêmico, cuja definição deve ser buscada em trabalho com viés científico, sob pena de se provocar no interlocutor indevida ou inimaginada compreensão. Portanto, de início, deve-se, a par de um acordo de premissas, estabelecer um acordo semântico que viabilize o diálogo, a ponto de contribuir para o desenvolvimento científico da matéria.

Destacam-se, nessa senda, duas acepções para "inconstitucionalidade"[411], quais sejam, (i) o vício decorrente da falta de compatibilidade entre leis ou atos normativos[412] infraconstitucionais e a Constituição e (ii) a sanção, isto é, a consequência da verificação do descompasso entre esses atos normativos infraconstitucionais e a Constituição, invalidade, de forma geral. Tal distinção importa para que não se incorra

---

[411] TAVARES, André Ramos. *Curso de direito constitucional*. 10. ed. rev. e atual. São Paulo: Saraiva, 2012, p. 216; 228-229.

[412] Tenha-se, por ora, "lei" ou "ato normativo" tal qual existente no art. 102, I, da Constituição Federal. Na sequência, por apego ao rigorismo técnico, referidos termos serão esmiuçados.

na afirmação redundante de que "a inconstitucionalidade provoca a inconstitucionalidade".[413]

A "inconstitucionalidade-vício" é, desse modo, conceito relacional, que se estabelece entre a Constituição e um ato ou comportamento que lhe está ou não conforme, que com ele é ou não compatível, que cabe ou não no seu sentido.[414]

---

[413] Canotilho, ao tratar da teoria clássica da inconstitucionalidade, aduz quanto às distinções observadas entre a "inconstitucionalidade" enquanto violação de preceitos constitucionais e "inconstitucionalidade" enquanto efeitos do controle. (CANOTILHO, J. J. Gomes. *Direito constitucional e teoria da constituição.* 7. ed. Coimbra: Editora Almedina, 2003, p. 947) Referindo-se à ambiguidade do termo "inconstitucionalidade, Renato Herani distingue entre inconstitucionalidade enquanto vício nomogenético e inconstitucionalidade como consequência, estabelecendo entre eles uma relação de causa e efeito (HERANI, Renato Gugliano. *A prova da inconstitucionalidade.* Curitiba: Editora Prismas, 2016, p. 155-158). Luís Roberto Barroso, em que pese ter em sua obra um capítulo dedicado ao exame do "fenômeno da inconstitucionalidade" não faz qualquer observação à ambiguidade do termo. (BARROSO, Luís Roberto. *O controle de constitucionalidade no direito brasileiro.* 7. ed. São Paulo: Saraiva, 2016.) Embora não seja explícito, Geovany Jeveaux reconhece a distinção entre o que ora se refere como vício e como sanção ao estabelecer acordos semânticos. (JEVEAUX, Geovany Cardoso. *Teorias do Estado e da Constituição.* Rio de Janeiro: GZ Editora, 2015, p. 226-227). Também implicitamente, GERA, Renata Coelho Padilha. *A natureza e os efeitos da inconstitucionalidade.* Porto Alegre: Sérgio Antonio Fabris, 2007. Não se verifica a distinção aqui enunciada em SARLET, Ingo Wolfgang; MARINONI, Luiz Guilherme. MITIDIERO, Daniel. *Curso de direito constitucional.* 6. ed. São Paulo: Saraiva, 2017, p. 975-983. A referência ao vício e à sanção aparece em BULOS, Uadi Lammêgo. *Curso de direito constitucional.* 6. ed. São Paulo: Saraiva, 2011, p. 133-135. Em exame da sanção como elemento integrativo do conceito de inconstitucionalidade, percebe-se a distinção traçado em MENDES, Gilmar; BRANCO, Paulo Gustavo Gonet. *Curso de direito constitucional.* 12. ed. São Paulo: Saraiva, 2017, p. 1111-1114. Traçando explicitamente a distinção TAVARES, André Ramos. *Curso de direito constitucional.* 10. ed. rev. e atual. São Paulo: Saraiva, 2012, p. 216.

[414] MENDES, Gilmar; BRANCO, Paulo Gustavo Gonet. *Curso de direito constitucional.* 12. ed. São Paulo: Saraiva, 2017, p. 1111. Para Marcelo Neves, "[a] inconstitucionalidade, porém, é um problema de relação intra-sistemática de normas jurídicas, abordado do ponto de vista interno, conforme os critérios de validade contidos nas normas constitucionais. Não se confunde com o problema da injustiça ou ilegitimidade social. [...] [A] inconstitucionalidade é um problema de relação intra-sistemática de normas pertencentes a um determinado ordenamento jurídico estatal". (NEVES, Marcelo. *Teoria da inconstitucionalidade das leis.* São Paulo: Saraiva, 1988, p. 69-71)

Refira-se, de passagem, à concepção kelseniana de "lei inconstitucional". Para Hans Kelsen, a expressão seria uma *contradictio inadjecto*, pois uma lei somente pode ser válida com fundamento na Constituição. Ao equiparar validade à existência, Kelsen conclui que uma lei inconstitucional nem sequer seria existente. Todavia, ao admitir a expressão correntemente utilizada, não podendo ser tomada "ao pé da letra", aduz que seu significado somente poder o de que poder ser revogada também por um processo admitido na Constituição. Até que isso ocorra deverá ser considerada válida e, portanto, não pode ser inconstitucional.[415]

Em busca de um conceito lógico-jurídico[416] para "inconstitucionalidade-vício", pode-se estabelecer esta como quebra da relação causal de inferência entre uma norma e a norma constitucional, que serve de parâmetro para a produção normativa daquela.

Assente-se que não se pode, a rigor, falar em uma inconstitucionalidade-vício *a priori*, porquanto dependente de que um órgão judicial pronuncie o vício suscitado por outros sujeitos que podem, inclusive, não integrar o direito positivo. Esses sujeitos não modificam o sistema de direito positivo, trabalham na Ciência do Direito, em jogos linguísticos distintos.

Até que isso suceda, ou seja, até que sobrevenha a pronúncia da inconstitucionalidade-vício, os documentos normativos – bem como as normas construídas a partir dos enunciados – inseridos no ordenamento jurídico pelo Órgão Legislativo gozam de presunção de constitucionalidade, pelo que somente por sua conta e risco o particular pode descumprir

---

415 KELSEN, Hans. *Teoria Pura do Direito*. Tradução de João Baptista Machado. 8. ed. São Paulo: Editora WMF Martins Fontes, 2009, p. 300.

416 Em linhas gerais, "[o] conceito jurídico fundamental (*lógico-jurídico*, jurídico próprio ou categorial) é aquele construído pela Filosofia do Direito (é uma das tarefas da *Epistemologia Jurídica*), com a pretensão de auxiliar a compreensão do fenômeno jurídico onde e quando ele ocorra. Tem pretensão de validez universal. Serve aos operadores do Direito para a compreensão de qualquer ordenamento jurídico determinado. É, verdadeiramente, um pressuposto indispensável de qualquer contato científico com o direito." (DIDIER JR., Fredie. *Sobre a teoria geral do processo, essa desconhecida*. 4. ed. Salvador: JusPodivm, 2017, p. 54.)

as prescrições estabelecidas afirmando sua inconstitucionalidade. Até que um órgão cuja competência é estabelecida pela Constituição venha *constituir a inconstitucionalidade*, o produto legislado será presumido constitucional. Esses argumentos serão retomados adiante.[417]

Nada obstante, na esteira do que preleciona Renato Gugliano Herani[418], não há maiores empecilhos em tratar de tal "inconstitucionalidade-vício *a priori*", sem perder de vistas as explicações aqui deduzidas. A uma porque é densa a premissa da qual se parte neste estudo e se pode, confortavelmente, afirmar a impossibilidade de confusão entre os planos linguísticos (do direito positivo e da dogmática; da linguagem-objeto e da metalinguagem; do objeto e da ciência). A duas porquanto, no contexto intersubjetivo no qual se insere a jurisdição constitucional, não se desvencilha o importante papel de outros sujeitos interpretantes (pré-intérpretes) da Constituição, que podem, é assente, influir nas decisões em sede de controle de constitucionalidade.

Ademais disso, a inconstitucionalidade-vício apenas pode ser pronunciada na sua função prescritiva quando havida no direito positivo, por órgãos nele inseridos; daí que embaraço algum causaria, se firmadas as premissas, como de fato se tem feito até aqui.[419]

O que há antes é um sujeito interpretante, que pode ser legitimado para apresentar a inconstitucionalidade-vício *a priori* perante a jurisdição constitucional, o qual *descreve* uma "situação real de invalidade normativa"[420], sem o condão, porém, de alterar o próprio direito positivo. A

---

[417] KELSEN, Hans. *Jurisdição constitucional*. 3. ed. São Paulo: WMF Martins Fontes, 2013, p. 140-145.

[418] HERANI, Renato Gugliano. *A prova da inconstitucionalidade*. Curitiba: Editora Prismas, 2016, p. 167-170.

[419] "[...] sendo a Ciência do direito metalinguagem que fala da linguagem do direito positivo, o conhecimento da inconstitucionalidade, enquanto prescrição, só é possível depois de constituída por decisão competente [...]." (HERANI, Renato Gugliano. *A prova da inconstitucionalidade*. Curitiba: Editora Prismas, 2016, p. 168.)

[420] HERANI, Renato Gugliano. *A prova da inconstitucionalidade*. Curitiba: Editora Prismas, 2016, p. 169.

jurisdição, a seu turno, recebe essa possibilidade de construção normativa e *constitui* a inconstitucionalidade-vício *a posteriori*.[421]

De toda sorte, para que se possa falar em "inconstitucionalidade-vício", deve-se construí-la. Superados os paradigmas da metafísica clássica e da filosofia da consciência, está igualmente superado o "mito do dado" (uma coisa-em-si). A inconstitucionalidade-vício não será, por assim dizer, descoberta, conhecida, mas construída, constituída dentro de um contexto histórico social forjado pela linguagem.[422]

Para tanto, devem ser considerados dois pressupostos fundamentais: (a) supremacia constitucional; e (b) existência de uma lei ou de um ato normativo infraconstitucional. Quanto a este último, sem objeto, impossível a realização de controle de constitucionalidade, vez que o conceito, como dito, é relacional, e, de conseguinte, inviável a aferição de eventual "inconstitucionalidade-vício" e ulterior aplicação da inconstitucionalidade-sanção.

Quanto à supremacia constitucional, esta decorre, sobretudo, da rigidez constitucional[423], porquanto a alteração da Constituição exige um processo qualificado (relativo à cadeia de atos – procedimento –, ao

---

[421] "Portanto, o vício de inconstitucionalidade alegado ou opinado é uma sugestão hipotética que não tem o condão de modificar o sistema positivo, isso só ocorre quando se verter em mensagem prescritiva, em decisão oficial definitiva; logo, é a posteriori." (HERANI, Renato Gugliano. *A prova da inconstitucionalidade*. Curitiba: Editora Prismas, 2016, p. 170.)

[422] HERANI, Renato Gugliano. *A prova da inconstitucionalidade*. Curitiba: Editora Prismas, 2016, p. 170.

[423] O sentido contrário do argumento, isto é, "a rigidez constitucional decorre da supremacia constitucional" ou "a constituição é suprema porque é", faria supor uma ordem transcendental que justificasse essa supremacia da Constituição sobre as demais normas, quer seja pelo conteúdo nela veiculado, quer seja pela atuação de um órgão autoafirmado supremo. A supremacia constitucional decorreria, então, da afirmação político-ideológica de supremacia do monarca ou do Poder Constituinte e que, como tal, deveria ser aceita, porque assim declarada. (HERANI, Renato Gugliano. *A prova da inconstitucionalidade*. Curitiba: Editora Prismas, 2016, p. 159). Claro está que se refere às Constituições rígidas, de que é exemplo a Constituição brasileira. Tratar das constituições flexíveis implicaria outras incursões que não têm espaço neste estudo. Cf., quanto ao tema, NEVES, Marcelo. *Teoria da inconstitucionalidade das leis*. São Paulo: Saraiva, 1988, p. 85-91.

quórum e ao conteúdo), diferente daquele necessário para alteração de texto infraconstitucional, de processo simplificado, e a inobservância do processo qualificado levaria a uma alteração da Constituição, para a qual está já estabelecida a exigência de processo qualificado.[424]

O caráter rígido e inelástico da Constituição confere às normas constitucionais uma impossibilidade de alteração ao mero alvedrio legislativo, como, de regra, é possível, dada a mínima exigência procedimental, para as normas ordinárias.[425]

Para J. J. Gomes Canotilho, mais que tratar o processo qualificado como *o* fundamento da rigidez constitucional, revela-se o "processo agravado" como garantia da Constituição, para lhe conferir certa estabilidade, impedindo o legislador ordinário de alterar livremente.[426] O mestre português enuncia, ainda, que essa posição hierárquico-normativa advém da sua autoprimazia normativa (pois recolhe o fundamento de validade em si mesma); do fato de ser fonte primária de produção jurídica (*normae normarum* - fonte de produção jurídica de outras normas); da sua força heterodeterminante (determinantes negativas - função de limite - e determinantes positivas - regula o conteúdo - das normas inferiores[427]); da natureza supraordenamental em relação aos

---

[424] Esse argumento exposto da rigidez constitucional conduz à necessidade de um controle de constitucionalidade, porquanto, do contrário, leis infraconstitucionais, inseridas, por quórum simples, no ordenamento jurídico, estariam alterando impunemente a Constituição. O argumento da rigidez, porque imbrincado com o controle de constitucionalidade, será trabalho no capítulo seguinte. Cf. MATTEUCCI, Nicola. *Breve storia del costituzionalismo*. Brescia: Morcelliana, 2010, p. 52-53.

[425] MATTEUCCI, Nicola. *Breve storia del costituzionalismo*. Brescia: Morcelliana, 2010, p. 52.

[426] CANOTILHO, J. J. Gomes. *Direito constitucional e teoria da constituição*. 7. ed. Coimbra: Editora Almedina, 2003, p. 1059.

[427] Por isso todo "ramo jurídico" é constitucional e não é possível crer em "autonomia" de nenhum deles, mas somente à Constituição se atribui a regulação de todos eles. Como consequência, todo processo é constitucional e toda jurisdição é constitucional.

ordenamentos estaduais e locais; da sua força normativa (a Constituição é dotada de efetividade e de aplicabilidade[428]).[429]

"Constituição", com toda plurivocidade que o termo carrega[430], deve ser aqui compreendida como norma jurídica onde todas as demais normas recolhem fundamento de validade e a qual determina a produção jurídica (quanto à forma e quanto ao conteúdo) de todas as demais.[431]

Por isso, a ideia de supremacia da Constituição implica diretamente a visualização de um ordenamento jurídico escalonado em que normas inferiores haurem seu fundamento de validade em normas superiores e, ao cabo, na própria Constituição.[432]

Pode-se, com Marcelo Neves, afirmar que essa supremacia implica o funcionamento da Constituição como "metalinguagem prescritiva em

---

428 O que reforça que não se trata de conteúdo meramente declaratório ou de mero direcionamento político. A Constituição enquanto norma vale enquanto norma, pelo que não pode se limitar a uma mera programaticidade, mas, pelo contrário, deve ser aplicada e concretizada por todos os intérpretes que a vivenciam.

429 CANOTILHO, J. J. Gomes. *Direito constitucional e teoria da constituição*. 7. ed. Coimbra: Editora Almedina, 2003, p. 1147-1150.

430 Cf. NEVES, Marcelo. *Teoria da inconstitucionalidade das leis*. São Paulo: Saraiva, 1988, p. 53-58.

431 "A Constituição em sentido normativo-jurídico é um sistema nomoempírico prescritivo [...] Assim sendo, é fortemente condicionada pelo contexto fático-social e o ideológico, não só nos atos de elaboração constituinte, mas também em suas reformas e demais atos de interpretação-aplicação normativo-constitucional (caráter nomoempírico). Por outro lado, dialeticamente, tem a função de controlar e disciplinar as relações básicas de poder social e de exercer influência sobre o contexto ideológico (função prescritiva ou diretiva)." (NEVES, Marcelo. *Teoria da inconstitucionalidade das leis*. São Paulo: Saraiva, 1988, p. 63.)

432 Cf. KELSEN, Hans. *Teoria Pura do Direito*. Tradução de João Baptista Machado. 8. ed. São Paulo: Editora WMF Martins Fontes, 2007. Atente-se que o autor austríaco toma por fundamento de sua teoria a norma fundamental pressuposta ao ordenamento jurídico, que não coincide com as premissas ora trabalhadas, porquanto se entende que o ápice do ordenamento jurídico redunda mesmo na Constituição Federal enquanto norma superior do ordenamento jurídico. Nesse sentido, cf. STRECK, Lenio Luiz. *Hermenêutica jurídica e(m) crise*: uma exploração hermenêutica da construção do Direito. 11. ed. rev. atual. e ampl. Porto Alegre: Livraria do Advogado, 2014. ______. *Jurisdição constitucional e decisão jurídica*. 4. ed. São Paulo: Revista dos Tribunais, 2014. STRECK, Lenio Luiz. *Verdade e consenso*: constituição hermenêutica e teorias discursivas. 4. ed. São Paulo: Saraiva, 2012.

relação às normas infraconstitucionais (linguagem-objeto), enquanto funciona, direta ou indiretamente, como critério de validade"[433].

Isso posto, e esclarecidos os pressupostos para inteligir a "inconstitucionalidade-vício", parte-se para suas possíveis classificações. Comumente, refere-se a doutrina à "inconstitucionalidade formal" e à "inconstitucionalidade material"[434], dizendo aquela respeito à não observância do procedimento constitucionalmente previsto para edição de ato normativo (processo legislativo, iniciativa, quórum de deliberação, etc.) e, esta, quanto à violação do conteúdo constitucional (como as normas que tratam de direitos e garantias fundamentais).[435]

Essa classificação, porém, é consequência da adoção de um dos critérios possíveis para a definição de "inconstitucionalidade-vício formal"

---

[433] NEVES, Marcelo. *Teoria da inconstitucionalidade das leis*. São Paulo: Saraiva, 1988, p. 63. "As normas que estatuem como criar outras normas, isto é, as normas-de-normas, ou proposições-de-proposições, não são regras sintáticas fora do sistema. Estão no interior dele. Não são metassistemáticas. Apesar de constituírem um nível de metalinguagem (uma linguagem que diz como fazer para criar novas estruturas de linguagem) inserem-se dentro do sistema. Em rigor, uma norma N é metaproposição face à norma N'; esta norma N', face à N" é, por sua vez, metaproposição." (VILANOVA, Lourival. *As estruturas lógicas e o sistema do direito positivo*. São Paulo: Noeses, 2005, p. 154.)

[434] Sobre o tema conferir JEVEAUX, Geovany Cardoso. *Teorias do Estado e da Constituição*. Rio de Janeiro: GZ Editora, 2015, p. 227-229; JEVEAUX, Geovany Cardoso. *Direito Constitucional* – Teoria da constituição. Rio de Janeiro: Forense, 2008, p. 134-135; TAVARES, André Ramos. *Curso de direito constitucional*. 10. ed. rev. e atual. São Paulo: Saraiva, 2012, p. 229-235; MENDES, Gilmar Ferreira; BRANCO, Paulo Gustavo Gonet. *Curso de direito constitucional*. 12. ed. São Paulo: Saraiva, 2017, p. 1124-1128; SARLET, Ingo Wolfgang; MARINONI, Luiz Guilherme. MITIDIERO, Daniel. *Curso de direito constitucional*. 6. ed. São Paulo: Saraiva, 2017, p. 975-983; BULOS, Uadi Lamego. *Curso de direito constitucional*. 6. ed. rev. e atual. São Paulo: Saraiva, 2011, p. 138-145; BARROSO, Luís Roberto. Conceitos Fundamentais sobre o Controle de Constitucionalidade e a Jurisprudência do Supremo Tribunal Federal. In: SARMENTO, Daniel (org). *O controle de constitucionalidade e a Lei 9.868/99*. Rio de Janeiro: Lumen Juris, 2001, p. 235-236; BARROSO, Luís Roberto. *O controle de constitucionalidade no direito brasileiro*. 7. ed. São Paulo: Saraiva, 2016, p. 48-53.

[435] Note-se bem que a adoção da classificação pode implicar sérias confusões ou tornar-se inútil. Se a norma constitucional, ao determinar a produção da norma jurídica que lhe é inferior, confere-lhe determinantes positivas e negativas, isto é, vincula o conteúdo, não seria também a violação a essas determinantes (conteúdo) uma "inconstitucionalidade formal"?

e "inconstitucionalidade-vício material", a partir do conteúdo da norma constitucional. Muito embora não seja frequentemente verificado na doutrina e na jurisprudência, outro critério possível - a natureza da norma constitucional - diz respeito a ser material ou formalmente constitucional a norma-parâmetro. Neste caso, falar-se-á em "inconstitucionalidade-vício material" quando "a ofensa infraconstitucional ocorre em relação a um preceito materialmente constitucional" e "inconstitucionalidade-vício formal", "quando se trata de preceito formalmente constitucional"[436]. Dentro do conceito empregado, haverá inconstitucionalidade-vício material quando houver a quebra da relação causal de inferência entre uma norma e a norma materialmente constitucional que condiciona sua produção normativa e inconstitucionalidade-vício formal quando houver a quebra da relação causal de inferência entre uma norma e a norma formalmente constitucional que condiciona sua produção normativa.

Note-se, com isso, que esta classificação leva em consideração a natureza do preceito constitucional, enquanto aqueloutra, o seu conteúdo.[437] Para fins deste estudo, na linha do que preconizado pelo Prof. Geovany Jeveaux, adotar-se-á a classificação que preserva a natureza da norma constitucional, independentemente do conteúdo que possa ter, se procedimental ou matéria constitucional violada, haja vista as demais implicações decorrentes da consideração da natureza material ou formalmente constitucional.[438]

---

436 JEVEAUX, Geovany Cardoso. *Direito Constitucional* - Teoria da constituição. Rio de Janeiro: Forense, 2008, p. 134.

437 "A primeira classificação [quanto à natureza] parece ser a mais correta, porque uma inconstitucionalidade é uma ofensa a um preceito que possui uma natureza determinada, podendo ter qualquer conteúdo" (acrescentou-se) (JEVEAUX, Geovany Cardoso. *Teorias do Estado e da Constituição*. Rio de Janeiro: GZ Editora, 2015, p. 228).

438 Interessante que abordar o "conteúdo" da norma constitucional implica, outrossim, ambiguidade. Isso porque uma norma materialmente constitucional tem conteúdo "próprio do texto constitucional", por exemplo, por tratar de direitos e garantias fundamentais ou estrutura do Estado. De outro lado, a comum classificação "inconstitucionalidade(-vício) material" leva em consideração justamente o conteúdo, que, em certa medida, coincide com a classificação aqui adotada.

> Assim sendo, tratando-se de normas, cuja violação se acusa, redundantes na estruturação do Estado, na separação das funções do Poder ou em direitos e garantias fundamentais, dir-se-á "inconstitucionalidade-vício material". Todo o mais será "inconstitucionalidade-vício formal".

A classificação proposta, outrossim, coincide com a pressuposto da rigidez constitucional, adotado para fins de construção da "inconstitucionalidade-vício". É dizer: as normas constitucionais distinguem-se das infraconstitucionais porque o procedimento para alteração daquelas é qualificado em relação àquele exigido para estas. A distinção entre "formal" e "material", porém, no sentido aqui refletido, preserva a construção histórico-social do texto constitucional, enquanto explicitação do pacto social e de construção democrática e busca eliminar as dificuldades surgidas ao se operar com aqueloutra classificação.

Importa, porém, neste estudo, se a inconstitucionalidade-vício decorrente da quebra da relação causal de inferência entre objeto e parâmetro em razão de uma verificação inexistente ou deficiente dos fatos e dos prognósticos pelo legislador é material ou formal.

Tenha-se, por ora, para proveito do momento, como objeto da relação, norma cuja produção é acusada de violar a Constituição – melhor dizendo, a norma jurídica constitucional que estatui a produção normativa –, porque, na sua criação, não atendeu o legislador ao dever que lhe incumbia, qual seja, de analisar a realidade fática ou de estabelecer prognósticos críveis.

Com esse expediente deficitário, o legislador acabou por violar direitos e garantias fundamentais, de cariz constitucional, daí porque deve o Órgão Judiciário realizar o controle tendente a expurgar do ordenamento o objeto, infraconstitucional, que não se adéqua ao parâmetro eleito.

Nesse sentido, haverá inconstitucionalidade-vício material, pois o processo de formação do ato acoimado de inconstitucional infringiu disposições de direitos e garantias fundamentais, propriamente conteúdo constitucional.

Outra classificação de "inconstitucionalidade-vício" é aquela que distingue entre a denominada "inconstitucionalidade direta" (ou expressa ou imediata) e "inconstitucionalidade indireta" (ou implícita ou mediata).[439] Segundo os autores que defendem referida classificação a "inconstitucionalidade(-vício) expressa" é aquela que atinge dispositivo explícito da Constituição, ao passo que a "inconstitucionalidade(-vício) indireta" é aquela em que o ato normativo contrapõe a Constituição de modo oblíquo.

Ora, tal distinção não serve ao presente estudo e carece de maior rigor teórico. Isso porque ao se afirmar que a violação à norma constitucional ocorre de forma indireta, está-se tomando por parâmetro norma infraconstitucional, e não norma constitucional, e, por vezes, tal empresa visa, em verdade, denegar a jurisdição quando, por exemplo, escusa-se a Corte Constitucional do controle difuso em recursos extraordinários. Claro está que a inconstitucionalidade-vício somente pode ter por parâmetro norma constitucional e, desse modo, carece de sentido a antecitada classificação. Tomar por parâmetro norma infraconstitucional significa realizar controle de legalidade, por assim dizer, e não de constitucionalidade, como ora se objetiva. Não significa, no entanto, tomar em conta apenas normas constitucionais, olvidando aquelas normas infraconstitucionais que lhe conferem concretude.

A distinção antes elaborada entre "inconstitucionalidade-vício" e "inconstitucionalidade-sanção" adquire importância ao se tratar de outra classificação apresentada pela doutrina, isto é, "inconstitucionalidade total" e "inconstitucionalidade parcial". Parece que, aqui, o objeto da

---

439 TAVARES, André Ramos. *Curso de direito constitucional*. 10. ed. rev. e atual. São Paulo: Saraiva, 2012, p. 239-244. SARLET, Ingo Wolfgang; MARINONI, Luiz Guilherme. MITIDIERO, Daniel. *Curso de direito constitucional*. 6. ed. São Paulo: Saraiva, 2017, p. 1006-1008. BULOS, Uadi Lamego. *Curso de direito constitucional*. 6. ed. rev. e atual. São Paulo: Saraiva, 2011, p. 151-153.

classificação é a inconstitucionalidade-sanção, pois se parte da "extensão que a invalidade assume em relação à norma ou à lei"[440].

Apresse-se em consignar que por "inconstitucionalidade-sanção" deve-se entender a atuação estatal na solução definitiva da inconstitucionalidade vício por meio da expulsão das normas do ordenamento jurídico (controle concentrado precípuo), da sua não aplicação ao caso (controle difuso), na alteração do enunciado para redução das possibilidades de construção normativa (nulidade parcial com redução de texto), na expulsão de algumas normas do ordenamento jurídico reputadas inconstitucionais (nulidade parcial sem redução de texto), na seleção da norma adequada constitucionalmente (interpretação conforme à Constituição), entre outros.

É, sem mais, o consequente da norma secundária, a qual prevê a atuação do órgão judiciário, a sanção, decorrente da violação da relação jurídica estatuída na norma primária (norma de produção jurídica), ignorada pelo legislador, ao exceder limites materiais e formais fixados. Com efeito, sendo órgão político, o legislador está adstrito aos limites formais e materiais para exercício da faculdade de legislar; a violação do comando normativo implica a atuação jurisdicional que imporá a "inconstitucionalidade-sanção", a um só tempo constituindo a "inconstitucionalidade-vício" e resolvendo-a (inconstitucionalidade-sanção).

---

[440] TAVARES, André Ramos. *Curso de direito constitucional.* 10. ed. rev. e atual. São Paulo: Saraiva, 2012, p. 235. Uadi Lamego Bulos ao tratar do tema diz que a inconstitucionalidade total incide, por inteiro, sobre a lei ou ato normativo, enquanto a parcial atinge apenas uma parte da lei ou ato normativo (*Curso de direito constitucional.* 6. ed. rev. e atual. São Paulo: Saraiva, 2011, p. 148). Tal referência feita por BULOS ("incide" e "atinge") parece mesmo significar uma pecha, uma sanção que recai sobre o ato normativo em sentido lato. Além disso, Luiz Guilherme Marinoni ao expor esse tipo de classificação incorre na exata redundância que se pretende evitar (entre inconstitucionalidade-vício e inconstitucionalidade--sanção), porque, segundo o autor, "a inconstitucionalidade parcial [...] significa que porção de uma lei ou de um artigo contém inconstitucionalidade, constituindo, portanto, defeito da lei e, assim, da própria ação do legislador", para linhas afrente expor que a Suprema Corte, "ao reconhecer a inconstitucionalidade, declara a inconstitucionalidade parcial" (SARLET, Ingo Wolfgang; MARINONI, Luiz Guilherme. MITIDIERO, Daniel. *Curso de direito constitucional.* 2. ed. São Paulo: Editora Revista dos Tribunais, 2013, p. 891).

Portanto, tenha-se claro que a inconstitucionalidade-sanção "parcial" ou "total" é resultado do exercício judicial da verificação da "inconstitucionalidade-vício", entre objeto e parâmetro, a depender se levará à inconstitucionalidade-sanção de todas as normas objeto do controle de constitucionalidade ou parcela delas.[441]

Por fim, trata-se brevemente sobre "inconstitucionalidade originária" e "inconstitucionalidade superveniente" que atinem à "inconstitucionalidade-vício", pois dizem respeito ao parâmetro utilizado para a constatação da incompatibilidade. Registre-se, contudo, que a "inconstitucionalidade(-vício) superveniente" tem sido rechaçada doutrinária e jurisprudencialmente, visto que o parâmetro de aferição do vício deve ser a Constituição vigente à época da edição do ato normativo questionado. Tem-se, por isso, optado por utilizar a expressão "(não-)recepção constitucional", quando o objeto do controle de constitucionalidade tiver sido editado antes da Constituição que serve de parâmetro.[442]

Até aqui, ignorou-se uma distinção que, agora, torna-se deveras importante e esclarecedora, a qual consiste na definição de "sistema jurídico" e "ordenamento jurídico". Tomados como sinônimos até esse momento, sua conceituação é necessária ao deslinde da dicotomia entre "inconstitucionalidade(-vício) originária", "inconstitucionalidade(-vício) superveniente" e "(não-)recepção constitucional".

---

[441] Não se olvida que a incompatibilidade entre objeto e parâmetro desencadeie quatro outras hipóteses: (i) total-total; (ii) total-parcial; (iii) parcial-parcial; (iv) parcial-total. Tão pouco que a relação de dependência ocorra em níveis lógico e teleológico. Ou, ainda, subclassificações de inconstitucionalidade parcial em material, pessoal, espacial ou temporal. Sobre o ponto, cf. TAVARES, André Ramos. *Curso de direito constitucional.* 10. ed. rev. e atual. São Paulo: Saraiva, 2012, p. 235-238.

[442] TAVARES, André Ramos. *Curso de direito constitucional.* 10. ed. rev. e atual. São Paulo: Saraiva, 2012, p. 197-211; 239. SARLET, Ingo Wolfgang; MARINONI, Luiz Guilherme. MITIDIERO, Daniel. *Curso de direito constitucional.* 2. ed. São Paulo: Editora Revista dos Tribunais, 2013, p. 885-891. MENDES, Gilmar Ferreira. *Curso de direito constitucional.* 7. ed. São Paulo: Saraiva, 2012, p. 1113-1120. BULOS, Uadi Lamego. *Curso de direito constitucional.* 6. ed. rev. e atual. São Paulo: Saraiva, 2011, p. 155-158.

Tárek Moysés Moussallem esclarece que "sistema de direito positivo" (ou jurídico ou normativo) é o "conjunto de normas *estaticamente* consideradas", ao passo que "ordenamento jurídico" é usado "no sentido *dinâmico* 'de sequência de conjuntos de normas'"[443]. Leciona, ademais, que "ordenamento jurídico" refere-se a "uma série temporal de sucessivos 'sistemas de direito positivo'".[444]

> Assim o conjunto OJ é composto por vários subconjuntos denominados SDP_1, SDP_2, SDP_3, SDP_n, sucessivos nos tempos t_1, t_2, t_3, t_n, modificados por expansão, contração ou revisão de acordo com as regras constitutivas de introdução e de eliminação. O ordenamento jurídico não é um conjunto de normas, mas, sim, uma sequência temporal de conjuntos de normas.[445]

Para que se tenha um ordenamento jurídico, é necessário, também, que os sistemas de direito positivo que se sucedem no tempo guardem classes que se interseccionem, possuindo ao menos um elemento em comum, que podem ser, aliás, aquilo que Lourival Vilanova, chama de "núcleo fixo"[446] ou, em linguagem corrente, as "cláusulas pétreas"[447].

Havendo a mudança desse "núcleo duro", não mais se poderá falar em mudança de sistema de direito positivo dentro de um mesmo

---

443 MOUSSALLEM, Tárek Moysés. *Revogação em matéria tributária*. São Paulo: Noeses, 2005, p. 129.

444 MOUSSALLEM, Tárek Moysés. *Revogação em matéria tributária*. São Paulo: Noeses, 2005, p. 130.

445 MOUSSALLEM, Tárek Moysés. *Revogação em matéria tributária*. São Paulo: Noeses, 2005, p. 131.

446 "O constituinte originário pode demarcar uma zona normativa insusceptível de alteração pelo órgão em função constituinte de segundo grau. Essa fração de normas imodificáveis é a expressão da valoração ética, política e social, pressuposto axiológico do ato constituinte originário. A norma constitucional que satisfaz a tipologia procedimental e infringe o *núcleo fixo* de normas incorre em *inconstitucionalidade material*. Não é a lógica que estabelece essa estratificação. É a *decisão valorativa do constituinte originário*." (VILANOVA, Lourival. *Causalidade e relação no direito*. 4. ed. São Paulo: Revista dos Tribunais, 2000, p. 311-312.

447 A utilização "cláusulas pétreas", embora comum, é enganosa. De fato, não são pétreas, posto que é possível, por exemplo, a ampliação dos direitos fundamentais.

ordenamento jurídico, mas, verdadeiramente, de um novo ordenamento jurídico.[448]

Portanto, com o advento de uma emenda constitucional, tem-se, por assim dizer, um novo sistema de direito positivo, alterado no seu ápice. De igual modo, sancionada, promulgada e publicada uma lei, tem-se inovação no sistema do direito positivo no plano infraconstitucional. Em um caso ou em outro, porém, trata-se de um mesmo ordenamento jurídico, com sucessivos sistemas de direito positivo.

A mudança de ordenamento, portanto, pressupõe uma mudança paradigmática, uma ruptura com a ordem (com ordenamento) vigente, pois modifica a identidade do ordenamento jurídico; quebra a sequência de sistemas de direito positivo, para inaugurar uma nova ordem.

Para que fique claro: uma norma jurídica NJ_1 pode pertencer ao sistema de direito positivo SDP_1 e não pertencer ao sistema de direito positivo SDP_2, e vice-versa. No entanto, tanto no tempo t_1 de SDP_1, quanto no momento t_2 de SDP_2, NJ_1 pertencerá ao ordenamento jurídico OJ, desde que não tenha havido mudança do "núcleo fixo" de OJ.

De conseguinte, NJ_1 será válida em SDP_1, pois a norma jurídica sempre pertence àquele sistema de direito positivo; sua exclusão implica novo SDP. Logo, sem NJ_1 não mais se fala em SDP_1, mas em SDP_2, pois não mais existe NJ_1.

Pode ocorrer todavia, que, no tempo t_1, a NJ_1, pertença ao SDP_1, e com os demais SDP_n, pertença ao OJ_1, mas, no momento t_2 essa NJ_1 figure no SDP_2, pertencente ao OJ_2, porque alterado o "núcleo fixo".[449] A

---

448 "Se SDP_1, SDP_2, SDP_3, SDP_n figurarem como *classes mutuamente excludentes*, é dizer, sem elementos em comum, estar-se-á diante de câmbio de ordenamento jurídico, e não mais de sistema normativo. Isso ocorre quando se modifica o núcleo normativo da Constituição Federal insusceptível pelo órgão reformador." (MOUSSALLEM, Tárek Moysés. *Revogação em matéria tributária*. São Paulo: Noeses, 2005, p. 131.)

449 É o que Hans Kelsen vai chamar, pouco importando a forma como se dê, de "modificação ilegítima da Constituição", isto é, "toda modificação da Constituição, ou a sua substituição

NJ_1 conservou-se na passagem não somente de SDP_1 para SDP_2, como também de OJ_1 para OJ_2.

Segue que o fundamento de validade de NJ_1 em SDP_2, no OJ_2, não é o mesmo que o fundamento de validade de NJ_1 em SDP_1, no OJ_1. A essa mudança sucessiva de fundamento de validade chama-se "inconstitucionalidade-vício superveniente".

O termo, a um só tempo, identifica que NJ_1 atravessou dois sistemas de direito positivo (SDP_1 e SDP_2) e dois ordenamento jurídicos (OJ_1 e OJ_2), mas tornou-se incompatível com o fundamento de validade apenas em t_2.

Não é desarrazoado supor que infinitas normas jurídicas constituem o que se chamou atrás de OJ_2 em t_2, visto que é impossível criar um OJ_2 em curto espaço de tempo, a fim de que ele surja já com todas as normas jurídicas condicionadas a seu fundamento de validade.

O desempenho da Jurisdição Constitucional estará em identificar quais normas jurídicas de OJ_1 já não mais encontram fundamento de validade em OJ_2. Há, portanto, uma recepção tácita de todas as normas jurídicas de OJ_1 para constituírem OJ_2. Posterior pronúncia de inconstitucionalidade de NJ_1 em SDP_2, de OJ_2, revelará o parâmetro superveniente.

Se todas as normas jurídicas são recepcionadas, por uma ficção jurídica, não há que se falar em não recepção de normas porque inconstitucionais; todas são, a rigor, recepcionadas para constituírem o novo sistema de direito positivo e o novo ordenamento jurídico. No exemplo abstrato, SDP_2 é o primeiro SDP de OJ_2, no tempo t_1 de OJ_2.

Geovany Jeveaux, simplificando e sintetizando, o que ora se expõe, afirma que

---

por uma outra, não operadas segundo as determinações da mesma Constituição". (KELSEN, Hans. *Teoria Pura do Direito*. Tradução de João Baptista Machado. 8. ed. São Paulo: Editora WMF Martins Fontes, 2009, p. 233.)

> [c]hama-se recepção o acolhimento pela constituição nova das leis e atos normativos editados no tempo da constituição revogada, que, por isso são chamados de pré-constitucionais. Com a recepção, as leis e atos normativos pré-constitucionais têm seu imediato fundamento de validade alterado, de uma constituição para outra. Trata-se de dispositivos velhos, mas com fundamento novo.[450]

Com Hans Kelsen,

> [e]m regra, por ocasião de uma revolução destas, somente são anuladas a antiga Constituição e certas leis politicamente essenciais. Uma grande parte das leis promulgadas sob a antiga Constituição permanece, como costuma dizer-se, em vigor. No entanto, esta expressão não é acertada. Se estas leis devem ser consideradas como estando em vigor sob a nova Constituição, isto somente é possível porque foram postas em vigor sob a nova Constituição, expressa ou implicitamente, pelo governo revolucionário. O que existe, não é criação de Direito inteiramente nova, mas recepção de normas de uma ordem jurídica por uma outra; tal como, e. g., a recepção do Direito romano pelo Direito alemão. Mas também essa recepção é produção de Direito. Com efeito, o imediato fundamento de validade das normas jurídicas recebidas sob a nova Constituição, revolucionariamente estabelecida, já não pode ser a antiga Constituição, que foi anulada, mas apenas o pode ser a nova. O conteúdo destas normas permanece na verdade o mesmo, mas o seu fundamento de validade, e não apenas este mas também o fundamento de validade de toda a ordem jurídica, mudou. Com o tornar-se eficaz da nova Constituição, modificou-se a norma fundamental, quer dizer, o pressuposto sob o qual o fato constituinte e os fatos em harmonia com a Constituição podem ser pensados como fatos de produção e de aplicação das normas jurídicas. [...] A modificação da norma fundamental segue-se à modificação dos fatos a serem interpretados como criação e aplicação das normas jurídicas válidas.[451]

Com ou sem continuidade de uma mesma ordem política, a recepção de normas jurídicas anteriores ao novo fundamento de validade (à nova Constituição) "ocorre automaticamente e sem uma seleção

---

450 JEVEAUX, Geovany Cardoso. *Teorias do Estado e da Constituição*. Rio de Janeiro: GZ Editora, 2015, p. 174.

451 KELSEN, Hans. *Teoria Pura do Direito*. Tradução de João Baptista Machado. 8. ed. São Paulo: Editora WMF Martins Fontes, 2009, p. 233-234.

contemporânea ao ato de revogação constitucional"[452], o controle desse ingresso na ordem jurídica, dessa recepção vai-se dar posteriormente.

Contrariamente à "inconstitucionalidade superveniente" que reafirma a necessidade de um controle posterior dessas normas jurídicas "anteriores" ao novo fundamento de validade (embora muito bem se saiba que são constituídas pelo novo ordenamento jurídico e se trata meramente de uma ficção), posicionam-se os defensores da "revogação". Segundo estes, em síntese, as normas confrontantes com a nova Constituição são por esta revogadas.[453]

A teoria da revogação esbarra, ao menos, em quatro problemas. São eles: a) a competência para revogar pertence à mesma autoridade que editou o ato, e esta pode ter deixado de existir ou sido substituída; b) as revogações ocorrem no mesmo plano hierárquico; c) revogações não são retroativas, gerando efeitos *ex nunc*; d) atos revogados podem ser repristinados por atos posteriores de mesma hierarquia.[454]

---

[452] JEVEAUX, Geovany Cardoso. *Teorias do Estado e da Constituição*. Rio de Janeiro: GZ Editora, 2015, p. 175.

[453] Pela revogação: Luís Roberto Barroso (BARROSO, Luís Roberto. *Interpretação e aplicação da Constituição*. 3. ed. São Paulo: Saraiva, 1999, p. 57-59.); Lenio Streck, assentando que a nova Constituição rompe com a anterior e que qualquer texto normativo somente subsistirá se a norma (resultado da intepretação do texto) for compatível com a novel Constituição (STRECK, Lenio Luiz. *Jurisdição constitucional e decisão jurídica*. 4. ed. São Paulo: Revista dos Tribunais, 2014. pp.812-818.) Pela inexistência das "normas pré-constitucionais": André Ramos Tavares (TAVARES, André Ramos. *Curso de direito constitucional*. 10. ed. rev. e atual. São Paulo: Saraiva, 2012, p. 200-203.). Para Gilmar Mendes e Paulo Gonet, a divergência foi superada com o advento da Lei da ADPF, que possibilitou o questionamento de leis pré-constitucionais, em princípio negado pelo STF em sede de controle concentrado. (MENDES, Gilmar; BRANCO, Paulo Gustavo Gonet. *Curso de direito constitucional*. 12. ed. São Paulo: Saraiva, 2017, p. 1132) No mesmo sentido, SARLET, Ingo Wolfgang; MARINONI, Luiz Guilherme. MITIDIERO, Daniel. *Curso de direito constitucional*. 6. ed. São Paulo: Saraiva, 2017, p. 1002. Pela não-recepção, Georges Abboud (ABBOUD, Georges. *Processo Constitucional Brasileiro*. 2. ed. São Paulo: Revista dos Tribunais, 2018, p. 438-444.)

[454] As objeções foram retiradas de JEVEAUX, Geovany Cardoso. *Teorias do Estado e da Constituição*. Rio de Janeiro: GZ Editora, 2015, p. 176.

Inicialmente, em (b), definitivamente não se trata de controle no tempo, mas de controle hierárquico, sob pena de se anular o argumento da rigidez constitucional defendido há instantes. Em (c) e (d) os efeitos da revogação não se adéquam ao controle de constitucionalidade, quer seja porque os efeitos podem ser *ex tunc* ou *ex nunc* ou mesmo a se iniciar em outro momento temporal, quer seja porque a repristinação contrariaria a recepção tácita de que já se falou, que não coincide com o fenômeno da revogação.

Em (a), por fim, significaria afirmar que, no instante (t_2) em que adveio a novel Constituição, com a introdução de novos enunciados prescritivos e, com eles, novas normas jurídicas, foram expulsos, por assim dizer, enunciados prescritivos e normas jurídicas então existentes. Ocorre, todavia, que outro óbice se oporia, em razão de se tratar em sua maior parte, de revogação "tácita". Neste caso, dependeria da construção de significações e/ou normas jurídicas, pelo sujeito autorizado, a fim de que constituísse a contradição com significações ou normas jurídicas precedentes. Isso porque, segundo Tárek Moussallem, no caso de revogação expressa, opera-se no plano da literalidade textual, em que um enunciado é retirado do sistema normativo e, com ele, todas as consequências produzidas. Com a retirada do enunciado, são retiradas as normas que têm nele seu suporte. Na revogação "tácita", contudo, a solução da revogação depende do intérprete e, no caso da autoridade judicial, constitui a revogação, no plano das normas jurídicas, e prescreve a expulsão.[455] Em todo caso, essas explicações corroboram a impossibilidade

---

455 MOUSSALLEM, Tárek Moysés. *Revogação em matéria tributária*. São Paulo: Noeses, 2005, p. 208-220. "Eis o que ocorre com a revogação tácita. Enquanto a revogação expressa é ontológica e epistemologicamente objetiva, pois o ato de fala revogador se manifesta sobre outros enunciados, a revogação tácita é ontologicamente subjetiva, mas epistemologicamente objetiva. Por simplesmente ser ontologicamente subjetiva retira seu caráter de revogação. Muito menos o fato de ser epistemologicamente objetiva a torna espécie de revogação. Em outros termos, não se há de confundir direito positivo e Ciência do Direito. Inexiste *interpretação ab-rogante*." (MOUSSALLEM, Tárek Moysés. *Revogação em matéria tributária*. São Paulo: Noeses, 2005, p. 211.)

de se falar em revogações autoevidentes, mormente no caso do advento da nova Constituição, o que, ao depois, contraria o fenômeno da recepção e mesmo da própria revogação, que, quando não for expressa, depende necessariamente de um órgão julgador que a constitua.[456]

A "inconstitucionalidade-vício superveniente" é a expressão que melhor serve ao presente estudo, pois (a) identifica a necessidade do controle de constitucionalidade e, portanto, da Jurisdição Constitucional, que afere, sob o novo parâmetro, a manutenção ou não da norma jurídica, (b) reafirma a primazia hierárquica da Constituição e (c) confirma a inexistência de nulidades autoevidentes e, ante a força obrigatória da lei e da Constituição (normas infraconstitucionais e constitucionais) não autoriza o seu descumprimento sem que, antes, a invalidade da norma seja desconstituída.

Ademais disso, não se nega a importância de recuperar as premissas adotadas e compreender que a norma jurídica é resultado da interpretação do enunciado e será expulsa do ordenamento quando não for compatível com o parâmetro de validade. Certo está, ainda, que a recepção de enunciados pela novel ordem jurídica implica a recepção de normas jurídicas possíveis de serem construídas, muitas das quais podem não subsistir após a constituição de inconstitucionalidade-vício pela Corte Constitucional.

Quer-se com isso afirmar que não se ignora que os textos jurídicos hão de ser interpretados na nova ordem jurídica, o que somente reafirma as objeções levantadas contrariamente à tese da revogação. Se não é possível supor todas as normas possíveis de serem construídas à data da nova Constituição, torna-se praticamente inconcebível aceitar que tenham sido revogadas. É papel da Jurisdição Constitucional avaliar a

---

[456] Sobre a revogação, cf. MOUSSALLEM, Tárek Moysés. *Revogação em matéria tributária*. São Paulo: Noeses, 2005; IVO, Gabriel. *Norma jurídica*: produção e controle. São Paulo: Noeses, 2006.

adequação de normas na nova ordem jurídica, porquanto constituídas que são por essa nova Constituição. As questões práticas e o posicionamento defensivo da Jurisdição Constitucional ganham relevo quando em jogo estão direitos e garantias fundamentais. Portanto, a questão não se cinge à Lei da ADPF e com ela a possibilidade de arguição perante a Corte Constitucional, mas é imbricada com a possibilidade, no passado ou agora, de esta mesma Corte olvidar a violação dos direitos por normas construídas com base em textos anteriores à nova Constituição, sobretudo em direito penal e processual penal.

Há necessidade de, no novo, na nova Constituição, enxergar de modo diferente, de modo novo, tutelando as aspirações democráticas e cumprindo as promessas constitucionais.

De toda sorte, tem-se de concordar com Georges Abboud quando postula que "não faz sentido submeter ao mesmo rigorismo procedimental a aferição da constitucionalidade de uma lei produzida anteriormente à Constituição vigente em relação àquela embasada na Constituição em vigor"[457], mas, complementa-se, avaliar, sobretudo, se materialmente, quanto ao conteúdo as normas podem permanecer nessa nova ordem jurídica.[458]

3.2 Objetos e Parâmetros

Em consonância com as premissas adotas anteriormente, deve-se consignar que, no controle de constitucionalidade, os parâmetros são construídos a partir da Magna Carta, enquanto veículo introdutor. E por "parâmetros" entendem-se as normas jurídicas de produção

---

457 ABBOUD, Georges. *Processo Constitucional Brasileiro*. 2. ed. São Paulo: Revista dos Tribunais, 2018, p. 440.

458 Outros relevantes problemas como "desconstitucionalização", "silêncio eloquente", "mutação constitucional" e "direitos adquiridos" poderiam ser suscitados. Todavia, não há tempo nem espaço para essas digressões neste estudo. Como sugestão, cf. JEVEAUX, Geovany Cardoso. *Teorias do Estado e da Constituição*. Rio de Janeiro: GZ Editora, 2015, p. 179-206.

normativa, condicionantes da autoridade competente, do procedimento a ser executado e da matéria a ser veiculada, com determinantes positivas e negativas.

Essas normas de produção jurídica constroem-se a partir dos enunciados prescritivos (enunciados-enunciados) contidos no veículo introdutor-Constituição Federal (norma jurídica hierarquicamente superior aos demais veículos introdutores), exatamente por disciplinar a produção daquelas que lhe subjazem.

Gabriel Ivo adverte que a construção de normas jurídicas pode se dar, a par dos enunciados prescritivos constitucionais, também a partir de enunciados prescritivos situados no plano infraconstitucional[459], quando como, por exemplo, a Lei Complementar n. 95/98 estatui a elaboração, a redação, a alteração e a consolidação de leis. "Não há um instrumento normativo exclusivo para introduzir enunciados que, interpretados, transformem-se em normas de estrutura". Apesar disso, "é a Constituição Federal um instrumento onde encontramos em maior número esses dispositivos, dada a sua supremacia hierárquica"[460].

As normas de produção jurídica, portanto, não surgem "do nada", senão que necessitam de um documento normativo (Constituição Federal), seu suporte físico, que veicula os enunciados prescritivos, com os quais, interpretados, será construída a norma jurídica.[461]

De outro lado, os objetos, cuja verificação de adequação se persegue no controle de constitucionalidade, a fim de constatar, ou não, a quebra da relação causal de inferência, são as normas jurídicas advindas da interpretação dos enunciados prescritivos veiculados nos documentos normativos infraconstitucionais (por exemplo, leis, decretos

---

459 IVO, Gabriel. *Norma jurídica*: produção e controle. São Paulo: Noeses, 2006, p. 5.

460 IVO, Gabriel. *Norma jurídica*: produção e controle. São Paulo: Noeses, 2006, p. 5-6.

461 IVO, Gabriel. *Norma jurídica*: produção e controle. São Paulo: Noeses, 2006, p. 6.

legislativos, medidas provisórias, etc.), e, no caso de emendas constitucionais, ainda que, em tese, situadas no mesmo plano.

Ao se observar a gama de enunciados contida no documento normativo infraconstitucional, extraem-se, como já observado, duas classes de enunciados, quais sejam, (a) enunciação-enunciada e (b) enunciado-enunciado.

A enunciação-enunciada enseja, pelos dêiticos (tempo, espaço e pessoa) dela extraídos, a formação da norma jurídica do veículo introdutor, com a qual se verifica a (in)constitucionalidade-vício da norma jurídica infraconstitucional, decorrente da violação aos parâmetros de autoridade, procedimento e matéria, quando comparada à norma de produção normativa que regula sua produção. A seu turno, o enunciado-enunciado dá azo à construção da norma jurídica veiculada no conteúdo do documento normativo, a qual regula condutas intersubjetivas, e torna passível de ser objeto do controle de constitucionalidade quanto ao conteúdo.[462]

Conforme salientado alhures, com Tárek Moussallem, a toda produção de um enunciado subjaz a atividade de enunciação[463]; é a instância constitutiva e logicamente pressuposta pela própria existência do enunciado.[464] Do enunciado, por sua oposição à enunciação (oposição produto-produção), chega-se à atividade produtora; é o resultado da

---

462 "Daí porque a definição de lei inconstitucional deve denotar não só a incompatibilidade resultante de contradição ou contrariedade entre conteúdos normativos (legal e constitucional), mas também a proveniente da desconformidade entre procedimento de produção normativa (legislativa) e conteúdo normativo (constitucional). No primeiro caso, apresentam-se relações nomoestáticas de incompatibilidade normativa vertical, enquanto no segundo estas relações são nomodinâmicas." (NEVES, Marcelo. *Teoria da inconstitucionalidade das leis*. São Paulo: Saraiva, 1988, p. 74.)

463 MOUSSALLEM, Tárek Moysés. *Fontes do direito tributário*. 2. ed. São Paulo: Noeses, 2006, p. 60.

464 FIORIN, José Luiz. *As astúcias da enunciação*: as categorias de pessoa, espaço e tempo. São Paulo: Ática, 1996, p. 36.

atividade produtora, que comporta elementos que remetem à instância da enunciação, pelas marcas (enunciação-enunciada – metalinguagem do processo do enunciado) deixadas por esta naquele.[465]

Com os enunciados, enunciação-enunciada (marcas da enunciação deixadas no enunciado) e enunciado-enunciado, constroem-se as diferentes normas jurídicas do veículo-introdutor (com a enunciação-enunciada) e de conduta (com o enunciado-enunciado).[466]

A norma veículo-introdutor, construída a partir da enunciação-enunciada constante do documento normativo, resulta da aplicação da norma de produção jurídica. A norma veículo introdutor, por isso, é concreta (descreve no antecedente um fato ocorrido em determinado tempo e espaço; aplicação da norma de produção normativa) e geral (ao estabelecer, no consequente, a relação de obrigação de observação das normas construídas a partir dos enunciados veiculados).

A norma de produção jurídica, a qual, ao ser aplicada, resulta na criação da norma veículo introdutor, descreve em seu antecedente um agente competente e um procedimento, e, no consequente, a obrigação de todos de observarem os enunciados editados pelo veículo introdutor, como também a obrigação dos sujeitos autorizados de atenderem aos limites formais e materiais previstos para a edição de novos enunciados.

O descompasso entre a produção da norma veículo introdutor (objeto) e a norma de produção jurídica (parâmetro) assim construída pelo Órgão Judiciário, por exemplo, constitui a inconstitucionalidade-vício,

---

[465] FIORIN, José Luiz. *As astúcias da enunciação*: as categorias de pessoa, espaço e tempo. São Paulo: Ática, 1996, p. 36-37.

[466] Retomem-se, nesse espeque, os planos linguísticos e o percurso de construção de sentido tratados por Paulo de Barros Carvalho. Cf. CARVALHO, Paulo de Barros. *Curso de direito tributário*. 26. ed. São Paulo: Saraiva, 2015, p. 117-137.

a quebra da relação causal de inferência entre a norma jurídica produzida e a norma jurídica que regula sua produção.[467]

Pela norma veículo introdutor, tem-se a dimensão da produção normativa ocorrida no tempo e no espaço e se torna possível a verificação do atendimento ou não da norma que determina sua produção.[468]

Importa, ainda, referir que a construção da norma veículo introdutor, sobretudo quanto ao antecedente, ou seja, quanto ao fato efetivamente ocorrido em tempo passado e no espaço, necessária a verificação de outros documentos normativos com os quais se possa precisar a instância enunciativa.

A instância produtora, a enunciação, porque efêmera, perde-se no tempo e no espaço, mas a sua reconstrução, por meio da enunciação-enunciada, é necessária para a verificação de vícios no processo legislativo por não atendimento ao que prescrevem as normas jurídicas que regulam a produção normativa. Além disso, é a própria enunciação-enunciada que, ao permitir a construção da norma veículo introdutor, juridiciza a fonte de produção e outorga, por conseguinte, juridicidade ao documento normativo.[469]

Nesse sentido, outros documentos normativos, não somente podem, como devem, ser utilizados para a construção da norma veículo introdutor, sobretudo no antecedente (fato jurídico ocorrido no tempo

---

[467] "Uma análise da fonte permite-nos verificar se os enunciados pertencentes ao direito positivo foram produzidos de acordo com as normas que fundamentam juridicamente sua criação e identificar os vícios da atividade produtora que, se existentes, põem em risco a aplicação e a permanência no sistema dos enunciados por ela produzidos." (CARVALHO, Aurora Tomazini de. *Curso de teoria geral do direito*: o constructivismo lógico-semântico. 4. ed. São Paulo: Noeses, 2014, p. 673)

[468] "A enunciação, enquanto acontecimento social produtor de normas jurídicas, deve ocorrer nos moldes prescritos por estas regras." (CARVALHO, Aurora Tomazini de. *Curso de teoria geral do direito*: o constructivismo lógico-semântico. 4. ed. São Paulo: Noeses, 2014, p. 672.)

[469] CARVALHO, Aurora Tomazini de. *Curso de teoria geral do direito*: o constructivismo lógico-semântico. 4. ed. São Paulo: Noeses, 2014, p. 682.)

e no espaço), e, em última análise, para a reconstrução linguística do evento da produção.

A exposição de motivos, por exemplo, é texto criado no curso do processo legislativo e, com Aurora Tomazini, pode-se afirmar que é direito positivo e integra o sistema do direito positivo.[470]

Enquanto documento normativo, posto que produzido no curso do processo regulado pelo direito positivo, há, na exposição de motivos, igualmente, dois tipos de linguagem: a) enunciação-enunciada e b) enunciado-enunciado.

A primeira, conjunto de orações que informam a enunciação, permite identificar o documento normativo-exposição de motivos como pertencente ao documento normativo cuja produção se intenta reconstruir linguisticamente.

Já os enunciados-enunciados do documento normativo-exposição de motivos são as expressões (enunciados) com as quais se terá acesso, por exemplo, às razões de criação do documento normativo ao qual se refere e, nesse caso, o enunciado-enunciado do documento normativo-exposição de motivo é enunciação-enunciada do documento normativo, cuja instância produtora se intenta analisar.

> Nestes termos, pode-se dizer que a exposição de motivos compõe a *enunciação 'enunciada juridicamente'* daqueles documentos normativos. Uma *enunciação-enunciada* não presente no corpo do próprio documento (lei x, decreto legislativo y, medida provisória z, etc.), mas constante do sistema, à qual a *enunciação-enunciada* no documento se remete.[471]

Exemplificando, o documento normativo exposição de motivos do Código de Processo Civil de 2015 contém a enunciação-enunciada, que remete à instância produtora da própria exposição de motivos

---

[470] CARVALHO, Aurora Tomazini de. *Curso de teoria geral do direito*: o constructivismo lógico-semântico. 4. ed. São Paulo: Noeses, 2014, p. 684.

[471] CARVALHO, Aurora Tomazini de. *Curso de teoria geral do direito*: o constructivismo lógico-semântico. 4. ed. São Paulo: Noeses, 2014, p. 685.

(documento normativo) e permite a sua identificação com o documento normativo Código de Processo Civil de 2015, e os enunciados-enunciados, que remetem à enunciação do documento normativo Código de Processo Civil de 2015, por isso, constroem, ao lado da enunciação enunciada do documento normativo Código de Processo Civil de 2015, a norma veículo introdutor-Código de Processo Civil de 2015.

Em outras palavras, os enunciados-enunciados veiculados no documento normativo-exposição de motivos de um documento normativo-lei x são enunciação-enunciada que se situam fora do documento normativo lei x, mas constante do sistema ao qual a enunciação-enunciada do documento normativo lei x remete.[472]

Após a identificação da enunciação a partir da enunciação-enunciada de determinado documento normativo, passa-se a procurar, no sistema de direito positivo, outras marcas, constantes de outros documentos normativos, deixadas pela atividade produtora, que permitirão a reconstrução cognitivo-linguística do processo (evento).[473]

Outro ponto importante deve ser aclarado e diz respeito ao parâmetro de verificação da inconstitucionalidade. Conforme referido há pouco, a norma jurídica de produção normativa é construída com os enunciados prescritivos veiculados no documento normativo Constituição, mas também com outros constantes de documentos normativos infraconstitucionais.

---

472 CARVALHO, Aurora Tomazini de. *Curso de teoria geral do direito*: o constructivismo lógico-semântico. 4. ed. São Paulo: Noeses, 2014, p. 685.

473 "Buscamos outras informações – sobre o processo (ex: como se deu a votação; se houve emenda, algum veto), sobre a competência das pessoas envolvidas, sobre o ato de vontade enunciativo – não constantes do próprio documento, mas determinantes para compreendermos e controlarmos juridicamente sua enunciação." (CARVALHO, Aurora Tomazini de. *Curso de teoria geral do direito*: o constructivismo lógico-semântico. 4. ed. São Paulo: Noeses, 2014, p. 685.) Com isso, a autora distingue entre "enunciação-enunciada em sentido estrito" (marcas da enunciação presentes no documento normativo por ela produzido) e "enunciação-enunciada em sentido amplo" (conjunto de marcas da enunciação presentes no ordenamento jurídico). (CARVALHO, Aurora Tomazini de. *Curso de teoria geral do direito*: o constructivismo lógico-semântico. 4. ed. São Paulo: Noeses, 2014, p. 685.)

Nesse sentido, o instrumento introdutor-Lei Complementar n. 95/98 introjetou no sistema de direito positivo normas jurídicas, construídas a partir de enunciados prescritivos, que regulam a elaboração, a redação, a alteração e a consolidação das leis (documentos normativos).

Conquanto nada prescrevam sobre o conteúdo ou o processo de formação de instrumentos normativos, as normas jurídicas construídas a partir dos enunciados do documento normativo-Lei Complementar n. 95/98, gozam, como quaisquer outras, de força prescritiva e, por isso, não podem ser simplesmente inobservadas.

Destarte, de início, rechaça-se a possibilidade de interpretar o enunciado do art. 18[474] do indigitado documento sem atribuir-lhe função prescritiva. Não se pode conferir à disposição função meramente descritiva, assertiva, sem qualquer caráter imperativo, pelo que tornaria impossível a construção de norma jurídica que regula, disciplina, prescreve condutas intersubjetivas.

Outrossim, redundaria num vazio absurdo supor que o enunciado do art. 59, parágrafo único, da Constituição Federal, cuja norma a partir dele construída determina a produção de lei complementar (veículo introdutor) que estabeleça critérios para a elaboração, redação, alteração e consolidação de outros documentos normativos, não possuísse força impositiva. Com Gabriel Ivo, afirma-se que

> [o] art. 18 da Lei Complementar n. 98, de 1998, não pode ter tornado todo o corpo normativo do instrumento normativo complementar sem juridicidade. Ele apenas estabelece que os destinatários das leis em geral não podem alegar vício formal (inexatidão) que tenha fundamento na Lei Complementar n. 95, de 1998, para não cumprir suas determinações. Se o art. 18 estabelecesse que as normas sobre elaboração, redação, alteração e consolidação das leis não precisam ser obedecidas, estaria abertamente ferida a Constituição Federal, que determina que as leis devem ser submetidas aos critérios que a lei complementar prevista no art. 59, parágrafo único, estabelecer.[475]

---

474 *Lei Complementar n. 95/98, art. 18.* Eventual inexatidão formal de norma elaborada mediante processo legislativo regular não constitui escusa válida para o seu descumprimento.

475 IVO, Gabriel. *Norma jurídica*: produção e controle. São Paulo: Noeses, 2006, p. 136-137.

Suposto conflito entre normas de um veículo introdutor lei ordinária e normas do veículo introdutor-Lei Complementar n. 95/98 somente poderá, todavia, ser resolvido em sede de controle de constitucionalidade. É a norma jurídica constitucional que servirá de parâmetro para essa aferição, representando a norma jurídica construída a partir dos enunciados do documento-Lei Complementar n. 95/98, índice para aferição da inconstitucionalidade-vício. "Por meio da lei complementar vai-se à Constituição", mas a incompatibilidade, caso haja, "advém de expressa disposição constitucional, que estabelece que os instrumentos primários introdutores de normas devem observar, quando da sua produção, o que estabelecer a lei complementar".[476]

Afasta-se, com isso, qualquer alegação de "inconstitucionalidade(-vício) reflexa" como mecanismo para evitar o controle de constitucionalidade. A relação causal de inferência é estabelecida entre as normas constitucionais e as normas infraconstitucionais, ainda que, para tanto, deva-se aproveitar, para a construção das normas de produção normativa, dos enunciados constantes do documento normativo Lei Complementar.

Em igual sentido, não se podem ignorar as normas regimentais que dispõem sobre a produção normativa. Da Constituição (documento normativo), extraem-se normas jurídicas que obrigam a criação de regimento interno da Câmara dos Deputados (art. 51, III),[477] do Senado Federal (art. 52, XII)[478] e do Congresso Nacional[479] para, entre outros,

---

[476] IVO, Gabriel. *Norma jurídica*: produção e controle. São Paulo: Noeses, 2006, p. 137-138.

[477] Resolução n. 17/89, com alterações até Resolução n. 20/16.

[478] Resolução n. 93/70, consolidada até a publicação no Suplemento do Diário do Senado Federal em 02.02.15. O Regimento Interno encontra-se no Volume I da Resolução e, no Volume II, encontram-se normas conexas (leis complementares e ordinárias, medidas provisórias, decretos legislativos, resoluções, entre outros documentos normativos) referentes ao funcionamento do Senado Federal.

[479] Resolução n. 1/70, consolidada até a publicação do Suplemento B do Diário do Congresso Nacional, em 25.05.16.

constituir as comissões permanentes e temporárias e determinar suas atribuições (art. 58, *caput*), a discussão e a votação de projeto de lei pelas comissões, em caso de dispensa da competência do Plenário (art. 58, §2º, I), a apreciação de projetos de lei relativos ao plano plurianual, às diretrizes orçamentárias, ao orçamento anual e aos créditos adicionais (art. 166, *caput*).

A violação de normas regimentais que importar em violação de normas constitucionais por inobservância de procedimento, quórum, votação, competência/atribuição, verificação de fatos e prognoses (objeto do estudo) não poderá ser desconsiderada, sob pena de afronta direta às normas constitucionais.

Não se trata de ato *interna corporis* se, com eles, fere-se a Constituição Federal, enquanto norma jurídica superior e na qual os demais veículos introdutores, entre os quais os regimentos internos, as resoluções dos órgãos legislativos, etc. haurem fundamento de validade.

A violação às normas regimentais não pode importar, de forma oblíqua, a violação à Constituição. A verificação de fatos e prognoses legislativos, como mais a frente detalhado, transcende a mera violação a atos *interna corporis* para importar em severa violação aos direitos e garantias fundamentais do indivíduo durante o processo legislativo.[480] O capítulo seguinte, presta-se à análise da Jurisdição Constitucional dos atos legislativos. Por ora, atenha-se ao vício da inconstitucionalidade.

---

[480] Para um estudo do direito comparado sobre a verificação da inconstitucionalidade vício decorrente da violação às normas regimentais, cf. MORAES, Germana de Oliveira. *O controle jurisdicional da constitucionalidade do processo legislativo*. São Paulo: Dialética, 1998, p. 49-57. A autora consigna que "os vícios regimentais não têm o condão, por si só, de invalidar a lei, a não ser que também importem em inobservância das normas da Constituição sobre procedimento legislativo, dada a facilidade com que podem ser modificadas as disposições regimentais das casas legislativas, para as quais não se exige maioria qualificada ou qualquer outro *quórum* especial de aprovação." (MORAES, Germana de Oliveira. *O controle jurisdicional da constitucionalidade do processo legislativo*. São Paulo: Dialética, 1998, p. 57.)

Se a Jurisdição Constitucional somente justifica sua função se for contramajoritária, nada mais contramajoritário que defender as minorias legislativas quando maiorias submetem a seu poder as normas regimentais. É por meio do estabelecimento de procedimento, quórum de votação, etc., que há como se afirmar a participação de todos na aprovação ou desaprovação de um novo documento normativo. Se, contudo, isso não se alcança, mister a intervenção da Jurisdição Constitucional para deflagrar o vício de inconstitucionalidade pela violação de normas constitucionais, consubstanciadas nas resoluções que veiculam normas regimentais.[481]

Não há, com isso, impedimento à formação das forças políticas, tampouco de intervenção no jogo político de formação de maiorias e adesão de votos para aprovação de uma ou outra proposta, senão uma preservação das regras do jogo, sobretudo quando as condutas de maiorias parlamentares violam direitos e garantias fundamentais, ao cabal alijamento de minorias.

Por fim, também o Decreto 9.191/2017, enquanto veículo introdutor, introduz, no sistema de direito positivo, normas que regulam a elaboração, redação, alteração, consolidação e encaminhamento de propostas de atos normativos ao Presidente da República pelos Ministros de Estado. O Decreto toma por referência, em seu preâmbulo, a Lei Complementar n. 95/98, já analisada, e avança em relação a vários pontos que interessam diretamente ao presente estudo. Trata-se, portanto, de uma adequação, quanto às propostas de atos normativos encaminhados à Presidência pelos Ministros de Estados, daquilo que já se observara quanto à elaboração de leis ordinárias.

---

[481] Embora partindo da realidade italiana, Gustavo Zagrebelsky e Valeria Marcenó chegam a essa conclusão quando defendem a intervenção da Corte Constitucional no vício formal que redunde na violação de direitos de minorias. Cf. ZAGREBELSKY, Gustavo; MARCENÒ, Valeria. *Giustizia constituzionale*. Bologna: il Mulino, 2012, p. 214-220.

3.2.1 Enunciados e/ou normas?

Coerentemente com os pressupostos adotados, somente normas podem ser objeto e parâmetro do controle de constitucionalidade. A atenção aos enunciados deve-se à forma de resolução do problema da quebra da relação causal de inferência constituída pelo órgão competente, conforme se verá adiante.

Dentro dos limites aqui propostos, não há como anuir com aqueles que propõem os enunciados prescritivos como objeto ou como parâmetro da aferição da inconstitucionalidade-vício, ainda que referidos enunciados sejam o suporte físico a partir dos quais, num *iter* construtor de sentido, seja possível chegar às normas jurídicas.[482]

No objeto de estudo, direito positivo enquanto conjunto de normas válidas em determinado tempo e espaço, somente as normas encontram guarida, os enunciados, subjacentes a elas são o dado empírico material com os quais podemos construí-las, mas com os quais, isoladamente, não é possível o controle de constitucionalidade.

Também por isso, as explicações aqui tecidas, visam a evitar a confusão entre documento normativo, veículo introdutor, enunciados e normas jurídicas. Com efeito, se apenas normas podem ser parâmetro e objeto de aferição da inconstitucionalidade-vício, deve-se, em primeiro lugar, construí-las, a partir do que será possível eventual identificação da quebra da relação causal de inferência, que poderá levar à inconstitucionalidade-sanção.

Deve-se distinguir "objeto do controle" de "objeto da decisão do controle". O objeto do controle será sempre a norma jurídica, porquanto todo enunciado existente em documentos normativos

---

[482] Diferentemente, a distinção entre objeto e parâmetro é aludida por Geovany Jeveaux, para quem serve "o primeiro para designar o dispositivo ou enunciado infraconstitucional que esteja sob controle e o segundo para indicar o dispositivo ou enunciado constitucional com base [em que] o controle será feito". (acrescentou-se) (JEVEAUX, Geovany Cardoso. *Teorias do Estado e da Constituição*. Rio de Janeiro: GZ Editora, 2015, p. 227.).

infraconstitucionais (leis, decretos, medidas provisórias, etc.) depende de interpretação para aferição de sua compatibilidade com as normas constitucionais construídas a partir de enunciados prescritivos constantes do documento normativo cognominado Constituição.

O objeto da decisão, todavia, pode atingir o enunciado, o texto, e expulsá-lo à sua inteireza, por uma autoridade competente e um procedimento adequado, que introduz no sistema de direito positivo ato de fala contrário àquele acoimado írrito. Com isso, inviável, a construção de qualquer norma a partir daquele enunciado.

Pode-se, outrossim, realizar uma alteração no suporte físico (nulidade parcial com redução de texto), reduzindo a possibilidade de sentidos possíveis de serem construídos a partir daqueles enunciados. Pode ocorrer, ademais, que o objeto da decisão sejam as normas jurídicas, o que se tem chamado de decisões interpretativas, as quais selecionam uma interpretação constitucional (interpretação conforme a Constituição) ou discriminam uma norma como inconstitucional (nulidade parcial sem redução de texto).

A enunciação-enunciada e o enunciado-enunciado são índices para a verificação do controle. Na enunciação-enunciada, ao se permitir a construção da norma do veículo introdutor, verifica-se a sua adequação ou não com a norma de produção normativa (comumente chamada de inconstitucionalidade formal). No caso do enunciado-enunciado, é a norma formada a partir dos elementos contidos no conteúdo do documento normativo que entra em testilhas com a norma constitucional (comumente chamado de inconstitucionalidade material).[483]

---

[483] IVO, Gabriel. *Norma jurídica*: produção e controle. São Paulo: Noeses, 2006, p. 154-164. É bem verdade que o autor traça distinção entre o cotejo entre enunciados e o cotejo entre normas. Todavia, conforme referido no texto, e mesmo confessado pelo autor referido, não há como se realizar controle de constitucionalidade senão pela via da interpretação. A fim de não levar a maiores confusões, é que se propõe, como de fato se faz, tratar apenas da existência de normas jurídicas, construídas a partir de enunciados prescritivos, a partir da construção dos sentidos pela travessia dos planos linguísticos. O mecanismo de resolução

3.3 A Relação Causal de Inferência e a Sua Quebra

A "inconstitucionalidade-vício" traduz a quebra da relação causal de inferência entre uma norma infraconstitucional e uma norma constitucional que regula a sua produção[484], ao passo que o "controle de constitucionalidade"[485] visa à deflagração ou não de uma "inconstitucionalidade-vício", para o fim de extirpar o enunciado prescritivo e, com ele, todas as normas passíveis de serem construídas, ou uma fração delas, ou manter apenas aquela que seja constitucional (controle concentrado) ou negar a aplicação de uma norma jurídica no caso concreto (controle difuso)[486].

Esmiuçando a distinção, escreve Geovany Jeveaux que:

> a inconstitucionalidade pode ocorrer de forma deliberada ou acidental, mas o controle somente pode ocorrer de forma deliberada, por provocação de legitimados, podendo a primeira continuar existindo se não houver manifestação em contrário. Na inconstitucionalidade, viola-se o princípio da supremacia da constituição, que o controle visa restabelecer.[487]

Tem-se que a norma constitucional regula a produção normativa de veículos introdutores de normas (norma jurídica construída a partir da

---

da inconstitucionalidade-vício, porém, a saber, a inconstitucionalidade-sanção, pode ser dar por uma intervenção, pelo órgão competente, através de um procedimento adequado, no plano da expressão ou do enunciado prescritivo. Gabriel Ivo tem ciência disso e, exatamente por isso, afirma que, quanto ao cotejo entre normas, depois de distinguir do cotejo entre enunciados, "[e]ssa modalidade de decisão somente apanha a norma ou as normas jurídicas que podem ser construídas com fulcro na disposição normativa." A opção aqui verbalizada, contudo, distingue a aferição da quebra da relação causal de inferência da forma de atuação do órgão jurisdicional para solução do problema.

484 JEVEAUX, Geovany Cardoso. *Teorias do Estado e da Constituição*. Rio de Janeiro: GZ Editora, 2015, p. 226.

485 Ao controle de constitucionalidade, todavia, destina-se o tópico seguinte.

486 Esse acordo semântico, que aqui se adota é encontrado em JEVEAUX, Geovany Cardoso. *Direito Constitucional* – Teoria da constituição. Rio de Janeiro: Forense, 2008, p. 125. e JEVEAUX, Geovany Cardoso. *Teorias do Estado e da Constituição*. Rio de Janeiro: GZ Editora, 2015, p. 226.

487 JEVEAUX, Geovany Cardoso. *Direito Constitucional* – Teoria da constituição. Rio de Janeiro: Forense, 2008, p. 125.

enunciação-enunciada em sentido lato – enunciação-enunciada constante do documento normativo, bem como de enunciados-enunciados constantes de outros documentos normativos, mas referentes à mesma instância de enunciação), estatuindo limites materiais e formais ao órgão produtor de norma, bem assim facultando-lhe ou obrigando-lhe a produção normativa.

Com efeito, em caso de não atendimento aos parâmetros constitucionais postos, ocorrerá a quebra da relação causal de inferência, a qual, conquanto *a priori* observada, pela Ciência do Direito, em geral, dependerá, de ser constituída, *a posteriori*, pelo órgão competente através de um procedimento adequado.[488]

Esse papel incumbe, precipuamente, ao Órgão Judiciário que, no controle de constitucionalidade (concentrado ou difuso), como se verá no capítulo seguinte, deflagra a inconstitucionalidade-vício, constituindo-a. Somente a partir desse momento, de inconstitucionalidade-vício *a posteriori*, pode-se afirmar a inconstitucionalidade no sistema do direito positivo, sob pena de subversão das regras dos jogos linguísticos, que, por sua natureza, distinguem-se (direito positivo e Ciência do Direito).

Atrás se definiu que, após a constituição do vício de inconstitucionalidade, sucede a inconstitucionalidade-sanção, assim compreendida a atuação estatal na solução definitiva da inconstitucionalidade-vício. Trata-se, é de se ver, do consequente da norma secundária, em que o órgão estatal atua para corrigir a falha do mister legislativo evidenciado no antecedente da norma secundária, o descumprimento do dever do órgão legislativo de observação os parâmetros constitucionais para a produção normativa.

---

[488] Sobre a natureza da "inconstitucionalidade", cf., a propósito, GERA, Renata Coelho Padilha. *A natureza e os efeitos da inconstitucionalidade*. Porto Alegre: Sérgio Antonio Fabris, 2007.

Com efeito, a negação da relação intersubjetiva, constante do consequente da norma primária, é, agora, pressuposto para atuação estatal. Por outras palavras, o fato jurídico da produção normativa deficiente, deflagrada pela construção da norma do veículo introdutor que não atende à norma de produção jurídica, ou das normas jurídicas construídas a partir dos enunciados-enunciados, que formam o conteúdo do documento normativo infraconstitucional, e que conflitam com as normas jurídicas constitucionais, é submetido (o fato jurídico "ilícito") à análise judiciária.

À Jurisdição Constitucional incumbe, destarte, promover a solução da inconstitucionalidade-vício para que o descompasso não perdure no sistema normativo.

Essa atuação jurisdicional (inconstitucionalidade-sanção) pode se dar pela intervenção direta no enunciado prescritivo, pela introjeção de outro enunciado prescritivo que o elimine do ordenamento jurídico, tornando impossível a construção de norma jurídica a partir daquele texto (ato de fala elimina ato de fala) (pronúncia da inconstitucionalidade total) ou pela intervenção no plano das normas jurídicas, quer seja pela alteração do enunciado prescritivo (pronúncia da inconstitucionalidade parcial com redução de texto), reduzindo-se as possibilidades de construção de sentido, quer seja pela retirada de determinadas normas jurídicas passíveis de serem construídas por serem incondizentes com as normas constitucionais (pronúncia da inconstitucionalidade parcial sem redução de texto), ou, ainda, pela seleção de uma única norma construída a partir do enunciado prescritivo porque adequada às normas constitucionais (interpretação conforme à constituição).

Ora, todas essas possibilidades encontram-se à disposição da Jurisdição Constitucional para que a inconstitucionalidade-vício não subsista no sistema do direito positivo. Em todo caso, porém, com a redução de normas jurídicas, falar-se-á em novo sistema de direito positivo, existente com o início dos efeitos da decisão da Corte Constitucional, por exemplo, cuja fixação no tempo também é dependente de decisão judicial.

Caso a Corte Constitucional constate que houve vício na produção normativa, será fatalmente atingida a norma veículo introdutor, com a eliminação da enunciação-enunciada e, com ela todos os enunciados-enunciados que formam o conteúdo normativo, a menos que possam ser ressalvados enunciados que se adéquam ao processo legislativo efetivamente executado.

Por exemplo, pode ocorrer que um mesmo veículo introdutor introduza, em princípio, normas jurídicas cuja matéria diga respeito a entendes federados diversos. Nesses casos, a reconstrução cognitivo-linguística da instância da enunciação deflagrará, no processo, a falta de competência do órgão que produziu a norma veículo introdutor. Todavia, poderão permanecer as normas jurídicas cuja matéria é de competência do órgão produtor. Nesse caso, apenas os enunciados que não se adéquam àquela atividade produtora deverão ser expulsos, mantendo-se os demais.

Caso não se possa, todavia, ressalvar qualquer norma jurídica, pois a autoridade era incompetente para a sua produção, por exemplo, a inconstitucionalidade-sanção atingirá, fatalmente, a enunciação-enunciada do documento normativo, operando sua retirada do ordenamento jurídico.

Porque inconstitucionalidade-sanção depende da atuação de um órgão jurisdicional, o capítulo que segue diz respeito ao processo no qual a inconstitucionalidade-vício é constituída e conservado o ordenamento jurídico, com a reafirmação da supremacia constitucional, decorrente da rigidez constitucional.

4

CONTROLE DE CONSTITUCIONALIDADE ENQUANTO DECORRÊNCIA DA RIGIDEZ CONSTITUCIONAL

O controle de constitucionalidade é a operação cognitiva de aferição entre a norma-objeto cuja constitucionalidade – e permanência no sistema – se questiona e a norma-parâmetro constitucional, resultando na possível constatação da inconstitucionalidade-vício e consequente aplicação da inconstitucionalidade-sanção.

Desse exame, encarrega-se a Jurisdição Constitucional que tem, por função precípua "instrumentalizar a função primordial do próprio *constitucionalismo*, qual seja, coibir os excessos do Poder Público", além de "assegura[r] a preservação do direito, bem como possibilita[r] o controle judicial amplo do Poder Executivo, em concreto a atividade da Administração Pública".[489]

Não se diga, porém, que as funções atribuídas ao Órgão Judiciário implicariam a tomada das atribuições dos demais órgãos, em específico, do Legislativo. Eventual intromissão indevida de um Órgão no outro violará a dinâmica da separação das funções do Poder, se com isso houver a transferência do debate próprio da seara legislativa para

[489] ABBOUD, Georges. *Processo Constitucional Brasileiro*. 2. ed. São Paulo: Revista dos Tribunais, 2018, p. 358-359.

o Judiciário, e este, sem se abrir à participação da comunidade política e sem cumprir o dever de fundamentação das decisões, incorrendo em déficit democrático.[490]

O controle de constitucionalidade reveste-se, isso sim, da roupagem do novo constitucionalismo, contribuindo para o fortalecimento do Estado Democrático Constitucional, para a limitação aos abusos perpetrados pelos Órgãos Executivo e Legislativo, para controle dos erros provenientes da Casa de Leis, para garantia da preservação das minorias, bem como concretização e respeito ao catálogo de direitos fundamentais.[491]

É, nesse sentido, que o Guardião da Constituição não pode se amesquinhar no desempenho das atividades de um "legislador negativo", adquirindo a legitimidade para a tomada de decisões manipulativas ou suprimento de omissões legislativas, em prol da defesa dos direitos insculpidos na Carta Magna, porque igualmente se encontra subordinado à Constituição e deve intervir quando as instâncias prévias falharam.

A fiscalização judicial da constitucionalidade de normas jurídicas inseridas no sistema pelos mais diversos veículos introdutores, constitui, leciona Canotilho, "um dos mais relevantes instrumentos de controlo do cumprimento e observância das normas constitucionais". Além disso, constitui verdadeira garantia da observância da Constituição,

---

490 SAMPAIO, José Adércio Leite. Discurso de Legitimidade da Jurisdição Constitucional e as Mudanças Legais do Regime de Constitucionalidade no Brasil. In: SARMENTO, Daniel (org). *O controle de constitucionalidade e a Lei 9.868/99*. Rio de Janeiro: Lumen Juris, 2001, p. 165-218, p. 167-173.

491 ABBOUD, Georges. *Processo Constitucional Brasileiro*. 2. ed. São Paulo: Revista dos Tribunais, 2016, p. 358-372 *passim*. Cf. ARAGÃO, Alexandre Santos de. O Controle da Constitucionalidade pelo Supremo Tribunal Federal à Luz da Teoria dos Poderes Neutrais. In: SARMENTO, Daniel (org). *O controle de constitucionalidade e a Lei 9.868/99*. Rio de Janeiro: Lumen Juris, 2001, p. 21-37; SAMPAIO, José Adércio Leite. Discurso de Legitimidade da Jurisdição Constitucional e as Mudanças Legais do Regime de Constitucionalidade no Brasil. In: SARMENTO, Daniel (org). *O controle de constitucionalidade e a Lei 9.868/99*. Rio de Janeiro: Lumen Juris, 2001, p. 165-218.

porquanto assegura "a dinamização da força normativa" e reage "através de sanções contra sua violação".[492]

A Constituição não se operacionaliza por si mesma, dependendo da atuação de órgãos para efetivação da sua força normativa, sob pena de redundar num vazio. Significa dizer que não se satisfaz o constitucionalismo forjado na tradição democrática, sobretudo no momento pós-Segunda Guerra se, de um lado, não se exige a atuação do Órgão Legislativo e do Órgão Executivo no implemento de políticas públicas e na realização das promessas constitucionais, e, de outro, o Órgão Judiciário não intervém para controlar o produto legislado quando violador de direitos e garantias fundamentais ou fiscalizador do implemento de políticas públicas e efetivação dos direitos sociais.[493]

Com efeito, é a institucionalização de um controle de constitucionalidade que viabiliza a consolidação do modelo do Estado Democrático Constitucional, pelo que a Jurisdição Constitucional contará com mecanismo suficiente para desempenho da função de guardiã da Constituição e zelo pela supremacia desta.

A existência de uma Corte Constitucional, cuja função precípua é regular o funcionamento das demais funções do Poder e controlar a lei em consentaneidade com a Constituição, afigura-se essencial para a garantia da supremacia constitucional, contra possíveis violações praticadas por maiorias, sem o que, ademais, restaria recorrer a um direito à força ou à revolução.[494]

---

492 CANOTILHO, J. J. Gomes. *Direito constitucional e teoria da constituição*. 7. ed. Coimbra: Editora Almedina, 2003, p. 889.

493 STRECK, Lenio Luiz. *Jurisdição constitucional e decisão jurídica*. 4. ed. São Paulo: Revista dos Tribunais, 2014, p. 275-277, 412-413.

494 "Infine c'è um terzo carattere; e questo ilpiù improtante di tuttti, perchè garantisce la supremazia della legge o meglio della Costituzione. Se tratta del potere giudiziario [...], insomma di una Corte giudiziaria, che regola il retto funzionamento dei diversi organi dello Stato e che controlla e sindaca la giustizia della legge, e cioè la sua conformità alle norma fondamentali. L'esistenza di questo organo à essenziale, perchè altrimenti, contro

A fiscalização da constitucionalidade, nesse espeque, consiste no pressuposto de um controle jurídico das normas, dispostas de forma escalonar, dado que a norma constitucional, superior, determina o conteúdo e o processo de produção daquelas que lhe são inferiores. Significa a fixação normativa de mecanismos com o objetivo de evitar a produção normativa desconforme ao direito, ou mesmo de exigência da atuação pautada no parâmetro constitucional.[495]

Ao ser a explicitação do pacto social, a Constituição requer um instrumental apto a revelar as dissintonias entre as exigências constitucionais e o exercício das funções pelas frações do Poder. Do contrário, estaria rompida a autoridade da conjunção de forças e ideias consubstanciadas nas normas constitucionais.[496]

Nada há, portanto, de mais contramajoritário, que o próprio controle de constitucionalidade, que, ao invalidar o produtor oriundo do Órgão Legislativo, eleito democraticamente pelo voto popular, realiza a Constituição, aplica-a e operacionaliza a sua força normativa.

Se o controle de constitucionalidade é, por isso, consequência da supremacia da Constituição, sob pena de tornar-se inócua a previsão de procedimento qualificado para sua alteração, distinguindo-se do procedimento a ser observado para a edição de veículos introdutores infraconstitucionais, a Jurisdição Constitucional desponta como consequência do controle de constitucionalidade, ao lhe ser outorgada a função precípua de constituir as inconstitucionalidades-vícios e regenerar o sistema dos desvios provocados por outras instâncias.

---

la violazione della Costituzione da parte del governo-maggioranza, non ci sarebbe alcun rimedio, se non un astratto diritto alla revoluzione o un'impotetica possibilità di recorrer alla forza." (MATTEUCCI, Nicola. *Breve storia del costituzionalismo*. Brescia: Morcelliana, 2010, p. 52-53)

[495] IVO, Gabriel. *Norma jurídica*: produção e controle. São Paulo: Noeses, 2006, p. XXXIV.

[496] BARROSO, Luís Roberto. *O controle de constitucionalidade no direito brasileiro*. 7. ed. São Paulo: Saraiva, 2016, p. 77-78.

4.1 Acordo Semântico. Fundamentos do Controle de Constitucionalidade

Quando atrás se definiu "inconstitucionalidade-vício", expuseram-se os pressupostos em que esta se assenta, entre os quais a rigidez constitucional. Antecipou-se, ainda, que a rigidez constitucional não prescinde de um órgão de controle que a torne efetiva, sem o que pereceria a estrutura escalonar e, em último grau, a supremacia constitucional por ela justificada.

A necessidade de um controle de constitucionalidade, portanto, é inerente a um sistema que privilegia uma forma diferenciada, qualificada, para alteração de normas constitucionais, pois, do contrário, leis infraconstitucionais, inseridas, por quórum simples, no ordenamento jurídico, alterariam impunemente a Constituição. Pelo que, outrossim, ficaria sem sentido afirmar a força normativa da Constituição se sua alteração pode ser realizada da mesma forma que leis ordinárias, falecendo a estrutura hierárquica e a determinação da produção (procedimento, competência e conteúdo) das normas que subjazem às normas constitucionais.

Significa, com Geovany Jeveaux, afirmar que o controle de constitucionalidade visa reestabelecer o princípio da supremacia constitucional, que restou violado pela inconstitucionalidade-vício (*a posteriori*). Também por isso, o controle de constitucionalidade somente pode ocorrer de forma deliberada, com exigência de um órgão de controle, variável a cada ordenamento jurídico, o qual, por meio de procedimento adequado, extirpa da ordem jurídica "normas jurídicas inconstitucionais".[497]

É possível, igualmente, a partir dessas referências, a construção de um conceito lógico-jurídico também para o controle de constitucionalidade, que pode ser assim enunciado: *modo pelo qual a incompatibilidade verificada entre uma norma e a norma que determina sua produção*

---

[497] JEVEAUX, Geovany Cardoso. *Teorias do Estado e da Constituição.* Rio de Janeiro: GZ Editora, 2015, p. 211.

jurídica é extirpada do ordenamento jurídico. Por outras palavras, a partir dos conceitos já apresentados no capítulo anterior, o controle de constitucionalidade é *a fiscalização da inconstitucionalidade-vício* a posteriori *com consequente aplicação da inconstitucionalidade-sanção pelo órgão judiciário*[498]. É, enfim, a verificação, pelo direito positivo, da regularidade das normas produzidas.[499]

A fim de que um sistema mantenha-se hígido e atualizado, aberto às mudanças sociais, compatível com a realidade, ainda que seja impossível apreender essa, sob pena de a pretensão legislativa nesse sentido fazer volver a paradigmas, por tudo e em tudo, ultrapassados, não se duvida da necessidade de processo de criação de normas.

Ao lado do processo de criação, coloca-se o processo de eliminação de normas do sistema de direito positivo. Em um caso e outro, produção e eliminação, encontram-se ambos regulados pelo próprio sistema de direito positivo o que lhe confere, já foi salientado, seu caráter autopoiético. Criação e eliminação são, nos dizeres de Gabriel Ivo, "faces da mesma moeda", além de que "pressupõem outras normas".[500]

Acrescente-se que normas jurídicas não são criadas ou eliminadas por inferência, senão que dependem, necessariamente, de atos, praticados por sujeitos autorizados por meio de procedimento adequado

---

[498] A especificação tem razão de ser. Refere-se, aqui, ao controle de constitucionalidade repressivo, incidente sobre normas jurídicas, restando, de tal modo, afastado, embora se o conheça, o controle de constitucionalidade preventivo que visa ao controle de projetos de lei. A busca de um conceito lógico-jurídico não poderia permitir confusão tal que não se apresentasse, pelo próprio conceito, compreender a que controle se está a indicar. Por tudo isso, não é objeto das páginas seguintes o estudo do controle preventivo de constitucionalidade, conquanto se reconheça a possibilidade do próprio órgão judiciário, inclusive, de realiza-lo, mormente quando se trata de violação ao núcleo duro da constituição, as ditas cláusulas pétreas, conforme norma jurídica constitucional construída a partir do art. 60, §4º, da Constituição brasileira. Todavia, repise-se, o trato do tema merece espaço próprio.

[499] MOUSSALLEM, Tárek Moysés. *Revogação em matéria tributária*. São Paulo: Noeses, 2005, p. 232.

[500] IVO, Gabriel. *Norma jurídica*: produção e controle. São Paulo: Noeses, 2006, p. XXVII.

para que possam existir ou deixar de existir em um sistema de direito positivo. Consignar a inolvidável prática de atos implica confirmar o importante papel da enunciação no estudo tanto da produção quanto do controle das normas jurídicas.[501]

Atos, ocorrentes no mundo do ser, que, ao cabo, criam normas, no plano do dever-ser, estão previstos em outras normas e a reconstrução do processo de criação (enunciação), com o auxílio da enunciação-enunciada constante do documento normativo, confirmará ou infirmará a atividade do sujeito em relação ao estatuído pelas normas constitucionais.

A bem da verdade, a conclusão é quase imediata a partir do que se desenvolveu em capítulos anteriores. Se é certo que normas somente podem ser criadas conforme outras normas, a expulsão da "unidade mínima e irredutível do deôntico" somente pode se dar por meio de normas que regulem sua expulsão.

Nesse sentido, mister esclarecer que a eliminação de normas do sistema do direito positivo pode ocorrer tanto por via da revogação – a partir da atividade desenvolvida pelo mesmo órgão legiferante competente, que editou enunciados prescritivos usados de suportes físicos para a construção de normas jurídicas, através de um procedimento adequado, que tem origem no interesse público que motiva a regeneração do sistema –, quanto pela via da invalidação, exercida pelo Órgão Judiciário, por meio de procedimento igualmente normado, ante a constatação de vício (inconstitucionalidade-vício), por exemplo, no cotejo entre a norma de produção normativa e o fato jurídico da norma criada (fato jurídico deficiente)[502], presente no antecedente da norma secundária.

Invalida-se por vício; revoga-se por interesse público. Nos dois casos, há aplicação de normas jurídicas. Interpretação, aplicação e criação

---

[501] IVO, Gabriel. *Norma jurídica*: produção e controle. São Paulo: Noeses, 2006, p. XXVII.

[502] IVO, Gabriel. *Norma jurídica*: produção e controle. São Paulo: Noeses, 2006, p. XXIV.

de normas jurídicas são, pois, indissociáveis. A criação de direito positivo, pressupõe a aplicação de normas jurídicas.[503]

Nos lindes desse trabalho, interessam a norma de produção jurídica, aquela dirigida à conduta humana com a finalidade de pautar a produção normativa[504] e a norma de revisão sistêmica, a exemplo da que resulta do controle de constitucionalidade, que se dirige, não a uma conduta, mas a outra norma, modificando-a ou extinguindo-a.[505]

> *São as normas de produção normativa e as normas de revisão sistêmica que outorgam o caráter de auto-referência ao sistema do direito positivo, funcionando como regras gramaticais do sistema linguístico do direito positivo que, da mesma forma que os demais sistemas linguísticos, possui regras de formação e transformação de enunciados.* (Grifos do autor)[506]

Um ponto, porém, deve ser esclarecido. Deve-se presumir que os veículos introdutores foram produzidos conforme previstos em normas constitucionais. A produção do direito é presumida conforme ao direito. Daí, outrossim, a imprescindibilidade do controle de constitucionalidade. Se não há invalidades autoevidentes, decorre que deve haver um órgão incumbido da verificação de supostas incompatibilidades sistêmicas.[507] A inconstitucionalidade-vício somente por meio de processo pode ser constituída.[508] A pressuposição de um órgão de controle e de um controle

---

[503] KELSEN, Hans. *Teoria Pura do Direito*. Tradução de João Baptista Machado. 8. ed. São Paulo: Editora WMF Martins Fontes, 2009, p. 260-263.

[504] "A norma de produção normativa é que regula a produção de uma norma N_1 ao ser aplicada no momento da produção desta." (MOUSSALEM, Tárek Moysés. *Fontes do direito tributário*. 2. ed. São Paulo: Noeses, 2006, p. 78.)

[505] MOUSSALEM, Tárek Moysés. *Fontes do direito tributário*. 2. ed. São Paulo: Noeses, 2006, p. 77-79.

[506] MOUSSALEM, Tárek Moysés. *Fontes do direito tributário*. 2. ed. São Paulo: Noeses, 2006, p. 79.

[507] KELSEN, Hans. *Teoria Pura do Direito*. Tradução de João Baptista Machado. 8. ed. São Paulo: Editora WMF Martins Fontes, 2009, p. 300-308; KELSEN, Hans. *Jurisdição constitucional*. 3. ed. São Paulo: WMF Martins Fontes, 2013, p. 140-148.

[508] NEVES, Marcelo. *Teoria da inconstitucionalidade das leis*. São Paulo: Saraiva, 1988, p. 85.

de constitucionalidade confirma a hipótese de presunção de validade das normas jurídicas e a hipótese da inexistência de invalidades autoevidentes. Com efeito, careceria de sentido a existência de um órgão se dele não se exige a constituição do vício de inconstitucionalidade.

Nesse sentido, é complementar ao presente o estudo da teoria das provas, sobretudo no controle de constitucionalidade, com o que se poderá verificar (e constituir), em processo judicial, a produção em desacordo com o que é estabelecido pelo próprio direito positivo.[509]

O controle de constitucionalidade visa, pela inconstitucionalidade-sanção, introduzir outro veículo introdutor, presumidamente conformado pela constituição, no sistema do direito positivo, para expulsar o veículo introdutor acoimado inconstitucional, é dizer, que sofreu a pecha da inconstitucionalidade-vício *a posteriori*.

É essa introjeção de novo veículo introdutor, *in casu*, sentença judicial-veículo introdutor, que lançará novas normas jurídicas no sistema de direito positivo, contraindo-o, expandindo-o ou revisando-o[510], enfim criando novo sistema de direito positivo. Uma norma só pode ser invalidada por outra norma[511], sob pena de se afrontar o conceito de direito estabelecido incialmente.

Por fim, o controle de constitucionalidade não visa à construção de uma decisão pelo órgão controlador que, à mercê de corrigir a inconstitucionalidade-vício constituída, imponha a vontade do próprio julgador, sem se importar com o contexto no qual está inserido e dentro do qual emerge a interpretação. A constituição do sentido e da inconstitucionalidade-vício tem que levar em conta, não a querença do julgador, senão

---

509 Cf., a propósito, HERANI, Renato Gugliano. *A prova da inconstitucionalidade*. Curitiba: Editora Prismas, 2016.

510 MOUSSALEM, Tárek Moysés. *Fontes do direito tributário*. 2. ed. São Paulo: Noeses, 2006, p. 130.

511 IVO, Gabriel. *Norma jurídica*: produção e controle. São Paulo: Noeses, 2006, p. 140.

o plexo de normas constitucionais que orientam e se antecipam à interpretação. A constituição é condição de possibilidade de uma decisão válida e a compreensão que se antecipa, sem o que haverá arbítrio e discricionariedade, incompatíveis com o Estado Democrático Constitucional e com as conquistas preconizadas pela filosofia da linguagem.

A adoção de tais premissas impõe a revisão de alguns falsos dogmas repetidos na doutrina e na jurisprudência, a que se destinam os itens seguintes, desde a recuperação dos fundamentos do controle de constitucionalidade até o modelo adotado em solo brasileiro, a partir da exigência de um órgão de controle. O processo no qual se desenvolve o controle exige a abertura às garantias constitucionais e à democracia, urgindo a participação de pré-intérpretes da Constituição e o exame de fatos, com superação de um objetivismo impoderado.

4.2 Antecedentes do Controle de Constitucionalidade

O controle de constitucionalidade, à luz do que afirmado, é, pois, uma das mais sérias garantias constitucionais, sem o que não se torna possível a mantença da superioridade da norma constitucional, dentre a gama de normas jurídicas existentes no sistema de direito positivo.[512] É pela contínua verificação da conformidade das normas infraconstitucionais, em relação à produção estatuída nas normas constitucionais, que se reforça a supremacia constitucional e renova a força normativa da Constituição, que se atualiza na aplicação pela Jurisdição Constitucional.

O controle de constitucionalidade deita raízes na doutrina de Edward Coke que, no início do século XVII (1610), já afirmava a existência de um controle dos atos advindos do Órgão Legislativo.[513] No

[512] FIÚZA, Ricardo Arnaldo Malheiros. O controle de constitucionalidade das leis. *Revista de informação legislativa*, Brasília, ano 31, n. 123, p. 237-248, jul.-set. 1994, p. 238.

[513] Adhemar Ferreira Maciel rememora que no Reino de Aragão (atual Espanha), ainda no século XIII, podia-se vislumbrar "um arremedo de jurisdição constitucional", denominada

célebre caso Bonham (*Bonham's Case – The College os Physicians vs. Dr. Thomas Bonham*), o juiz Coke admitiu a correção e a limitação da legislação vigente, consoante preceitos jurídicos consagrados pelo *common law*, dando azo à construção da *judicial review.*[514]

Tido como dos mais famosos casos e dos mais famosos votos do Sir Edward Coke, parecia não se conceber, à data do julgamento, a proporção que tomaria e a influência que teria nas gerações futuras.[515] Para Cappelletti e Adams, todavia, o exemplo anacrônico do Caso Bonham foi "*a sport in British constitutional history*"[516], porquanto, na Revolução Gloriosa de 1688, que se seguiu, a inspiração adveio das teorias de John Locke e não do próprio Coke, vez que os juízes não gozavam de confiança no período, de modo que, o Legislativo, e não o Judiciário, era feito superior e seu poder não se encontrava limitado.[517]

Consistorio, presidida por um *Justitia Mayor*, que se encarregava "de controlar as leis do reino". (MACIEL, Adhemar Ferreira. O acaso, John Marshall e o controle de constitucionalidade. *Revista de informação legislativa*, Brasília: Senado Federal, ano 43, n. 172, p. 37-44, out.-dez., 2006, p. 38-39.)

514 Cf. COKE, Edward. Dr. Bonham's Case. In: _______. *The selected writings and speeches of Sir Edward Coke edited by Steve Sheppard*. Indianapolis: Liberty Fund, 2003. Part Eight of the Reports, pp. 264-286. Na doutrina brasileira, cf. ABBOUD, Georges. *Processo Constitucional Brasileiro*. 2.ed. São Paulo: Revista dos Tribunais, 2018, p. 834-839. JEVEAUX, Geovany Cardoso. *Teorias do Estado e da Constituição*. Rio de Janeiro: GZ Editora, 2015, p. 212-214. SARLET, Ingo Wolfgang; MARINONI, Luiz Guilherme. MITIDIERO, Daniel. *Curso de direito constitucional*. 6. ed. São Paulo: Revista dos Tribunais, 2017, p. 911-913.

515 A referência é colhida da nota do Editor Steve Shepard, em COKE, Edward. Dr. Bonham's Case. In: _______. *The selected writings and speeches of Sir Edward Coke edited by Steve Sheppard*. Indianapolis: Liberty Fund, 2003. Part Eight of the Reports, pp. 264-286, p. 264.

516 CAPPELLETTI, Mauro; ADAMS, John Clarke. Judicial review of legislation: european antecedents and adaptations. *Harvard Law Review*, vol. 79, n. 6, p. 1207-1224, abr. 1966. Disponível em <http://www.jstor.org/stable/1339202>. Acesso em: 20 mar. 2018, p. 1211.

517 No original: "*Dr. Bonham's Case*, however, was a sport in British constitutional history. The theories of Locke, rather than those of Coke, inspired the Glorious Revolution of 1688. Judges were not always to be trusted in seventeenth century England. The Star Chamber was still fresh in men's minds, and the newly revived writ of habeas corpus had become effective through parliamentary, not judicial action. Parliament, rather than the judiciary, was made supreme, and nothing was permitted to limit its power." (CAPPELLETTI, Mauro; ADAMS, John Clarke. Judicial review of legislation: european antecedents and

Em todo caso, importa ter presente que o referencial histórico consagrou, a seu tempo, que um ato do parlamento, contrário ao *common right* e à razão, ou repugnante, ou impossível de ser executado, será controlado pelo *common law* e julgado "nulo".[518]

Conquanto não seja o intuito fazer maiores digressões sobre o caso julgado pela *Court of Common Pleas*, na Inglaterra, mas tão-só referenciá-lo historicamente como antecedente do controle de constitucionalidade, *Bonham's Case* tornou-se verdadeiro divisor de águas ao superar um caso ainda mais remoto, Caso Jenkins, que veio a ser notabilizado como *Jenkins Doctrine.*

Roger Jenkins, médico, havia se recusado a se submeter à autoridade do *College of Physicians* (Colégio de Médicos), o qual, pela promulgação do *Act of Parliament* de 1540, no reinado de Henrique VII, embora não possuísse vínculo com qualquer universidade, detinha amplos poderes entre os quais de determinar a prisão daqueles que praticassem medicina ou fizessem mau uso dela, pelo tempo que o próprio Colégio considerasse oportuno.

Determinada sua prisão, Jenkins impetrou *Habeas Corpus* no Tribunal (*Court of Common Pleas*), com escopo de obter sua liberdade. A decisão, tomada pelo *Chief Justice* Popham, foi favorável ao Colégio de Médicos, tendo se assentado, de um lado, que este tinha competência para determinar prisão de infratores e, de outro, que não

---

adaptations. *Harvard Law Review*, vol. 79, n. 6, p. 1207-1224, abr. 1966. Disponível em <http://www.jstor.org/stable/1339202>. Acesso em: 20 mar. 2018, p. 1211.). No texto, os autores também aludem aos reflexos da Revolução e da supremacia do Parlamento nas colônias britânicas.

[518] COKE, Edward. Dr. Bonham's Case. In: ______. *The selected writings and speeches of Sir Edward Coke edited by Steve Sheppard*. Indianapolis: Liberty Fund, 2003. Part Eight of the Reports, pp. 264-286, p. 275. Cf. CAPPELLETTI, Mauro; ADAMS, John Clarke. Judicial review of legislation: european antecedents and adaptations. *Harvard Law Review*, vol. 79, n. 6, p. 1207-1224, abr. 1966. Disponível em <http://www.jstor.org/stable/1339202>. Acesso em: 20 mar. 2018, p. 1211.

cabia aos tribunais decidir sobre a liberdade, mas apenas apreciar as formalidades da decisão do Colégio. Assim, o Tribunal respaldou a autoridade do Colégio de Médicos, que veio a ser impugnada novamente no *Bonham's Case*.[519]

Thomas Bonham era médico, formado pela Universidade de Cambridge, tendo começado a trabalhar em Londres, em 1606. Submetido a exame pelo Colégio de Médicos, a quem incumbia a concessão de licença para o exercício da medicina em Londres, não foi qualificado. Todavia, Bonham continuou o exercício profissional, tendo sido condenado ao pagamento de multa e determinada a imediata interrupção de seus atendimentos. Tendo resistido às ordens do Colégio, foi preso.[520]

Alegando falsa prisão (*false imprisonment*) pelo Colégio de Médicos, Bonham processou os censores médicos e os auxiliares que efetuaram o cárcere. O Presidente da *Court of Common Pleas*, Edward Coke, proferiu voto, acompanhado pela maioria do Tribunal, em favor de Bonham.

Bonham defendia que o *Act of Parliament* de 1540 pretendia prevenir práticas medicinais incorretas, realizadas por impostores, mas não se dirigia àqueles formados pelas Universidades, como ele próprio, estando, portanto, isento das determinações do Colégio.[521]

---

519 ABBOUD, Georges. *Processo Constitucional Brasileiro*. 2. ed. São Paulo: Revista dos Tribunais, 2018, p. 835.

520 COKE, Edward. Dr. Bonham's Case. In: ______. *The selected writings and speeches of Sir Edward Coke edited by Steve Sheppard*. Indianapolis: Liberty Fund, 2003. Part Eight of the Reports, pp. 264-286, p. 264.

521 JEVEAUX, Geovany Cardoso. *Teorias do Estado e da Constituição*. Rio de Janeiro: GZ Editora, 2015, p. 213. Nota Georges Abboud que Bonham defendia seu ponto de vista com base "no espírito da lei" (ABBOUD, Georges. *Processo Constitucional Brasileiro*. 2. ed. São Paulo: Revista dos Tribunais, 2018, p. 836.)

Entre outros fundamentos[522], Edward Coke distinguiu duas cláusulas do *Act of Parliament* de 1540, uma que tratava do exercício da medicina sem licença (uma espécie de infração administrativa) e outra que dizia respeito ao exercício incorreto (infração penal), sendo que somente esta poderia ser apenada com pena de prisão.[523] Além disso, e o que mais interessa a esse estudo, afirmou Coke que o *common law* controla os *Acts* provenientes do parlamento, podendo determinar sua "nulidade", o que já podia ser observado em outros precedentes da Corte.[524] Segundo esses precedentes, algumas leis são elaboradas contra o direito, contra o *common law*,[525] e não podem ser colocadas em execução.[526]

---

[522] A decisão ganha foros de importância, sobretudo no direito sancionatório, por estabelecer que os procedimentos devem ser escritos, e não apenas orais, que as previsões de prisão devem ser lidas de forma estrita, a fim de evitar, ao máximo, a perda de liberdade, deve haver proporcionalidade entre infrações e penas. (COKE, Edward. Dr. Bonham's Case. In: ______. *The selected writings and speeches of Sir Edward Coke edited by Steve Sheppard*. Indianapolis: Liberty Fund, 2003. Part Eight of the Reports, pp. 264-286, p. 264, 273 ss.) Sobre outros argumentos, cf. JEVEAUX, Geovany Cardoso. *Teorias do Estado e da Constituição*. Rio de Janeiro: GZ Editora, 2015, p. 213.

[523] COKE, Edward. Dr. Bonham's Case. In: ______. *The selected writings and speeches of Sir Edward Coke edited by Steve Sheppard*. Indianapolis: Liberty Fund, 2003. Part Eight of the Reports, pp. 264-286, p. 274-275.

[524] COKE, Edward. Dr. Bonham's Case. In: ______. *The selected writings and speeches of Sir Edward Coke edited by Steve Sheppard*. Indianapolis: Liberty Fund, 2003. Part Eight of the Reports, pp. 264-286, p. 275-277. Refere-se aos *Thomas Tregor's Case upon the Satute of West and Artic's Super Chartas*, *Strowd's Case* e *Carter and Ringstead*. Cf. JEVEAUX, Geovany Cardoso. *Teorias do Estado e da Constituição*. Rio de Janeiro: GZ Editora, 2015, p. 213; SARLET, Ingo Wolfgang; MARINONI, Luiz Guilherme. MITIDIERO, Daniel. *Curso de direito constitucional*. 6. ed. São Paulo: Revista dos Tribunais, 2017, p. 912-913.

[525] Chama à atenção a passagem sobre a impossibilidade de ser juiz e parte no mesmo processo, garantia que se pode dizer conquistada na tradição do *common law*. (COKE, Edward. Dr. Bonham's Case. In: ______. *The selected writings and speeches of Sir Edward Coke edited by Steve Sheppard*. Indianapolis: Liberty Fund, 2003. Part Eight of the Reports, pp. 264-286, p. 283.) A observação não escapa a Georges Abboud, para quem, conforme referência do *Bonham's Case*, "ao Judiciário caberia exercer o controle dos demais atos do poder público que fossem violadores dos direitos fundamentais historicamente assegurados aos cidadãos, ainda que parte desses atos estivesse em consonância com a legislação vigente, mas em confronto com a historicidade (*common law*)." (ABBOUD, Georges. *Processo Constitucional Brasileiro*. 2. ed. São Paulo: Revista dos Tribunais, 2018, p. 839.)

[526] No original: "[...] Some Statutes are made against Common Law and right, which those who made them, would not put them in execution [...] and because it shall be against right

Enxerga-se aí "um germe do controle de constitucionalidade das leis",[527] na medida em que Edward Coke "admite a correção e a limitação da legislação vigente com fundamento em preceitos jurídicos consagrados historicamente pelo *common law*".[528] Assim, fica o legado do controle das prerrogativas do Parlamento quando em confronto com a Constituição. Em que pese a existência de interpretação controversa de *Bonham's Case*, conforme noticia Nicola Matteucci, a adoção da máxima da possibilidade do controle dos atos legislativos, e mesmo do executivo, redundará na construção, mais que doutrinária, do controle de constitucionalidade pelo Órgão Judiciário.[529]

Mauro Cappelletti apresenta, todavia, o que ele denomina de "paradoxal fenômeno" quanto aos frutos do Caso Bonham para o *judicial review of legislation* e para o *supremacy of the judiciary*. Explica ele que as colônias britânicas possuíam "Cartas", as quais podem ser consideradas as primeiras Constituições das Colônias, "seja porque vinculatórias para a legislação colonial, seja porque regulavam as estruturas jurídicas

---

and reason, the Common Law shall adjudge the said Act of Parliament as to that point void" (COKE, Edward. Dr. Bonham's Case. In: ______. *The selected writings and speeches of Sir Edward Coke edited by Steve Sheppard*. Indianapolis: Liberty Fund, 2003. Part Eight of the Reports, pp. 264-286, p. 275-276.)

527 SARLET, Ingo Wolfgang; MARINONI, Luiz Guilherme. MITIDIERO, Daniel. *Curso de direito constitucional*. 6. ed. São Paulo: Revista dos Tribunais, 2017, p. 912.

528 ABBOUD, Georges. *Processo Constitucional Brasileiro*. 2. ed. São Paulo: Revista dos Tribunais, 2018, p. 838.

529 "Il Coke è famoso nella storia del costituzionalismo, perchéq uesta rivendicazione della superiorità del common law, sia sulla prerogativa del Re che sul potere del Parlamento, non resta una mera enunciazione dottrinale.Infatti egle ha difeso, anche a costo di violenti scontri con il Re, la funzione delle Corti giudiziare, quella di limitare e di controllare le prerogative riconosciute al Re dalla Costituzione; e, insieme, ha anche intuito che spetta sempre alle Corti giudiziarie il compito di rendere nulla e priva de effetto una legge, o, per usare la terminologia inglese, un Atto del Parlamento, qualora sia in contrasto con la Costituzione. [...] L'esatta interpretazione del Bonham's Case à ancora assai controversa; tuttavia quando inglesi o americani riprenderanno questa massima, vi leggeranno il moderno il giudizio o il controllo di constituzionalità della legge." (MATTEUCCI, Nicola. *Breve storia del costituzionalismo*. Brescia: Morcelliana, 2010, p. 58-59.)

fundamentais das próprias Colônias". Essas "Constituições" dispunham sobre a possibilidade de as Colônias aprovarem suas próprias leis, desde que fossem "razoáveis" e "não contrárias às leis do Reino da Inglaterra" e, por conseguinte, "não contrárias à vontade suprema do Parlamento inglês". O fato curioso ("paradoxal fenômeno") reside em que, muito embora a reafirmação da supremacia da lei inglesa sobre os atos praticados pelas colônias, o *Privy Council* do Rei decidiu que "as leis coloniais deviam ser aplicadas pelos juízes das Colônias *só se elas não estivessem em contraste com as leis do Reino*".[530]

Nas palavras de Cappelletti, eis porque, então, "o princípio inglês da incontrolada supremacia do poder legislativo tenha podido contribuir, antes de ser um obstáculo, para a formação, na América [...] do oposto sistema"[531], qual seja de que as leis do Parlamento são sujeitas a um controle de validade por todos os juízes.[532]

Consigna Geovany Jeveaux como segundo antecedente[533] a decisão tomada pela Northampton County Court, de Virgínia, em 1766, ao

---

530 CAPPELLETTI, Mauro. *O controle judicial de constitucionalidade das leis no direito comparado*. Porto Alegre: Fabris, 1984, p. 60-61 *passim*. São exemplos trazidos por Cappelletti: *Wintrop vs Lechmere* (1727) e *Philips vs Savage* (1737).

531 CAPPELLETTI, Mauro. *O controle judicial de constitucionalidade das leis no direito comparado*. Porto Alegre: Fabris, 1984, p. 62.

532 Tenha-se em conta que o Estado absolutista, com um Rei soberano, foi incorporado por um Parlamento que se punha superior a tudo e a todos, com reflexo direto nas colônias, por exemplo. A afirmação de que a colônia deve ser subordinada à Coroa e de que o Parlamento possui poder e autoridade para emanar leis que vincule as colônias era precisamente a noção trazida do momento anterior, e que, agora, alijava, inclusive, os juízes de repudiar os atos, ainda que confrontados com o *common law* ou com a Constituição. Nesse sentido, cf. MATTEUCCI, Nicola. *Breve storia del costituzionalismo*. Brescia: Morcelliana, 2010, p. 66-67. Cf., ainda, GARCIA DE ENTERRIA, Eduardo. *La constitución como norma y el tribunal constitucional*. Madrid: Editorial Civitas, 1994, p. 50-55.

533 Nicola Matteucci anota a influência do *Bonham's Case* em uma decisão de 1761, nos Estados Unidos, em que James Otis questionara o *Writs of Assistance* que autorizava busca domiciliares para tornar efetivas as medidas alfandegárias baixadas pela Coroa inglesa com anuência do Parlamento. Consignara-se na decisão que uma lei contrária à Constituição e à igualdade natural é nula, cabendo ao judiciário fazê-la cair em desuso; a função do

declarar inconstitucional a Lei dos Selos (*Stamp Act*), de 1765, o que ficou conhecido como *Stamp Act Case*.[534]

A frustrada tentativa de arrecadação com a taxação de produtos importados pela colônia, por meio do *Sugar Act*, levou a Coroa britânica e o Parlamento inglês a editarem o *Stamp Act*, que previa uma espécie de tributo interno, incidente sobre papéis de jornais e atos oficiais, o que desagradou aos colonos. No caso em questão, por entender que o *Stamp Act* não podia se referir à colônia, sob o fundamento do *no taxation without representation*, expressamente previsto na Declaração de Direitos de 1689, a Corte o considerou inconstitucional.[535]

Nesse contexto, não é de se admirar que, com a independência alcançada pelas Colônias inglesas e substituição das "Cartas" pela Constituição, entendida como Lei Fundamental, passasse a se considerar, como no passado, a nulidade e não aplicabilidade de leis contrárias às novas Constituições.[536]

Com efeito, importante contributo para o controle de constitucionalidade deu-se com a coletânea de artigos publicada por Alexander Hamilton, James Madison e John Jay, sob a alcunha de *Philo-Publius*, em jornal de grande circulação em Nova York no século XVIII, posteriormente compendiada na obra "O Federalista" (*Federalist papers – The*

---

common law é de controlar os atos do Parlamento. Matteucci confirma que a objeção a um poder supremo e arbitrário não é caso isolado nos Estados Unidos; o que, ainda, viria a repercutir, inclusive, no *Stamp Act Case*. (MATTEUCCI, Nicola. *Breve storia del costituzionalismo*. Brescia: Morcelliana, 2010, p. 67-68.)

534 JEVEAUX, Geovany Cardoso. *Teorias do Estado e da Constituição*. Rio de Janeiro: GZ Editora, 2015, p. 214-215.

535 Para mais comentários sobre *Stamp Act Case*, cf. JEVEAUX, Geovany Cardoso. *Teorias do Estado e da Constituição*. Rio de Janeiro: GZ Editora, 2015, p. 214-215. A noção histórica do momento, a partir da Revolução Gloriosa e da influência do *Stamp Act Case* nas colônias inglesas até a independência estadunidense, cf. MATTEUCCI, Nicola. *Breve storia del costituzionalismo*. Brescia: Morcelliana, 2010, p. 60-75.

536 CAPPELLETTI, Mauro. O controle judicial de constitucionalidade das leis no direito comparado. Porto Alegre: Fabris, 1984, p. 62.

Federalist).[537] Nesta, os autores exortam a necessidade de uma judicatura federal, inamovível, imparcial, imune a desmandos políticos ocasionais e resistente, numa República, às usurpações e tiranias do corpo legislativo.[538] É o Judiciário, de todas as frações do Poder, aquela que menos conta com meios para atacar a Constituição[539], conclusão à qual chegará Hans Kelsen, posteriormente, ao defender quem deve ser o guardião da Constituição, muito embora alheio às estruturas das funções do Poder.[540]

Em "O Federalista", encontra-se que as restrições impostas às autoridades legislativas somente podem ser mantidas por meio de tribunais de justiça, "cujo dever é declarar nulo todos os atos manifestamente contrários aos termos da Constituição", sem o que tornaria sem sentido qualquer reserva de direitos encartados nesta. Ademais, seria contraintuitivo dimensionar uma legislatura sem contenções, passível de substituir, pela própria vontade, a vontade do povo. Desse modo, incumbe aos juízes "determinar o sentido da Constituição, assim como de todos os outros atos do corpo legislativo", pelo que os tribunais "devem ser considerados como os baluartes de uma Constituição limitada contra as usurpações do corpo legislativo", do que não se segue haja uma superioridade do órgão judicante em face do legislativo.[541]

---

537 HAMILTON, Alexander; MADISON, James; JAY, John. *O federalista*. Belo Horizonte: Líder, 2003. Sobre os autores, os desacordos entre eles e os impactos no direito estadunidense, cf. BURT, Robert A. *Constitución y conflito*. Buenos Aires: Editorial Universitária de Buenos Aires, 2000, p. 78-118. Cf., ainda, JEVEAUX, Geovany Cardoso. *Teorias do Estado e da Constituição*. Rio de Janeiro: GZ Editora, 2015, p. 215-217.

538 HAMILTON, Alexander; MADISON, James; JAY, John. *O federalista*. Belo Horizonte: Líder, 2003, p. 457-458.

539 HAMILTON, Alexander; MADISON, James; JAY, John. *O federalista*. Belo Horizonte: Líder, 2003, p. 458.

540 KELSEN, Hans. *Jurisdição constitucional*. 3. ed. São Paulo: WMF Martins Fontes, 2013, p. 240, 245 e 276, principalmente.

541 HAMILTON, Alexander; MADISON, James; JAY, John. *O federalista*. Belo Horizonte: Líder, 2003, p. 459-461 *passim*. Sobre o "exame e explicação do princípio da separação dos poderes" na obra citada, cf. HAMILTON, Alexander; MADISON, James; JAY, John. *O federalista*. Belo Horizonte: Líder, 2003, p. 298-322.

Ainda, o texto enaltece a extensão da judicatura federal, acreditada pela Convenção de Filadélfia de 1787, para submeter atos dos estados aos artigos da União[542], a existência de um tribunal de Suprema Jurisdição e a Constituição como base de interpretação das leis.[543]

Decorrem da obra referida bases para um controle de constitucionalidade das leis (*judicial review of legislation*) exercida por todos os juízes, em geral, de forma típica, que se tornará mais evidente num dos casos mais famosos na temática e tantas vezes referido: *Marbury vs Madison*, datado de 1803.[544]

Enfeixam-se, aqui, o fenômeno da inconstitucionalidade, trabalhado no capítulo anterior, a exigência de um controle de constitucionalidade decorrente de uma Constituição rígida, que favorece a anotação de uma supremacia da Constituição, bem assim de um órgão cuja função precípua seja constituir as inconstitucionalidades e solvê-las, sob pena de desvirtuamento da norma superior a todas as demais.

John Adams, após ser derrotado por Thomas Jefferson nas eleições presidenciais de 1800, nos Estados Unidos, conseguiu aprovar no Congresso leis de organização do Judiciário federal, a fim de que os federalistas mantivessem sua influência mesmo após a ascensão republicana. Entre as providências criadas na lei, destacava-se a autorização para o Presidente nomear juízes de paz. No último dia de seu governo, John Adams assinou o ato de investidura (*comissions*) de Willian Marbury,

---

542 HAMILTON, Alexander; MADISON, James; JAY, John. *O federalista*. Belo Horizonte: Líder, 2003, p. 467-468, 470-471.

543 HAMILTON, Alexander; MADISON, James; JAY, John. *O federalista*. Belo Horizonte: Líder, 2003, p. 473-475 *passim*.

544 Não se olvida a referência teórica e histórica da experiência francesa. Contudo, pela particularidade do controle vislumbrado na França e da pouca repercussão para o controle de constitucionalidade brasileiro, indica-se a leitura de JEVEAUX, Geovany Cardoso. *Teorias do Estado e da Constituição*. Rio de Janeiro: GZ Editora, 2015, p. 217-219; CAPPELLETTI, Mauro. *O controle judicial de constitucionalidade das leis no direito comparado*. Porto Alegre: Fabris, 1984, p. 94-100.

ficando John Marshall encarregado de entregá-lo ao nomeado. Por sua vez, Marshall houvera sido indicado por Adams para Presidente da Suprema Corte (*Chief Justice*), mas permanecera como Secretário de Estado até o fim do mandato do federalista. Findo o mandato e não tendo Marshall conseguido entregar o ato de investidura a Marbury, o novo Secretário de Estado, James Madison, sob orientação do novo presidente, Thomas Jefferson, recursou-se a fazê-lo. Marbury, nomeado e não empossado, propôs *writ of mandamus* perante a Suprema Corte dos Estados Unidos, que viria a ser presidida por Marshall, para ver reconhecido seu direito ao cargo.[545]

A Constituição estadunidense não conferia expressamente à Suprema Corte, nem a qualquer outro órgão judicial, o poder de exercer o controle de constitucionalidade das leis, negando a aplicação desta, caso inconstitucionais[546], daí o mérito da decisão de John Marshall no Caso *Marbury vs Madison*, no qual se afirmou a possibilidade de sindicalização dos atos legislativos, muito embora sob influência de "O Federalista".[547]

---

[545] A síntese fática é extraída de BARROSO, Luís Roberto. *O controle de constitucionalidade no direito brasileiro*. 7. ed. São Paulo: Saraiva, 2016, p. 25-27. As convulsões políticas da época podem ser notadas em BARROSO, Luís Roberto. Conceitos Fundamentais sobre o Controle de Constitucionalidade e a Jurisprudência do Supremo Tribunal Federal. In: SARMENTO, Daniel (org). *O controle de constitucionalidade e a Lei 9.868/99*. Rio de Janeiro: Lumen Juris, 2001, p. 233-268, p. 233-234, nota 1; JEVEAUX, Geovany Cardoso. *Teorias do Estado e da Constituição*. Rio de Janeiro: GZ Editora, 2015, p. 219-222; ABBOUD, Georges. *Processo Constitucional Brasileiro*. 2. ed. São Paulo: Revista dos Tribunais, 2018, p. 839-843; MACIEL, Adhemar Ferreira. O acaso, John Marshall e o controle de constitucionalidade. *Revista de informação legislativa*, Brasília: Senado Federal, ano 43, n. 172, p. 37-44, out.-dez., 2006; BURT, Robert A. *Constitución y conflito*. Buenos Aires: Editorial Universitária de Buenos Aires, 2000, p. 166-167.

[546] BARROSO, Luís Roberto. *O controle de constitucionalidade no direito brasileiro*. 7. ed. São Paulo: Saraiva, 2016, p. 27.

[547] MATTEUCCI, Nicola. *Breve storia del costituzionalismo*. Brescia: Morcelliana, 2010, p. 74-75. Curiosamente, anota Adhemar Maciel, com apoio em Albert Beveridge, Marshall advogara a tese contrária ao controle de leis pelo judiciário. (MACIEL, Adhemar Ferreira. O acaso, John Marshall e o controle de constitucionalidade. *Revista de informação legislativa*, Brasília: Senado Federal, ano 43, n. 172, p. 37-44, out.-dez., 2006, p. 39.)

No famoso *Case*, a Corte procurou demonstrar que a atribuição para fiscalização dos atos legislativos decorria logicamente do sistema engendrado na Constituição, daí porquanto a argumentação de Marshall não é, nesse sentido, inovadora, haja vista a existência de precedentes julgados e mesmo do texto "O Federalista", sobre a supremacia da Constituição, a competência do judiciário e a necessidade do *judicial review of legislation*.[548]

A decisão de Marshall estruturou-se em três pilares fundamentais: 1) o direito de Marbury à comissão; 2) o remédio jurídico para assegurar esse direito; 3) a competência da Suprema Corte estadunidense para exame do *writ*.[549]

Quanto aos dois primeiros pontos, Marshall consignou que Marbury possuía direito a receber a *comission* – vez que se tratava de ato vinculado e, portanto, obrigatório, tendo se aperfeiçoado a nomeação com a assinatura da comissão[550] – e, via de consequência, devia existir uma ação para tutelar esse direito – a recusa da entrega da comissão constituiu flagrante violação ao direito de Marbury, contra o que há o *writ of mandamus*.[551]

---

548 BARROSO, Luís Roberto. *O controle de constitucionalidade no direito brasileiro*. 7. ed. São Paulo: Saraiva, 2016, p. 27-28.

549 LOBO, Americo. *Decisões constitucionaes de Marshall, Presidente do Supremo Tribunal Federal dos Estados Unidos da América do Norte*. Rio de Janeiro: Imprensa Nacional, 1903, p. 3. BARROSO, Luís Roberto. *O controle de constitucionalidade no direito brasileiro*. 7. ed. São Paulo: Saraiva, 2016, p. 29; JEVEAUX, Geovany Cardoso. *Teorias do Estado e da Constituição*. Rio de Janeiro: GZ Editora, 2015, p. 220; BURT, Robert A. *Constitución y conflito*. Buenos Aires: Editorial Universitária de Buenos Aires, 2000, p. 180.

550 "[...] Dar a comissão á pessoa nomeada talvez se possa considerar um dever imposto pela Constituição [...] Reter o título de suam comissão é, pois, um acto julgado pelo Tribunal, não só não permitido pela *lei*, mas expoliativo deum legítimo direito adquirido." (LOBO, Americo. *Decisões constitucionaes de Marshall, Presidente do Supremo Tribunal Federal dos Estados Unidos da América do Norte*. Rio de Janeiro: Imprensa Nacional, 1903, p. 5-11 *passim*)

551 "A verdadeira essencia da liberdade civil certamente consiste no direito que tem cada pessoa de invocar a protecção das leis, todas as vezes que fôr offendida; um dos principaes

O terceiro ponto, que destaca a importância conferida ao julgado e sua repercussão no controle de constitucionalidade, dividiu-se em duas partes: a) exame da natureza da ordem pleiteada; b) a competência da Suprema Corte para conceder a ordem.[552]

Em relação à primeira parte, atos há do Poder Executivo que são passíveis de controle jurisdicional, tanto quanto à constitucionalidade como quanto à legalidade, podendo-se prover ordem para a prática de determinado ato. Estes se distinguem daqueles de natureza política, aos quais a lei ou a Constituição haja atribuído a discricionariedade, submetidas ao crivo do Executivo. Neste último caso, o Tribunal deve rejeitar as pretensões deduzidas, pois "o Tribunal só tem competencia para decidir acerca dos direitos individuaes; jámais para examinar como o Executivo, ou os funcionarios executivos, desempenham seus deveres em tudo a que se aplica a faculdado discricionaria".[553]

O Caso levado à Corte Suprema, porém, não se incluía no espectro discricionário do Executivo, mas era vinculado, na medida em que já possuía Marbury o direito ao recebimento da comissão, porquanto transpostas as fases políticas da nomeação, cingindo-se a discussão à entrega

deveres do governo é conceder-lhe essa protecção." (LOBO, Americo. *Decisões constitucionaes de Marshall, Presidente do Supremo Tribunal Federal dos Estados Unidos da América do Norte*. Rio de Janeiro: Imprensa Nacional, 1903, p. 11); BARROSO, Luís Roberto. *O controle de constitucionalidade no direito brasileiro*. 7. ed. São Paulo: Saraiva, 2016, p. 29; JEVEAUX, Geovany Cardoso. *Teorias do Estado e da Constituição*. Rio de Janeiro: GZ Editora, 2015, p. 220-221.

552 LOBO, Americo. *Decisões constitucionaes de Marshall, Presidente do Supremo Tribunal Federal dos Estados Unidos da América do Norte*. Rio de Janeiro: Imprensa Nacional, 1903, p. 16; BARROSO, Luís Roberto. *O controle de constitucionalidade no direito brasileiro*. 7. ed. São Paulo: Saraiva, 2016, p. 29; JEVEAUX, Geovany Cardoso. *Teorias do Estado e da Constituição*. Rio de Janeiro: GZ Editora, 2015, p. 221.

553 LOBO, Americo. *Decisões constitucionaes de Marshall, Presidente do Supremo Tribunal Federal dos Estados Unidos da América do Norte*. Rio de Janeiro: Imprensa Nacional, 1903, p. 18. Cf. BARROSO, Luís Roberto. *O controle de constitucionalidade no direito brasileiro*. 7. ed. São Paulo: Saraiva, 2016, p. 29-30

da comissão (ato vinculado), passível de apreciação pelo Judiciário.[554] Importava, por fim, saber se era de competência da Suprema Corte essa apreciação. E a resposta foi desenganadamente negativa.

Segundo Marshall, a competência originária atribuída à Suprema Corte para expedir *mandamus* a funcionários públicos (Ministros de Estado) fora conferida pelo *Judiciary Act* (Lei Judiciária de 1789, §13), em descompasso com a Constituição (art. 3º). Assentou que era vedado à lei conferir competência não discriminada na Constituição, pelo que padecia de inconstitucionalidade.[555]

Marshall enunciou, de conseguinte, que (a) o povo tem o direito originário de estabelecer governo e princípios para a busca da felicidade, que (b) essa vontade originária e suprema fixa limites que não podem ser ultrapassados, que (c) por serem definidos e limitados e para não serem usurpados, a Constituição é escrita. Segue que (d) a Constituição não pode ser alterada por meios ordinários, incompatível com ela, sob pena de não haver limite aos poderes. É essa rigidez que (e) confere à Constituição o caráter de lei fundamental e predominante da nação, pelo que (f) é nula toda resolução legislativa com ela incompatível. Por fim, incumbe aos tribunais o exame dessa (des)conformidade; cabe ao Judiciário definir o que é lei, como intérprete final da Constituição.[556]

---

[554] LOBO, Americo. *Decisões constitucionaes de Marshall, Presidente do Supremo Tribunal Federal dos Estados Unidos da América do Norte*. Rio de Janeiro: Imprensa Nacional, 1903, p. 21; JEVEAUX, Geovany Cardoso. *Teorias do Estado e da Constituição*. Rio de Janeiro: GZ Editora, 2015, p. 221.

[555] LOBO, Americo. *Decisões constitucionaes de Marshall, Presidente do Supremo Tribunal Federal dos Estados Unidos da América do Norte*. Rio de Janeiro: Imprensa Nacional, 1903, p. 21-24; BARROSO, Luís Roberto. *O controle de constitucionalidade no direito brasileiro*. 7. ed. São Paulo: Saraiva, 2016, p. 30.

[556] LOBO, Americo. *Decisões constitucionaes de Marshall, Presidente do Supremo Tribunal Federal dos Estados Unidos da América do Norte*. Rio de Janeiro: Imprensa Nacional, 1903, p. 24-29; BARROSO, Luís Roberto. *O controle de constitucionalidade no direito brasileiro*. 7. ed. São Paulo: Saraiva, 2016, p. 30.

Geovany Jeveaux ressalta que a questão acerca da competência da Suprema Corte para decretar a inconstitucionalidade adveio do argumento da rigidez, examinado alhures. Destarte, "leis inconstitucionais, aprovadas por procedimento e *quórum* simples, não podem permanecer na ordem jurídica porque do contrário estariam alterando a Constituição, quando ela exige para sua mudança procedimento e *quórum* qualificados". Por outros termos, "Constituições rígidas exigem procedimento e *quórum* qualificados para a sua alteração, de modo que as leis inconstitucionais não podem ficar a salvo de um controle de constitucionalidade, porque do contrário alterariam impunemente a Constituição". Decorre, igualmente, a competência de todos os órgãos jurisdicionais para o controle de constitucionalidade, porquanto a aferição da consentaneidade com o parâmetro maior de validade é ínsita à interpretação das leis pelo Órgão Judiciário.[557]

Marshall, refere Georges Abboud, firmou o argumento que viria a transformar o direito constitucional e a teoria do direito, qual seja, a garantia de que a Constituição era revestida de supremacia, apresentando-se como *paramount law*. Nesse ínterim, a conclusão lógica de que o Judiciário deve fiscalizar os atos legislativos editados em contrariedade aos parâmetros constitucionais.[558]

Registra, no entanto, Robert Burt, que a visão de que o Caso *Marbury vs Madison* estabeleceu o princípio fundamental de que o

---

[557] JEVEAUX, Geovany Cardoso. *Teorias do Estado e da Constituição*. Rio de Janeiro: GZ Editora, 2015, p. 221.

[558] ABBOUD, Georges. *Processo Constitucional Brasileiro*. 2. ed. São Paulo: Revista dos Tribunais, 2018, p. 842. A decisão, todavia, não é isenta de críticas, justificando-se no contexto político da época, assinalado anteriormente. A estruturação do voto de Marshall demonstra cabalmente a inversão da ordem de argumentos para o fim de satisfazer todas as vontades em jogo e impor uma paz à batalha política da época. Cf. BARROSO, Luís Roberto. *O controle de constitucionalidade no direito brasileiro*. 7. ed. São Paulo: Saraiva, 2016, p. 31; BURT, Robert A. *Constitución y conflito*. Buenos Aires: Editorial Universitária de Buenos Aires, 2000, p. 181-183. Sobre outros fundamentos possíveis de serem utilizados por Marshall, mas olvidados, cf. BURT, Robert A. *Constitución y conflito*. Buenos Aires: Editorial Universitária de Buenos Aires, 2000, p. 179-180.

Judiciário possui supremacia na interpretação do direito constitucional é incorreta. Segundo o autor, o caso não expressou esse princípio e foi ambíguo; o fato de se negar a aplicação de uma lei do Legislativo não significaria, automaticamente, uma supremacia do Judiciário na interpretação da Constituição, mas, tão somente, a reafirmação de igualdade institucional, e nada mais.[559]

De toda sorte, ao assentar que a modificação da Constituição pelo Congresso nos moldes em que se dá a alteração legislativa ordinária implicaria tratar a Constituição como lei ordinária, o Caso ganha foros de importância para deter poderes supostamente incontrolados e ilimitados. De outro modo, a Constituição não passaria de "uma vã tentativa dos homens de limitar um poder que, ao final, sempre se mostra como ilimitado". Daí porque o *judicial review of legislation* deve ser visto sob a ótica de uma "garantia fundamental para a existência, preservação e concretização de uma constituição escrita", cujas normas são superiores àquelas emanadas do Órgão Legislativo constituído.[560]

A *judicial review* importa em um esforço, vão dizer Cappelletti e Adams, para julgar a lei à luz dos valores insertos na Conastituição. Somente assim, restarão preservardas as aspirações humanas e cumpridas as promessas constitucionais; somente assim, concretiza-se a Constituição.[561]

---

559 BURT, Robert A. *Constitución y conflito*. Buenos Aires: Editorial Universitária de Buenos Aires, 2000, p. 155, 173-175. Mesmo a inovação de competência originária da Corte Suprema a partir do *Judiciary Act* não é isento de dúvidas. (MACIEL, Adhemar Ferreira. O acaso, John Marshall e o controle de constitucionalidade. *Revista de informação legislativa*, Brasília: Senado Federal, ano 43, n. 172, p. 37-44, out.-dez., 2006, p. 40.)

560 ABBOUD, Georges. *Processo Constitucional Brasileiro*. 2. ed. São Paulo: Revista dos Tribunais, 2018, p. 842. "La revisione delle leggi attraverso il giudizio si era così defintiivamente affermata; e si era affermata como l'emento essenzale di una Costituzione scritta, le cui norma erano superiori a quelle emanate del potere legislativo." (MATTEUCCI, Nicola. *Breve storia del costituzionalismo*. Brescia: Morcelliana, 2010, p. 76.)

561 No original: "Judicial review is in essence an endeavor to judge positive law in the light of ultimate values. It is the means by which human aspirations, as expressed in constitutional absolutes, are "concretized" into a living constitution. In the past, states have existed and

Para fins do presente estudo, concatenando com as premissas anteriormente adotadas e justificando o marco histórico do julgamento, importa assentar a influência direta que a Constituição escrita impõe ao processo democrático[562] e, ao cabo, à própria democracia, possível no paradigma do Estado Democrático Constitucional. *Marbury vs Madison* provê o caráter de normatividade da Constituição[563] e registra a natureza de direito fundamental do controle (difuso) de constitucionalidade.[564]

Ainda sob a epígrafe de antecedente do controle de constitucionalidade, não se pode olvidar a forma engendrada por Hans Kelsen e já referida em outros momentos ao longo desse estudo. Ao lado do modelo da *judicial review*, no qual a fiscalização da constitucionalidade das leis incumbe a todos os juízes e tribunais, epitetado de controle difuso, concebeu-se, na Constituição Austríaca, em 1920, um modelo que posicionava a Suprema Corte como guardiã da Constituição e à qual,

---

prospered without benefit of judicial review, and many will probably continue to do so in the future. They deprive themselves, however, of the sobering and ennobling experience that befalls those who check their acts against their principles and strive in performing the former never to lose sight of the latter." (CAPPELLETTI, Mauro; ADAMS, John Clarke. Judicial review of legislation: european antecedents and adaptations. *Harvard Law Review*, vol. 79, n. 6, p. 1207-1224, abr. 1966. Disponível em <http://www.jstor.org/stable/1339202>. Acesso em: 20 mar. 2018, p. 1.224.)

562 ABBOUD, Georges. *Processo Constitucional Brasileiro.* 2. ed. São Paulo: Revista dos Tribunais, 2018, p. 842.

563 "La Constitución, por una parte, configura y ordena los poderes del Estado por ella construidos; por otra, establece los límites del ejercicio del poder y el ámbito de libertades y derechos fundamentales, así como los objetivos positivos y las prestaciones que el poder debe cumplir en beneficio de la comunidad. En todos esos contenidos la Constitución se presenta como un sistema preceptivo que emana del pueblo como titular de la soberanía, en su función constituyente, preceptos dirigidos tanto a los diversos órganos del poder por la propia Constitución establecidos como a los ciudadanos." (GARCIA DE ENTERRIA, Eduardo. *La constitución como norma y el tribunal constitucional.* Madrid: Editorial Civitas, 1994, p. 49.)

564 ABBOUD, Georges. *Processo Constitucional Brasileiro.* 2. ed. São Paulo: Revista dos Tribunais, 2018, p. 843. Cf., a propósito, ABBOUD, Georges; OLIVEIRA, Rafael Tomaz de. A gênese do controle difuso de constitucionalidade: cidadania e democracia na conformação das atribuições do Judiciário no marco de um Estado de Direito. *Revista de Processo*, v. 229, p. 433, mar. 2014.

singularmente, incumbiria, inclusive de ofício, a verificação da constitucionalidade dos atos emanados do Órgão Legislativo[565] – controle concentrado.

As razões de se confiar à Corte Constitucional, distinta das frações do Poder, a guarda da Constituição e o debate com Karl Schmitt, já foram examinadas em outro ponto, nesse momento, interessa observar a influência exercida sobre o controle mesmo de constitucionalidade.[566]

Ao fazer um estudo comparado entre as Constituições austríaca e estadunidense, observando-se o controle de constitucionalidade em cada uma delas, Kelsen cuidou de apontar a desvantagem de se permitir que diferentes órgãos deixem de aplicar a lei por considerá-la inconstitucional ensejando diferentes decisões contra e a favor da constitucionalidade. Para Kelsen, apenas uma decisão uniforme seria capaz de deter a ameaça à autoridade da própria Constituição.[567]

Todavia, também observava Kelsen que, nos Estados Unidos, o perigo de uma prática contraditória pelos órgãos jurisdicionais era mitigado, na medida em que, por exemplo, as decisões da Suprema Corte têm caráter obrigatório para todas as demais cortes, o que, na prática, equivaleria à anulação de uma lei geral, embora tomada, a inconstitucionalidade, no caso concreto. Muito embora, confirma ele, a "norma do *stare decisis*" não fosse, de modo algum, absoluta.[568]

---

[565] Destaque-se que Hans Kelsen, ao lado da Corte Constitucional, a qual devia fiscalizar a conformidade das leis com a Constituição, apôs uma Corte Administrativa, delegando o mister de investigar a conformidade da administração com as leis estaduais. (KELSEN, Hans. *Jurisdição constitucional*. 3. ed. São Paulo: WMF Martins Fontes, 2013, p. 18-19.)

[566] KELSEN, Hans. A garantia jurisdicional da Constituição. *Sub Judice. Justiça e Sociedade*. Coimbra; DocJuris, v. 20-21, p. 9-32, 2001.

[567] KELSEN, Hans. *Jurisdição constitucional*. 3. ed. São Paulo: WMF Martins Fontes, 2013, p. 303.

[568] KELSEN, Hans. *Jurisdição constitucional*. 3. ed. São Paulo: WMF Martins Fontes, 2013, p. 307. Não se olvida a diferença entre "nulidade" e "anulabilidade" de uma "lei inconstitucional", cujas significativas diferenças podem ser observadas nos modelos estadunidense e austríaco. Contudo, não é objeto de preocupação no presente estudo, pelo que se remete

É notória a tentativa de Kelsen de evitar um "governo dos juízes", ao estabelecer o controle de constitucionalidade como uma "legislação negativa" (legislador com sinal trocado).[569] A função constitucional da Corte Constitucional deveria significar a atuação como "legislador negativo" (pois não deixa de ser criação de direito), ao anular, por meio de decisão constitutiva negativa, as leis, retirando-as do ordenamento jurídico, com efeito para todos, quando desconformes com a Constituição.[570]

Percebe-se, no entanto, a influência sofrida por Hans Kelsen do argumento da rigidez constitucional apresentado em *Marbury vs Madison*. Com efeito, a garantia da Constituição reside em que suas normas não podem ser alteradas da mesma forma com que se modificam as normas infraconstitucionais.

> A maior importância de Constituição adquire então, a existência de uma regra - regra que é precisamente a Constituição - segundo a qual as leis só devem ser feitas de certa forma, a saber, com a colaboração da representação nacional; o fato de que essa regra não pode ser modificada com a mesma simplicidade que outras regras gerais de direito - as leis -, isto é, que existe ao lado da forma ordinária uma forma especial mais difícil, a forma constitucional (maioria reforçada, votações múltiplas, assembléia constituinte especial), tudo isso expressa o deslocamento decisivo do poder.[571]

à leitura de KELSEN, Hans. *Jurisdição constitucional*. 3. ed. São Paulo: WMF Martins Fontes, 2013; ______. *Teoria Pura do Direito*. Tradução de João Baptista Machado. 8. ed. São Paulo: Editora WMF Martins Fontes, 2009; BARROSO, Luís Roberto. *O controle de constitucionalidade no direito brasileiro*. 7. ed. São Paulo: Saraiva, 2016; GERA, Renata Coelho Padilha. *A natureza e os efeitos da inconstitucionalidade*. Porto Alegre: Sérgio Antonio Fabris, 2007, entre outros.

569 GARCIA DE ENTERRIA, Eduardo. *La constitución como norma y el tribunal constitucional*. Madrid: Editorial Civitas, 1994, p. 55-59. Cf. ABBOUD, Georges. *Processo Constitucional Brasileiro*. 2. ed. São Paulo: Revista dos Tribunais, 2018, p. 386-391; JEVEAUX, Geovany Cardoso. *Teorias do Estado e da Constituição*. Rio de Janeiro: GZ Editora, 2015 pp. 409-419.

570 KELSEN, Hans. *Jurisdição constitucional*. 3. ed. São Paulo: WMF Martins Fontes, 2013, p. 150-153; ______. *Teoria Pura do Direito*. Tradução de João Baptista Machado. 8. ed. São Paulo: Editora WMF Martins Fontes, 2009, p. 300-308.

571 KELSEN, Hans. *Jurisdição constitucional*. 3. ed. São Paulo: WMF Martins Fontes, 2013, p. 128.

Assume-se, destarte, a Constituição como ápice do ordenamento jurídico, da qual decorre o fundamento de validade de todas as demais normas infraconstitucionais, as quais haurem sua produção normativa nas normas supraordenadas. A alteração constitucional exige requisitos outros - qualificados - não encontrados no processo legislativo referente à legislação ordinária; há, pois, o estabelecimento do parâmetro constitucional para a aferição da violação estampada no produto legislado, que o controle busca resolver.[572]

O controle de constitucionalidade, por isso mesmo, fundamenta-se na eleição de um parâmetro rígido para controle dos atos inferiores. A Carta Constitucional, a seu turno, visa proteger os direitos individuais e sociais, cuja aquisição é fruto de luta política. Por isso mesmo, sua alteração não prescinde de requisitos severos que devem ser observados, sob pena de alteração antidemocrática da própria Constituição.

4.3 Hibridização do Controle de Constitucionalidade

Como visto, do argumento da rigidez constitucional, reverberado no famoso Caso *Marbury vs. Madison*, e justificador da supremacia constitucional, observam-se duas implicações diretas. De um lado, a necessidade do controle de constitucionalidade, verificada no item precedente; de outro, um ou vários órgãos investidos de competência para a fiscalização da constitucionalidade das leis. De fato, não se sustenta a supremacia da Constituição se não se estabelece a forma (controle) e o meio (órgão) pelo qual se poderá solver a desconformidade entre o parâmetro constitucional e o objeto normativo eivado de vício.

Sem os dois critérios relevantíssimos para o estudo, haveria a manutenção impune de "normas inconstitucionais" no sistema jurídico,

---

[572] Sobre os graus e elementos da rigidez constitucional e a influência desta no fortalecimento democrático dos Estados, cf. BRANDÃO, Rodrigo. Rigidez constitucional e pluralismo político. *Direitos Fundamentais & Justiça*, n. 6, p. 86-125, out.-dez., 2006.

com repercussão direta no fortalecimento de um Estado Democrático Constitucional.[573]

A partir da experiência política, sobretudo em razão do ocorrido nas duas últimas guerras mundiais, foi desenhada a doutrina da supremacia judicial (*doctrine of judicial supremacy*), a qual conferiu às Cortes ou a uma Corte especial, o poder – e, por que não a obrigação – de declarar inválida toda lei incompatível com a Constituição.[574]

O nascimento do controle de constitucionalidade no contexto estadunidense e no austríaco redundou na classificação hoje assente de "controle difuso" e "controle concentrado".[575] Tome-se, pelo primeiro, aquele no qual a fiscalização da constitucionalidade das normas incumbe a todos os órgãos judiciários de um dado ordenamento jurídico, ao passo que por "controle concentrado" deve-se entender aquele cujo controle de constitucionalidade é exercido por um único órgão judiciário.[576] Historicamente, ao lado desses, colocava-se o modelo francês, político, prévio à publicação da lei.

A inserção, em países europeus, tributários do modelo concentrado, contudo, de um controle incidental de constitucionalidade, instou a doutrina à resolução da dicotomia originariamente percebida. A expansão do constitucionalismo e do estado liberal democrático exigiram a

---

573 HERANI, Renato Gugliano. *A prova da inconstitucionalidade*. Curitiba: Editora Prismas, 2016, p. 109.

574 No original: "From the political experience of that nation they borrowed the doctrine of judicial supremacy which gives the courts the power and the obligation to declare invalid all law that is incompatible with the constitution." (CAPPELLETTI, Mauro; ADAMS, John Clarke. Judicial review of legislation: european antecedents and adaptations. *Harvard Law Review*, vol. 79, n. 6, p. 1207-1224, abr. 1966. Disponível em <http://www.jstor.org/stable/1339202>. Acesso em: 20 mar. 2018, p. 1.207.)

575 Para uma análise das justificativas, dos defeitos e das consequências de cada um dos modelos, cf. JEVEAUX, Geovany Cardoso. *Teorias do Estado e da Constituição*. Rio de Janeiro: GZ Editora, 2015, p. 236-238.

576 CAPPELLETTI, Mauro. *O controle judicial de constitucionalidade das leis no direito comparado*. Porto Alegre: Fabris, 1984, p. 67.

superação de velhas tipologias para a investigação de nova sistematização da justiça constitucional, comportando a realidade dos novos ordenamentos jurídicos[577], que passaram a convergir o que antes se apresentava contraposto, no que tange aos tradicionais sistemas de controle de constitucionalidade.[578]

A solução intermediária vindicada por diversos países, prevendo, ao lado de um órgão único e especializado, a faculdade, ou mesmo o dever, em certas hipóteses, de um julgamento preliminar, por qualquer julgador, da conformidade constitucional da lei no caso concreto, rompeu com a dicotomia clássica.[579] Lucio Pegoraro observa, ainda, que, de uma parte, "alguns ordenamentos fundiram elementos dos dois modelos mais antigos dando lugar a um terceiro gênero, o sistema incidental; por outra parte, cada ordenamento [...] não utiliza mais apenas um modelo, mas reúne ambos sistemas".[580]

Nos ordenamentos da América Latina, prevaleceu por anos o sistema estadunidense (difuso) de controle de constitucionalidade, registrando-se, mais recentemente, a aproximação com o modelo austríaco

---

577 PEGORARO, Lucio. A circulação, a recepção e a hibridação dos modelos de justiça constitucional. *Revista Latino-Americana de Estudos Constitucionais*. Belo Horizonte: Del Rey, n. 6, p. 235-261, jul.-dez., 2005, p. 238.

578 FERNÁNDEZ SEGADO, Fernando. *La justicia constitucional ante el siglo XXI*: la progresiva convergencia de los sistemas americano y europeo-kelseniano. Ciudad de México: Universidad Nacional Autónoma de México, 2004, p. 7. "O controle de (in)constitucionalidade é uma atividade deduzível logicamente da própria estruturação do Estado Constitucional. Está implicado, diretamente, no *processo de evolução* do constitucionalismo inspirado, no início, nos ideais liberais e, contemporaneamente, social-democráticos." (HERANI, Renato Gugliano. *A prova da inconstitucionalidade*. Curitiba: Editora Prismas, 2016, p. 101.)

579 PEGORARO, Lucio. A circulação, a recepção e a hibridação dos modelos de justiça constitucional. *Revista Latino-Americana de Estudos Constitucionais*. Belo Horizonte: Del Rey, n. 6, p. 235-261, jul.-dez., 2005, p. 242-244.

580 PEGORARO, Lucio. A circulação, a recepção e a hibridação dos modelos de justiça constitucional. *Revista Latino-Americana de Estudos Constitucionais*. Belo Horizonte: Del Rey, n. 6, p. 235-261, jul.-dez., 2005, p. 243.

(concentrado), para culminar numa combinação de ambos. Assim, tanto podem os tribunais e juízes deixar de aplicar a norma reputada inconstitucional, como foram criados organismos jurisdicionais especializados e concentrados para decidir, em última instância, sobre a aplicação de normas constitucionais, inclusive a "declaração" geral de inconstitucionalidade dos atos legislativos.[581]

O avanço da Ciência do Direito Constitucional e as diversas inovações legislativas provocaram, particularmente, no Brasil, a convivência entre os dois modelos (concentrado e difuso),[582] cuja manutenção no ordenamento jurídico, todavia, não se dá sem maiores dificuldades. As idiossincrasias históricas e a ausência de instrumentos de compatibilização dos dois modelos exigem da doutrina a árdua tarefa de harmonizá-los, em que pese não se poder olvidar a existência de ambos.[583]

Hermes Zaneti Jr. observa, com agudeza, a existência de um "paradoxo metodológico"[584] no ordenamento jurídico brasileiro, o qual convive tanto com a influência sofrida da prática estadunidense quanto com a incorporação da legislação europeia. Ao lado de um processo constitucional oriundo do *common law*, com o sistema de freios e

---

581 FIX-ZAMUDIO, Héctor. Breves reflexiones sobre la naturaliza, estructura y funciones de los organismos jurisdiccionales especializados em la resolución de procesos constitucionales. *Memoria del VII Congreso Iberoamericano de Derecho Constitucional*. México: IIJ-UNAM, p. 201-238, 2002, p. 205-206.

582 A classificação entre "difuso" e "concentrado", muito embora sua importância didática, vem sendo paulatinamente mitigada, na medida em que nem mesmo no berço do modelo concentrado, pode se verificar a "pureza" do modelo, a partir, sobretudo, da reforma constitucional austríaca de 1929. (FERNÁNDEZ SEGADO, Fernando. *La justicia constitucional ante el siglo XXI*: la progresiva convergencia de los sistemas americano y europeo-kelseniano. Ciudad de México: Universidad Nacional Autónoma de México, 2004, p. 27-28.)

583 O Advento da Lei n. 13.105/15 (Código de Processo Civil de 2015) acentuou algumas dificuldades de compatibilização dos modelos concentrado e difuso no Brasil. Cf. JEVEAUX, Geovany Cardoso; ZANETI JR., Hermes. Controle Difuso no Novo CPC. *Revista de Direito Brasileira*. São Paulo, v.16, n. 7, p. 324-345, jan.-abr., 2017.

584 A expressão é de Cândido Rangel Dinamarco. (DINAMARCO, Cândido Rangel. *Instituições de direito processual civil*. v. 1. 3. ed. São Paulo: Malheiros, 2003, p. 176.)

contrapesos e o *judicial control*, que garante a aplicação da Constituição rígida, convive-se, no Brasil, com sensíveis recepções da tradição da Europa continental.[585]

Voltando-se a atenção apenas para as Constituições brasileiras, o modelo difuso encontrava-se já encartado na Constituição de 1891, com forte influência da Constituição dos Estados Unidos, ao conferir a competência do Supremo Tribunal Federal para julgar, em grau de recurso, as questões resolvidas por juízes e Tribunais Federais em causas em que alguma das partes fundar a ação ou a defesa em disposição da Constituição Federal, bem como aquelas propostas contra o Governo da União ou Fazenda Nacional fundadas em disposições constitucionais, ou nos casos em que se questionar a validade ou aplicação de leis ou atos de Governo em face da Constituição (CRFB/1891, arts. 59, II e §1º, *b*, e 60, *a* e *b*).[586]

Apenas com a Emenda Constitucional n. 16/1965 à Constituição de 1946, teve início o modelo concentrado de controle de constitucionalidade, a conferir, ao Supremo Tribunal Federal, competência para processar e julgar, originariamente, "a representação contra inconstitucionalidade

---

585 ZANETI JÚNIOR, Hermes. *A constitucionalização do processo*: o modelo constitucional da justiça brasileira e as relações entre processo e constituição. 2. ed. rev., ampl., alterada. São Paulo: Atlas, 2014, p. 16-20; ZANETI JÚNIOR, Hermes. *O valor vinculante dos precedentes*: teoria dos precedentes normativos formalmente vinculantes. 3. ed. Salvador: JusPodivm, 2017, p. 54-55.

586 Registre-se que a Lei n. 221, de 20 de novembro de 1894, "que completa a organisação da Justiça Federal da Republica", no art. 13, §10, previa que "Os juizes e tribunaes apreciarão a validade das leis e regulamentos e deixarão de applicar aos casos occurrentes as leis manifestamente inconstitucionaes e os regulamentos manifestamente incompativeis com as leis ou com a Constituição". A adoção do modelo difuso no Brasil não se fez, contudo, acompanhada da doutrina do *stare decisis*, o que apresentou, e ainda apresenta, grandes inconvenientes, que refletem, diretamente, na interpretação do Supremo Tribunal Federal quanto ao papel do Senado Federal. Mauro Cappelletti chega à mesma conclusão quanto aos ordenamentos que, embora adotassem o modelo difuso, não acolheram o *stare decisis*. (CAPPELLETTI, Mauro. *O controle judicial de constitucionalidade das leis no direito comparado*. Porto Alegre: Fabris, 1984, p. 78.)

de lei ou ato de natureza normativa, federal ou estadual, encaminhada pelo Procurador-Geral da República" (CRFB/1946, art. 101, I, *k*).[587]

Desde então, passou-se a conviver, no Brasil, com os dois sistemas (difuso e concentrado), levando ampla doutrina a afirmar a existência de um modelo de controle de constitucionalidade dual, dúplice, misto ou híbrido. Com a Constituição de 1988, tornou-se firme a convivência entre os dois modelos, em razão de julgamento, em grau de recurso, pelo Supremo Tribunal Federal, de causas em que a decisão recorrida contrariar dispositivo da Constituição, "declarar" a inconstitucionalidade de tratado ou lei federal ou julgar válida lei ou ato de governo local contestado em face da Constituição, além da previsão da suspensão, pelo Senado Federal, da execução de leis declaradas inconstitucionais, em decisão definitiva, pelo Supremo Tribunal Federal (CRFB/88, arts. 102, III, *a*, *b*, *c*, e 52, X), bem como a previsão da competência originária do Supremo Tribunal Federal para processar e julgar, originariamente, a ação direta de inconstitucionalidade de lei ou ato normativo federal ou estadual e a ação declaratória de constitucionalidade de lei ou ato normativo federal (CRFB/1988, art. 102, I).

A classificação, todavia, pode levar à interpretação, equivocada, de que, no modelo brasileiro atual, ambos os modelos encontram-se misturados, em que um se soma ao outro, criando-se um terceiro tipo.[588]

---

[587] Despiciendas maiores considerações sobre a evolução histórica do controle de constitucionalidade no Brasil. Indica-se, por oportuno, a leitura de MENDES, Gilmar Ferreira. *Controle abstrato de constitucionalidade:* ADI, ADC e ADO – comentários à Lei n. 9.868/99. São Paulo: Saraiva, 2012, p. 21-69; JEVEAUX, Geovany Cardoso. *Teorias do Estado e da Constituição*. Rio de Janeiro: GZ Editora, 2015, p. 222-226; CONTINENTINO, Marcelo Casseb. *História do controle de constitucionalidade das leis no Brasil:* percursos do pensamento constitucional no Século XIX (1824-1891). São Paulo: Almedina, 2015; BARBI, Celso Agrícola. Evolução do contrôle da constitucionalidade das leis no Brasil. *Revista da Faculdade de Direito da Universidade Federal de Minas Gerais*, n. 7, p. 45-63, 1967.

[588] Sobre o tema, cf. STRECK, Lenio; LIMA, Martonio Mant'Alverne Barreto; OLIVEIRA, Marcelo Andrade Cattoni de. A nova perspectiva do Supremo Tribunal Federal sobre o controle difuso: mutação constitucional e limites da legitimidade da jurisdição constitucional. *Argumenta Journal Law*, Jacarezinho, n. 7, p. 45-68, fev. 2013.

Com efeito, há uma tradição no controle de constitucionalidade que não pode ser obnubilada. Há um recrudescimento cultural no controle difuso ao longo da história do constitucionalismo brasileiro que não pode ser apagado. Já se disse alhures que o controle difuso é direito fundamental que permite o controle de atos legislativos violadores dos direitos e garantias fundamentais tendentes à supressão de minorias por maiorias conjecturais.

A percepção do ordenamento jurídico brasileiro está a indicar a convivência de ambos os modelos e, portanto, um sistema dual ou binário de controle de constitucionalidade, quer realizado por todos os juízes e Tribunais (com a observância do art. 97, da Constituição Federal), em regra no exame do caso concreto, por via incidental, cuja tutela, no primeiro plano, destina-se ao bem material requerido pelo interessado e, indiretamente, o afastamento da norma, com eficácia entre as partes litigantes, da norma cuja constitucionalidade é questionada, com escopo de tornar viável o acolhimento de seu pedido principal, quer realizado unicamente pela Suprema Corte ou Tribunais, em que, geralmente, a norma questionada é analisada "em abstrato" tomando por parâmetro a Constituição Federal ou a Constituição Estadual, constituindo a "declaração" de sua inconstitucionalidade o objeto mesmo da ação de constitucionalidade proposta.

Um modelo de controle de constitucionalidade híbrido somente pode, então, ser admitido, se se tiver em vista toda a criação histórico-cultural dos modelos difuso e concentrado, forjada na tradição, em solo brasileiro, sob pena de afronta à Constituição, que prevê ambos, um ao lado do outro, com suas particularidades, permitindo o controle dos atos legislativos e executivos em prol da defesa dos direitos e garantias fundamentais individuais e sociais.

Mais que buscar uma mescla, no Brasil, entre os modelos de controle de constitucionalidade, deve-se propugnar pelas singularidades de cada um, com as feições tomadas no sistema jurídico vigente. O que não significa, todavia, afirmar que há separações estanques entre eles, impossibilitadoras de que características afeitas a um sejam impedidas em outro, conforme se perceberá adiante. Em verdade, não se podem criar entraves ao exame da constitucionalidade do processo legislativo por falsos dogmas apostos pela doutrina e pela jurisprudência pátrias.

Por isso, confundem-se as classificações comumente observadas, muito embora não haja nenhuma relação obrigatória entre elas, sendo lugar comum inferir que o controle concentrado é abstrato, principal e gera efeitos *erga omnes*, ao passo que o controle difuso é concreto, incidental com eficácia *inter partes*. Ainda, por vezes relaciona-se o controle abstrato a um processo objetivo, que não cuida de exame de fatos; ao passo em que no controle difuso não estaria obrigado o julgador ao exame da constitucionalidade se puder solver o caso posto à baila por outro modo.

Faz-se necessário, por isso mesmo, compreender o controle de constitucionalidade na sua magna função de comprometimento democrático e defesa intransigentes dos direitos e garantias fundamentais. O controle de constitucionalidade é, por si mesmo, direito fundamental do cidadão que tem legítima expectativa de ver defendida a Constituição, a qual concretiza a luta do povo e entabula as cláusulas do pacto social.[589]

Se se pode admitir uma classificação para o controle de constitucionalidade, esta reside naquela que enfoca o órgão julgador.[590] Quando se tratar de controle concentrado, haverá um órgão que decide a questão constitucional; difuso, quando vários os órgãos decidirem. Essa classificação atrela-se às ações constitucionais e não à abstratização ou concreção do controle. Assim, o controle de constitucionalidade será concentrado na ação direta de inconstitucionalidade, por exemplo, porquanto

---

589 ABBOUD, Georges. *Processo Constitucional Brasileiro*. 2. ed. São Paulo: Revista dos Tribunais, 2018, p. 843-845.

590 Sobre as demais classificações, por todos, cf. JEVEAUX, Geovany Cardoso. *Teorias do Estado e da Constituição*. Rio de Janeiro: GZ Editora, 2015, p. 231-233.

a Constituição confiou seu julgamento à Suprema Corte. Mas todos os órgãos judiciários, em razão da proteção aos direitos e garantias fundamentais, estão adstritos à aplicação de normas constitucionais, sendo-lhes vedado aplicar normas que infrinjam normas constitucionais.

Nos limites propostos pelo estudo, o controle de constitucionalidade concentrado, desenvolvido pela Suprema Corte, é o que, em primeiro lugar, chama à atenção a pesquisa, porquanto se intenta verificar se, nas ações de controle, em que a norma supostamente eivada de vício na sua formação constitui objeto principal, é possível a análise de fatos e prognoses legislativos para o fim de constituição da inconstitucionalidade(-vício), implicando sua expulsão do sistema jurídico (inconstitucionalidade-sanção).

Nada obsta, ver-se-á, a possibilidade da aferição de fatos e prognoses legislativos também no controle difuso, sobretudo em vista da abertura, promovida pelo Código de Processo Civil de 2015, à participação do *amicus curiae* nos processos judiciais.

4.4 O Processo: Abstrato e Objetivo ou Concreto e Subjetivo? Há "Dogma" a Ser Superado?

A análise dos modelos de controle de constitucionalidade e a afirmação do órgão jurisdicional responsável pela guarda da Constituição conduzem, ainda, ao exame do instrumento adequado para a fiscalização da constitucionalidade dos atos emanados do Órgão Legislativo.

Com efeito, é por meio do processo – constitucional – que se torna possível a constituição da inconstitucionalidade-vício e a aplicação da inconstitucionalidade-sanção; a construção da violação às imposições constitucionais e a atuação do Órgão Judiciário na defesa da supremacia constitucional.

O pressuposto da hibridização do modelo de controle de constitucionalidade brasileiro, galgado historicamente e conducente ao resguardo dos direitos e garantias fundamentais, propicia, outrossim, a discussão, nesse momento, sobre a superação de um processo dito abstrato e objetivo no controle de constitucionalidade, mormente quando se trata do modelo concentrado.

É senso comum de que, por se referir, tão somente, à questão de direito, estão alijados da preocupação do órgão julgador fatos, provas e a participação dos sujeitos interessados (pré-intérpretes) no deslinde da controvérsia constitucional.

Não é possível avançar sobre a (im)possibilidade de verificação de fatos e prognoses jurídico-legislativos no controle de constitucionalidade brasileiro sem antes estabelecer as bases do processo constitucional comprometido com as premissas estabelecidas.

Nesse sentido, é preciso realçar o mister jurisdicional na análise de fatos mesmo no controle (difuso ou concentrado) de constitucionalidade, vez que a aferição da quebra da relação causal de inferência exige, por vezes, investigações outras, cuja blindagem ameaça o fortalecimento da democracia, além da participação democrática na construção das decisões.

Isso porque se tem dito recorrentemente que os processos constitucionais que visam ao controle de normas infraconstitucionais em face do parâmetro constitucional são abstratos, descabendo analisar fatos e provas, mas a recorrência do fundamento de validade da norma impugnada, e objetivo, sem a participação de sujeitos interessados na construção da decisão.

Ocorre, todavia, que técnicas inseridas nas Leis ns. 9.868/99 e 9.882/99 vieram deflagrar a superação desse modelo que evita a participação de sujeitos interpretantes outros, que não os cognominados autênticos, bem assim as complexidades modernas ultimaram as Cortes Constitucionais à abertura interpretativa, com a verificação de fatos e prognoses, a fim de infirmar ou confirmar o produto legislado.

Também com o advento do Código de Processo Civil de 2015, no controle difuso de constitucionalidade, urge a incursão em fatos e provas para o deslinde da questão constitucional controvertida, em que pese modificações que já vinham sendo realizadas desde o Código de Processo Civil de 1973.

Além disso, um modelo de processo abstrato e objetivo encontra cada vez mais resistência num paradigma que se desvela à abertura de uma sociedade de intérpretes, os quais contribuirão para a tomada de decisões. A verificação dos fatos e prognósticos jurídico-legislativos não se faz sem o exame, ao menos, das conclusões dos legisladores sobre o tema ou do estágio de conhecimento existente para elaboração de tal ou qual lei ou ato normativo. Se é que em algum momento pôde se pensar em um controle alheio a qualquer exame de fatos, como se investigará na sequência.

A hibridização dos modelos de controle de constitucionalidade deve superar, por isso, a concepção de que o modelo concentrado está atido a um controle abstrato e a um processo objetivo, em que não se examinam fatos e provas e o protagonismo é delegado aos magistrados para que, num mecanismo subsuntivo, revelem a inconstitucionalidade, como se explícita ou de obviedade incontestável fosse. Essa percepção situa-se fora da recepção do paradigma da filosofia da linguagem no Direito e revela o aprisionamento do sujeito interpretante assujeitadora de seu objeto ou mesmo no mito de que as respostas encontram-se desde já no objeto, prescindindo de interpretação.

De outro lado, o controle difuso, mais que voltar à concretude do caso no qual partes disputam bens e interesses, não alija a investigação de fatos e provas também para a resolução da questão constitucional, com a participação de sujeitos outros interessados e pré-intérpretes constitucionais.

Esse intercâmbio dialógico propiciado pela hibridização dos modelos formados historicamente, mas que preserva as singularidades de cada meio, implica, para Renato Gugliano Herani (a) a "abstração" do controle "concreto" de constitucionalidade e (b) a "concretização" do controle "abstrato" de constitucionalidade.[591]

A abstração do controle difuso de constitucionalidade pode ser percebida, por exemplo, na abertura procedimental prevista no art. 950, do Código de Processo Civil[592], admitindo-se a participação de órgãos, entidades e dos legitimados para a propositura da ação direta de inconstitucionalidade, com proeminência da figura do *amicus curiae* (CPC, art. 138[593]).[594]

A concretização do controle concentrado, por outro lado, é vislumbrada na tendente abertura, no âmbito legislativo e jurídico-interpretativo,

---

591 HERANI, Renato Gugliano. *A prova da inconstitucionalidade*. Curitiba: Editora Prismas, 2016, p. 124.

592 *CPC, art. 950*. Remetida cópia do acórdão a todos os juízes, o presidente do tribunal designará a sessão de julgamento. *§1º*. As pessoas jurídicas de direito público responsáveis pela edição do ato questionado poderão manifestar-se no incidente de inconstitucionalidade se assim o requererem, observados os prazos e as condições previstos no regimento interno do tribunal. *§2º*. A parte legitimada à propositura das ações previstas no art. 103 da Constituição Federal poderá manifestar-se, por escrito, sobre a questão constitucional objeto de apreciação, no prazo previsto pelo regimento interno, sendo-lhe assegurado o direito de apresentar memoriais ou de requerer a juntada de documentos. *§3º*. Considerando a relevância da matéria e a representatividade dos postulantes, o relator poderá admitir, por despacho irrecorrível, a manifestação de outros órgãos ou entidades.

593 *CPC, art. 138*. O juiz ou o relator, considerando a relevância da matéria, a especificidade do tema objeto da demanda ou a repercussão social da controvérsia, poderá, por decisão irrecorrível, de ofício ou a requerimento das partes ou de quem pretenda manifestar-se, solicitar ou admitir a participação de pessoa natural ou jurídica, órgão ou entidade especializada, com representatividade adequada, no prazo de 15 (quinze) dias de sua intimação. *§1º*. A intervenção de que trata o caput não implica alteração de competência nem autoriza a interposição de recursos, ressalvadas a oposição de embargos de declaração e a hipótese do §3º. *§2º*. Caberá ao juiz ou ao relator, na decisão que solicitar ou admitir a intervenção, definir os poderes do *amicus curiae*. *§3º*. O *amicus curiae* pode recorrer da decisão que julgar o incidente de resolução de demandas repetitivas.

594 Além disso, a repercussão geral, as súmulas vinculantes, a sistemática de julgamento de recursos extraordinários repetitivos, a possibilidade de modulação de efeitos das decisões em controle difuso e a interpretação do papel do Senado Federal. Esses pontos não são isentos de críticas, porém estas não encontram espaço neste estudo.

à facticidade, superando-se o paradigma de um processo constitucional objetivo, alijado de fatos e provas.[595]

Restou assente doutrinária e jurisprudencialmente que a proteção da Constituição devesse se dar à margem da realidade político-social, na afirmação do "dogma da não remissão fática", herdada da construção austríaca do modelo concentrado de constitucionalidade, muito influenciada pela teoria kelseniana.[596]

A concepção "abstrata" de controle relaciona-se diretamente com a conformidade da lei enquanto tal, considerada em si mesma, e não o controle da lei enquanto regra aplicável a relações jurídicas concretas e controvertidas, nem tampouco da lei enquanto regra assumida de maneira efetiva como base das decisões jurisprudenciais.[597]

O dogma conecta-se diretamente com a idealização de uma Jurisdição Constitucional contida, a desempenhar o papel de legislador negativo e a promover o controle formal dos vícios dos atos legislativos, sem incorrer em análise dos juízos legislativos; há, apenas, a confrontação das disposições hierárquicas, como se fosse possível uma análise subsuntiva e mecânica dos textos apreciados, própria de modelos paradigmáticos predecessores, conforme já visto anteriormente.[598]

---

595 HERANI, Renato Gugliano. *A prova da inconstitucionalidade*. Curitiba: Editora Prismas, 2016, p. 125.

596 HERANI, Renato Gugliano. *A prova da inconstitucionalidade*. Curitiba: Editora Prismas, 2016, p. 131.

597 ZAGREBELSKY, Gustavo. Realismo y concreción del control de constitucionalidad de las leyes em Italia. *Revista de la Faculdad de Derecho de México*, v. 57, n. 248, p. 341-354, ago. 2017, p. 341.

598 Ao delinear sua teoria, Hans Kelsen tinha em vista, com o "legislador negativo", evitar o subjetivismo radical das teorias jurídicas da época (Escola Livre do Direito, por exemplo), pelo que reivindicou a busca pela objetividade e pela racionalidade. (FERNÁNDEZ SEGADO, Francisco. El tribunal constitucional español como legislador positivo. *Pensamiento Constitucional*, ano XV, n. 15, p. 127-192, 2011, p. 128.)

Ilustrativo, nessa senda, o julgamento da ADI n. 794/GO, de relatoria do Ministro Sepúlveda Pertence, que versava sobre a readmissão de pessoal demitido em razão de liquidação extrajudicial de instituição financeira, fez-se constar do acórdão a inidoneidade da ação direta de inconstitucionalidade "se dependente da prévia solução de questões controvertidas de fato e de direito local". Ainda,

> 1. O controle direito de constitucionalidade das leis pressupõe a exata compreensão do sentido e do alcance das normas questionadas, a qual há de ser possível de obter-se no procedimento sumário e documental da ação direta.
>
> 2. Se, ao contrário, a pré-compreensão do significado da lei impugna pende da solução de intrincada controvérsia acerca da antecedente situação de fato e de direito sobre a qual pretende incidir, não é a ação direta de inconstitucionalidade a via adequada ao deslinde da quizília.[599]

Igualmente, no julgamento da ADI n. 1.372 MC/RJ, sobre a consulta plebiscitária no processo político-administrativo de criação do Município de Armação dos Búzios, no Estado do Rio de Janeiro, o relator Celso de Mello, consignou expressamente o dogma a que se referiu:

> Na realidade, o processo de fiscalização abstrata de constitucionalidade não admite, no sistema jurídico brasileiro, a instauração incidental de dilação probatória destinada a esclarecer situações fáticas eventualmente ilíquidas e sobre as quais repouse, como no caso, a pretensão de direito material deduzida, pelo autor da ação direta, pois a finalidade única deste instrumento processual de ativação da jurisdição constitucional de controle do Supremo Tribunal Federal consiste no exame, em tese, da conformação de determinado ato estatal às prescrições subordinantes da Constituição da República.
>
> No processo objetivo de controle normativo abstrato, não há interesses concretos em disputa, eis que a função político-jurídica da ação direta – exaurindo-se na defesa da Constituição e na preservação da coerência da ordem constitucional [...] – visa ao julgamento da validade, em tese, da lei ou de atos normativos editados pelo Poder Público [...].

---

[599] BRASIL. Supremo Tribunal Federal. Não conhecimento da ação direta de inconstitucionalidade. Ação Direta de Inconstitucionalidade n. 794/GO. Governador do Estado de Goiás e Governador do Estado de Goiás e outro. Relator: Ministro Sepúlveda Pertence. Brasília, 09 dez. 1992. *Diário da Justiça*, Brasília, 21 maio 1993, p. 279.

> É por essa razão que se tem enfatizado, no magistério jurisprudencial desta Corte, que a ação direta não pode ser degradada em sua condição jurídica de instrumento básico de defesa objetiva da ordem normativa consubstanciada na Constituição, a significar que a válida e adequada utilização desse meio processual impõe que o exame '*in abstracto*' do ato estatal impugnado seja realizado direta, imediata e exclusivamente à luz do próprio texto constitucional [...].
>
> Torna-se evidente, pois, que, em sede de ação direta, a inconstitucionalidade deve transparecer, diretamente, do texto da norma estatal questionada, não podendo, a prolação desse juízo de desvalor, depender, para efeito do controle normativo abstrato, nem de prévia indagação probatória concernente a matéria de fato nem mesmo da análise de outras espécies jurídicas infraconstitucionais, para, somente a partir desse exame e num desdobramento exegético ulterior, efetivar-se, então, o reconhecimento da ilegitimidade constitucional do ato questionado.[600]

Nas ADIs ns. 1.523/SC[601] e 1.527/SC[602], em que se discutia a constitucionalidade da Resolução n. 76/96 do Senado Federal, que autorizou o Estado de Santa Catarina a emitir letras financeiras do tesouro para liquidação de precatórios judiciais, e a da Lei n. 10.168/96, de Santa Catarina, que dispôs sobre a matéria, o Supremo Tribunal Federal recusou o conhecimento da ação direta de inconstitucionalidade porque a alegação versada nos autos reclamaria dilação probatória, sendo inadequada a via para exame de matéria fática.

---

600 BRASIL. Supremo Tribunal Federal. Não conhecimento da ação direta de inconstitucionalidade. Medida Cautelar em Ação Direta de Inconstitucionalidade n. 1.372/RJ. Procurador Geral da República e Assembleia Legislativa do Estado do Rio de Janeiro. Relator: Ministro Celso de Mello. Brasília, 14 dez. 1995. *Diário da Justiça eletrônico*, Brasília, 03 abr. 2009, p. 18-20.

601 BRASIL. Supremo Tribunal Federal. Não conhecimento da ação direta de inconstitucionalidade. Ação Direta de Inconstitucionalidade n. 1.523/SC. Partido dos Trabalhadores e Presidente do Senado Federal e outros. Relator: Maurício Corrêa. Brasília, 05 nov. 1997. *Diário da Justiça*, Brasília, 14 maio 2001.

602 BRASIL. Supremo Tribunal Federal. Não conhecimento da ação direta de inconstitucionalidade. Ação Direta de Inconstitucionalidade n. 1.527/SC. Partido Progressista Brasileiro e Senado Federal e outros. Relator: Maurício Corrêa. Brasília, 05 nov. 1997. *Diário da Justiça*, Brasília, 18 maio 2001.

Clara está, a negação assente da verificação de fatos para realização do controle de constitucionalidade. Imperava, e em vários momentos ainda impera, a máxima de que o controle de normas faz-se por mero contraste entre a norma questionada e a norma constitucional superior, como se possível fosse.[603]

O Supremo Tribunal Federal relegava-se ao papel de mero legislador negativo, deixando de intervir nos misteres dos Órgãos Executivo e Legislativo, no exercício de uma tutela jurisdicional em abstrato do direito objetivo positivado na Constituição.

> A ação direta de inconstitucionalidade, quando ajuizada em face de comportamento positivo do Poder Público, não legitima, em face de sua natureza mesma, a adoção de quaisquer providências satisfativas tendentes a concretizar o atendimento de injunções determinadas pelo Tribunal. Em uma palavra: a ação direta não pode ultrapassar, sob pena de descaracterizar-se como via de tutela abstrata do direito constitucional positivo, os seus próprios fins, que se traduzem na exclusão, do ordenamento estatal, dos atos incompatíveis com o texto da Constituição.
>
> O Supremo Tribunal Federal, ao exercer em abstrato a tutela jurisdicional do direito objetivo positivado na Constituição da República, atua, apenas, como legislador negativo.[604]

Com efeito, as manifestações expostas são tributárias da falta de compreensão sobre o novo paradigma trazido pela Constituição de 1988, em que se exigia, também do Órgão Judiciário, o cumprimento das promessas constitucionais, quando os órgãos primeiramente destinatários das ordens não se desincumbiam de seus misteres. A refração a qualquer atuação positiva do Órgão Judiciário redundava, igualmente,

---

[603] MARTINS, Ives Gandra da Silva; MENDES, Gilmar Ferreira. *Controle concentrado de constitucionalidade*: comentários à Lei n. 9.868, de 10-11-1999. 3. ed. São Paulo: Saraiva, 2009, p. 308.

[604] BRASIL. Supremo Tribunal Federal. Conhecimento parcial e provimento nessa parte no requerimento de medida cautelar. Ação Direta de Inconstitucionalidade n. 732/RJ. Mesa Diretora da Assembleia Legislativa do Estado do Rio de Janeiro e Assembleia Legislativa do Estado do Rio de Janeiro. Relator: Ministro Celso de Mello. Brasília, 22 maio 1992. *Diário da Justiça*, Brasília, 21 ago. 1992, p. 45.

na violação aos direitos e garantias fundamentais e na frustração da consolidação de um Estado Democrático Constitucional, que preserva as cláusulas constitucionais.

Renato Herani enxerga, nessas decisões, a construção de uma norma jurídica, segundo a qual

> em qualquer caso, dado o fato de o texto da norma estatal ser questionado em sua legitimidade constitucional em sede de controle abstrato então (não) deve-ser a inconstitucionalidade dependente de prévia atividade probatória para a sua prolação.[605]

Há, deveras, uma autocontenção (*self restraint*) do Órgão Judiciário na intervenção da atividade legislativa, que o incapacita para a valoração dos fatos que conjugam o suposto normativo e que influem na produção normativa. Ao se reduzir à estrita verificação da compatibilidade lógico-formal (controle abstrato de direito objetivo), afiança o arbítrio legislativo. O processo constitucional de controle deve, pois, superar a dicotomia "objetivo-subjetivo" para, autonomamente, reger a atividade da Justiça Constitucional.[606]

Estão, portanto, imbrincadas as noções de controle abstrato, processo objetivo e papel de "legislador negativo" da Corte Constitucional.[607]

---

605 HERANI, Renato Gugliano. *A prova da inconstitucionalidade*. Curitiba: Editora Prismas, 2016, p. 139, nota 73.

606 TAVARES, André Ramos. O discurso dos direitos fundamentais na legitimidade e deslegitimação de uma justiça constitucional substantiva. In: ______ (Coord.). *Justiça constitucional*: pressupostos teóricos e análises concretas. Belo Horizonte: Fórum, 2007. cap. 5, p. 153-172, p. 170.

607 Há autores, a exemplo de André Ramos Tavares, que realçam sobremaneira o papel e a função estruturante desempenhados pela Suprema Corte e eliminam totalmente a possibilidade de equipará-la a um "legislador negativo". Em verdade, para referido autor, por gozar de *status* constitucional, a decisão de anulação de uma lei porque em descompasso com a Constituição é condicionante da atuação do próprio legislador. Em suas palavras: "A doutrina peca, nesse ponto, por considerar a possibilidade de que o legislador se sobreponha à declaração do tribunal constitucional simplesmente reeditando ato de idêntica forma e conteúdo. Ocorre que, quando do exercício desta função estruturante, seria inadequado admitir que o legislador pudesse editar nova lei com o mesmo conteúdo daquela já eliminada por incompatibilidade com o sistema pelo tribunal constitucional. Isso torna esse

O alijamento dos fatos e das provas e a redução do mister constitucional da Corte à aferição da incompatibilidade sintático-semântica da norma impugnada em face da Constituição é "dogma" que deve ser superado.

Não se olvide, ademais, que a atenção aos fatos é o que capacita a Corte Constitucional para a aplicação do conceito de "semântica diacrônica", que aponta para as mudanças de significação de palavras, pelos mais diversos fatores, em que pese a não alteração do texto.[608]

Por essas razões, é crível concluir que o controle concentrado de constitucionalidade, num Estado Democrático Constitucional, não pode ficar preso às concepções de antanho, tampouco à formulação de uma teoria da separação das funções do Poder que não se adéqua ao constitucionalismo contemporâneo e aos avanços carreados às Constituições do Pós-Segunda Guerra Mundial. A proteção e a promoção dos direitos fundamentais assegurados pela Constituição, em especial no caso brasileiro, relevam a posição proativa - não passiva - das Cortes Constitucionais no exercício do controle de constitucionalidade para que não restem violados os parâmetros constitucionais erigidos como reitores do Estado.[609]

---

tribunal secundário, numa espécie de ataque aos sintomas da doença e não propriamente à enfermidade. Ataca-se o sintoma para que este logo em seguida volte (e, se acaso não voltar, isso será devido a circunstâncias alheias à atuação pretérita do tribunal constitucional, ou no máximo um ato de disposição do legislador). Isso é simplesmente inadmissível numa teoria da justiça constitucional que pretenda sugerir uma instituição consistente com seus pressupostos e objetivos. Como decorrência direta de não se tratar de decisão de patamar legal, não se vislumbra no tribunal constitucional mero legislador negativo" (TAVARES, André Ramos. Justiça Constitucional: Superando as teses do "legislador negativo" e do ativismo de caráter jurisdicional. In: FERRER MAC-GREGOR, Eduardo; LELO DE LARREA, Arturo Zaldívar (coord.). *Estudos de direito processual constitucional*: Homenagem brasileira a Héctor Fix-Zamudio em seus 50 anos como pesquisador do direito. São Paulo: Malheiros Editores, 2009.).

608 NEVES, Marcelo. *Teoria da inconstitucionalidade das leis.* São Paulo: Saraiva, 1988, p. 152.

609 ARAGÃO, Alexandre Santos de. O Controle da Constitucionalidade pelo Supremo Tribunal Federal à Luz da Teoria dos Poderes Neutrais. In: SARMENTO, Daniel (org). *O controle de constitucionalidade e a Lei 9.868/99.* Rio de Janeiro: Lumen Juris, 2001, p. 21-37, p. 22.

A permanente tensão entre direito e realidade supera o mecanicismo exegético e reage às operações cognitivas semântico-sintáticas em favor de uma abertura semântico-pragmática no processo de fiscalização de constitucionalidade do produto legislado, sem o que não se torna possível a adequação entre a Constituição e a alteração da realidade fática.[610]

Destarte, deve-se assumir, de uma vez por todas, que todo controle é concreto, de algo concreto, realizado em concreto, para gerar efeitos concretos. Pode ser difuso ou concentrado, a depender do órgão julgador, mas sempre concreto. Há, inegavelmente, fatos interferentes no julgamento da constitucionalidade da norma.[611]

Direito e realidade deixam de ser categorias opostas abstratas, para serem elementos da ação jurídica, na forma da norma jurídica produzida e na fundação do Estado Democrático Constitucional.[612]

Daí porquanto, sob a influência da filosofia da linguagem, supera-se a norma como algo dado de forma inquestionável para se tornar algo dinâmico que influi na realidade correlacionada (normatividade concreta) e é influenciada por essa mesma realidade (normatividade determinada pelas coisas).[613]

O avanço para um pós-positivismo, para usar Müller, tem de compreender a superação da não remissão da realidade fática, encrustada em Kelsen. Somente assim, é possível uma nova metódica de direito constitucional, em que a concretização prática da norma é mais do que

---

610 HERANI, Renato Gugliano. *A prova da inconstitucionalidade*. Curitiba: Editora Prismas, 2016, p. 141.

611 HERANI, Renato Gugliano. *A prova da inconstitucionalidade*. Curitiba: Editora Prismas, 2016, p. 179.

612 MÜLLER, Friedrich. *O novo paradigma do direito*: introdução à teoria e metódica estruturantes. 3. ed. São Paulo: Revista dos Tribunais, 2013, p. 13.

613 MÜLLER, Friedrich. *O novo paradigma do direito*: introdução à teoria e metódica estruturantes. 3. ed. São Paulo: Revista dos Tribunais, 2013, p. 124.

a interpretação do texto, e a norma jurídica é mais do que o texto da norma. A concretização da norma e a realização do direito se perfazem na ação constitucional aos quais estão adstritos todos os órgãos do Poder.[614]

> O texto da norma não 'contém' a normatividade e a sua estrutura material concreta. Ele dirige e limita as possibilidades legítimas e legais da concretização materialmente determinada do direito no âmbito do seu quadro. Conceitos jurídicos em textos de normas não possuem 'significado', enunciados não possuem 'sentido' segundo a concepção de um dado orientador acabado. Muito pelo contrário, o olhar se dirige ao trabalho *concretizador ativo* do 'destinatário' e com isso à *distribuição funcional dos papéis*, que graças à ordem jurídico-positiva do ordenamento jurídico e constitucional, foi instituída para a tarefa da concretização da constituição e do direito.[615]

Devem-se abandonar, em definitivo, as amarras à concepção de um controle de constitucionalidade enquanto atividade legislativa, para inseri-lo no contexto paradigmático do Direito Constitucional.[616] Com efeito, na medida em que há uma contemplação principiológica nas Constituições e extensão do rol de direitos e garantias fundamentais, além de previsões dos escopos do Estado, ganha fôlego a ampliação do tradicional espaço ocupado pelo Órgão Judiciário para inseri-lo na órbita subordinante e, portanto, necessário cumpridor da Constituição, inclusive na arena política.[617]

---

[614] MÜLLER, Friedrich. *Metodologia do direito constitucional*. 4. ed. São Paulo: Editora Revista dos Tribunais, 2010, p. 28.

[615] MÜLLER, Friedrich. *Metodologia do direito constitucional*. 4. ed. São Paulo: Editora Revista dos Tribunais, 2010, p. 57.

[616] ARAGÃO, Alexandre Santos de. O Controle da Constitucionalidade pelo Supremo Tribunal Federal à Luz da Teoria dos Poderes Neutrais. In: SARMENTO, Daniel (org). *O controle de constitucionalidade e a Lei 9.868/99*. Rio de Janeiro: Lumen Juris, 2001, p. 21-37, p. 30.

[617] TAVARES, André Ramos. O discurso dos direitos fundamentais na legitimidade e deslegitimação de uma justiça constitucional substantiva. In: ____ (Coord.). *Justiça constitucional*: pressupostos teóricos e análises concretas. Belo Horizonte: Fórum, 2007, cap. 5, p. 153-172, p. 162.

Negar essa assertiva – de que a Justiça Constitucional não deve promover direitos fundamentais – é "desconhecer a capacidade transformadora mínima que o Direito possui e que suas instâncias orgânicas devem implementar".[618] É, ademais, sonegar o espaço de democracia participativa quando as instâncias prévias falharam. De outro modo, não será possível implementar um controle de constitucionalidade que se alce a *status* de direito fundamental e permanecerá o cidadão refém das maiorias sazonais.

O processo de fiscalização da constitucionalidade deve captar a inconstitucionalidade em sua integralidade. "Se a facticidade é parte indissociável, então não dispensa um mecanismo hábil para captá-la e confirmá-la."[619] Esse mecanismo passa pela dilação probatória na jurisdição constitucional, pela verificação de fatos e prognoses jurídico-legislativos e também pela admissão de pré-intérpretes na construção da solução do caso.

Porque constitui o objeto central da investigação presente, aos fatos serão destinados dois capítulos seguintes, para desfecho do trabalho.

Sobre a admissão dos pré-interpretes e de outras fontes de conhecimento para auxílio na construção das decisões na jurisdição constitucional, destina-se o tópico seguinte.

---

618 TAVARES, André Ramos. O discurso dos direitos fundamentais na legitimidade e deslegitimação de uma justiça constitucional substantiva. In: TAVARES, André Ramos (Coord.). *Justiça constitucional*: pressupostos teóricos e análises concretas. Belo Horizonte: Fórum, 2007. cap. 5, p. 153-172, p. 162.

619 HERANI, Renato Gugliano. *A prova da inconstitucionalidade*. Curitiba: Editora Prismas, 2016, p. 147.

4.5 A Participação do *Amicus Curiae* e os Meios Processuais de Obtenção de Informação e de Conhecimento Técnico-científico

Em consentaneidade com o expendido em tópicos anteriores, as técnicas possíveis de serem adotadas no controle de constitucionalidade para verificação de inconstitucionalidade-vício infirmam a proposição segundo a qual o controle de constitucionalidade é objetivo e sua fiscalização em abstrato, em desalijo dos fatos na compreensão da quebra da relação causal de inferência.

De outro lado, a democratização da Jurisdição Constitucional somente se torna possível com a admissão de uma sociedade aberta de intérpretes e no fomento de um processo constitucional conducente à investigação global da inconstitucionalidade.

Não por outro motivo, uma das premissas do presente estudo foi justamente a teoria häberliana da sociedade aberta de intérpretes, como forma de construção pluralista da interpretação constitucional e de atualização constitucional, pelos mais diversos segmentos sociais.[620]

Também Hans Kelsen, conquanto admitisse se tratar de "questões de puro direito", não negava a necessidade do caráter público que devia assumir o julgamento pela Jurisdição Constitucional, porquanto "os casos de que o tribunal constitucional trata são de um interesse geral tão considerável que não se poderia excluir em princípio a publicidade do procedimento, que somente uma audiência pública garante".[621]

A participação da sociedade importa, igualmente, para a conformação do controle de constitucionalidade. Em rigor, desde que há distinção entre texto e norma, sendo esta o sentido atribuído àquele,

---

[620] HÄBERLE, Peter. *Hermenêutica constitucional*: a sociedade aberta dos intérpretes da Constituição: contribuição para a interpretação pluralista e "procedimental" da Constituição. Porto Alegre: Sérgio Antonio Fabris, 1997.

[621] KELSEN, Hans. *Jurisdição constitucional*. 3. ed. São Paulo: WMF Martins Fontes, 2013, p. 177.

necessária a atenção aos fatos. Fato e direito permanecem interconectados e permitem o avanço legislativo, jurisprudencial e de consolidação da força normativa da Constituição. A força dos fatos, compreendida no âmbito normativo, é possibilitada com a participação social, inclusive, no controle de constitucionalidade.

Nesse espeque, "assume idêntico relevo o papel cointerpretativo do técnico ou *expert* no âmbito do processo legislativo ou judicial", estes, ao lado de pessoas interessadas, convertem-se em "intérpretes do direito estatal".[622]

Peter Häberle enxerga nos instrumentos de informação dos juízes constitucionais a forma de aperfeiçoamento da Jurisdição Constitucional, bem como a gradativa construção da participação democrática nas decisões. Por isso, preleciona que devem ser desenvolvidas novas formas de participação das potências públicas pluralistas, enquanto intérpretes em sentido amplo da Constituição. Somente assim, com a participação da parcela social materialmente afetada, estar-se-á consolidando o Estado Democrático Constitucional.[623]

As Leis ns. 9.868/99 e 9.8882/99, ao disporem sobre a ação direta de inconstitucionalidade, a ação declaratória de constitucionalidade, a ação direta de inconstitucionalidade por omissão e a arguição de descumprimento de preceito fundamental, trouxeram, a possibilidade de o relator admitir a manifestação de órgãos ou entidades, considerando a

---

622 HÄBERLE, Peter. *Hermenêutica constitucional*: a sociedade aberta dos intérpretes da Constituição: contribuição para a interpretação pluralista e "procedimental" da Constituição. Porto Alegre: Sérgio Antonio Fabris, 1997, p. 17-18.

623 HÄBERLE, Peter. *Hermenêutica constitucional*: a sociedade aberta dos intérpretes da Constituição: contribuição para a interpretação pluralista e "procedimental" da Constituição. Porto Alegre: Sérgio Antonio Fabris, 1997, p. 47-48. Inocêncio Mártires Coelho assevera que, no âmbito da jurisdição constitucional, aqueles que não participarem da relação processual, sem assumirem qualquer posição processual, "poderão considerar-se *politicamente* não alcançados pelos efeitos da *coisa julgada* e, por via de consequência, *autorizados* a ignorar a força normativa da Constituição". (COELHO, Inocêncio Mártires. As idéias de Peter Häberle e a abertura da interpretação constitucional no direito brasileiro. *Revista de informação legislativa*. Brasília, ano 35, n. 137, p. 157-164, jan.-mar., 1998, p. 158.)

relevância da matéria e a representatividade dos postulantes. Além disso, possibilitou a requisição de informações adicionais, designação de perito ou comissão de peritos para emitir parecer sobre a matéria ou circunstância de fato, ou, ainda, designação de audiências públicas para coleta de depoimentos de pessoas com experiência e autoridade na matéria.[624]

[624] *Lei n. 9.868/99, art. 7º.* Não se admitirá intervenção de terceiros no processo de ação direta de inconstitucionalidade. *§1º.* (VETADO) *§2º.* O relator, considerando a relevância da matéria e a representatividade dos postulantes, poderá, por despacho irrecorrível, admitir, observado o prazo fixado no parágrafo anterior, a manifestação de outros órgãos ou entidades. [...] *Art. 9º.* Vencidos os prazos do artigo anterior, o relator lançará o relatório, com cópia a todos os Ministros, e pedirá dia para julgamento. *§1º.* Em caso de necessidade de esclarecimento de matéria ou circunstância de fato ou de notória insuficiência das informações existentes nos autos, poderá o relator requisitar informações adicionais, designar perito ou comissão de peritos para que emita parecer sobre a questão, ou fixar data para, em audiência pública, ouvir depoimentos de pessoas com experiência e autoridade na matéria. *§2º.* O relator poderá, ainda, solicitar informações aos Tribunais Superiores, aos Tribunais federais e aos Tribunais estaduais acerca da aplicação da norma impugnada no âmbito de sua jurisdição. *§3º.* As informações, perícias e audiências a que se referem os parágrafos anteriores serão realizadas no prazo de trinta dias, contado da solicitação do relator. [...] *Art. 12-E.* Aplicam-se ao procedimento da ação direta de inconstitucionalidade por omissão, no que couber, as disposições constantes da Seção I do Capítulo II desta Lei. *§1º.* Os demais titulares referidos no art. 2o desta Lei poderão manifestar-se, por escrito, sobre o objeto da ação e pedir a juntada de documentos reputados úteis para o exame da matéria, no prazo das informações, bem como apresentar memoriais. [...] *Art. 20. §1º.* Em caso de necessidade de esclarecimento de matéria ou circunstância de fato ou de notória insuficiência das informações existentes nos autos, poderá o relator requisitar informações adicionais, designar perito ou comissão de peritos para que emita parecer sobre a questão ou fixar data para, em audiência pública, ouvir depoimentos de pessoas com experiência e autoridade na matéria. *§2º.* O relator poderá solicitar, ainda, informações aos Tribunais Superiores, aos Tribunais federais e aos Tribunais estaduais acerca da aplicação da norma questionada no âmbito de sua jurisdição. *§3º.* As informações, perícias e audiências a que se referem os parágrafos anteriores serão realizadas no prazo de trinta dias, contado da solicitação do relator. *Lei n. 9.882/99, art. 6º.* Apreciado o pedido de liminar, o relator solicitará as informações às autoridades responsáveis pela prática do ato questionado, no prazo de dez dias. *§1º.* Se entender necessário, poderá o relator ouvir as partes nos processos que ensejaram a argüição, requisitar informações adicionais, designar perito ou comissão de peritos para que emita parecer sobre a questão, ou ainda, fixar data para declarações, em audiência pública, de pessoas com experiência e autoridade na matéria. §2º. Poderão ser autorizadas, a critério do relator, sustentação oral e juntada de memoriais, por requerimento dos interessados no processo. Para comentários sobre os enunciados, cf. BINENBOJM, Gustavo. A Democratização da Jurisdição Constitucional e o Contributo da Lei nº 9.868/99. In: SARMENTO, Daniel (org). *O controle de constitucionalidade e a Lei 9.868/99*. Rio de Janeiro: Lumen Juris, 2001, p. 139-164, p. 158-160.

Por meio desses documentos normativos, a força do fático já não pode mais ser olvidada e incumbe à Corte Constitucional preservar a participação dos mais diversos segmentos sociais, sob pena de a decisão proferida padecer de déficit democrático.

Com efeito, já se referiu anteriormente, a admissão da participação de pré-intérpretes não implica o acolhimento das alegações, tampouco a decisão no sentido propugnado pelos sujeitos interessados. Todavia, num Estado Democrático Constitucional, o contraditório e a participação plural são legitimadores dos Órgãos do Poder.

A atuação do *amicus curiae* vincula-se à razão de ser de sua própria intervenção. Seu ingresso visa ao aprimoramento da decisão judicial, ao levar à Corte informações complementares (de fato e de direito), as quais, de outro modo, não se teria acesso. Daí porquanto, igualmente, não há um interesse individual necessariamente exposto, mas compartilhado de forma difusa ou coletiva, por grupos de pessoas que possa ser atingido com a decisão.[625]

Em boa hora, veio o Código de Processo Civil de 2015, admitir para todo e qualquer processo, a participação de pessoa física ou jurídica, órgão ou entidade especializada, considerada a relevância da matéria, a especificidade do tema ou a repercussão social da controvérsia (CPC, art. 138). Muito embora já se observasse a possibilidade de participação no Código de Processo Civil de 1973, o viés democrático que permeia o Código de Processo Civil de 2015 enaltece o pluralismo e recrudesce a participação de segmentos sociais na construção de decisões, também em controle difuso de constitucionalidade.

---

625 BUENO, Cassio Scarpinella. *Amicus curiae:* uma homenagem a Athos Gusmão Carneiro. Disponível em: <www.scarpinellabueno.com.br>. Acesso em 20 mar. 2018.

Assim que, no incidente de assunção de competência (CPC, art. 947, §1º), no incidente de arguição de inconstitucionalidade (CPC, art. 950, §§2º e 3º), no incidente de resolução de demandas repetitivas (CPC, art. 983), no reconhecimento da repercussão geral (CPC, art. 1.035, §4º), no julgamento de recursos repetitivos (CPC, art. 1.038, I a III), a participação popular no deslinde da controvérsia é fundamental para legitimação democrática das decisões tomadas pelos órgãos judiciários.

A participação, todavia, não deve ser meramente formal, como um requisito a ser preenchido ou observado pelo relator. Em verdade, a participação requer a efetiva análise dos argumentos sobrelevados pelos partícipes do julgamento, incumbindo aos julgadores o enfrentamento dos fundamentos esposados pelos *amici curiae* e pelos peritos técnicos. Somente assim estará devidamente caracterizada a pluralidade e a participação democrática na tomada de decisões. Incumbe aos julgadores o enfrentamento de teses que possam infirmar as conclusões adotadas (CPC, art. 489, §1º, IV), sob pena de padecer a participação popular de mero apêndice para legitimação da decisão. "No processo em que há intervenção do *amicus curiae*, a decisão deve enfrentar as alegações por ele apresentadas, nos termos do inciso IV do §1º do art. 489" (Enunciado n. 128 do Fórum Permanente de Processualistas Civis).

Os cidadãos devem poder participar e ter voz ativa, vez que são destinatários e autores do próprio Direito (cidadania procedimentalmente ativa[626]). Em rigor, regras são estabelecidas pelos próprios cidadãos, por meio de seus representantes, e não podem ficar ao largo das decisões políticas e jurídicas do país, ignorados pelos "operadores oficiais" ou

---

[626] HÄBERLE, Peter. *Hermenêutica constitucional*: a sociedade aberta dos intérpretes da Constituição: contribuição para a interpretação pluralista e "procedimental" da Constituição. Porto Alegre: Sérgio Antonio Fabris, 1997, p. 36-37.

"intérpretes autênticos".[627] A atuação dos *amici curiae* constitui "fator de pluralização e de legitimação do debate constitucional"[628].

Conquanto à Corte Constitucional delegue-se a "palavra final" sobre a interpretação da Constituição, não significa possa ela agir de forma alheia ao debate público e sem ampla fundamentação, com enfrentamento das alegações postas pelos partícipes sociais.[629] Em que pese não se submeter ao escrutínio público, as decisões em sede de controle de constitucionalidade legitimam-se democraticamente na medida em que convidam os diversos setores sociais, a fim de legitimar o processo constitucional, numa integração pluralista.[630]

Note-se que em Robert Alexy, cuja teoria é muito sólida e não haveria tempo e espaço para esclarecê-la aqui, a legitimação da Jurisdição Constitucional, exercício do poder estatal, não eleita pelo povo, somente é democrática e, portanto, controlável, à vista de uma "representação argumentativa".[631]

---

627 BINENBOJM, Gustavo. A Democratização da Jurisdição Constitucional e o Contributo da Lei nº 9.868/99. In: SARMENTO, Daniel (org). *O controle de constitucionalidade e a Lei 9.868/99*. Rio de Janeiro: Lumen Juris, 2001, p. 139-164, p. 150.

628 STRECK, Lenio Luiz. *Jurisdição constitucional e decisão jurídica*. 4. ed. São Paulo: Revista dos Tribunais, 2014, p. 697.

629 BINENBOJM, Gustavo. A Democratização da Jurisdição Constitucional e o Contributo da Lei nº 9.868/99. In: SARMENTO, Daniel (org). *O controle de constitucionalidade e a Lei 9.868/99*. Rio de Janeiro: Lumen Juris, 2001, p. 139-164, p. 150.

630 "Em suma, no contexto de um Estado de direito, que se pretende democrático e social, torna-se imperioso que a *leitura* da Constituição se faça *em voz alta* e *à luz do dia*, no âmbito de um processo verdadeiramente público e republicano, pelos diversos atores da cena institucional – agentes políticos ou não – porque, ao fim e ao cabo, todos os membros da sociedade política *fundamentam na Constituição, de forma direta e imediata, os seus direitos e deveres*." (COELHO, Inocêncio Mártires. As idéias de Peter Häberle e a abertura da interpretação constitucional no direito brasileiro. *Revista de informação legislativa*. Brasília, ano 35, n. 137, p. 157-164, jan.-mar., 1998, p. 158.)

631 ALEXY, Robert. *Constitucionalismo discursivo*. 4. ed. Porto Alegre: Livraria do Advogado, 2015, p. 162-165.

Outrossim, por meio da representatividade na deliberação em controle de constitucionalidade que se preservará a sintonia entre o programa normativo e o âmbito normativo, é dizer, entre a interpretação constitucional e a realidade constitucional, mais facilitada quanto mais pluralista for.[632] Assim, torna-se possível a concretização da constituição.[633]

A admissão de *amici curiae* e a possibilidade de audiências públicas, com o pleno conhecimento, pela Corte Constitucional, das implicações e repercussões da decisão,[634] reforça o caráter impessoal da questão constitucional e torna evidente o interesse objetivo de todos os indivíduos e grupos sociais na solução da controvérsia, porquanto a Corte Constitucional acaba por esclarecer o sentido, reduzir seu alcance ou atualizá-lo, na aplicação-criação das normas constitucionais.[635]

André Rufino Vale e Gilmar Ferreira Mendes referem-se a como a participação da sociedade civil e a realização de audiências públicas permitiram um aprimoramento na decisão tomada, pelo Supremo Tribunal

---

632 COELHO, Inocêncio Mártires. As idéias de Peter Häberle e a abertura da interpretação constitucional no direito brasileiro. *Revista de informação legislativa*. Brasília, ano 35, n. 137, p. 157-164, jan.-mar., 1998, p. 159. Para críticas às concepções do autor sobre o projeto de lei que deu azo à Lei n. 9.868/99, bem como pela recepção da teoria häberliana no Brasil e a incompreensão do controle concentrado de constitucionalidade, cf. BAHIA, Alexandre Gustavo Melo Franco. *Peter Häberle e a Lei 9.868/99 – Abertura ou fechamento? Por uma compreensão constitucionalmente adequada do controle concentrado de constitucionalidade*. São Paulo: LEX, 2007.

633 MÜLLER, Friedrich. *Metodologia do direito constitucional*. 4. ed. São Paulo: Editora Revista dos Tribunais, 2010, p. 131-143.

634 BINENBOJM, Gustavo. A Democratização da Jurisdição Constitucional e o Contributo da Lei nº 9.868/99. In: SARMENTO, Daniel (org). *O controle de constitucionalidade e a Lei 9.868/99*. Rio de Janeiro: Lumen Juris, 2001, p. 139-164, p. 159.

635 COELHO, Inocêncio Mártires. As idéias de Peter Häberle e a abertura da interpretação constitucional no direito brasileiro. *Revista de informação legislativa*. Brasília, ano 35, n. 137, p. 157-164, jan.-mar., 1998, p. 163.

Federal, na ADI n. 3.510/DF, de relatoria do Min. Carlos Britto, na qual se discutia a pesquisa científica em células-tronco embrionárias.[636]

Com efeito, a complexa questão, com diversas conotações científicas, jurídicas e éticas, não podia prescindir de uma enorme gama de informações e da participação de diversos segmentos sociais para sua legitimação democrática. Consta do voto do relator a admissão de diversas entidades da sociedade civil brasileira "de saliente representatividade social e por isso mesmo postadas como subjetivação dos princípios constitucionais do pluralismo genericamente cultural (preâmbulo da Constituição) e especificamente político (inciso V do art. 1º da nossa Lei Maior)", concluindo que essa admissão "contribuirá para o adensamento do teor de legitimidade da decisão a ser proferida na presente ADIN". Confirmou o relator, na oportunidade, que "decisão colegiada tão mais legítima quanto precedida da coleta de opiniões dos mais respeitáveis membros da comunidade científica brasileira, no tema". Além disso, referiu-se à realização de audiências públicas, "esse notável mecanismo constitucional de democracia direta ou participativa", na qual intervieram "22 (vinte e duas) das mais acatadas autoridades científicas brasileiras". A partir dessa coleta de dados e de informações, o relator esboçou as correntes defendidas em relação ao tema posto a julgamento.[637]

Note-se, porém, que na ADPF n. 54, de relatoria do Ministro Marco Aurélio, em que se intentava verificar a constitucionalidade da interrupção da gravidez de feto anencéfalo, foi indeferida a participação, na qualidade de *amicus curiae* da Conferência Nacional dos Bispos do Brasil – participação essa possibilitada na ação constitucional referida

---

[636] VALE, André Rufino do; MENDES, Gilmar Ferreira. O pensamento de Peter Häberle na jurisprudência do Supremo Tribunal Federal. *DPU*, n. 28, p. 71-94, jul.-ago., 2009, p. 73-74.

[637] BRASIL. Supremo Tribunal Federal. Improcedência da ação direta de inconstitucionalidade. Ação Direta de Inconstitucionalidade n. 3.510/DF. Procurador-Geral da República e Presidente da República e outro. Relator: Ayres Britto. Brasília, 29 maio 2008. *Diário da Justiça eletrônico*, Brasília, 27 maio 2010, p. 145-150.

anteriormente –, sob o fundamento de que "a admissão de terceiros não implica reconhecimento de direito subjetivo a tanto", pois "fica a critério do relator, caso entenda oportuno".[638]

Ora, tal decisão não se coaduna com o viés democrático que se pretende instaurar com a participação dos segmentos sociais. Ainda que possa ser antecipadamente do conhecimento do relator a opinião de determinada entidade sob o tema constitucional, não lhe é permitido, sobretudo sob evasiva fundamentação, inadmitir a participação de entidade, que, sem dúvida, representa significativa parcela social.

Em que pese os avanços legislativos na temática, em especial com as Leis ns. 9.868/99 e 9.882/99, é preocupante relegar ao relator a exclusiva possibilidade de admissão de participação de segmentos sociais ou a contingência ou não do debate público.[639] Com efeito, o cerceamento implicará déficit democrático nas decisões da Corte Constitucional, mas corrigido o equívoco a seu tempo, propiciará "um passo significativo na caminhada pela democratização do processo constitucional brasileiro".[640]

---

638 BRASIL. Supremo Tribunal Federal. Procedência da arguição de descumprimento de preceito fundamental. Arguição de Descumprimento de Preceito Fundamental n. 54/DF. Confederação nacional dos Trabalhadores da Saúde e Presidente da República. Relator: Marco Aurélio. Brasília, 12 abr. 2012. *Diário da Justiça eletrônico*, Brasília, 30 abr. 2013.

639 BAHIA, Alexandre Gustavo Melo Franco. Peter Häberle e a Lei 9.868/99 - Abertura ou fechamento? Por uma compreensão constitucionalmente adequada do controle concentrado de constitucionalidade. São Paulo: LEX, 2007.

640 BINENBOJM, Gustavo. A Democratização da Jurisdição Constitucional e o Contributo da Lei nº 9.868/99. In: SARMENTO, Daniel (org). *O controle de constitucionalidade e a Lei 9.868/99*. Rio de Janeiro: Lumen Juris, 2001, p. 139-164, p. 162. Cf., a propósito, o estudo feito por CARDOSO, Oscar Valente. *Amicus curiae* e audiências públicas no controle de constitucionalidade brasileiro. *Cadernos do Programa de Pós-Graduação em Direito da Universidade Federal do Rio Grande do Sul*, v. 9, n. 2, 2014. O autor analisa diversas ações e levanta aspectos da admissão dos *amici curiae* e da realização das audiências públicas e de que modo, paulatinamente, vêm ocupando a pauta do Supremo Tribunal Federal. Ainda, VALE, André Rufino do; MENDES, Gilmar Ferreira. O pensamento de Peter Häberle na jurisprudência do Supremo Tribunal Federal. *DPU*, n. 28, p. 71-94, jul.-ago., 2009.

Com base nessa ampla participação pluralista e democrática e inegável comunicação entre fato e norma é que se deve perquirir os fatos e as prognoses jurídico-legislativas no controle de constitucionalidade brasileiro. Carece a Corte Constitucional, por vezes, de aparto técnico-informacional para realização da interpretação constitucional. São numerosas matérias (interrupção de gravidez de fetos anencéfalos, inconstitucionalidade do aborto, casamento homoafetivo, legalização do uso de drogas, reaproveitamento de pneus, uso de amianto, pesagem de botijões de gás, etc.) levadas à apreciação da Corte e a admissão de *amici curiae* e a realização de audiências públicas somente fazem fortalecer o ambiente participativo e a tomada de informações pelos julgadores.

5

O QUE É ISTO: FATOS E PROGNOSES JURÍDICO-LEGISLATIVOS?

A superação de um controle de constitucionalidade dito abstrato e de um processo supostamente objetivo implica a conclusão de que a análise de fatos na Jurisdição Constitucional é irrenunciável. A insistência na classificação "concentrado/difuso" com foco no órgão julgador deve realçar a facticidade inerente a todo conflito constitucional, escancarando a superação do dogma da não remissão fática no controle de constitucionalidade.[641]

A bem da verdade, muito embora não se diga correntemente de forma expressa, os fatos nunca escaparam ao controle de constitucionalidade brasileiro, pelo que podem ser observados em variados momentos.

Isso porque do enunciado prescritivo do art. 3º, inciso II, da Lei (documento normativo) n. 9.868/99, que cuida das ações de controle de constitucionalidade, é possível construir a norma segundo qual o proponente da ação direta de inconstitucionalidade está obrigado a apresentar "cópia da lei ou ato normativo impugnado", sob pena de indeferimento liminar (art. 4º). Com efeito, desde sempre se requereu a prova do fato da existência do documento normativo. Não é diferente no caso da ação direta de inconstitucionalidade por omissão, cuja petição inicial

---

[641] HERANI, Renato Gugliano. *A prova da inconstitucionalidade*. Curitiba: Editora Prismas, 2016, p. 180.

deve ser instruída com os "documentos necessários para comprovar a alegação de omissão" (art. 12-B, parágrafo único), tampouco na ação declaratória de constitucionalidade, na qual a "cópia do ato normativo questionado" deve acompanhar a peça vestibular.

Ainda, a Lei n. 9.882/99, ao tratar da arguição de descumprimento de preceito fundamental, prescreve que a exordial da ação deverá "conter cópias do ato questionado" (art. 3º, parágrafo único).

A necessidade da identificação do documento normativo usado como suporte físico da norma jurídica acoimada de inconstitucional se e quando confrontada com as normas constitucionais pressupõe a relevância fática do critério do fato da lei produzida, determinante para o conhecimento do objeto do controle de constitucionalidade.[642]

Com a publicação, no canal oficial, o documento ingressa ao sistema jurídico, cria a relação de pertinência, passa a existir, e torna-se do conhecimento geral e, de conseguinte, obrigatórias as normas a partir dele construídas. Ao presumir o conhecimento por toda a comunidade, faz com que toda esta habite a linguagem do direito positivo.[643] A enunciação encerra-se com a publicação do documento normativo. Por outro lado, a construção das normas jurídicas a partir dos enunciados veiculados no documento normativo somente se torna possível com a publicação deste último.[644]

Provar o fato da lei produzida é, pois, provar a existência da lei (documento normativo); provar que ela ingressou no sistema de direito positivo e podem ser construídas normas a partir de seus enunciados.

---

642 HERANI, Renato Gugliano. *A prova da inconstitucionalidade*. Curitiba: Editora Prismas, 2016, p. 195.

643 MOUSSALLEM, Tárek Moysés. *Fontes do direito tributário*. 2. ed. São Paulo: Noeses, 2006, p. 83.

644 IVO, Gabriel. *Norma jurídica*: produção e controle. São Paulo: Noeses, 2006, p. 23-24. Neste trabalho, tenha-se em conta que o critério fundamental para exercício do controle de

O documento normativo, já se viu, denota o plexo de enunciados resultante da atividade enunciativa provocada pelos sujeitos legitimados pela ordem constitucional; são os concretizadores (produto) do comportamento estatal criador de enunciados que, interpretados, constroem normas jurídicas.

De conseguinte, o resultado haverá de ser maculado toda vez que inobservado o parâmetro constitucional, fundamento de validade e condicionante da produção normativa no sistema jurídico pesquisado.[645] Para os lindes do presente trabalho, importa mais o exercício criador da norma, que propriamente o produto advindo dessa atividade enunciativa, conquanto pelo produto é que se podem perceber os vícios que acoimam a atividade (transformada em norma a partir da enunciação-enunciada – norma veículo introdutor) e, portanto, o descompasso com a produção normativa determinada pela Constituição.

O produto, por isso mesmo, acolhe esses vícios e revela-os, a fim de que o sujeito legitimado, fazendo prova do produto, construa a norma em desalinho com a norma de produção normativa e demonstre a incorreção da atividade produtora. Aduz Renato Gugliano Herani, "o objeto de controle referido na proposição da inconstitucionalidade/vício legislativa é o *comportamento, comissivo ou omissivo, de produção legislativa cujo resultado produzido – a lei – estabeleça com a Constituição uma relação direta de possível violação*".[646] (Grifos do autor)

---

constitucionalidade é a demonstração da existência de lei, comprovação do fato da lei produzida, sendo a análise do processo legiferante sempre retrospectivo. Todavia, em razão do que se constrói a partir do enunciado prescritivo do art. 60, §4º, da Constituição Federal, não se olvida a possibilidade de controle do processo legislativo tendente a produzir enunciados que violem o núcleo constitucional rígido. Esse estudo, infelizmente, não encontra, aqui, tempo nem espaço.

645 HERANI, Renato Gugliano. *A prova da inconstitucionalidade*. Curitiba: Editora Prismas, 2016, p. 197.

646 HERANI, Renato Gugliano. *A prova da inconstitucionalidade*. Curitiba: Editora Prismas, 2016, p. 198.

Essas noções, a rigor, não traduzem qualquer novidade. Hans Kelsen já assertava que

> [s]e analisarmos qualquer dos fatos que classificamos de jurídicos ou que têm qualquer conexão com o Direito - por exemplo, uma resolução parlamentar, um ato administrativo, uma sentença judicial, um negócio jurídico, um delito, etc. - podemos distinguir dois elementos: primeiro, um ato que se realiza no espaço e no tempo, sensorialmente perceptível, ou uma série de tais atos, uma manifestação externa de conduta humana; segundo, a sua significação jurídica, isto é, a significação que o ato tem do ponto de vista do Direito. Numa sala encontram-se reunidos vários indivíduos, fazem-se discursos, uns levantam as mãos e outros não - eis o evento exterior. Significado: foi votada uma lei, criou-se Direito. Nisto reside a distinção familiar aos juristas entre o processo legiferante e o seu produto, a lei.[647]

Não se confundem, outrossim, os planos do ser e do dever-ser com seus jogos linguísticos próprios. Tampouco se volta atrás em relação ao fato de que objeto e parâmetro do controle de constitucionalidade hão de ser, sempre, normas jurídicas, a partir do conceito de direito (positivo) adotado.

Lançando mão de conceitos trabalhados anteriormente, o evento-enunciação transforma-se em fato-enunciação quando vertido em linguagem e tornar-se-á fato-jurídico-enunciação com a aplicação da norma jurídica de produção normativa (fenômeno da incidência), que prevê em seu antecedente o fato de possível ocorrência no mundo fenomênico para a edição de enunciados prescritivos, com autoridade competente e procedimento adequado. Em consequência, haverá a produção de um veículo introdutor de norma (norma concreta e individual) que traz em seu antecedente o fato jurídico (realizado em determinado tempo e espaço) e no consequente o dever de todos de obedecer às normas daí advindas. Tudo isso somente se torna possível por meio

---

647 KELSEN, Hans. . *Teoria Pura do Direito*. Tradução de João Baptista Machado. 8. ed. São Paulo: Editora WMF Martins Fontes, 2009, p. 2.

da percepção, no documento normativo, da enunciação-enunciada, que permite a reconstrução do evento-enunciação.

A enunciação-evento é atividade considerada no tempo e no espaço sem revestimento de linguagem. A enunciação-fato é a atividade considerada no tempo e no espaço já coberta pela camada linguística, tornando-se fato social, relato, mas que se cinge ao mundo do ser. Já a enunciação-fato-jurídico é juridicizada exatamente pelo produto da enunciação-evento, agora inteligida por meio das marcas da enunciação (enunciação-enunciada) constantes do documento normativo.

É o produto da enunciação-evento que a torna enunciação-fato-jurídico, que a constitui enquanto enunciação jurídica na enunciação-enunciada. E que ocupará o antecedente da norma do veículo introdutor de normas. Apenas pela enunciação-enunciada é que a enunciação-evento se constitui como fato jurídico (enunciação-fato-jurídico) ejetor de normas no sistema (veículo introdutor de normas). A enunciação-fato-jurídico não produz a norma. É a enunciação-evento que produz enunciados. A linguagem do evento (o fato) já não é a atividade mesma. Tampouco o é o fato jurídico que sucede o acontecimento.

Decorrem, daí, duas conclusões: a) a verificação de fatos e prognoses pelo legislador no momento da elaboração da lei deve ser empreendimento prescrito na norma de produção normativa – localizá-los é função dos tópicos subsequentes, confiá-los à análise da jurisdição constitucional é objeto do presente estudo; b) pela teoria das provas é possível a reconstrução da enunciação-fato-jurídico, através da enunciação-enunciada, o que é válido mesmo para controle de constitucionalidade. Fato jurídico pode ser provado em face dos meios de prova em direito admitidos.[648]

---

648 IVO, Gabriel. *Norma jurídica*: produção e controle. São Paulo: Noeses, 2006, p. 57.

Nesse sentido, b.1) não há que se falar em processo objetivo, sendo imprescindível a dilação probatória para a confirmação ou a infirmação de fatos e prognoses jurídico-legislativos, pois b.2) apenas importam ao controle de constitucionalidade os fatos e prognoses jurídico-legislativos, tornando-se c) inconstitucional a norma jurídica eivada desse vício procedimental, descoberto pela construção da norma veículo introdutor em cotejo com a norma constitucional de produção normativa.

Ora, os fatos são incorporados pelo direito positivo por meio da porta aberta que é a hipótese; a hipótese, descritora de fato, é "qualificadora normativa do fáctico"[649], recepciona o fato, que, a seu turno, ingressa no mundo jurídico. O direito positivo juridiciza o fato naquilo que lhe convém, naquilo que lhe importa, selecionando do mundo físico o que pretende tornar jurídico. O que adentra ao mundo jurídico e o que fica de fora, porém, é "ato-de-valoração que preside à feitura da norma".[650]

Quando alhures se construiu a estrutura bimembre da norma jurídica, deixou-se claro que, na norma primária, a hipótese descreve fato de possível ocorrência no mundo social, selecionando os caracteres que entende pertinentes. A hipótese normativa faz o cotejo da realidade – inabarcável em sua totalidade – tornando-a apreensível na parte em que releva.

Em consequência da satisfação da hipótese, a norma jurídica primária estatui, em seu consequente, a relação jurídica permeada por um modal deôntico (permitido, proibido ou obrigado).

A norma de produção normativa, desse modo, prescreve no seu consequente a relação jurídica, cuja negação encarta-se no

---

649 VILANOVA, Lourival. *As estruturas lógicas e o sistema do direito positivo*. São Paulo: Noeses, 2005, p. 85.

650 VILANOVA, Lourival. *As estruturas lógicas e o sistema do direito positivo*. São Paulo: Noeses, 2005, p. 85.

antecedente da norma secundária, a implicar, a seu turno, a atuação judicial-estatal constitutiva da inconstitucionalidade-vício e aplicadora da inconstitucionalidade-sanção.

Nesse exato sentido devem ser compreendidos o "fato jurídico-legislativo" e a "prognose jurídico-legislativa". Seria, ademais, incorrer em severo equívoco de premissa admitir o controle de normas jurídicas infraconstitucionais por inobservância dos parâmetros constitucionais erigidos se não se atentasse a que os órgãos de produção normativa devem observar os fatos e os prognósticos previstos na norma jurídica de produção normativa.

5.1 Fatos Jurídico-legislativos

De início, ressalte-se que não importam os eventos, porque não vertidos em linguagem e impossíveis de serem apreendidos. Eventos perdem-se no tempo e no espaço, e somente são recapituláveis pela linguagem. A linguagem recorta o evento e o torna inteligível.

O qualificativo "legislativos" aos fatos sozinho não satisfaz a construção da norma jurídica. Há diversos atos praticados no seio do processo legiferante que são desimportantes para o controle de constitucionalidade *a posteriori*.

Importam, a rigor, ao controle de constitucionalidade, os fatos jurídico-legislativos, se com eles se quer significar a análise do Órgão Legislativo, no processo legislativo, dos fatos circundantes à maneira determinada pela norma de produção normativa. São jurídicos porque receberam a atenção do direito positivo e sua análise é imperiosa na atividade produtora, na enunciação de novos documentos normativos.

"Fatos jurídico-legislativos" são circunstâncias analisadas pelo Órgão Legislativo antes e durante a elaboração de um projeto de ato normativo, consoante disciplinado pela Constituição e pelas demais normas que lhe dão concretude, entendendo-se como tal todo e qualquer "fato real" (*realer Sachverhalt*) que tenha relevo para aplicação de uma norma e, portanto, em sentido mais amplo do que aquele conferido à "questão de fato" processual.

A norma de produção normativa regula a produção de uma norma N_1 ao ser aplicada no momento da produção desta. Se a norma N_1 tiver como objeto imediato regular uma conduta C para mediatamente produzir uma norma N2, a norma N_1 será uma norma de produção normativa.[651] Essa conduta C conducente à produção de norma N_2 é a atividade enunciativa que culminará com a introjeção de enunciados no sistema jurídico, possível de ser reconstruída por meio da norma veículo introdutor, que, nada mais é, que o resultado da aplicação da norma de produção normativa.

A norma de produção normativa (ou norma de produção jurídica), em sentido amplo, pode ser assim esboçada: no antecedente, situam-se os critérios conotativos do sujeito competente, do procedimento, em circunstâncias de tempo e de espaço; no consequente, há dois sujeitos, que se relacionam intersubjetivamente, de modo que o sujeito ativo é pessoa competente à qual é facultado legislar e pode exigir o cumprimento da matéria objeto de regulação, e o sujeito passivo é o conjunto de pessoas submetidas à regulação da norma criada, mas que pode exigir a observância da regulação constitucional para criação de norma, e um objeto, delimitado pelo conjunto de normas construídas a partir dos enunciados constitucionais.[652]

Destrinchando-se a norma de produção jurídica, obtêm-se as seguintes espécies: a) norma de produção jurídica que outorga competência; b) norma de produção jurídica que estabelece o procedimento; e c) norma de produção jurídica que delimita a matéria. Enquanto a primeira – norma de produção jurídica que outorga competência – atribui

---

651 MOUSSALLEM, Tárek Moysés. *Fontes do direito tributário*. 2. ed. São Paulo: Noeses, 2006, p. 77-78.

652 IVO, Gabriel. *Norma jurídica*: produção e controle. São Paulo: Noeses, 2006, p. 26-30.

a um determinado órgão competência para produzir um determinado instrumento introdutor de normas, a última - norma de produção jurídica que delimita a matéria - consiste na limitação de ordem material da produção normativa, quer permita a matéria (Pp), quer proíba (Vp), quer, ainda, determine (Op).[653]

Importa, para fins de fatos jurídico-legislativos (e mesmo para prognoses jurídico-legislativas) a norma de produção jurídica que estabelece o procedimento. É ela que disciplina o exercício da competência conferida a determinado órgão estatal, por meio de procedimento específico para cada tipo de veículo introdutor. É "o modo de exercício do poder normativo conferido ao sujeito dotado de autoridade normativa pela norma de competência", sendo que "a validade das leis depende da exata execução dos atos do processo legislativo"[654].

A norma em questão pode ser, então, enunciada do seguinte modo: Dada a existência de uma autoridade normativa competente, deve ser a obrigação de observar o procedimento para a criação de determinado instrumento introdutor de normas e o direito dos demais sujeitos autorizados juridicamente de exigir o cumprimento do procedimento estabelecido.

O procedimento encartado no consequente da norma de produção normativa que estabelece o procedimento somente pode ser, via de consequência, o processo legislativo assim previsto nas normas constitucionais, cuja concretude é outorgada por demais normas existentes no sistema jurídico, sem que, com isso, infira-se uma violação a preceitos infraconstitucionais.

A análise, pelos órgãos legiferantes, de fatos jurídico-legislativos (e de prognoses-jurídico-legislativas) ocorre, exatamente, nessa etapa,

---

[653] IVO, Gabriel. *Norma jurídica*: produção e controle. São Paulo: Noeses, 2006, p. 15-16, 25-26.

[654] IVO, Gabriel. *Norma jurídica*: produção e controle. São Paulo: Noeses, 2006, p. 16.

cuja observância é obrigatória e a cobrança pode ser efetuada por toda a comunidade, dentro das normas que regem o processo constitucional.

Está-se, portanto, referindo-se ao processo legislativo como

> fase legislativa da enunciação, que compreende um conjunto de atos, desde a inciativa até a publicação, regulada por normas de produção normativa, aplicadas pelos agentes legislativos, que culmina na criação de um veículo introdutor de normas.[655]

Na linha do que estabelecido quando se fixou o sistema de referência, é com o término da fase pré-legislativa, que se esgota com o surgimento do anteprojeto do instrumento normativo, que tem início a fase legislativa, cujas metanormas (normas que regulam a produção de normas) estabelece a cadeia sucessória de atos necessários à introdução de um veículo introdutor no sistema de direito positivo.

Em que pese haver, na fase pré-legislativa, momentos que são regulados pelo direito positivo (a exemplo da própria redação do anteprojeto), é na fase legislativa que eventuais vícios anteriores devem ser solvidos, balizado o processo pelas normas constitucionais.

É nesse espaço entre a inciativa (propositura de um projeto de lei) até a publicação (com o que se atesta a existência do documento normativo) que se encontra a verificação de fatos e prognoses jurídico-legislativos. Portanto, os fatos e as prognoses são jurídico-legislativos exatamente porque compreendidos na fase legislativa da produção normativa e porque sua análise encarta-se nas normas que regem a produção normativa.

Há fatores sociais que motivam a vontade do legislador para criar normas jurídicas. Mas é o ato de enunciação que cria as normas jurídicas. Os fatores sociais motivam a enunciação. Vários, portanto, podem ser os motivos do legislador na criação de normas e esses motivos estão circunscritos por normas constitucionais, tanto no conteúdo quanto no procedimento.

---

[655] IVO, Gabriel. *Norma jurídica*: produção e controle. São Paulo: Noeses, 2006, p. 12.

Muito embora numerosos fatores possam influenciar a enunciação do legislador, para o direito importam aqueles que violem direitos fundamentais, verdadeiras limitações à empresa legislativa. Os direitos e as garantias fundamentais constituem os limites no procedimento para a edição de novos enunciados prescritivos que comporão o sistema jurídico e a partir dos quais se construirão normas jurídicas.

A verificação de fatos e prognoses jurídico-legislativos está diretamente conectada aos limites estatuídos pelos direitos e garantias fundamentais encartados na Constituição Federal, que, a seu turno, agregam as normas de produção normativa, impedindo que o órgão legiferante proceda à criação de enunciados prescritivos que não encontram fundamento de validade nas normas constitucionais.

Embora livre para se deixar influenciar por fatores sociais diversos, ou mesmo nenhum, partindo da própria espontaneidade, o que seria objeto de estudo da Sociologia Jurídica, a enunciação-fato-jurídico poderá ser controlada, no antecedente da norma jurídica do veículo introdutor, se não estiver em consonância com o consequente da norma jurídica de produção normativa. Só a partir disso será possível o controle do motivo do ato legislativo, como sói ocorrer com os atos administrativos.

Para que não pairem dúvidas: a verificação de fatos e prognoses jurídico-legislativos é determinada pelo consequente da norma de produção normativa e compõe o antecedente da norma veículo introdutor (aplicação da norma de produção normativa). Na primeira, regula-se o procedimento, inclusive com a verificação aludida; na segunda, o procedimento efetivado denota a verificação.

Com efeito, a mácula do procedimento por ausente verificação de fatos e prognoses jurídico-legislativos só é possível com o cotejo entre o antecedente da norma veículo introdutor e o consequente da norma de produção jurídica.

À possibilidade de controle, pelo Órgão Judiciário, dessa verificação de fatos e prognoses jurídico-legislativos e a construção da norma de revisão sistêmica ou de controle de constitucionalidade, como também a forma pela qual esse controle haverá de ser exercido, destina-se o próximo capítulo, que encerra o objeto central desse estudo.

Os fatos jurídico-legislativos podem dividir-se, segundo classificação de Klaus Jürgen Philippi[656], em (a) fatos históricos (*historische Tatsache*), (b) fatos atuais (*gegenwärtige Tatsachen*) e (c) eventos futuros (*zukünftige Tatsachen*).

Diz-se "diagnose" a investigação do passado (fatos históricos) e do presente (fatos atuais) e "prognose" a declaração, fundamentada no passado ou no presente dirigida a uma situação futura.[657]

Os "fatos históricos" referem-se a "análises de 'fatos legislativos históricos' que ensejaram determinadas decisões". Os "fatos atuais" abrangem o objetivo de determinadas organizações, verificação de tratamento equiparatório ou desequiparatório (eventual violação ao princípio da igualdade), exame de possível desigualdade eleitoral, aferição de efeitos radioativos de medicamentos ou de técnicas medicinais, alteração de estruturas econômicas e sociais, bem como questões a respeito de concepções políticas, religiosas e filosóficas.[658] Já "eventos futuros" dizem respeito aos prognósticos fixados pelo legislador ou a provável verificação de um dado evento.[659]

---

[656] A referência é encontrada em MENDES, Gilmar Ferreira; BRANCO, Paulo Gustavo Gonet. *Curso de direito constitucional*. 12. ed. São Paulo: Saraiva, 2017, p. 1144-1145.

[657] FREITAS, Flávio Avellar Silva. A apreciação de fatos e prognoses legislativos no controle abstrato de constitucionalidade: breve notícia acerca dos critérios adotados pelo tribunal constitucional alemão. In: XXI Encontro Nacional do CONPEDI, 2012, Uberlândia. *Anais do XXI Encontro do Conselho Nacional de Pesquisa e Pós-Graduação Em Direito (CONPEDI)*, 2012.

[658] MENDES, Gilmar Ferreira; BRANCO, Paulo Gustavo Gonet. *Curso de direito constitucional*. 12. ed. São Paulo: Saraiva, 2017, p. 1145.

[659] MENDES, Gilmar Ferreira. Controle de constitucionalidade: hermenêutica constitucional e revisão de fatos e prognoses legislativos pelo órgão judicial. *Revista dos Tribunais*, São Paulo, ano 88, vol. 766, ago. 1999. Fascículo Cível, Primeira Seção, p. 11-28, p. 22.

Está-se, portanto, asseverando quanto às premissas fáticas sobrelevadas pelo legislador para a edição de documento normativo que deve ser balizada pelos direitos fundamentais encartados na Constituição Federal, sob pena de as normas daí advindas serem reputadas inconstitucionais. Conquanto a elaboração do anteprojeto do documento normativo, na fase pré-legislativa, não interfira no juízo de inconstitucionalidade-vício da Corte Constitucional, mister a verificação dos fatos históricos, dos fatos atuais e dos eventos futuros durante o percurso legislativo (fase legislativa), a partir do fato (se o há) que ensejou a produção normativa bem como o estágio atual do tema.

O legislador, no curso da fase legislativa, não pode alijar-se do mundo circundante, fechando-se aos acontecimentos pretéritos e atuais sobre o tema a respeito do qual deseja legislar. Se, de um lado, é-lhe facultado legislar sobre qualquer matéria, não implica esteja autorizado a, sem qualquer balizamento idôneo, inovar no sistema de direito positivo com severas violações a direitos e garantias fundamentais. Este ponto ficará mais claro adiante, ao declinar exemplos submetidos à Corte Constitucional brasileira.

5.2 Prognoses Jurídico-legislativas

"Prognose", do latim *pro* (que vem antes) + *gnosis* (conhecimento), significa "conhecimento antecipado", "conhecimento prévio", "conjectura", "suposição de algo que pode ocorrer no futuro".

A prognose jurídico-legislativa, ao lado dos fatos jurídico-legislativos, encarta-se no procedimento havido na fase legislativa, no curso da atividade enunciativa do órgão legiferante. Destarte, trata-se dos "eventos futuros", referidos há pouco, de provável realização, para que as normas jurídicas construídas a partir do documento normativo sejam válidas.[660] É antevisão, pelo legislador, da repercussão prática do

---

[660] SCHVARCZ, Priscila Dibi; SCHVARCZ, Tatiana Dibi. Do controle concentrado de constitucionalidade em face da não confirmação das prognoses legislativas. *Revista da academia*

seu ato, sobretudo em caso de possível violação a direitos e garantias fundamentais.[661]

A prognose, por isso mesmo, liga-se à garantia legislativa de atendimento ao interesse público, pelo que o Órgão Legislativo presta constas à comunidade política acerca das alterações e das inovações legislativas.[662] Com efeito, a produção legislativa não pode, de um lado, implicar retrocesso social (proibição da proteção deficiente), como também não deve, de outro, resultar em excesso, com violação de direitos e garantias fundamentais (proibição do excesso).

Ademais, a ausência de prognose no mister legislativo acarreta um elevado grau de insegurança jurídica, com novos documentos normativos baseadas no talante do órgão legiferante, sem qualquer preocupação com os efeitos futuros da lei inserida no ordenamento jurídico. O legislador, por isso mesmo, deve justificar seus atos, negando-se a elaborar "leis de conveniência", mas com discernimento sobre a prática de seus próprios atos, conducentes à atualização, sem prejuízos à comunidade política, do ordenamento jurídico. O aperfeiçoamento das leis não pode ser feito de modo atabalhoado que resulte em descumprimento dos

---

brasileira de Direito Constitucional: Constituição, Economia e Desenvolvimento, Curitiba, n. 2, jan./jun., p. 9-21, 2010, p. 10.

661 "[...] há, com efeito, diversos casos em que a apreciação da constitucionalidade de uma norma depende do esclarecimento sobre fatos relativos à sua produção, forma de incidência e repercussão prática. Inúmeros são os casos em que, na formação de sua convicção, o juiz adentra necessariamente na análise de fatos ou prognoses feitas pelo legislador, de cujo esclarecimento depende o desfecho da questão constitucional. Vale recordar o célere julgamento HC nº 70.514, de 23/3/1994, no qual o Supremo Tribunal Federal julgou constitucional a lei que concedia prazo em dobro à Defensoria Pública, enquanto tais órgãos não estivessem devidamente habilitados ou estruturados. Foi expressamente ressalvado que a pronúncia da legalidade da norma se assentava em circunstância de fato suscetível de alteração no tempo." (BINENBOJM, Gustavo. A Democratização da Jurisdição Constitucional e o Contributo da Lei nº 9.868/99. In: SARMENTO, Daniel (org). *O controle de constitucionalidade e a Lei 9.868/99*. Rio de Janeiro: Lumen Juris, 2001, p. 161)

662 STRECK, Lenio Luiz. *Jurisdição constitucional e decisão jurídica*. 4. ed. São Paulo: Revista dos Tribunais, 2014, p. 707.

preceitos originariamente estipulados pelo constituinte e plasmados na Constituição, concretização do pacto social.[663]

Assim que o afazer legislativo deve cercar-se de informações técnicas e de dados fornecidos por *experts* e terceiros interessados, a fim de que, na medida do possível, se a lei for editada, que o seja com o menor prejuízo aos direitos e garantias fundamentais. É o devido estabelecimento de prognoses legislativas que diminuirá o grau de insegurança e os danos ocasionados pela aplicação da lei.

Certo é, porém, que não se pode converter o legislador em um "vidente", "profeta" ou "vaticinador do caos e do cosmos"; todavia, compete-lhe, em razão disso, averiguar fatos existentes e conhecidos, com o que estabelecerá a base da prognose, valendo-se da corrente experiência que lhe cerca, ou com poio de especialistas e no diálogo aberto com a sociedade - mecanismo inegavelmente democrático de produção normativa - para que se projete a provável ocorrência sobre um acontecimento futuro.[664]

Trata-se de antever, com técnicas racionais, a incidência da prognose gestada no âmbito legislativo e a estipulação de padrões de probabilidade de êxito ou não na ocorrência da prognose em situações futuras.

O termo "prognose", contudo, conduz a uma ambiguidade que tem de ser superada. É preciso destacar que há distinção entre a indeterminação resultante da "incerteza condicionada pela linguagem" daquela decorrente da "incerteza da avaliação da situação concreta", do que advêm os conceitos indeterminados de prognose. Além de um terceiro

---

663 STRECK, Lenio Luiz. *Jurisdição constitucional e decisão jurídica*. 4. ed. São Paulo: Revista dos Tribunais, 2014, p. 708.

664 FREITAS, Flávio Avellar Silva. A apreciação de fatos e prognoses legislativos no controle abstrato de constitucionalidade: breve notícia acerca dos critérios adotados pelo tribunal constitucional alemão. In: XXI Encontro Nacional do CONPEDI, 2012, Uberlândia. *Anais do XXI Encontro do Conselho Nacional de Pesquisa e Pós-Graduação Em Direito (CONPEDI)*, 2012.

significado de se tratar da prognose legislativa no momento da elaboração do documento normativo.

Portanto, não se confunde a ausência ou a falha de prognose do legislador na elaboração do documento normativo com aquela margem de livre decisão atribuída, conscientemente, pelo legislador, ao administrador público, para que este preencha o sentido dos conceitos indeterminados mediante um juízo de prognose, ou ainda com a incerteza da linguagem no produto legislado.

Assim, conceitos indeterminados de prognose compreendem conceitos cuja complementação de sentido demandaria uma avaliação prospectiva das circunstâncias de fato, mediante juízo de aptidão formulado em razão do futuro-juízo de prognose. E, nesse caso, a margem de livre decisão, resultante das incertezas da avaliação da situação concreta, atribuída ao administrador, é insindicável pelo Órgão Judiciário. De outro lado, a incerteza condicionada pela imprecisão linguística é justiciável.[665]

Os esclarecimentos prestados no item anterior sobre a colocação dos fatos jurídico-legislativos na norma de produção jurídica e na norma veículo introdutor, não devem ser aqui repetidos. Seria desnecessário reafirmar o substrato jurídico da realização de prognoses pelo órgão legiferante e sua colocação no processo legislativo.

Uma distinção, porém, merece guarida e diz quanto à prognose judicial. A análise dos efeitos concretos da aplicação da lei pode constituir uma prognose judicial, mas essa prognose judicial não tem que ver com a prognose jurídico-legislativa, no âmbito de gestação da lei.

A aplicação em concreto, vislumbrada pela Jurisdição Constitucional, ao se deparar com uma possibilidade de inconstitucionalidade, não atinge a formação do ato legislativo, não atinge o processo legislativo. A partir da aferição dos efeitos concretos da aplicação da lei, o que se tem

---

665 AFFONSO, Flávia Martins. O conceito indeterminado de prognose e a Lei n. 12.411/2011. In: MENDES, Gilmar Ferreira (org.). *Processo e jurisdição constitucional*. Brasília: IDP, 2015, p. 101.

é a elaboração de prognoses, a partir do conteúdo daquela lei, que pode, outrossim, inquiná-la de inconstitucional.

São, portanto, questões diferentes. A prognose judicial revelada a partir da aplicação concreta da lei e, portanto, vinculada ao âmbito material, conteudístico da lei, e outra decorrente do processo legislativo por uma má percepção do legislador ou da elaboração, ou não elaboração, ou elaboração incorreta, de uma prognose pelo próprio legislador.

A distinção entre a prognose judicial e a prognose jurídico-legislativa, bem como os efeitos no controle de constitucionalidade, pode ser vislumbrada, por exemplo, nos julgamentos da ADI 1.946/DF e a ADPF 186/DF.

Na ADI 1.946[666], de relatoria do Ministro Sidney Sanches, questionava-se a constitucionalidade do art. 14, da Emenda Constitucional n. 20, de 15 de dezembro de 1998, em face dos arts. 3º, IV, 5º, I, 7º, XVIII, e 60, §4º, IV, da Constituição Federal. O enunciado impugnado fixou o limite máximo para o valor dos benefícios do regime geral de previdência social de que trata o art. 201 da Constituição Federal em R$ 1.200,00 (mil e duzentos reais). A seu turno, o art. 6º, da Portaria n. 4.883, de 16 de dezembro de 1998, do Ministério da Previdência e Assistência Social, previa igual limitação, ao pretender regulamentar a norma constitucional.

O Supremo Tribunal Federal julgou procedente em parte a ação direta de inconstitucionalidade "para, sem redução de texto, dar ao art. 14 da Emenda Constitucional nº 20, de 15.12.1998, interpretação conforme à Constituição, excluindo sua aplicação ao salário da licença gestante, a que se refere o art. 7º, inciso XVIII, da Constituição Federal". As razões, porém, constaram do julgamento da medida cautelar da indigitada ação constitucional.

---

[666] BRASIL. Supremo Tribunal Federal. Parcial procedência da ação direta de inconstitucionalidade. Ação Direta de Inconstitucionalidade n. 1.946/DF. Partido Socialista Brasileiro e Mesa da Câmara dos Deputados e outros. Relator: Ministro Sydney Sanches. Brasília, 03 abr. 2003. *Diário da Justiça*, Brasília, 16 maio 2003.

Do voto do relator, no julgamento da medida cautelar, colhe-se que se a aplicação da então Reforma da Previdência levasse o empregador de empregada gestante a responder pela diferença entre o teto estabelecido na Emenda Constitucional e o salário integral percebido por ela até o momento da licença maternidade haveria inegável opção do empregador pela contratação de mulheres com salário até o teto previdenciário ou, quiçá, uma opção por empregados homens.[667]

Note-se bem que o texto normativo, em si, não trazia conteúdo intencionalmente discriminatório, não havia expressa contraposição ao direito da gestante ou forma de dificultar a contratação de mulheres. Portanto, fora do âmbito da prognose jurídico-legislativa. Não foi o legislador que pretendeu a discriminação questionada. Ocorre que o Supremo Tribunal Federal, ao analisar a questão, focou a sua análise nos efeitos concretos decorrentes da Emenda Constitucional e nos possíveis impactos ao acesso do mercado de trabalho pelas mulheres.

Ao analisar as consequências fáticas – e consta por expresso do voto do relator referências ao aumento do desemprego da mulher em um Estado da Federação, diante da interpretação conferida à alteração constitucional –, foi possível inferir o impacto desproporcional sobre as mulheres no acesso ao mercado de trabalho.

Portanto, trata-se de prognoses judiciais reveladas a partir da aplicação das normas construídas por meio dos enunciados-enunciados da Emenda Constitucional-documento normativo. E, é de se perceber, tem

---

[667] BRASIL. Supremo Tribunal Federal. Deferimento da medida cautelar da ação direta de inconstitucionalidade. Medida Cautelar na Ação Direta de Inconstitucionalidade n. 1.946/DF. Partido Socialista Brasileiro e Mesa da Câmara dos Deputados e outros. Relator: Ministro Sydney Sanches. Brasília, 29 abr. 1999. *Diário da Justiça*, Brasília, 14 set. 2001. Para que fique claro, estava em questão a natureza jurídica do direito da gestante à licença por 120 dias, sem perda do emprego e do salário percebido até então, nos termos do art. 7º, XVIII, da Constituição Federal. Importava averiguar se a proteção à gestante era puro e simples encargo trabalhista do empregador ou se possuía caráter previdenciário, devendo a previdência responder por valor inferior ao encargo do trabalhador, cabendo a este o pagamento da diferença.

uma relação entre o fato e o direito na avaliação da validade da lei, inclusive com o cotejo de significações possíveis a partir do mesmo texto.

O voto do Ministro Nelson Jobim afirmou, com base nos posicionamentos das *affimative actions*, pelo Suprema Corte dos Estados Unidos, que

> [o] que importa são as consequências de fato.
>
> Se produz, ou não, em concreto, a discriminação proibida.
>
> Não importa qual seja a intenção. A análise da situação deve estar centrada nos efeitos ou consequências concretas da opção legislativa ou da decisão tomada no caso concreto.
>
> É necessário que se examinem os fatos e os efeitos que neles se produzem. [...]
>
> A regra da EC. 20/98, aparentemente neutra, produz discriminação, quanto ao emprego da mulher.
>
> Não podem ser mantidos os atos que induzem às práticas discriminatórias.[668]

Portanto, a aplicação concreta da nova Regra Previdenciária, a partir de uma interpretação possível provocava *disparate impact* (impactos desproporcionais) ou uma discriminação repudiada pela Constituição.

Diferentemente, já alertava o Ministro Nelson Jobim, ocorre com a discriminação positiva, que intenta introduzir tratamento desigual para, no futuro e em concreto, promover a igualdade, pelo que é constitucionalmente legítima. Nesse contexto, é que se deve examinar a ADPF 186/DF[669].

---

[668] BRASIL. Supremo Tribunal Federal. Deferimento da medida cautelar da ação direta de inconstitucionalidade. Medida Cautelar na Ação Direta de Inconstitucionalidade n. 1.946/DF. Partido Socialista Brasileiro e Mesa da Câmara dos Deputados e outros. Relator: Ministro Sydney Sanches. Brasília, 29 abr. 1999. *Diário da Justiça*, Brasília, 14 set. 2001, p. 140.

[669] BRASIL. Supremo Tribunal Federal. Improcedência da arguição de descumprimento de preceito fundamental. Arguição de Descumprimento de Preceito Fundamental n. 186/DF. Democratas e Conselho Nacional de Ensino, Pesquisa e Extensão da Universidade de Brasília e outros. Relator: Ministro Ricardo Lewandowski. Brasília, 26 abr. 2012. *Diário da Justiça Eletrônico*, Brasília, 20 out. 2014.

Na Arguição de Descumprimento de Preceito Fundamental n. 186/ DF, discutiu-se a constitucionalidade de atos que instituíram sistema de reserva de vagas, com base em critério étnico-racial no processo de seleção para ingresso em instituição pública de ensino superior. Neste caso, há declaradamente uma prognose voltada para busca de igualdade substancial, de modo a permitir, a certos grupos sociais, a superação de desigualdades decorrentes de situações históricas. Essas políticas afirmativas de reversão do quadro histórico de desigualdades sociais, que marca as relações étnico-raciais no Brasil, compatibilizam-se, segundo entendimento do Supremo Tribunal Federal, com as normas constitucionais.

A intenção do presente trabalho não é adentrar ao mérito da decisão. Mas, pelo contrário, analisar a verificação da prognose pelo Órgão Judiciário e distinguir quando há verificação da prognose jurídico-legislativa e quando o STF vislumbra os efeitos concretos da aplicação da lei. O exemplo, todavia, pode ser aperfeiçoado. Isso porque, na ADPF em questão, buscava-se desconstituir atos praticados pelo Conselho de Ensino, Pesquisa e Extensão da Universidade de Brasília (CEPE) e pela Universidade de Brasília (UnB). A fim de que não se amplie os limites da análise a outros órgãos ejetores de normas jurídicas, passa-se ao exame da ADC n. 41/DF, que tratou de semelhante matéria.

A Ação Declaratória de Constitucionalidade n. 41/DF[670], de relatoria do Ministro Roberto Barroso, perquiriu a constitucionalidade da Lei n. 12.990/14, que reserva a pessoas negras percentual de 20% (vinte por cento) das vagas oferecidas em concursos públicos para provimento de cargos efetivos e empregos públicos no âmbito da administração pública federal, direta e indireta.

---

[670] BRASIL. Supremo Tribunal Federal. Procedência da Ação Declaratória de Constitucionalidade. Ação Declaratória de Constitucionalidade n. 41/DF. Conselho Federal da Ordem dos Advogados do Brasil e Presidente da República e outros. Relator: Ministro Roberto Barroso. Brasília, 08 jun. 2017. *Diário da Justiça Eletrônico*, Brasília, 17 ago. 2017.

Trata-se, à evidência, de política de ação afirmativa, promovida pelo Órgão Legislativo em busca da igualdade material entre os cidadãos e, portanto, revela clara prognose jurídico-legislativa. Com efeito, pretende-se, pela Lei, que pessoas negras ocupem cargos públicos o que, em tese, não seria possível sem essa política afirmativa. Há uma prognose identificável, revelada no âmbito de criação da lei.

Na Mensagem encaminhada à Presidência da República, com o Projeto de Lei, para submissão, em caráter de urgência, ao Órgão Legislativo, destaca-se a referência a "diversos estudos acerca da persistência de diferenças significativas quanto aos indicadores sociais das populações negra e branca, mesmo diante do esforço de redução da pobreza e da desigualdade". Além disso, "a significativa discrepância entre os percentuais da população negra na população total do país e naquela de servidores públicos civis do Poder Executivo Federal". Também foram apresentados dados que comprovavam a referida discrepância e de que modo os métodos de seleção para preenchimento dos quadros da Administração Pública não têm sido suficientes para garantir um tratamento isonômico.

Faz-se necessário, todavia, investigar se o legislador, ao elaborar documento normativo, pelas normas a partir dele construídas, busca a igualdade no acesso às funções públicas; se há, de fato, uma vulnerabilidade desse grupo social cuja isonomia se pretende, a justificar a elaboração de políticas afirmativas. Ou seja, é necessário investigar se a exclusão social ou a marginalização estão presentes, a ponto de revelar a desigualdade. Isso é possível através de estudos no campo da sociologia ou no levantamento de dados etnográficos, enquanto técnicas probatórias possíveis de serem utilizadas, nas audiências públicas, por exemplo, ou na admissão de pareceres, que sejam relevantes para justificar a adequação e a correção das escolhas do legislador.

Num segundo momento, deve-se se atentar se essa possibilidade se confirma na prática; se se detecta, na realidade, os acontecimentos que foram vislumbrados, de forma abstrata, pelo juízo de prognose. Se sim, através de estudos empíricos e de pesquisas, os fatos revelarem que os acontecimentos sociais se distinguem se brancos ou se pretos e alteram a forma no acesso aos cargos públicos, estará confirmado o fato genérico, por meio desses fatos individuais passados.

Por fim, a Corte deve examinar os efeitos concretos decorrentes dessa política afirmativa. Veja-se que, agora, sai-se do âmbito da prognose jurídico-legislativa e adentra-se ao âmbito da prognose judicial sobre a aplicação da própria lei. Há fatos futuros (prognoses), revelados a partir da aplicação da lei. Não é uma prognose que antecede a criação da lei, senão posterior à sua existência.

A prognose das políticas afirmativas é bastante clara, e revelada a partir do ímpeto, do desejo, do objetivo político-legislativo, de redução das desigualdades sociais, de evitar a discriminação social. E isso é necessariamente o cumprimento do art. 3º, da Constituição Federal, que é buscar mecanismos para o cumprimento dos objetivos fundamentais da República Federativa do Brasil.

Num Estado Democrático Constitucional, essas normas programáticas têm que ser efetivadas, dia após dia, pelo mister legislativo. Se se pretende construir uma sociedade livre, justa e solidária, que erradica a pobreza e a marginalização e reduz as desigualdades sociais, não pode estar fora da prognose do legislador essa intenção: combater as desigualdades sociais.

Uma forma de sintetizar a distinção realçada entre prognose judicial e prognose jurídico-legislativa pode se dar pelo uso de duas expressões. Uma, para se referir à prognose jurídico-legislativa, é "o que leva à lei". Outra, é a prognose judicial, "a lei leva a". "Lei leva a": prognose judicial. "Leva à lei": prognose jurídico-legislativa. São momentos diferentes. Uma antecede a criação da lei, outra pressupõe a sua existência.

Por fim, assevere-se que também é corrente a prognose judicial na modulação de efeitos das decisões em controle de constitucionalidade, nos termos do art. 27, da Lei n. 9.868/99. Nesse caso, questões fáticas influenciam no âmbito de vigência da decisão, ou, ainda, o local de incidência da decisão, a conduta que há de ser disciplina ou os sujeitos relacionados a essa conduta implicada.

Novamente, questões fáticas são trazidas à baila, nesse caso, para determinar a modulação dos efeitos. Essa prognose, no entanto, é judicial, decorre da aplicação em concreto da norma jurídica. Igualmente na repercussão geral. E também nas medidas cautelares tomadas nas ações de controle.

O foco, no capítulo seguinte, será nas prognoses jurídico-legislativas, e não nas prognoses judiciais. Entende-se, todavia, que a distinção é salutar à boa compreensão do estudo.

5.3 Objeto ou parâmetro?

Com base nas conclusões obtidas no tópico 3.2, pode-se afirmar que fatos e prognoses jurídico-legislativos são objeto do controle de constitucionalidade difuso ou concentrado.

Isso porquanto, sendo realizados no processo legislativo, constam do antecedente da norma veículo introdutor de normas, construída a partir da enunciação-enunciada presente do documento normativo. Sua aferição será feita sob o parâmetro da norma de produção normativa, construída a partir dos enunciados prescritivos dispostos na Constituição (documento normativo).

Os direitos e garantias constitucionais, cujo amplo catálogo está inserto na Constituição, são limites ao legislador no seu mister legiferante e condicionam o processo legislativo, pelo que a análise de fatos pretéritos e presentes e a elaboração de prognoses corrobora a responsabilidade do Órgão Legislativo na edição de novos documentos normativos, sob pena de incorrer em insuficiente proteção ou excessiva violação desses mesmos direitos. Há princípios constitucionais que impõem ao legislador a observância de certa responsabilidade no momento da elaboração de leis ou atos normativos.

Lenio Streck entende por "prognose" o "parâmetro que serve de mecanismo para dar maior coerência e integridade ao ordenamento jurídico (já) no nível legislativo"[671]. Em rigor, essa é a previsão de que, no processo legislativo, seja feita a prognose anteriormente à produção do ato normativo, que poderá vir a ser impugnado na Jurisdição Constitucional, inclusive quanto à prognose jurídico-legislativa.

Poder-se-ia, com isso, distinguir entre fatos e prognoses enquanto inarredável etapa do processo legislativo e fatos e prognoses jurídico-legislativos (estrito senso, por assim dizer) recuperáveis pela construção da norma do veículo introdutor.

Inteligir como objeto ou parâmetro é de fulcral importância para o desenvolvimento teórico do tema proposto, vez que a isso está relacionada a forma como deverá se comportar a Corte Constitucional no momento de realizar o controle promanado do Órgão legiferante. Ao que se destina o capítulo seguinte.

---

[671] STRECK, Lenio Luiz. *Jurisdição constitucional e decisão jurídica*. 4. ed. São Paulo: Revista dos Tribunais, 2014, p. 703.

6

A (IM)POSSIBILIDADE DE VERIFICAÇÃO DE FATOS E PROGNOSES LEGISLATIVOS NO CONTROLE DE CONSTITUCIONALIDADE

Renato Gugliano Herani intitula seu capítulo 2.1 com a provocante afirmação de que "nesse exato momento, algum brasileiro, em algum lugar do País: cumpre uma lei inconstitucional"[672].

A conclusão é de Felipe Recondo, no jornal Estadão, ao revelar que, no ano de 2006, 82,4% das leis estaduais questionadas no Supremo Tribunal Federal foram consideradas inconstitucionais.[673]

Mais de dez anos depois, o cenário não é diferente. Noticia Lilian Matsura, no Anuário da Justiça Brasil 2018, que "[o]ito em cada dez leis julgadas no mérito pelo Supremo Tribunal Federal ao longo de 2017 foram consideradas inconstitucionais no todo ou em parte"[674].

---

672 HERANI, Renato Gugliano. *A prova da inconstitucionalidade*. Curitiba: Editora Prismas, 2016, p. 99.

673 RECONDO, Felipe. 82,4% das leis dos Estados são inconstitucionais. *Estadão*, São Paulo, 27 out. 2007. Disponível em: < http://politica.estadao.com.br/noticias/geral,82-4-das-leis--dos-estados-sao-inconstitucionais,71847>. Acesso em: 20 mar. 2018.

674 MATSURA, Lilian. Oito em cada dez leis foram julgadas inconstitucionais pelo STF em 2017. *CONJUR*, 02 maio 2018. Disponível em: < https://www.conjur.com.br/2018-mai-02/oito-cada-dez-leis-foram-julgadas-inconstitucionais-stf>. Acesso em 02 maio 2018.

As razões tanto em 2006 quanto em 2017 são, sobretudo, o desconhecimento do processo para elaboração de uma lei, com destaque para a competência e vício de iniciativa. O conteúdo, propriamente dito, fica em segundo plano, mas não deixa de ser preocupante que tenha levado à sanção de inconstitucionalidade em 25 ações no ano de 2017.

A questão fica ainda mais preocupante ao se observar que, até 12 de maio de 2018, havia no Supremo Tribunal Federal 1.703 ações diretas de inconstitucionalidade (ADI)[675], pendentes de julgamento, segundo dados recolhidos do sítio eletrônico da Suprema Corte.[676]

Se o quadro alarmante apresentado revela, por um lado, a imperícia do legislador brasileiro no processo legislativo e o desconhecimento da Constituição Federal, de outro exige da Suprema Corte do país aprimoramento no trato da questão constitucional, no que se insere a verificação de fatos e prognoses jurídico-legislativos no controle de constitucionalidade.

Com efeito, cada dia mais, vem sendo exigido o posicionamento do Supremo Tribunal Federal sobre as mais variadas vertentes do conhecimento científico, resultante do crescimento tecnológico e da complexidade humana. A exemplo, além de ações constitucionais envolvendo a interrupção de gravidez de fetos anencefálicos, a descriminalização do aborto de das drogas, o uso de células-tronco e a pesquisa biogenética, o casamento entre pessoas do mesmo sexo, pesagem de botijão de gás, igualdade no ingresso nas instituições federais de ensino público e aos

---

675 Além disso, 20 ações declaratórias de constitucionalidade (ADC), 23 ações diretas de inconstitucionalidade por omissão (ADO) e 191 arguições de descumprimento de preceito fundamental (ADPF). Até a data de 12 de maio de 2018, o Supremo Tribunal Federal julgou, no ano de 2018, 121 ações constitucionais, consideradas aquelas autuadas a partir de 2000 e sem recurso pendente.

676 Estatística. Disponível em: <http://portal.stf.jus.br/textos/verTexto.asp?servico=estatistica>. Acesso em 12 maio 2018.

cargos públicos federais, no ano de 2017, a Corte foi instada a se manifestar sobre a comercialização do amianto em território nacional.[677]

A enorme e diversificada gama temática, exige uma Jurisdição Constitucional atenta aos mecanismos que tem à mão para investigação da questão constitucional posta à baila, que se abre ao espaço público de debate, intera-se do estágio científico com a participação de *experts* e por meio de realização de audiências públicas e desenvolve técnicas de aferição de fatos e prognoses legislativas.

Há muito, portanto, já se referiu em outros momentos, o controle de constitucionalidade deixou de ser mera aferição sintática entre o preceito constitucional e o preceito questionado, para revelar-se importante instrumento de participação democrática que visa solucionar questões de altíssima complexidade jurídico-científica.

Uma Corte Constitucional que não se conscientiza desse fundamental papel, que a constitui e a justifica, não pode lograr êxito na atuação enquanto Órgão do Poder, amesquinhando, em severo prejuízo dos direitos e garantias fundamentais, o papel que deve exercer.

Todavia, consigna Peter Häberle, ante a profunda divisão da opinião pública, propiciada pelos mais diversos posicionamentos sobre os temas submetidos à apreciação jurisdicional, que incumbe ao Tribunal Constitucional "zelar para que não se perca o mínimo indispensável da função integrativa da Constituição"[678]. Essa função que não lhe pode

---

677 Não significa, antes, pelo contrário, que leis que despertam pouca atenção da comunidade política não devem contar com mecanismos de altíssimo relevo, tais como aqueles preconizados no texto. Em rigor, mesmo as leis menos polêmicas merecem igual importância e atenção da Corte Constitucional, sob pena de se cair na lição corrente (alheia ao paradigma constitucional vigente) de que casos fáceis se resolvem por mera subsunção. Não é, definitivamente, o que se propugna no presente estudo, erigido sobre premissas bem firmadas em capítulos antecedentes, cuja preocupação única e exclusiva dirige-se ao controle de constitucionalidade, de casos supostamente fáceis ou difíceis, com pouca ou grande repercussão, com nenhum ou total interesse dos cidadãos.

678 HÄBERLE, Peter. *Hermenêutica constitucional*: a sociedade aberta dos intérpretes da Constituição: contribuição para a interpretação pluralista e "procedimental" da Constituição. Porto Alegre: Sérgio Antonio Fabris, 1997, p. 46.

escapar somente será exercida e efetivada se, com ela, houver participação popular democrática, enfrentamento das opiniões divergentes e devida fundamentação das decisões tomadas no controle de constitucionalidade.

Essas questões encontram-se, portanto, imbrincadas e qualquer espaço ao ativismo judicial, à discricionariedade e o desvencilhamento da Carta Constitucional fere de morte uma Jurisdição Constitucional que se pretende democrática e participativa.

Nesse momento, espera-se que o interlocutor do trabalho já tenha conseguido alcançar as conclusões adotadas na sequência. A par de não constituir o exame de fatos (passados, presentes ou futuros) uma novidade no trato da Jurisdição Constitucional, revela a importância galgada pelo controle de constitucionalidade, desde seus antecedentes, passando pela metamorfose sofrida, até constituir, nos dias correntes, verdadeiro direito fundamental. É dizer: é inconcebível a manutenção, no sistema jurídico, de leis que confrontem a Constituição Federal, com repercussão imediata na esfera de direitos e garantias individuais e coletivos.

Detendo-se, por fim, ao núcleo mais sensível do estudo proposto, retomam-se, a seguir, as premissas fundantes e trabalhadas anteriormente, com vistas aos conceitos já explicitados, apreendidos com escopo de se concluir (i) sobre a possibilidade, ou não, do controle de constitucionalidade, a partir da verificação de prognoses e fatos legislativos, no direito constitucional brasileiro, ou, em outras palavras, a constatação de uma inconstitucionalidade-vício, a partir da análise de fatos e prognoses legislativos, e, em caso afirmativo, (ii) os mecanismos processuais existentes para atingimento deste desiderato.

6.1 Breve Retomada das Premissas Fundantes

Sem linguagem não há conhecimento. Pela linguagem e na linguagem torna-se acessível o mundo circundante e o sujeito interpretante pode inserir-se na realidade construída linguisticamente. Os dados brutos são interpretados e os eventos tornam-se fatos, porque permeados pela linguagem, condição de possibilidade para sua existência.

A comunicação intersubjetiva é inerente à convivência humana e permite a construção do Estado e o desenvolvimento da Ciência, entre as quais, a Jurídica. Não há que se falar em adoção de premissas sem que se parta do estudo da linguagem, coluna estrutural da investigação filosófica e científica.

A linguagem, constitutiva do ordenamento jurídico e do contrato social estabelecido entre os indivíduos, propicia o soerguimento de um Estado, conformado pelo direito positivo, tendo como fundamento de validade a Constituição, sintetizadora das cláusulas compromissórias previsoras de direitos e garantias fundamentais, conquistados ao longo da história humana, e limitadora dos arbítrios dos órgãos dirigentes do Poder, pertencente ao Povo.

A outorga do direcionamento ao Estado, não o torna incontrolável. O cumprimento das promessas constitucionais e os direitos e garantias fundamentais conformam as ações dos Órgãos fracionários do Poder e reclamam a atenção à efetivação da democracia, pilar estruturante do modelo vindicado nos tempos atuais.

No Estado Democrático Constitucional, enquanto superação dos modelos liberal e social anteriores, todos os órgãos encontram-se vinculados à Constituição e a Jurisdição Constitucional é fortalecida, como meio de controle dos abusos legislativos e da atuação do administrador público. Também o Órgão Judiciário está submetido à Constituição, na medida em que deve observar o dever de fundamentação de suas decisões, garantir a participação democrática no processo constitucional e não se escusar de realizar o controle de constitucionalidade, inteligido como direito fundamental.

As falhas e o déficit democrático das instâncias prévias de decisão política não somente podem, como devem ser corrigidas no bojo de um processo constitucional que investiga atos legislativos e executivos de direcionamento do Estado. A mera chancela do produto legislado ou o acatamento das políticas desenvolvidas, sem o viés crítico, democrático e constitucional, relega a Jurisdição Constitucional a um ofício de somenos importância, um papel secundário, deixando de, efetivamente, exercer sua função precípua, qual seja de proteger interesses de minorias.

Com efeito, se nas instâncias prévias de debate as maiorias conjecturais se somam para sufocar as minorias, cujos direitos são violados, a Jurisdição Constitucional constitui-se como trincheira última para que os direitos das minorias sejam salvaguardados. A Jurisdição Constitucional se consolida e se justifica exatamente na proteção de interesses minoritários, no que constrói seu comprometimento com a democracia e, por isso mesmo, torna-se democrática ao controlar atos promanados de outros órgãos estatais.

Nesse sentido, imprescindível a conformação do processo constitucional pela democracia participativa, com fortalecimento de técnicas que não são desconhecidas dos sujeitos atuantes da Corte Constitucional. O controle de constitucionalidade das leis, no paradigma demonstrado, deve partir da participação popular na instância decisória (política e judicial) e da ressignificação da separação das funções do Poder, como forma de fortalecimento do protagonista daquele que, de fato, detém o Poder: o Povo.

Não pode restar a descoberto a importância da linguagem para a Ciência do Direito e para a compreensão de norma jurídica. A Filosofia da Linguagem invadiu de uma vez por todas o mundo jurídico e qualquer análise deve ter em vista os influxos trazidos à Filosofia no Direito.

A superação da filosofia do objeto e da filosofia da consciência redunda na compreensão de que a linguagem é condição de possibilidade do mundo, encontrando-se o intérprete num contexto compartilhado de linguagem, cujas pré-compreensões lhe são antecipadas e lhe permite conhecer o objeto de estudo proposto.

Não é admissível, com isso, que o sujeito interpretante desvencilhe-se do paradigma constitucional vigente e deixe-se conduzir pelos pré-conceitos que, como qualquer ser humano, carrega. Na interpretação jurídica, o sujeito intérprete deve abandonar suas pré-compreensões pessoais, deixar que o texto, em primeiro lugar lhe diga algo, inserir-se no contexto em vigor para, só então, compreender.

O sujeito não é o assujeitadora e dominador dos sentidos, solipsista, mas sujeito jogado no mundo, imerso numa tradição, que deve buscar compreender o seu ser-aí. Interpretar por isso enunciados e construir normas jurídicas deve ser precedido da compreensão desse *locus* de fala. O sujeito interpretante deve ter em conta o arcabouço constitucional que se lhe antecipa à instância interpretativa.

Existe um a priori compartilhado a partir do qual se manifesta a interpretação. E, nesse caso, não se pode falar em separação absoluta entre texto e norma, tampouco entre norma e fato. Texto, norma e fato complementam-se na instância interpretativa e sugerem, ao ser temporal e histórico, o sentido correta no caso concreto.

Por fim, é preciso que o intérprete deixe claro a seu interlocutor o caminho percorrido até chegar à norma jurídica construída, é preciso explicitar o compreendido, em outras palavras, fundamentar a decisão. A fundamentação e a explicitação do compreendido permitem ao outro, ao auditório percorrer o caminho já percorrido e chegar à idêntica conclusão, confirmando a decisão adotada no caso concreto, ou não, infirmando-a. Por isso, o dever de fundamentação é constitucional e por isso a máxima atenção delegada à participação de vários sujeitos interpretantes (pré-interpretes, na visão de Häberle) que levam à Jurisdição Constitucional possibilidades interpretativas.

É preciso, enfim, declinar o sistema de referência adotado para investigação do objeto de estudo, adequado às substanciais premissas relevadas e com elas conexa. E, se de linguagem se trata, a separação entre enunciado a enunciação é imprescindível para que haja o controle do produto legislado em razão de deficiências apontadas no curso do processo legislativo, no que é possível investigar a falha na verificação e fatos e prognoses jurídico-legislativos pelos Órgãos Incumbidos de introjeção de novos enunciados no sistema jurídico, com os quais se inova, atualiza e modifica este.

Por evento, tenha-se o dado do mundo físico prévio à infiltração da linguagem. A partir desta, consigna-se o fato que se tornará fato jurídico quando recepcionado pela porta aberta da hipótese da norma jurídica. Precisamente, o fato jurídico estará na negação da consequência esperada na norma primária e constituirá o antecedente da norma secundária, que redunda na atuação do Estado-Juiz na deflagração da inconstitucionalidade-vício e aplicação da inconstitucionalidade-sanção.

O recorte é assaz necessário e para fins da investigação presente, o contraste entre a norma de produção normativa, construída a partir dos enunciados prescritivos constitucionais, e a norma de veículo introdutor, possível a partir da enunciação-enunciada constante do documento normativo infraconstitucional, denunciará a quebra da relação causal de inferência, constituída pelo Órgão legitimado a tanto.

Importa, destarte, a investigação da possível permanência da norma jurídica infraconstitucional no sistema jurídico investigado em face da cogitação de sua invalidade por algum sujeito legitimado. A produção normativa que inobserva o parâmetro constitucional só pode reconduzir à sua expulsão, com modificação do ordenamento jurídico analisado.

A falta de comprometimento do Órgão Legislativo ou do Órgão Executivo na produção de novos enunciados jurídicos resulta na possibilidade de investigação pelo Órgão Jurisdicional no controle concentrado ou difuso, mas sempre concreto, de constitucionalidade do processo legiferante.

Fatos e prognoses são jurídico-legislativos porque sua verificação encontra-se presente nas normas jurídicas que regem a produção normativa e encartam-se na senda da promoção de direitos e garantias constitucionais. Não se admite, por isso, uma produção normativa alopra da, alheia aos fatos passados, presentes e futuros.

6.2 A (Falsa) Novidade na Análise da Realidade Fática no Controle de Constitucionalidade

Conquanto o acanhamento da doutrina e da jurisprudência pátria, sempre se tratou de fatos na Jurisdição Constitucional, difusa ou concentrada, vinculada à própria questão constitucional posta à apreciação do Órgão Judiciário. Não se está, portanto, a referir, como comumente se observa no controle aos fatos do caso concreto subjacente à questão prejudicial de constitucionalidade que se intenta seja solvida pelo Órgão julgador que, em seguida, decidirá o mérito dos interesses em disputa, mas sim o fato da questão constitucional, decidida de modo incidental ou principal, a depender do meio utilizado para sua resolução.

A interpretação não prescinde do fato. O conjunto de enunciados normativos construídos sob a regência de regras gramaticas (regras de formação e de transformação) que confiram sentido às frases são o dado físico, empírico, com o qual o intérprete tem contato e a partir do qual iniciará o caminho interpretativo.

O primeiro plano da interpretação, portanto, é o do enunciado, o plano da literalidade, da expressão, sensorialmente perceptível. Trata-se da "base empírica e objetivada em documentos concretos, postos intersubjetivamente entre os integrantes do discurso".[679] Eis o dado objetivo, na instância da materialidade existencial, que se oferece aos sujeitos "como *algo que adquiriu foros de objetivação*",[680] sem o qual se torna impossível o avanço nos planos da interpretação e, de conseguinte, a construção de sentidos.

"Enunciado" é, pois, o suporte físico de significações, as marcas de tinta no papel[681] e qualificado por "prescritivo" compõe o corpo físico

---

[679] CARVALHO, Paulo de Barros. *Direito tributário*: fundamentos jurídicos de incidência. 7. ed. São Paulo: Saraiva, 2009, p. 88.

[680] CARVALHO, Paulo de Barros. *Direito tributário*: fundamentos jurídicos de incidência. 7. ed. São Paulo: Saraiva, 2009, p. 89.

[681] MOUSSALLEM, Tárek Moysés. *Revogação em matéria tributária*. São Paulo: Noeses, 2005, p. 22. IVO, Gabriel. *Norma jurídica*: produção e controle. São Paulo: Noeses, 2006, p. 40.

do sistema de direito positivo, dado único e exclusivo do cientista do direito, objetivado, ao lado de outros, no documento normativo, enquanto totalidade textual estrutural, uma porção de papel conjugada a um naco de tinta.[682]

Como fato que é, pode ser provado. "O fato é o parâmetro objetivo da prova".[683] Com a publicação, última etapa do processo de produção normativa (processo enunciativo), toda a comunidade jurídica tem acesso ao documento normativo produzido, dado empírico objetivo, a partir do qual é possível a construção de sentido[684] e a investigação da inconstitucionalidade.[685]

Em seu trabalho sobre a prova da inconstitucionalidade, refere Renato Gugliano Herani que

> [h]á que compactuar com quem defende não ser o fato em si, ontologicamente considerado, o objeto da prova, mas a sua afirmação (o enunciado linguístico fático) deduzida no processo. O fato (in)constitucional afirmado representa o 'concreto', vale dizer, os elementos culturais ou físicos relatados que o Supremo valora, constitucionalmente, na significação das leis conflituosas.[686]

---

682 MOUSSALLEM, Tárek Moysés. *Revogação em matéria tributária*. São Paulo: Noeses, 2005, p. 123.

683 HERANI, Renato Gugliano. *A prova da inconstitucionalidade*. Curitiba: Editora Prismas, 2016, p. 187.

684 "A publicidade é requisito necessário para a juridicização do instrumento introdutor de normas e dos enunciados prescritivos nele contidos. Ausente a publicidade, não há documento normativo, não há enunciados prescritivos, nem há, muito menos, normas. Sendo assim, não pode haver incidência sobre a realidade para alterá-la conforme pautas construídas politicamente. Norma secreta não se põe em contato com os utentes da linguagem." (IVO, Gabriel. *Norma jurídica*: produção e controle. São Paulo: Noeses, 2006, p. 21.)

685 "Concluída a enunciação e publicado o documento normativo, ele é considerado válido. A partir desse momento, marcado no tempo pela publicação, os órgãos competentes, por meio do procedimento previsto no sistema normativo, irão construir a suposta invalidade. Vão determinar se o documento foi produzido conforme a norma de produção normativa (NP_1), ou conforme a "cláusula alternativa" (NP_2). No primeiro caso, tem-se a validade; no segundo, a invalidade." (IVO, Gabriel. *Norma jurídica*: produção e controle. São Paulo: Noeses, 2006, p. 143.)

686 HERANI, Renato Gugliano. *A prova da inconstitucionalidade*. Curitiba: Editora Prismas, 2016, p. 188.

No controle de constitucionalidade, já se observou em item precedente, incumbe ao legitimado para a propositura da ação constitucional narrar a existência de uma lei (documento normativo) produzida e afirmar a construção da norma jurídica a partir dos enunciados prescritivos não encontra correspondência constitucional; com isso, provar o fato da lei produzida. A lei, enquanto documento normativo, resultante da concretização do comportamento estatal, é o suporte físico considerado para a construção das normas jurídicas que constituirão o objeto do exame da (in)constitucionalidade, sob o parâmetro da Constituição, igualmente documento normativo, que possibilita a construção de normas jurídicas enquanto fundamento de validade da produção normativa realizada em momento prévio ao controle.

Note-se bem é preciso deixar claro, por meio da enunciação-enunciada, marcas deixadas, pela produção (enunciação), no produto, reconstrói-se a instância enunciativa e, pois, o comportamento estatal produtor de enunciados prescritivos e torna possível a aferição de consentaneidade com o parâmetro constitucional erigido.

O postulante da inconstitucionalidade da norma jurídica do veículo introdutor, porque, por exemplo, observou a deficiência constitucional na sua produção legislativa, afirma o fato de que a lei produzida não atendeu às normas jurídicas constitucionais prescritoras da conduta do órgão legiferante. A Corte Constitucional diante dos dados físicos da enunciação enunciada (enunciados que remetem à instância produtora) reconstrói, linguisticamente, a produção normativa, evento que se esvaiu no tempo e no espaço, e deflagra, ou não, o vício da produção, comumente referido como "inconstitucionalidade formal".

O vício da produção conduz a um produto maculado; o produto viciado enseja a reconstrução da produção e denota o desalinho constitucional. O suporte físico do objeto do controle – que é a norma jurídica – deve, por tudo isso, ser provado. Pelos pressupostos adotados no trabalho, é a norma jurídica o objeto do controle de constitucionalidade, não propriamente o comportamento estatal produtor dos enunciados. Com efeito, a produção normativa é normada por normas constitucionais e (re)construída na norma do veículo introdutor, daí que não é o comportamento inconstitucional ou constitucional, mas a norma veículo introdutor que corresponde ou não ao parâmetro constitucional.[687]

Não se faz, desse modo, distinção entre o objeto de aferição do vício e o objeto sobre o qual recaem os efeitos da inconstitucionalidade-sanção. Em vista do conceito de direito positivo adotado, plexo de normas jurídicas válidas em determinado tempo e espaço, investiga-se a produção normativa por meio da construção de normas jurídicas e, do mesmo modo, são as normas jurídicas que permanecerão no ou serão expulsas do sistema normativo.

A existência da lei (documento normativo), tal como ocorre com a elaboração de um contrato, é epistemicamente objetiva, independente dos sentimentos ou atitudes de quem a afirma, e, enquanto fato, pode ser provada.[688] De igual modo a irregular produção normativa é

---

[687] Em sentido diverso, Renato Gugliano Herani afirma que "[o] alvo do controle de constitucionalidade é o exercício da criação de normas, é sobre ele que recai a verificação do vício monogenético, não é, propriamente sobre o produto criado. Os efeitos do vício é que repousam sobre a lei ou ato normativo. Portanto, a rigor, o suscetível ao juízo de desconformidade constitucional é o comportamento da autoridade [...] Com efeito, o objeto do controle referido na proposição da inconstitucionalidade/vício legislativa é *o comportamento, comissivo ou omissivo, de produção legislativa cujo resultado produzido – a lei – estabeleça com a Constituição uma relação direta de possível violação*". (HERANI, Renato Gugliano. *A prova da inconstitucionalidade*. Curitiba: Editora Prismas, 2016, p. 198.)

[688] "Epistemologicamente falando, 'objetividade' e 'subjetividade' são predicados de julgamentos. Frequentemente, falamos que um enunciado é subjetivo quando não conseguimos prova-lo objetivamente, porque a falsidade ou a verdade não é simplesmente uma questão de fatos, mas depende de fatores emocionais, sentimentais. [...] Por outro lado, as palavras 'objetividade' e 'subjetividade' podem ser analisadas sob o prisma ontológico. Por esse espectro, 'objetivo' e 'subjetivo' são predicados de entidades e descrevem modos de existência. Em sentido ontológico, dor é uma entidade subjetiva, ao passo que montanha é entidade objetiva." (MOUSSALLEM, Tárek Moysés. *Revogação em matéria tributária*. São Paulo: Noeses, 2005, p. 12.) As noções tem fundamento em John Searle, o qual traça a distinção entre as coisas do mundo que existem independentemente da atuação humana e aquelas que dependem para existirem. No original: "This is the distinction between those features of the

epistemologicamente objetiva, independente do sujeito que a enuncia, tal como a omissão legislativa ou o abuso do poder de legislar. Trata-se de fatos (existência, produção irregular, omissão e abuso do poder de legislar) que permitem a prova perante a Jurisdição Constitucional e, em consequência disso, o julgamento de inconstitucionalidade-vício.[689]

Afora o controle preventivo de constitucionalidade, que não se insere nos lindes do presente trabalho, embora se o reconheça em restritas hipóteses (mormente em razão de proposta de emenda constitucional tendente a abolir o núcleo duro da Constituição – CRFB, art. 60, §4º),[690] o controle repressivo de constitucionalidade imprescinde de um ato normativo publicado, pela constatação da conclusão de um processo legislativo. Publicada, passa a pertencer ao sistema jurídico; existe, pois.[691]

As referências legislativas à demonstração da existência da lei (o fato da lei produzida) foram enunciadas por ocasião da abordagem dos fatos jurídico-legislativos, sobretudo no tratamento dado pelas Leis ns. 9.868/99 e 9.882/99.[692]

---

world that exist independently of us and those that are dependent on us for their existence. [...] The existence of observer-relative features of the world does not add any new material objects to reality, but it can add epistemically objective features to reality where the features in question exist relative to observers and users. It is, for example, an epistemically objective feature of this thing that is a screwdriver, but that features exists only relative to observers and users, and so the feature is ontologically subjective. (SEARLE, John. *The construction of social reality*. New York: First Free Press Edition, 1995, p. 9-10.)

689 HERANI, Renato Gugliano. *A prova da inconstitucionalidade*. Curitiba: Editora Prismas, 2016, p. 202.

690 Consultar, a propósito, a percuciente análise feita em ______ ; SILVA, Diogo Bacha e. Supremo Tribunal Federal, devido processo legislativo e a teoria do direito como integridade: em busca da promoção de valores democráticos. In: OMMATI, José Emílio Medauar (coord.). *Ronald Dworkin e o direito brasileiro*. Rio de Janeiro: Lumen Juris, 2016. (Coleção Teoria Crítica do Direito – Vol. 2), p. 5-47. Os autores retratam a fraude à Constituição promovida no processo legislativo para aprovação de Emendas à Constituição.

691 NEVES, Marcelo. *Teoria da inconstitucionalidade*. São Paulo: Saraiva, 1988, p. 117.

692 Já se disse que a ausência de cópia da lei questionada impede o conhecimento da ação direta de inconstitucionalidade, nos termos do art. 3º, parágrafo único, da Lei n. 9.868/99, como, por exemplo, ocorreu na ADI n. 4.090/DF (BRASÍLIA, Supremo Tribunal Federal. Negado

Há registro no Supremo Tribunal Federal, como no caso da ADI n. 466/DF, em que se afirmou, expressamente, a impossibilidade de controle de constitucionalidade de atos normativos em fase de formação, vez que a ação direta "só possa ter, como objeto juridicamente idôneo, apenas leis e atos normativos, federais ou estaduais, já promulgados, editados e publicados".[693]

A prova do fato da lei produzida não é de menor importância, sobretudo num país em que se demora a crer em que certas coisas acontecem. Isso porque, na ADI n. 3.131/PB questionava-se a existência a Lei Complementar n. 43/02, do Estado da Paraíba, que dispusera sobre a organização e divisão judiciária, cirando, instalando, alterando e extinguindo comarcas e varas judiciárias.

---

seguimento. Ação Direta de Inconstitucionalidade n. 4.090/DF. Confederação Nacional de Comércio de Bens, Serviços e Turismo e Governador do Distrito Federal e outro. Relator: Ministro Eros Grau. Brasília, 16 nov. 2009. *Diário da Justiça eletrônico*, Brasília, 23 nov. 2009.). Registre-se, porém, que, neste último caso, o Ministro Luiz Fux, ao substituir o Ministro Roberto Grau, ao julgar o agravo regimental interposto pela entidade autora, considerou suprível a irregularidade e reconsiderou a decisão, dano prosseguimento à ação constitucional. Com acerto o Ministro, pois, em se constatando a ausência de documentos necessários à propositura da ação, incumbe ao relator intimar a parte para suprir a deficiência. Aplica-se, nesse caso, o art. 321 do Código de Processo Civil, cujo indeferimento da inicial somente ocorrerá se, intimado, o autor não emendar ou completar a peça vestibular. Além disso, a reunião de documentos necessários à comprovação da legitimidade do postulante é objeto de controle pelo relator, chegando-se a se exigir, por exemplo, a comprovação da deliberação pelo Conselho Federal da Ordem dos Advogados do Brasil sobre a propositura da ação direta (BRASÍLIA. Supremo Tribunal Federal. Deferimento de medida liminar. Medida Cautelar na Ação Direta de Inconstitucionalidade n. 999/AL. Conselho Federal da Ordem dos Advogados do Brasil e Assembleia Legislativa do Estado de Alagoas. Relator: Ministro Francisco Resek. Brasília, 11 mar. 1994. *Diário da Justiça*, Brasília, 16 set. 1994, p. 410.)

[693] BRASÍLIA, Supremo Tribunal Federal. Não conhecimento da ação direta de inconstitucionalidade. Ação Direta de Inconstitucionalidade n. 466/DF. Partido Socialista Brasileiro e Comissão de Constituição de Justiça e de Redação da Câmara dos Deputados. Relator: Ministro Celso de Mello. Brasília, 03 abr. 1991. *Diário da Justiça*, Brasília, 10 maio 1991, p. 55.

Conforme consignou o relator Ministro Carlos Velloso, ficou provado nos autos que o Tribunal de Justiça não teve iniciativa legislativa e tampouco houve processo legislativo, tendo o Presidente do Tribunal de Justiça do Estado da Paraíba, no exercício do governo do Estado, simplesmente, publicado a lei a seu talante.[694]

Nesse caso, aduz Renato Herani, diverge-se sobre a existência do objeto de controle, o desacordo está no plano fático. "Só a averiguação de fatos para saber se uma pessoa não autorizada inseriu ou não, depois de inventar, a "lei" no DO; se confirmando, o ato de legislar e a lei inexistem"[695].

Gabriel Ivo, a seu turno, refere que seria inexistente o documento normativo (no caso, lei) que não fosse emitido por órgão do sistema, por sujeito completamente incompetente, e simplesmente publicado em veículo oficial. Para o autor, não há pertinência ao sistema, por insuficiência de suporte fático da norma de produção normativa que atribui competência.[696]

Com efeito, se a norma de produção normativa, prevê, no antecedente da norma primária, um sujeito competente, carecendo o sujeito de autorização, não há que se falar na ocorrência do consequente, qual seja a produção normativa que impõe o dever de observância. Pelo contrário, não é satisfeita a hipótese e não se sucede qualquer relação jurídica.

Há que se reconhecer, por tudo isso, a impossibilidade do tratamento do controle de constitucionalidade como mera operação lógica e

---

[694] BRASÍLIA, Supremo Tribunal Federal. Procedência da ação direta de inconstitucionalidade. Ação Direta de Inconstitucionalidade n. 3.131/PB. Procurador Geral da República e Governador do Estado da Paraíba. Relator: Ministro Carlos Velloso. Brasília, 19 maio 2004. *Diário da Justiça*, Brasília, 18 jun. 2004.

[695] HERANI, Renato Gugliano. *A prova da inconstitucionalidade*. Curitiba: Editora Prismas, 2016, p. 206.

[696] IVO, Gabriel. *Norma jurídica*: produção e controle. São Paulo: Noeses, 2006, p. 125.

abstrata, havendo, minimamente, a facticidade consistente na existência do documento normativo, o fato do documento normativo produzido.[697]

Como consectários do fato da criação da lei, registram-se o fato da lei de interposição (no caso de a lei impugnada não guardar imediação constitucional), do término do processo legislativo (umbilicalmente ligado à prova da existência do documento normativo) e da revogação (relacionada à vigência), todos necessários ao julgamento do controle de constitucionalidade.[698]

Quando da construção da norma jurídica de produção normativa, estabeleceu-se que casos há nos quais o Órgão Legislativo está obrigado, pelas normas constitucionais, a legislar. Nesse caso, o modal deônticos obrigatório exige a proatividade legislativa, protegendo, de outro lado, o direito do indivíduo de ver atendido o comando constitucional.

O descumprimento do dever constitucional de legislar passa, igualmente, pela análise de fatos. Com efeito, não houve alteração produção normativa conducente à alteração do sistema jurídico, mantendo-se-o inalterado. A partir da prescrição constitucional, alcança-se o não cumprimento do labor legislativo. Por meio da constatação das condições

[697] Essa "prova do direito" não é desconhecida do processo. O Código de Processo Civil, inclusive, prescreve a que a parte que alegar direito municipal, estadual, estrangeiro ou consuetudinário, deverá fazer de seu teor e de sua vigência, se o magistrado assim determinar (CPC, art. 376). Igualmente, incumbe ao recorrente fazer prova da ocorrência do feriado local, prevista em lei local ou ato normativo do Tribunal, no ato da interposição do recurso (CPC, art. 1.003, §6º). Trata-se, sem dúvida, da prova do direito alegado.

[698] Também no controle difuso, não há duvidas da possibilidade da prova da existência do documento normativo, a fim de que se exerça o controle de constitucionalidade. Nesse sentido, interessante a anotação realizada por Renato Herani sobre o enunciado da súmula 279, do Supremo Tribunal Federal, pelo que não deve haver vedação ao reexame da prova da existência concreta do objeto de controle ou de qualquer dimensão fática relacionada ao juízo de inconstitucionalidade, de modo que a Jurisdição Constitucional não pode se manter neutra diante de qualquer vício de constitucionalidade. Essa noção vem ao encontro do fomento do controle de constitucionalidade como direito fundamental. Cf. HERANI, Renato Gugliano. *A prova da inconstitucionalidade*. Curitiba: Editora Prismas, 2016, p. 212-213, 403-405.

de tempo e de espaço para desenvolvimento da atividade do legislador, comprova-se sua inércia.

Compreende-se que o grau de aplicabilidade da norma jurídica não pode ficar à disposição da atuação legislativa, como se a Constituição mesma fosse desprovida de aplicabilidade em razão da inércia do Órgão Legiferante. No paradigma assumido no presente trabalho, as normas constitucionais produzem efeitos, mesmo sem a intermediação legislativa, não se reduzindo à mera programaticidade.[699]

Contudo, há que se registrar, casos há em que a atuação legislativa é deveras imprescindível para a explicitação da norma constitucional, cuja lacuna promove alto grau de insegurança jurídica ou deixa de efetivar direitos fundamentais individuais e coletivos.

Não é objetivo deste estudo investigar a ação direta de inconstitucionalidade por omissão ou a utilização do mandado de injunção, mas, tão somente, aduzir que a inobservância do dever de legislar perpassa a análise de fatos.

Na ADI n. 3.682/MT, de relatoria do Ministro Gilmar Mendes, estava em questão o dever do legislador regulamentar, por meio de Lei Complementar, o art. 18, §4º, da Constituição Federal, com redação dada pela Emenda Constitucional n. 15/96, consistente na criação, incorporação, fusão e desmembramento de Municípios.[700]

---

[699] Supera-se a concepção de normas programáticas enquanto proclamações políticas, desprovidas de vinculatividade, para assentá-las, no bojo de uma Constituição Dirigente, como imposições permanentes e abstratas, na vinculação positiva e negativa do legislador para execução de determinados fins do Estado Democrático Constitucional. (CANOTILHO, J. J. Gomes. *Constituição dirigente e vinculação do legislador*: contributo para a compreensão das normas constitucionais programáticas. 2. ed. Coimbra: Coimbra Editora, 2001, p. 226, 315 e 480.)

[700] BRASÍLIA, Supremo Tribunal Federal. Procedência da ação direta de inconstitucionalidade. Ação Direta de Inconstitucionalidade n. 3.682/MT. Assembleia Legislativa do Estado de Mato Grosso e Presidente da República e outro. Relator: Ministro Gilmar Mendes. Brasília, 09 maio 2007. *Diário da Justiça*, Brasília, 06 set. 2007.

Inicialmente, o relator destacou que o entendimento da Suprema Corte era de que a norma construída a partir do enunciado art. 18, §4º, era de "eficácia limitada", dependente, portanto, da ação legislativa no sentido da feitura de lei complementar, a fim de que surtisse plenos efeitos. Com isso, concluía o Supremo Tribunal Federal, sem a Lei Complementar, tornava-se inviável a instauração, pelos Estados, e processos tendentes à criação de novas municipalidades, o que gera dificuldades para as unidades federativas.

Em seguida, destacou-se que da publicação da Emenda Constitucional n. 15, em 13 de setembro de 1996, até o julgamento da ação de inconstitucionalidade por omissão, em 2007, havia se passado mais de dez anos, sem que fosse editada a Lei Complementar definidora. Assim, concluiu-se pela "existência de um notório lapso temporal" demonstrativo da inércia legislativa em relação a seu inequívoco dever constitucional.

Observou-se, no julgamento em questão, que não haveria uma total inércia legislativa, pois, recorrendo-se a dados fáticos, houve vários projetos de lei complementar apresentados e discutidos nas casas legislativas, os quais são listados no voto do relator, sendo que um deles chegou a ser aprovado, mas recebeu veto da Presidência da República, em junho de 2003.

Em que pese não fosse possível, pela jurisprudência do Supremo Tribunal Federal reconhecer a inércia legislativa, ao ser considerado o fato de que diversos Municípios desde a edição da Emenda Constitucional vinham sendo criados à revelia de uma Lei Complementar, em razão do descumprimento do dever constitucional pelo legislador federal, o que colocava em risco, pela negligência, a própria ordem constitucional (obstando a dinâmica da federação, como ressaltado no voto do Ministro Carlos Britto), julgou-se procedente a ação direta de inconstitucionalidade por omissão para "declarar" amora do Congresso Nacional, a fim de que, no prazo razoável de 18 (dezoito) meses, adote as providências legislativas necessárias ao cumprimento do dever constitucional, com contemplação das situações imperfeitas ocorrentes no período da inércia.

Percebe-se que foram estabelecidos os fatos da inatividade legislativa, consistente na não aprovação da Lei Complementar exigida pelo comando constitucional, em que pese a existência de propostas e um veto, e o fato do lapso temporal considerado não razoável para finalização do processo legislativo. Esses fatos, acrescidos da situação dificultosa enfrentada pelos Municípios criados ao alvedrio da legislação própria, constituiu a inconstitucionalidade-vício por omissão.[701]

Vista a importância de análise dos fatos para existência da lei e também quando esta inexiste devido à inércia legislativa, é possível, ainda, demonstrar a facticidade no abuso do poder de legislar, relacionada à "inconstitucionalidade material" e à "inconstitucionalidade formal".

Atrás se definiu a "inconstitucionalidade-vício material" como a quebra da relação causal de inferência decorrente da inobservância de norma materialmente constitucional, consistente na estruturação do Estado, na separação das funções do Poder e nos direitos e garantias fundamentais, a preservar a construção histórico-social do texto constitucional. A seu turno, a "inconstitucionalidade-vício formal" traduz-se na violação a normas formalmente constitucional, alheias, portanto, a esse núcleo constitutivo e identificador da Constituição.

Todavia, sabe-se que a classificação aqui assumida não é de comum e corrente aceitação fazendo com que os doutrinadores equivalham a inconstitucionalidade material à inobservância constitucional na disciplina do conteúdo da norma infraconstitucional e a inconstitucionalidade formal à inobservância do procedimento ditado pelas normas

[701] Sobre o tratamento da prova de fato negativo no controle de constitucionalidade, cf. HERANI, Renato Gugliano. *A prova da inconstitucionalidade*. Curitiba: Editora Prismas, 2016, p. 227-232.

constitucionais. Segue que o fato do abuso do poder de legislar estará jungido à inconstitucionalidade material ao passo que a produção irregular da lei relaciona-se com a inconstitucionalidade formal. Em todo caso, a facticidade permeia a análise do vício.

Fiel aos acordos semânticos, a análise que subsegue supera o binômio formal-material para ressaltar que a violação, ainda que a normas constitucionais de procedimento, se de direitos e garantias fundamentais se tratar, será notório caso de "inconstitucionalidade-vício material". Assim que tanto no excesso de poder legislativo como na falha na análise de fatos e prognoses no curso do processo legislativo, o parâmetro será materialmente constitucional.

A constatação do vício na produção normativa imprescinde da análise de fatos ocorridos no curso do processo legislativo, iniciando-se pela seleção dos fatos que compõem a norma jurídica constitucional, sobretudo em face dos critérios formais a cuja observância está adstrito o legislador e toda a comunidade jurídica tem o direito subjetivo de ver respeitado.

Em seguida, reconstroem-se os fatos da produção legislativa, a partir da norma veículo introdutor impugnada, a fim de confrontá-la com as normas constitucionais que regem o procedimento e de concluir se houve ou não a quebra da relação causal de inferência.[702]

---

[702] O *iter* apresentado por Renato Gugliano Herani é o seguinte: 1) seleção e interpretação das normas constitucionais que regem o processo de formação da lei, determinando a proposição normativa relevante para o caso; 2) identificação do fato sociopolítico para confirmar se ocorreu o comportamento legislativo tal como relatado (verificação empírica dos procedimentos efetivamente seguidos na produção da lei); 3) valoração jurídica do sucedido (atribuição jurídica ao fato afirmado). (HERANI, Renato Gugliano. *A prova da inconstitucionalidade*. Curitiba: Editora Prismas, 2016, p. 215-216.) As diferenças percebidas entre a explicação do autor referido e a presente justificam-se na medida em que este trabalho parte do pressuposto de que apenas normas podem ser parâmetro e objeto no controle de constitucionalidade, o autor busca confirmar a tese da prova da inconstitucionalidade, não apenas demonstrar a importância dos fatos na Jurisdição Constitucional, ao estudo do autor seguem-se capítulo sobre prova, valoração e interpretação judicial.

Somente se chega à constatação da produção irregular da lei quando do confronto entre os fatos legislativos realizados em concreto, possíveis de serem recuperados por meio da enunciação-enunciada que formará a norma veículo introdutor, e os fatos estipulados constitucionalmente cuja inobservância imporá a decretação da inconstitucionalidade-vício. O antecedente da norma veículo introdutor juridiciza a enunciação, ao denotar, entre outros, o procedimento realizado na produção do documento normativo.[703]

Ausente a correspondência entre os fatos previsto e efetivamente ocorrido, haverá inconstitucionalidade-vício. Em outras palavras, o comportamento do legislar (construído normativamente – a norma de vício introdutor) mostra-se, na inconstitucionalidade-vício, incondizente com aquele legitimamente esperado nas normas constitucionais. São as normas de produção jurídica que atribuem fundamento à enunciação, ao disporem sobre como deve ser o processo de criação de novos enunciados prescritivos, estatuindo, entre outros, o processo legiferante.[704]

Quer-se com isso salientar que a investigação do quórum de votação observado para determinada lei somente pode ser verificado com a admissão de fatos no controle de constitucionalidade. Igualmente, a passagem do projeto por comissões no Congresso Nacional, pela Comissão de Constituição e Justiça, ou mesmo na votação de medidas provisórias que não atenderam à prescrição constitucional de formação de comissão mista de deputados e senadores, ou foi editada sem os requisitos da urgência e da relevância.

---

703 CARVALHO, Aurora Tomazini de. *Curso de teoria geral do direito*: o constructivismo lógico-semântico. 4. ed. São Paulo: Noeses, 2014, p. 688.

704 CARVALHO, Aurora Tomazini de. *Curso de teoria geral do direito*: o constructivismo lógico-semântico. 4. ed. São Paulo: Noeses, 2014, p. 689.

Trata-se de critérios ditos formais cuja investigação demanda incursão fática para constatação de efetiva ocorrência, não sendo suficiente mero cotejo analítico entre norma constitucional parâmetro e norma infraconstitucional objeto. Há, pois, facticidade na constatação da produção irregular de documento normativo.

Na ADI n. 3.146/DF, impugnava-se o processo legislativo redundante na edição do documento normativo da Lei n. 10.828/2003, cujo projeto de Lei n. 101/2003, que lhe origina, não podia ter sido deliberado, em razão do sobrestamento das deliberações legislativas provocado pelas Medidas Provisórias n. 132/2003, n. 133/2003 e n. 134/2003, nos termos do art. 62, §6º, da Constituição Federal.[705] Por outros termos, o projeto de lei que resultou na lei questionada foi apreciado pelo Senado Federal antes das Medidas Provisórias. Com a peça vestibular da ação constitucional, foram carreados aos autos – dessume-se do relatório do voto do Relator Ministro Joaquim Barbosa – o andamento do processo legislativo e o Resultado da Ordem do Dia da Sessão deliberativa ordinária do Senado Federal de 19 de dezembro de 2003.

Superada a preliminar, por maioria, de se tratar de atos *interna corporis*, em razão de a disposição advir exatamente da Constituição Federal, a qual, pela Emenda Constitucional n. 32/2001 impôs o trancamento de pauta em caso de superação do prazo para apreciação de medidas provisórias, julgou-se improcedente a ação direta.

O fundamento capitaneado pelo Ministro relator reside no fato de que as medidas provisórias, conquanto recebidas da Câmara pelo protocolo do Senado, ainda não tinham sido lidas, quando foi aprovado o projeto de Lei n. 101/2003, caso em que estaria afastado o vício apontado.

---

[705] BRASÍLIA. Supremo Tribunal Federal. Improcedência da ação direta de inconstitucionalidade. Ação Direta de Inconstitucionalidade n. 3.156/DF. Partido da Frente Liberal e Presidente da República e outro. Relator: Ministro Joaquim Barbosa. Brasília, 11 maio 2006. *Diário da Justiça*, Brasília, 19 dez. 2006.

Conferiu-se, portanto, à leitura da medida provisória em Plenário, o início formal de sua tramitação, inclusive para contagem de prazos.

Importa para o momento, porém, a referência feito aos fatos em praticamente todos os votos e no curso dos debates do julgamento. Questionou-se sobre se a manifestação do senador Demóstenes Torres, quem noticia em Plenário, o protocolo das medidas provisórias e ressalta o trancamento de pauta, tornaria anulável o processo legislativo, em vista da votação do projeto de lei. Para tanto, referia-se aos atos praticados na deliberação legislativa, e ao prazo mínimo (dois dias) entre o protocolo das medidas provisórias e a leitura no Plenário para afastar a inconstitucionalidade-vício[706], portanto, revolvendo matéria fática.

Com efeito, as marcas deixadas no documento normativo, resultante do processo de enunciação, constituem, na norma veículo introdutor, o objeto necessário à investigação em face dos fatos constitucionalmente regulados para a válida produção normativa. Acresça-se, apenas, que se unem à formação da norma veículo introdutor os enunciados-enunciados de outros documentos normativos relacionados diretamente àquele documento cuja produção se quer investigar, mas igualmente oriundos do processo enunciativo jurídico.[707]

É dizer, os enunciados-enunciados constantes do documento normativo exposição de motivos, ou do documento normativo atas de reuniões do Congresso Nacional, de Comissão, do Senado ou da Câmara,

---

706 Ressalve-se o voto do Ministro Marco Aurélio que compreendeu uma burla ao processo legislativo regulado pela Constituição Federal ao se levar à deliberação projeto de lei quando havia medidas provisórias em regime de urgência. Há diversas questões de suma importância tratadas na ADI em apreço: o marco para contagem do trancamento da pauta (protocolo ou leitura em plenário); a interpretação conferida ao art. 62, §6º, da Constituição; tratar-se ou não de ato *interna corporis*, a fraude legislativa ao preceito constitucional; a dilação temporal para a leitura da medida provisória; a eficácia do art. 62, §6º, da Constituição Federal.

707 CARVALHO, Aurora Tomazini de. *Curso de teoria geral do direito*: o constructivismo lógico-semântico. 4. ed. São Paulo: Noeses, 2014, p. 684-685.

ou do documento normativo parecer da Comissão, do relator, servirão à construção da norma do veículo introdutor que prevê, na hipótese, fato jurídico efetivamente ocorrido, qual seja, da produção normativa, cuja validade se intenta confirmar ou infirmar, porque restou observado ou inobservado o consequente da norma jurídica primária, a qual estatui deveres do legislador no fazimento de novos documentos normativos.[708]

E, porque não, a necessidade de colheita de prova testemunhal para que se saiba, com exatidão, o modo como se deu o processo legislativo, tudo para que se tenha a construção, com a maior definição possível, da norma veículo introdutor.

Confirmam Dimitri Dimoulis e Soraya Lunardi, "[q]uando se fiscaliza a constitucionalidade formal, a decisão sobre o respeito de requisitos processuais só pode resultar de pesquisa de ocorrências fáticas". Isso porque, prosseguem os autores, "sem analisar atas, ouvir testemunhas e fazer outras averiguações, não é possível saber se foram respeitadas as exigências do processo legislativo".[709]

Registre-se que também aos fatos voltou-se o Supremo Tribunal Federal ao invalidar lei que, quando projeto, de iniciativa do Governador do Estado, recebera emenda parlamentar que implicara aumento de despesas.[710] Igualmente, no julgamento sobre a criação do Instituto Chico Mendes de Conservação de Biodiversidade verifica-se a atenção

---

[708] Aurora Tomazini de Carvalho refere-se a esses documentos normativos como enunciação-enunciada em sentido amplo, como conjunto de marcas da enunciação presente no ordenamento jurídico. (CARVALHO, Aurora Tomazini de. *Curso de teoria geral do direito*: o constructivismo lógico-semântico. 4. ed. São Paulo: Noeses, 2014, p. 685.)

[709] DIMOULIS, Dimitri; LUNARDI, Soraya. *Curso de processo constitucional:* controle de constitucionalidade e remédios constitucionais. 4. ed. São Paulo: Atlas, 2016. Tópico 3.4. (*e-book*)

[710] BRASÍLIA. Supremo Tribunal Federal. Procedência da ação direta de inconstitucionalidade. Ação Direta de Inconstitucionalidade n. 2.170/SP. Governador do Estado de São Paulo e Assembleia Legislativa do Estado de São Paulo. Relator: Ministro Sepúlveda Pertence. Brasília, 17 ago. 2005. *Diário da Justiça*, Brasília, 09 set. 2005.

aos fatos tanto na constituição da inconstitucionalidade-vício, dada a inobservância do parecer da comissão mista exigida pelo art. 62, §9º, da Constituição Federal, quanto na modulação dos efeitos,[711] nos termos do art. 27, da Lei n. 9.868/99, para preservar a validade e a eficácia das medidas provisórias convertidas em lei até a data do julgamento, bem como daquelas em trâmite no Órgão Legislativo, tendo em vista a segurança jurídica e o interesse social.[712]

Acrescenta, por fim, Renato Herani Gugliano ao confirmar, dentro de sua teoria, que "a alegação da produção irregular da lei encerra um enunciado empírico, cuja experimentação é condição para atribuir sentido jurídico-normativo de descumprimento às regras do processo legislativo".[713] Portanto, de se ver, nem mesmo quando se afere "vício formal" pode-se, com precisão, afirmar tratar-se de controle abstrato e objetivo.[714]

---

[711] Concorda-se com Georges Abboud, segundo o qual "a modulação de efeitos, antes de tudo, deve ser utilizada como ferramenta em benefício dos particulares para preservação dos seus direitos fundamentais. Isso porque, a inconstitucionalidade plena, com efeito *ex tunc*, pode atingir situações jurídicas já consolidadas sob a égide da boa-fé, logo, a inconstitucionalidade com efeito retroativo pleno, poderia gerar diversas situações mais gravosas, o que violaria os princípios da segurança jurídica e da boa-fé objetiva" (ABBOUD, Georges. *Processo Constitucional Brasileiro*. 2. ed. São Paulo: Revista dos Tribunais, 2018, p. 629-630). Não significa, porém, alvará à discricionariedade e à argumentação consequencialista das decisões tomadas na Jurisdição Constitucional. Nesse sentido, cf. ABBOUD, Georges. *Processo Constitucional Brasileiro*. 2. ed. São Paulo: Revista dos Tribunais, 2018, p. 643-648.

[712] BRASÍLIA. Supremo Tribunal Federal. Parcial procedência da ação direta de inconstitucionalidade. Ação Direta de Inconstitucionalidade n. 4.029/AM. Associação Nacional dos Servidores do IBAMA e Presidente da República e outro. Relator: Ministro Luiz Fux. Brasília, 08 mar. 2012. *Diário da Justiça eletrônico*, Brasília, 26 jun. 2012.

[713] HERANI, Renato Gugliano. *A prova da inconstitucionalidade*. Curitiba: Editora Prismas, 2016, p. 218.

[714] Renato Herani observa, ainda, a verificação de "fatos supervenientes" no controle de constitucionalidade, quando, por exemplo, a ação constitucional é julgada prejudicada por alterações ocorridas no objeto infraconstitucional (por exemplo, apresentação de projeto de lei por parte do Órgão Executivo de idêntica matéria da lei impugnada por vício de iniciativa) ou no parâmetro constitucional (por exemplo, advento de emenda constitucional que altera o parâmetro invocado na ação constitucional). (HERANI, Renato Gugliano. *A prova da inconstitucionalidade*. Curitiba: Editora Prismas, 2016, p. 222.)

Ao exame do conteúdo da norma impugnada na Jurisdição Constitucional, é possível que se conclua, definitivamente, que o manejo de fatos não é novidade no controle de constitucionalidade. Trata-se, sobretudo, da verificação da adequação e da correção dos "predicados fáticos pressupostos pelo legislador na formulação do texto legislativo"[715]. A reunião dos enunciados-enunciados dispostos no documento normativo ensejará a construção da norma jurídica infraconstitucional impugnada em face da norma paramétrica, mas, igualmente, em razão da realidade fática demonstrada.

Eis o *locus* onde mais presentemente se verifica a interferência do Órgão Judiciário na liberdade de escolha do Órgão Legislativo; cerne do presente trabalho, a indicar a interferência nos fatos e prognoses jurídico-legislativos avaliados pelo Órgão legiferante. É dessa interferência na atividade epistêmica do órgão ejetor de novas normas, a partir da introdução de novos enunciados prescritivos no sistema jurídico, que se ocuparão os derradeiros tópicos do presente estudo.

Aqui, supera-se o "dogma" da não remissão fática no controle de constitucionalidade e nota-se a abertura democrática da Jurisdição Constitucional aos problemas surgentes, os quais não podem ser resolvidos por mera análise lógico-sintática entre norma infraconstitucional (objeto) e norma constitucional (parâmetro).[716]

---

715 HERANI, Renato Gugliano. *A prova da inconstitucionalidade*. Curitiba: Editora Prismas, 2016, p. 232.

716 Inegável, portanto, a contribuição da obra "A Prova da Inconstitucionalidade", Renato Gugliano Herani ao presente trabalho. Referido autor assume como verdadeiro pressuposto de suas incursões teóricas a possibilidade de controle de fatos e prognoses legislativos relevantes ao objeto e ao parâmetro ao tempo em que trata do fato do abuso do poder de legislar. É certo que sua preocupação maior dirige-se à prova da inconstitucionalidade "material", mas não lhe escapa, em momento algum, a importância que deve ser conferido ao tema, em especial para impedir o arbítrio judicial no controle dos fatos legislativos por decisões meramente intuitivas. Imprescindível, portanto, racionalizar, em Renato Herani, os poderes instrutórios na Jurisdição Constitucional, e, aqui, a verificação de fatos e prognoses jurídico-legislativos no controle de constitucionalidade brasileiro. As vertentes da pesquisa estão umbilicalmente conectadas.

Não olvidam essa conclusão Dimitri Dimoulis e Soraya Lunardi, na medida em que confirmam que "mesmo no controle material [relacionado ao conteúdo] a análise de fato é imprescindível em muitos casos de verificação da constitucionalidade de limitações de direitos fundamentais" (acrescentou-se). Prosseguem para assentar que a intervenção legislativa nos direitos e garantias fundamentais deve ser baseada, inegavelmente, "em avaliações empíricas do impacto da lei ao direito fundamental, assim como das alternativas disponíveis".[717]

No estudo da facticidade na inconstitucionalidade-vício "material", relacionada ao conteúdo, cuida-se do "abrandamento da liberdade de escolha [do legislador] em relação à cognição dos fatos relevantes que resultam descritos na norma infraconstitucional, o que pressupõe, também, o manejo daqueles incorporados nas normas constitucionais".[718]

Investe-se, nesse caso, na adequação ou correção fática (ou epistêmica) das premissas normativas. Novamente, também aqui não se observa a possibilidade de mero dedutivismo na aplicação da norma ou cotejo sintático com o parâmetro erigido. Os fatos permeiam a construção do programa normativo, incluindo no âmbito da norma, e ensejando a investigação da inconstitucionalidade-vício em razão das premissas fáticas suportados pelo Órgão Legislativo na edição de novo documento normativo e, com este, o plexo de enunciados que redundarão na construção de normas jurídicas.

Com efeito, há limites materiais a serem observados pelo Órgão Legislativo, no curso do processo legislativo, cuja expectativa de observância é legitimamente nutrida por toda a comunidade política. Há, pois, um dever legislativo de observação das condicionantes materiais

---

717 DIMOULIS, Dimitri; LUNARDI, Soraya. *Curso de processo constitucional*: controle de constitucionalidade e remédios constitucionais. 4. ed. São Paulo: Atlas, 2016. Tópico 3.4. (*e-book*)

718 HERANI, Renato Gugliano. *A prova da inconstitucionalidade*. Curitiba: Editora Prismas, 2016, p. 234.

impostas no prescritor da norma primária, cuja negação há de constituir fato jurídico viabilizador do controle de constitucionalidade (na norma secundária de atuação judicial).[719]

Na validação ou invalidação na norma questionada perante a Jurisdição Constitucional, recorre-se às afirmações fáticas de dada realidade, tornando-se insuficiente o recurso às construções normativas. O ímpeto legislativo plasmado na norma jurídica, construída a partir dos enunciados dispostos nos documentos normativos, não tem o condão de deflagrar a inconstitucionalidade-vício, merecendo, por isso, a abertura da Jurisdição Constitucional à realidade fática, com a participação de segmentos da comunidade política, apresentação de pareceres técnicos e realização de audiências públicas.

A Jurisdição Constitucional, em casos como que tais, nos quais a deflagração da inconstitucionalidade demanda a incursão fática, não pode se acreditar onisciente e detentora de todo conhecimento. As razões invalidantes, por assim dizer, superam o conhecimento jurídico.

A deficiência na informação da Jurisdição Constitucional poderá provocar danos a toda a sociedade, independentemente de ter sido ou não aplicada a sanção da inconstitucionalidade a determinada norma jurídica. Somente a recorribilidade aos mecanismos de que dispõe a Jurisdição Constitucional, já tratados anteriormente, e com os quais é fortalecida democraticamente, pode-se avançar no estudo dos fatos na impugnação constitucional do conteúdo normativo. Do contrário, imperará o abuso legislativo com todos os seus consectários desastrosos para a comunidade política e para a própria Constituição.

---

[719] "Portanto, no Estado Constitucional de Direito, a Constituição não apenas disciplina as formas de produção legislativa, mas também impõe a esta proibições e obrigações de conteúdo correspondentes aos direitos de liberdade e aos direitos sociais, cuja violação ocasiona antinomias e lacunas que a ciência jurídica precisa identificar para que sejam eliminadas e corrigidas." (ABBOUD, Georges. *Discricionariedade administrativa e judicial:* o ato administrativo e a decisão judicial. São Paulo: Editora Revista dos Tribunais, 2014, p. 156.)

O abuso legislativo reside, entre outros, na deficiente verificação fática no decorrer da enunciação. "A inconstitucionalidade é inferida a partir da constatação de que a lei foi criada sem atenção, em seu *iter procedimental*, aos pressupostos substanciais de validade, ainda que só implicitamente presentes no conteúdo normativo".[720] Esses pressupostos constitucionais fáticos devem ser observados no processo de formação da lei (documento normativo), sob pena de serem invalidada posteriormente.

Os exemplos, porque atidos ao objeto central da pesquisa, serão tratados em tópico separado adiante.

Necessária, porém, máxima cautela, para não se converter o Órgão Judiciário em um controlador plenipotenciário, ativista, arbitrário, usurpador de competência atinente a outras frações do Poder. Os tópicos que subseguem buscam dimensionar a possibilidade e as balizas dessa atuação jurisdicional no controle do produto legislativo e, por isso, a análise será postergada.

Resta, contudo, demonstrar, ao lado dos fatos da lei produzida, da omissão legislativa, da produção irregular da lei e do abuso de poder de legislar, referir ao caso da "lei ainda constitucional" (*noch verfassungsgemäss*).[721] Merece atenção por se referir a não pronúncia da inconstitucionalidade-vício ("declaração de inconstitucionalidade sem a pronúncia da nulidade") ante a realidade fática demonstrada no processo constitucional.

---

[720] HERANI, Renato Gugliano. *A prova da inconstitucionalidade*. Curitiba: Editora Prismas, 2016, p. 262.

[721] Não se olvida a "mutação constitucional", todavia, pela importância do tema merece tempo e espaço incondizentes com o objeto proposto inicialmente. A referência à "lei ainda constitucional" tem em vista a demonstração da atenção do Órgão Judiciário aos fatos ao afastar o questionamento de inconstitucionalidade-vício. Difere-se do "Caso Chico Mendes" (ADI n. 4.029/AM), apresentado no texto, em que se constituiu a inconstitucionalidade ressalvando casos pretéritos e presentes, portanto modulando os efeitos da decisão em sede de controle de constitucionalidade.

O fenômeno caracteriza-se com a avaliação de que, em vista da segurança jurídica, a supressão de determinada norma do sistema jurídico apresentará maior danosidade do que sua manutenção temporária.[722] De certo modo, trata-se de afastar a base da inconstitucionalidade-vício, isto é, manter no sistema jurídico normas infraconstitucionais que alteram a Constituição sem que tenham sido aprovadas por quórum e procedimento qualificados. Todavia, os fatos exsurgentes da constituição da inconstitucionalidade-vício ou a prognose judicial em face da deflagração da inconstitucionalidade-vício recomendam à Jurisdição Constitucional apenas a prescrição de um processo de inconstitucionalização que, no futuro, poderá levar à expulsão da norma jurídica do sistema.

Nessas hipóteses, haverá o que, no direito alemão, ficou conhecido por *Appellentscheidung*[723] (apelo ao legislador), com o objetivo de que providências legislativas sejam empreendidas para uma gradual compatibilização da situação jurídica com a Constituição.[724] Alguns exemplos ajudarão a esclarecer.

No julgamento do *Habeas Corpus* n. 70.514/RS, pôs-se em questão incidental a inconstitucionalidade-vício do §5º, do art. 5º, da Lei n. 1.060/50, incluído pela Lei n. 7.871/89, cuja norma construída previa

---

[722] MENDES, Gilmar Ferreira. *Controle abstrato de constitucionalidade:* ADI, ADC e ADO – comentários à Lei n. 9.868/99. São Paulo: Saraiva, 2012, p. 560. Não se pretende exame aprofundado do tema, mas apenas situá-lo na falsa novidade da remissão fática no controle de constitucionalidade, mesmo nos casos em que se não pronuncia a inconstitucionalidade-vício.

[723] Gilmar Ferreira Mendes anota que as *Appellentscheidungen* podem ser designadas por, ao menos, três grupos típicos: 1) apelo ao legislador em virtude de mudança nas relações fáticas ou jurídicas; 2) apelo ao legislador em virtude do descumprimento de dever constitucional de legislar; 3) apelo ao legislador em virtude da falta de "evidência" de inconstitucionalidade. Cf. MENDES, Gilmar Ferreira. O Apelo ao Legislador – Appellentscheidung – na Práxis da Corte Constitucional Federal Alemã. *Revista de informação legislativa*, Brasília, ano 29, n. 114, p. 473-502, abr.-jun., 1992, p. 484-495.

[724] MENDES, Gilmar Ferreira. O Apelo ao Legislador – Appellentscheidung – na Práxis da Corte Constitucional Federal Alemã. *Revista de informação legislativa*, Brasília, ano 29, n. 114, p. 473-502, abr.-jun., 1992, p. 481.

prazo em dobro às Defensorias Públicas para a prática de atos processuais. O relator, aludindo ao parecer da Comissão de Constituição e Justiça do Senado Federal sobre o Projeto de Lei n. 51/88, concluiu pela constitucionalidade da norma "ao menos enquanto as Defensorias Públicas não estiverem adequadamente organizadas nos Estados, em condições de igualdade, se possível, com a organização do Ministério Público nas unidades da Federação"[725].

Claramente com base na realidade fática (estrutura das Defensorias Públicas nas unidades federativas), afastou-se a inconstitucionalidade-vício da norma que prevê desigualdade na fixação do prazo, por exemplo, para recurso, até que (*si et quantum*), ao menos, seja alcançado o nível de organização do Ministério Público.[726]

Coube ao Ministro Moreira Alves a remissão à Corte Constitucional alemã "no sentido de considerar que uma lei, em virtude das circunstâncias de fato, pode vir a ser inconstitucional, não o sendo, porém, enquanto essas circunstâncias de fato não se apresentarem com a intensidade necessária para que se tornem inconstitucionais", o que justificaria, ao cabo, a desigualdade no tratamento processual.[727]

---

725 BRASIL. Supremo Tribunal Federal. Deferimento de *habeas corpus*. *Habeas Corpus* n. 70.514/RS. Edson Brozoza e Tribunal de Justiça do Estado do Rio Grande do Sul. Relator: Ministro Sidney Sanches. Brasília, 23 mar. 1994. *Diário da Justiça*, Brasília, 27 jun. 1997, p. 455.

726 Registre-se o voto do ministro Moreira Alves, o qual afasta diversas alegações (entre as quais o princípio da ampla defesa) para a constitucionalidade da norma, quedando-se pela "circunstância de as Defensorias Públicas ainda não estarem, por sua recente implantação, devidamente aparelhadas como se acha o Ministério Público". A seu turno, consigna o Ministro Carlos Velloso que a decisão deixará de existir quando organizadas e aparelhadas as defensorias públicas, resultando na inconstitucionalidade do dispositivo legal (rectius: norma jurídica), daí porque referir-se à decisão *si et quantum*. O aparelhamento das defensorias públicas é condição para a superação da permanência da constitucionalidade do prazo em dobro; uma espécie de cláusulas *rebus sic standibus*, conforme sugere o Ministro Sepúlveda Pertence. Para uma crítica à utilização da cláusula *rebus sic standibus*, cf. ABBOUD, Georges. *Processo Constitucional Brasileiro*. 2. ed. São Paulo: Revista dos Tribunais, 2018, p. 525-529.

727 O voto do Ministro Néri da Silveira tece considerações sobre a realidade fática e revela que, à data do julgamento, apenas Rio de Janeiro e Mato Grosso do Sul haviam organizado a

A temática do "processo de inconstitucionalização da lei" voltou ao Supremo Tribunal Federal no julgamento do Recurso Extraordinário n. 147.776/SP[728], em que se discutiu a legitimação do Ministério Público para a promoção da ação civil *ex delicto*, em caso de ser o titular do direito à reparação pobre, nos termos do art. 68 do Código de Processo Penal. Com efeito, ao retomar o voto proferido no RE n. 135.328/SP, o relator consignou que a deficitária estruturação da Defensoria Pública militava favoravelmente à legitimidade ativa do Ministério Público, mantendo-se desse modo enquanto não se observasse modificação na realidade fática.[729]

> O caso mostra, com efeito, a inflexível estreiteza da alternativa da jurisdição constitucional ortodoxa, com a qual ainda jogamos no Brasil; consideramo-nos presos ao dilema entre a constitucionalidade plena e definitiva da lei ou a declaração de sua inconstitucionalidade com fulminante eficácia *ex tunc*; ou ainda, na hipótese de lei ordinária pré-constitucional, entre o reconhecimento da recepção incondicional e a da perda da vigência desde a data da Constituição.
>
> Essas alternativas radicais – além dos notórios inconvenientes que gera – faz abstração da evidência que a implementação de uma nova ordem constitucional não é um fato instantâneo, mas um processo, no qual a possibilidade de realização da norma da Constituição – ainda quando teoricamente

---

Defensoria Pública, omitindo-se as Administrações dos demais Estados e da União quanto à Lei Orgânica prevista na Constituição Federal, no art. 134, parágrafo único (anterior à Emenda Constitucional n. 45/04). Marco Aurélio divergiu do posicionamento esposado pela maioria, por verificar, no prazo em dobro, o malferimento ao tratamento isonômico preconizado pela Constituição, escusando-se de se alinhar ao posicionamento sobre a "lei ainda constitucional".

728 BRASÍLIA. Supremo Tribunal Federal. Não conhecimento de recurso extraordinário. Recurso Extraordinário n. 147.776/SP. Estado de São Paulo e Geralda Cardoso de Paula. Relator: Ministro Sepúlveda Pertence. Brasília, 19 maio 1998. *Diário da Justiça*, Brasília, 19 jun. 1998.

729 "Como se pode notar, muito embora as decisões apelativas não tenham efeitos jurídicos imediatos, contêm simultaneamente a advertência que uma determinada situação inconstitucional não será mais aceitável no futuro – eventualmente após o decurso de um período de tempo definido precisamente pelo Tribunal Constitucional." (STRECK, Lenio Luiz. *Jurisdição constitucional e decisão jurídica*. 4. ed. São Paulo: Revista dos Tribunais, 2014, p. 765.)

> não se cuide de um preceito de eficácia limitada –, *subordina-se muitas vezes a alterações da realidade fáctica que a viabilizem*. (Grifos nossos)[730]

Os julgados do Supremo tribunal Federal coligidos demonstram que, em controle difuso ou concentrado, a remissão fática mostra-se de há muito presente, mesmo em anos nos quais se assentava que o controle de constitucionalidade constitui processo objetivo de verificação em abstrato, conforme demonstram outras decisões colacionadas a este estudo.

Falseada está, portanto, a afirmação de que a análise de fatos pela Jurisdição Constitucional é ponto inovador no controle de constitucionalidade. Em verdade, tem-se observado verdadeira dificuldade em se admitir, porque ainda não superado o dogma, de que o controle de constitucionalidade é sempre concreto, havendo sempre um mínimo de análise fática para a constituição, ou não, da inconstitucionalidade-vício. Os fatos pululam na Jurisdição Constitucional, só não enxerga quem não quer. Cerrar os olhos a esse "fato" é não deixar-se atravessar pela superação do dogma da análise sintática da incompatibilidade da norma infraconstitucional em face do parâmetro constitucional.[731]

Inevitável, com isso, concluir que a verificação de fatos e prognoses jurídico-legislativos, em que pese a deficiência doutrinária e jurisprudencial no trato do tema, não se constitui em inovação, as cuja análise carece de pormenorizada atenção, pelos motivos que já foram expostos, sobretudo em face da discricionariedade que sempre ronda as decisões em controle de constitucionalidade, instigando a Corte Constitucional à substituição do mister legislativo pela própria vontade.

---

730 BRASÍLIA. Supremo Tribunal Federal. Não conhecimento de recurso extraordinário. Recurso Extraordinário n. 147.776/SP. Estado de São Paulo e Geralda Cardoso de Paula. Relator: Ministro Sepúlveda Pertence. Brasília, 19 maio 1998. *Diário da Justiça*, Brasília, 19 jun. 1998, p. 143.

731 "[...] a própria interpretação de normas "em tese" pode envolver referências fáticas, pois a Constituição contém afirmações influenciadas pela realidade que circunda o próprio intérprete. Isso se confirma pelo estudo das decisões do Judiciário, muitas vezes contextualizadas." (DIMOULIS, Dimitri; LUNARDI, Soraya. *Curso de processo constitucional:* controle de constitucionalidade e remédios constitucionais. 4. ed. São Paulo: Atlas, 2016. Tópico 3.4. (*e-book*))

Deve-se, por tudo isso, enfrentar a possibilidade de verificação dos fatos e prognoses, que, admitida sem muito critério na jurisprudência do Supremo Tribunal Federal, como visto, e inerente ao próprio controle de constitucionalidade, como demonstrado, ainda carece de critérios.[732]

Isso porquanto, dentro das premissas assumidas, apenas "fatos *relevantes* para *e* fatos *conformes* ao programa da norma podem codeterminar o conteúdo da decisão"[733]. É o mundo jurídico que seleciona os fatos que realmente importam, não o julgador no controle de constitucionalidade. Não existe uma "força normativa do fático" num Estado Democrático Constitucional, mas fatos relevantes ao programa da norma, constitutivos do âmbito da norma, a fim de que se conclusa pela constitucionalidade ou não da norma impugnada.[734]

Tal como refere Renato Herani[735] a que, não os fatos, mas a afirmação destes, constitui o objeto imediato da prova, de igual modo, é a afirmação do fato, na precisa seletividade da possibilidade jurídica, que deverá ser trabalhada, na situação concreta da construção da norma jurídica na solução do controle de constitucionalidade.

> Não há conflito internormativo observado abstratamente, em que os textos normativos são tomados em si mesmo, a ponto de se isolar das situações concretas da relação jurídica, relacionadas: (a) à formação das normas; (b) à incidência das normas em confronto; e (c) à conduta do legislador no procedimento de criação dos parâmetros e do objeto de controle de constitucionalidade. Sempre há fatos a serem observados no vício da inconstitucionalidade, ou melhor, há uma *base empírica conflituosa* a ser considerada

---

732 BRITO, Davi Rodrigues. O controle judicial de leis por erros de prognoses segundo o consequencialismo de Neil MacCormick. *Direito Público*. Porto Alegre, IOB; IDP, ano 9, n. 49, p.09-23, jan.-fev., 2013.

733 MÜLLER, Friedrich. *Metodologia do direito constitucional*. 4. ed. São Paulo: Editora Revista dos Tribunais, 2010, p. 134.

734 MÜLLER, Friedrich. *Metodologia do direito constitucional*. 4. ed. São Paulo: Editora Revista dos Tribunais, 2010, p. 130-131.

735 HERANI, Renato Gugliano. *A prova da inconstitucionalidade*. Curitiba: Editora Prismas, 2016, p. 187-189.

> na composição das típicas razões de invalidade da lei; e, por conseguinte, cada qual exige uma estrutura argumentativa diferente e especial em motivação (GUASTINI, 2005, p. 288).
>
> Os fatos que compõem essa base, porque são qualificados juridicamente como elementos de conformação das hipóteses do vício, devem ser admitidos como relevantes. Se essa definição depende da qualificação segundo a lei aplicada, então são relevantes para o caso jurídico-concreto os fatos sem os quais as hipóteses possíveis do vício não se descrevem juridicamente. Em últimas palavras, *a relevância fática é condicionada, seletivamente, elo constitucionalmente (in)aceitável; e essa operação seletiva está relacionada com os tipos ou manifestações de inconstitucionalidade possíveis*. Estes atuam como balizadores de critérios seguros de relevância dos enunciados fáticos no processo em que se realiza o juízo de constitucionalidade legislativa.[736] (Grifos do autor)

6.3 Controle da Ação Legiferante: é possível?

No paradigma do Estado Democrático Constitucional, prevalece a vinculação constitucional, pelo que todos os poderes e funções estão juridicamente vinculados às normas hierarquicamente superiores da Constituição.[737]

Essa vinculação, precisamente quanto ao Órgão Legislativo, não se reduz à imposição de limites, o que poderia sugerir simples contornos negativos ao exercício da função legiferante, mas implica, pelo contrário, determinação positiva dos atos legislativos pelas normas constitucionais, tendentes à prossecução dos fins estatais constitucionalmente eleitos.[738]

---

[736] HERANI, Renato Gugliano. *A prova da inconstitucionalidade*. Curitiba: Editora Prismas, 2016, p. 193.

[737] CANOTILHO, J. J. Gomes. *Constituição dirigente e vinculação do legislador*: contributo para a compreensão das normas constitucionais programáticas. 2. ed. Coimbra: Coimbra Editora, 2001, p. 248.

[738] CANOTILHO, J. J. Gomes. *Constituição dirigente e vinculação do legislador*: contributo para a compreensão das normas constitucionais programáticas. 2. ed. Coimbra: Coimbra Editora, 2001, p. 249-250.

> Na realidade, os direitos fundamentais asseguram ao cidadão um feixe de direitos e garantias que não poderão ser violados por nenhuma das esferas do Poder Público. Os referidos direitos apresentam dupla função: constituem prerrogativas que asseguram diversas posições jurídicas ao cidadão, ao mesmo tempo em que constituem limites/restrições à atuação do Estado.[739]

Nesse sentido, a Constituição determina o *modo* (*wie*) de atuação do legislador e o *quê* (*was*) e o porquê (*warum*) dos atos legislativos, de modo que o legislador encontra-se coactado a cumprir e a realizar os preceitos constitucionais que careçam de concretização legislativa (não deve incorrer em omissão) e a proteger os direitos e garantias fundamentais na conformação das normas constitucionais (vinculação negativa da atuação).[740]

Não se sustenta, por isso, a crença na discricionariedade legislativa, segundo a qual ao legislador seria lícito introjetar livremente enunciados prescritivos no sistema jurídico, alheio às vinculações positivas e negativas que deve observar. Fala-se, assim, em liberdade de conformação legislativa, no sentido de que está livre para atualizar e concretizar a Constituição, atender aos reclamos sociais e oxigenar o sistema jurídico, inovando-o, mas deve considerar-se materialmente vinculado, positiva e negativamente, pelas normas constitucionais.

Trata-se de heterovinculação, em que "a legislação não conforma a constituição, é conformada por ela",[741] sob pena de se franquear o totalitarismo legislativo, supressor de minorias por maiorias sazonais, com atuação descontrolada, em que a Constituição encontra-se à livre disposição do Órgão Legislativo.

---

[739] ABBOUD, Georges. *Discricionariedade administrativa e judicial:* o ato administrativo e a decisão judicial. São Paulo: Editora Revista dos Tribunais, 2014, p. 156.

[740] CANOTILHO, J. J. Gomes. *Constituição dirigente e vinculação do legislador*: contributo para a compreensão das normas constitucionais programáticas. 2. ed. Coimbra: Coimbra Editora, 2001, p. 255-256.

[741] CANOTILHO, J. J. Gomes. *Constituição dirigente e vinculação do legislador*: contributo para a compreensão das normas constitucionais programáticas. 2. ed. Coimbra: Coimbra Editora, 2001, p. 63.

Admitir um Órgão Legislativo desvinculado de normas hierarquicamente superiores implica reconhecer um poder legislativo soberano, retirando do povo os poderes que foram alcançados por luta ao longo da história do constitucionalismo, plasmada na Constituição, mormente, no rol de direitos e garantias fundamentais, contra o arbítrio estatal. Essa espécie de "alforria jurídico-constitucional" para citar Georges Abboud é comum a qualquer modalidade do agir discricionário e constitui-se de "uma capacidade incondicionada de impor sua decisão, isenta e livre de qualquer controle ou correção a partir de parâmetros externos";[742] é "agir sem as amarras da normatividade jurídica".[743]

Segue que o reconhecimento da margem de discricionariedade legislativa em caso de violação dos direitos e garantias fundamentais constitui verdadeiro óbice ao exercício da própria Jurisdição Constitucional, a qual se destina a tutelar os direitos e a garantias fundamentais,[744] e somente se fundamenta democraticamente quando destinada a proteger as minorias dos arbítrios estatais.[745] Nisso, inclusive, reside sua face democrática, pois assume o papel de salvaguardar a Constituição e, com ela, as cláusulas do pacto social.[746] A partir de elementos objetivos da discricionariedade, podem-se detectar elementos subjetivos da discricionariedade, de caráter "contraditório", "incongruente" ou "não pertinente".[747]

---

742 ABBOUD, Georges. *Discricionariedade administrativa e judicial:* o ato administrativo e a decisão judicial. São Paulo: Editora Revista dos Tribunais, 2014, p. 154.

743 ABBOUD, Georges. *Discricionariedade administrativa e judicial:* o ato administrativo e a decisão judicial. São Paulo: Editora Revista dos Tribunais, 2014, p. 155.

744 ZANETI JR., Hermes. *O valor vinculante dos precedentes*: teoria dos precedentes normativos formalmente vinculantes. 3. ed. Salvador: JusPodivm, 2017, p. 208.

745 ABBOUD, Georges. *Processo Constitucional Brasileiro.* 2. ed. São Paulo: Revista dos Tribunais, 2018, p. 357-358.

746 STRECK, Lenio Luiz. *Jurisdição constitucional e decisão jurídica*. 4. ed. São Paulo: Revista dos Tribunais, 2014, p. 113-117.

747 AZEVEDO, Luiz Henrique Cascelli de. *O controle legislativo de constitucionalidade.* Porto Alegre: Sérgio Antonio Fabris Editor, 2001, p. 130.

Importa tornar claro que, ante uma Constituição compromissória e dirigente, como aquela erigida em 1988, no Brasil, resultante de conquistas sociais, representativa de um *plus* normativo em relação aos modelos liberal e social predecessores, não se admite discricionariedade nem mesmo para o legislador, vinculado que está à Constituição.[748]

> Entretanto, é bom esclarecer que, no âmbito do legislador, quando afirmo não haver discricionariedade, quero dizer que ele não pode fazer o que quer. Há uma legitimidade política do legislador que lhe permite, no 'espaço estrutural-constitucional', fazer opções. Daí a diferença entre o legislador e juiz. O juiz sempre terá 'dúvidas', que podemos chamar de 'ontológicas', mas, ao contrário do legislador, ele está vinculado a uma espécie de DNA do direito, formado pela doutrina *lato sensu* e a jurisprudência, o que faz com que seja obrigado a obedecer à coerência e à integridade do direito (reconstrução da história institucional).[749]

Impõe-se, de conseguinte, admitir que não são os direitos fundamentais que ficarão circunscritos aos limites estatuídos nos diplomas normativos emanados da atividade enunciativa do legislador ou do administrador público, mas, ao contrário, são esses documentos normativos a serem inseridos no sistema jurídico que serão conformados pelos direitos fundamentais.[750]

À luz do que trabalhado anteriormente, a coibição dos atos praticados pelos Órgãos Legislativo e Executivo ocorre pelo controle de constitucionalidade, o qual, a seu turno, constitui-se em direito fundamental de se ver preservado o núcleo rígido da Constituição, sobretudo,

---

748 "No campo da discricionariedade, há sempre um *não domínio do direito*. Quando se age discricionariamente, em maior ou menor medida, atua-se em um *locus* não jurídico." (ABBOUD, Georges. *Discricionariedade administrativa e judicial:* o ato administrativo e a decisão judicial. São Paulo: Editora Revista dos Tribunais, 2014, p. 154.)

749 STRECK, Lenio Luiz. *Jurisdição constitucional e decisão jurídica*. 4. ed. São Paulo: Revista dos Tribunais, 2014, p. 117. Cf., nesse sentido, HÄBERLE, Peter. *Hermenêutica constitucional*: a sociedade aberta dos intérpretes da Constituição: contribuição para a interpretação pluralista e "procedimental" da Constituição. Porto Alegre: Sérgio Antonio Fabris, 1997, p. 36.

750 ZANETI JR., Hermes. *O valor vinculante dos precedentes*: teoria dos precedentes normativos formalmente vinculantes. 3. ed. Salvador: JusPodivm, 2017, p. 208.

as trincheiras dos direitos e garantias fundamentais individuais e sociais. A ilegitimidade da Jurisdição Constitucional para controle dos atos legislativos e executivos e a clássica separação das funções do poder padecem, destarte, de qualquer sustentação. A definição do Estado Democrático Constitucional passa, necessariamente, pelo fortalecimento da Jurisdição Constitucional.[751]

Se, de um lado, a Constituição consagra rol de direitos e garantias fundamentais ao indivíduo, de outro lado, é necessário admitir o meio pelo qual poderão ser garantidos os direitos constitucionalmente previstos. E assim ocorre tanto no controle de constitucionalidade difuso, como no concentrado.[752]

Resulta que qualquer limitação ao controle de constitucionalidade é inconstitucional, porquanto permite a violação de direitos e garantias fundamentais por atos legislativos e executivos. Em resumo,

> uma ótima conformação legislativa e o refinamento interpretativo do direito constitucional processual constituem as condições básicas para assegurar a pretendida legitimação da jurisdição constitucional no contexto de uma teoria de Democracia.[753]

A resposta, portanto, ao questionamento que deslinda o tópico é, inegavelmente, afirmativa. Apõe-se a Jurisdição Constitucional como órgão democraticamente erigido para controle dos atos legislativos e executivos, obstando a ação legiferante discricionária, violadora das normas constitucionais.[754]

---

751 THAMAY, Rennan Faria Krüger; HERANI, Renato Gugliano. *Jurisdição constitucional concentrada*. Curitiba: Juruá, 2016, p. 188.

752 ABBOUD, Georges. *Processo Constitucional Brasileiro*. 2. ed. São Paulo: Revista dos Tribunais, 2018, p. 843-845.

753 HÄBERLE, Peter. *Hermenêutica constitucional*: a sociedade aberta dos intérpretes da Constituição: contribuição para a interpretação pluralista e "procedimental" da Constituição. Porto Alegre: Sérgio Antonio Fabris, 1997, p. 49.

754 ZAGREBELSKY, Gustavo; MARCENÓ, Valeria. *Giustizia constituzionale*. Bologna: il Mulino, 2012, p. 244-246.

Entra em cena, a propósito, tudo quanto mais se disse sobre a superação da ideia de Jurisdição Constitucional como legislador negativo, nos moldes idealizados, a seu tempo e sob sua justificativa, por Hans Kelsen[755], para admitir a correção dos atos legislativos e executivos praticados, ou suprir, em determinados casos, sua inércia.[756]

Com J. J. Gomes Canotilho, porém, é preciso ressaltar que o trato da discricionariedade legislativa exige uma "construção autônoma jurídico-constitucional", desvencilhada, assim, dos conceitos próprios do direito administrativo.[757]

Referido apego aos conceitos administrativistas, elucida Canotilho, convertem a legislação em mera execução da Constituição, e reduz a importância da Jurisdição Constitucional ao relegá-la à fiscalização da conformidade formal e material dos atos originários do Órgão Legislativo, ante o princípio da constitucionalidade das leis.

Canotilho refuta essa importação pela teoria do direito constitucional do direito administrativo com, pelo menos, quatro objeções, as quais podem ser sintetizadas da seguinte forma.[758] Em primeiro lugar, a concretização da Constituição e a vinculação positiva e negativa constitucionalmente exercida sobre o legislador não se equivalem à mera execução de normas constitucionais, porquanto o legislador conserva um

---

[755] KELSEN, Hans. *Jurisdição constitucional*. 3. ed. São Paulo: WMF Martins Fontes, 2013, p. 150-155.

[756] TAVARES, André Ramos. Justiça Constitucional: Superando as teses do "legislador negativo" e do ativismo de caráter jurisdicional. In: FERRER MAC-GREGOR, Eduardo; LELO DE LARREA, Arturo Zaldívar (coord.). *Estudos de direito processual constitucional*: Homenagem brasileira a Héctor Fix-Zamudio em seus 50 anos como pesquisador do direito. São Paulo: Malheiros Editores, 2009.

[757] CANOTILHO, J. J. Gomes. *Constituição dirigente e vinculação do legislador*: contributo para a compreensão das normas constitucionais programáticas. 2. ed. Coimbra: Coimbra Editora, 2001, p. 219.

[758] CANOTILHO, J. J. Gomes. *Constituição dirigente e vinculação do legislador*: contributo para a compreensão das normas constitucionais programáticas. 2. ed. Coimbra: Coimbra Editora, 2001, p. 219-222.

espaço de atuação, relativamente amplo, no que toca à atualização do sistema jurídico. Não há, por isso, que se recorrer à "discricionariedade administrativa", mas assentar, em definitivo, que se trata de vinculação constitucional, com determinantes negativas e positivas.[759]

Em segundo lugar, pesa o argumento jurídico-constitucional, em que a liberdade de conformação do legislador, eleito pelo voto e, portanto, democraticamente legitimado, refunda sua base de legitimação não numa estreita liberdade executiva, mas na "real liberdade de conformação política nos <<limites>> das normas constitucionais determinantes".[760]

Em terceiro, possivelmente o que mais importa para o presente trabalho, o controle dos pressupostos de fato e dos resultados jurídicos dos atos administrativos não se adéquam aos problemas de excesso legislativo verificado em questões, segundo Canotilho, eminentemente políticas, que não se solucionam através de esquemas conceituais da discricionariedade. Com efeito, a verificação, pelo Órgão Judiciário, no controle de constitucionalidade, dos fatos e prognoses jurídico-legislativos, não pode levar a que seja usurpada a função legislativa que incumbe ao Órgão Legislativo.

Por fim, trata-se da utilização do conceito de "discricionariedade legislativa" aos casos em que o legislador age através de atos semelhantes – estrutural e materialmente – aos atos administrativos, descuidando de que o mister legislativo não se resume à escolha do meio mais adequado para a realização de determinado fim.

---

759 CANOTILHO, J. J. Gomes. *Constituição dirigente e vinculação do legislador*: contributo para a compreensão das normas constitucionais programáticas. 2. ed. Coimbra: Coimbra Editora, 2001, p. 245-248.

760 CANOTILHO, J. J. Gomes. *Constituição dirigente e vinculação do legislador*: contributo para a compreensão das normas constitucionais programáticas. 2. ed. Coimbra: Coimbra Editora, 2001, p. 220-221.

Destarte, despiciendo ingressar no direito administrativo para de lá retirar conceitos sobre discricionariedade legislativa, quando se pode, muito bem, aproveitar-se das noções expendidas sobre a vinculação constitucional do mister legislativo, estruturada em determinantes heterônomas dos atos legislativos, que os vinculam positivamente ao exercício da função legiferante como negativamente, no estabelecimento de limites a esse exercício.[761]

Uma Constituição dirigente imprescinde de normas constitucionais que definem fins e tarefas do Estado, estabelecem diretivas e estatuem imposições, coactando o legislador para sua conformação.

Se, portanto, não se trata de mera discricionariedade legislativa, tampouco se reduz o mister legislativo à execução das normas constitucionais, mas adquire autonomia na sua conformação, em observância das determinantes positivas e negativas, sobretudo em face dos direitos e garantias fundamentais, necessário se faz examinar princípios, igualmente trabalhados por J. J. Gomes Canotilho, atinentes à liberdade de conformação do legislador e a não controlabilidade das prognoses legislativas.

> Enfim, deve estar presente na mente do legislador uma preocupação com a adequação constitucional. Isto não implica a supressão da sua visão de mundo, informada por valores próprios. Contudo, a discricionariedade, que daí emerge, só pode como tal ser caracterizada se jungida aos preceitos definidos na Constituição. A clareza e a consciência desta relação são condições fundamentais para a valorização, pelo próprio legislador, da sua relevante missão constitucional.[762]

Correlata à noção de vinculação constitucional do Órgão Legislativo e do controle dos atos legislativos pelo Órgão Jurisdicional, surge a

---

[761] CANOTILHO, J. J. Gomes. *Constituição dirigente e vinculação do legislador*: contributo para a compreensão das normas constitucionais programáticas. 2. ed. Coimbra: Coimbra Editora, 2001, p. 223-226.

[762] AZEVEDO, Luiz Henrique Cascelli de. *O controle legislativo de constitucionalidade*. Porto Alegre: Sérgio Antonio Fabris Editor, 2001, p. 131.

questão sobre a vinculação do Órgão Legislativo às decisões proferidas pela Jurisdição Constitucional que constituem a inconstitucionalidade--vício do produto legislado questionado.

Muito embora se reconheça a importância do tema, a preocupação maior do presente trabalho diz quanto à possibilidade de revisão, pela Jurisdição Constitucional, da verificação de fatos e prognoses levadas a efeito pelo Órgão Legislativo, e não, propriamente, quanto aos efeitos decorrentes da aplicação da inconstitucionalidade-sanção e a vinculatividade das decisões da Jurisdição Constitucional.[763]

6.3.1 O princípio da não controlabilidade das prognoses legislativas e a liberdade de conformação do legislador

Deve-se destacar, antes de se tratar, propriamente, dos princípios em questão, do princípio do controle material, com o qual, segundo J. J. Gomes Canotilho, "pretende-se significar que o controle de constitucionalidade – a questão da inconstitucionalidade – deve abranger os *fundamentos de facto e de direito* (as questões de facto e de direito) relevantes para o processo"[764].

---

[763] Sobre o tema, com posicionamento favorável à proibição da reprodução de norma cuja inconstitucionalidade já foi pronunciada, cf. CANOTILHO, J. J. Gomes. *Direito constitucional e teoria da constituição*. 7. ed. Coimbra: Editora Almedina, 2003, p. 1010-1011. Canotilho entende, conforme lições antecipadas no texto, que a intepretação conferida pelo Órgão Judiciário à norma constitucional e fundamento da deflagração da inconstitucionalidade da norma infraconstitucional passa a constituir limite negativo, de cariz jurídico-constitucional, corolário do princípio da constitucionalidade, pelo que é vedado ao legislador contrariar ou neutralizar a decisão da Corte. Em sentido contrário, para não admitir a vinculação do legislador, mas afirmando a possibilidade de responsabilização do legislador por reeditar norma inconstitucional, cf. ABBOUD, Georges. *Processo Constitucional Brasileiro*. 2. ed. São Paulo: Revista dos Tribunais, 2018, p. 515-520. Ainda, cf. STRECK, Lenio Luiz. *Jurisdição constitucional e decisão jurídica*. 4. ed. São Paulo: Revista dos Tribunais, 2014, p. 737-738, para quem, no Brasil, a nível jurídico-positivo, a discussão encontra-se encerrada no art. 102, §2º, da Constituição Federal.

[764] CANOTILHO, J. J. Gomes. *Direito constitucional e teoria da constituição*. 7. ed. Coimbra: Editora Almedina, 2003, p. 973-974.

Assenta-se, com isso, a premissa já tantas vezes retomada de que é possível a remissão fática no controle de constitucionalidade – difuso ou concentrado – e, mais, é de fundamental importância para o controle de normas infraconstitucionais a abertura da Jurisdição Constitucional à realidade fática, com o que construirá o programa e o âmbito da norma.

Ao abordar os princípios funcionalmente legislativos, J. J. Gomes Canotilho enuncia, quanto ao princípio da não-controlabilidade do âmbito de prognose legislativa, que "[o princípio] radica no facto de o *espaço de prognose legislativa* ser um espaço de livre conformação do legislador, incompatível com qualquer controle jurídico-constitucional".[765]

Todavia, em seguida, esclarece Gomes Canotilho que o princípio da não-controlabilidade do âmbito de prognose legislativa mostra-se

> aceitável se com ele quer significar que ao legislador ou órgãos de direção política compete conformar a vida econômica e social, movendo-se esta conformação num plano de incerteza, conducente, por vezes, a soluções legislativas inadequadas ou erradas, mas cujo mérito não é susceptível de fiscalização jurisdicional.[766]

Segue-se que os tribunais não podem controlar juridicamente, por exemplo, a apreciação da evolução econômica ou interferir diretamente nas quotas de importação de certos produtos. O que não significa, contudo, afirmar que o legislador goza de total discricionariedade quanto ao acesso ao ensino, evolução de serviços de saúde, e demais temas os quais se encontram sob imposições constitucionais, notadamente aquelas constitutivas dos objetivos fundamentais da República Federativa do Brasil (CRFB, art. 3º).

O princípio da não-controlabilidade do âmbito da prognose legislativa tem espaço, ainda, naquelas situações em que resta

---

[765] CANOTILHO, J. J. Gomes. *Direito constitucional e teoria da constituição.* 7. ed. Coimbra: Editora Almedina, 2003, p. 1316.

[766] CANOTILHO, J. J. Gomes. *Direito constitucional e teoria da constituição.* 7. ed. Coimbra: Editora Almedina, 2003, p. 1316.

demonstrada a incerteza fática, devendo-se, nesse caso, escusar-se a Jurisdição Constitucional de pronunciar a inconstitucionalidade-vício, sob pena de imiscuir-se no afazer legislativo e substituir a vontade do órgão democraticamente legitimado para as escolhas pela própria vontade, em total arbítrio judicial.[767]

A autocontenção judicial (*self-restraint*) nessas questões políticas não significa, via de consequência, uma recusa de jurisdição ou declínio de competência com base em que se trata unicamente de questão política, ou de atos *interna corporis*. Em rigor, sendo o controle de constitucionalidade um direito fundamental, é preciso investigar no processo constitucional, em que grau a interferência da Jurisdição Constitucional é medida consentânea com a democracia e quando passa a negar o Estado Democrático Constitucional.

A Jurisdição Constitucional é ultimada a decidir sob o parâmetro da norma constitucional erigido, sobretudo em vista dos direitos e garantias fundamentais, e não pode escusar-se desse mister sob o fundamento raso e inócuo de que estará intervindo na função política precípua das demais funções do Poder. O que se busca evitar, com essas assertivas, é, com Canotilho, juízo de valor na tarefa de interpretação e concretização da Constituição, pelo que deve ater-se a Corte à sua função jurisdicional, a fim de coibir práticas discricionárias do Órgão Legislativo e do Órgão Executivo.[768]

Mais uma vez, desponta a importância da participação dos diversos segmentos sociais e a abertura do processo constitucional à participação de *experts* e à realização de audiências públicas, com o que será possível

---

[767] CANOTILHO, J. J. Gomes. *Direito constitucional e teoria da constituição*. 7. ed. Coimbra: Editora Almedina, 2003, p. 1317.

[768] CANOTILHO, J. J. Gomes. *Direito constitucional e teoria da constituição*. 7. ed. Coimbra: Editora Almedina, 2003, p. 1309.

dimensionar a zona de certeza e de imprecisão sobre a questão fática tratada no bojo do controle de constitucionalidade.

Em arremate, na dificuldade de se precisar o acerto legislativo na escolha realizada, deverá ser preservado o enunciado oriundo da enunciação legislativa, a partir do qual a norma impugnada foi construída, sob pena de subversão da harmonia e do equilíbrio entre as funções do Poder, pertencente ao povo. A diminuição da incerteza e, consequentemente, o aumento da certeza, somente pode se dar com a utilização das técnicas processuais já mencionadas, e com a devida fundamentação das decisões judiciais, pela qual se exerce o controle do próprio Órgão Judiciário.

A fundamentação das decisões constitui, por isso, limite ao ativismo judicial, e constitui elemento de controle da comunidade política e, sobretudo, da comunidade acadêmica, a quem incumbe o constrangimento epistemológico das decisões tomadas na Jurisdição Constitucional.[769]

J. J. Gomes Canotilho refuta a concepção de que a lei é "um ato livre no fim", o que traduziria um espaço de discricionariedade do legislador, com a importação de conceitos de direito administrativo, os quais, já se disse, são imprestáveis para o estudo do direito constitucional.

Em rigor, o "âmbito de liberdade de conformação legislativa", que melhor se adéqua ao estágio de estudo, está sujeito a uma vinculação constitucional positiva e negativa, de modo que as opções legislativas tornam-se suscetíveis de controle pela Jurisdição Constitucional.[770]

---

[769] "A fundamentação das decisões do Tribunal Constitucional tem, também, uma função democrática: materializar a relação de concordância entre o órgão jurisdicional, 'guardião da constituição', e o povo em nome do qual são proferidas as decisões jurisdicionais. Esta função democrática é tanto mais importante quanto as sentenças do Tribunal Constitucional afivelem as máscaras de 'legislador negativo' ou de 'legislador interpretativo coercitivo'." (CANOTILHO, J. J. Gomes. *Direito constitucional e teoria da constituição.* 7. ed. Coimbra: Editora Almedina, 2003, p. 1325.)

[770] CANOTILHO, J. J. Gomes. *Direito constitucional e teoria da constituição.* 7. ed. Coimbra: Editora Almedina, 2003, p. 1317-1318.

O autor português estabelece algumas razões pelas quais é improcedente a afirmação da lei como ato livre em seu fim, ou teleologicamente desvinculada.[771] Em primeiro lugar, se se afirma, como referido anteriormente, que incumbe ao legislador a prossecução de fins estabelecidos na Constituição, resulta em que não pode ser, por isso, "livre no fim"; a lei é, por isso, vinculada ao fim constitucionalmente previsto. Nesse caso, ressalta Canotilho, não haveria, por assim dizer, "desvio de poder legislativo", mas "inconstitucionalidade material", porque não perseguidos os fins constitucionalmente erigidos.

Ademais disso, seria insuportável admitir, no Estado Democrático Constitucional, um documento normativo cujas normas criadas a partir de enunciados prescritivos demonstrassem a contraditoriedade ou a incongruência no próprio afazer legislativo. Por outras palavras, buscasse o Órgão Legislativo perseguir determinados fins com meios inaptos a tanto. O problema, nesse exemplo, encontra-se no risco de transformação da Jurisdição Constitucional na valoração do fim a que a lei se destina, isto é, na atribuição de se a lei cumpre bem ou mal os fins por ela estabelecidos.[772]

No que toca ao "excesso do poder legislativo", ou "desvio do poder legislativo",[773] compreendido por Canotilho como "vício de mérito",

---

[771] CANOTILHO, J. J. Gomes. *Direito constitucional e teoria da constituição*. 7. ed. Coimbra: Editora Almedina, 2003, p. 1318-1320.

[772] Vai se ver, por isso, adiante, a distinção traçada por Gilmar Mendes, com base no estudo de Klaus Jürgen Philippi, sobre "controle de resultado" e "controle de procedimento". Com efeito, não pode a Jurisdição Constitucional substituir a opção realizada pelo Órgão Legislativo pela própria vontade, o que levaria a um inescrupuloso ativismo. Pode, contudo, investigar as constatações realizadas pelo legislador e a idoneidade dos meios estabelecidos para a prossecução de determinados fins. Por outros termos, se é contraditório ou não o comportamento legislativo plasmado nas normas legisladas.

[773] Para estudo do tema, cf. SANDULLI, Aldo. Eccesso di potere e controlo di proporzionalità. Profili comparati. *Rivista trimestrale di diritto pubblico*, Milano, n. 2, p. 329-370, 1995; ZAGREBELSKY, Gustavo; MARCENÓ, Valeria. *Giustizia constituzionale*. Bologna: il Mulino, 2012, p. 195-213.

deve-se, inicialmente, demonstrar uma profunda incongruência entre o uso do Órgão Legislativo e os fins ou escopos fixados pela Constituição.[774] A fixação dos fins da Constituição condiciona, pelas razões já expostas, a conduta legiferante, viabilizando o controle da adequação aos fins constitucionais ou se os fins perseguidos pelo Órgão Legislativo destoam das normas constitucionais paramétricas.

Distinguem-se, então, duas hipóteses de vício de mérito, consubstanciadas (a) na inadmissibilidade objetiva do uso do poder legislativo no sentido de impor determinadas soluções, com violação de normas constitucionais paramétricas (igualdade, proibição de excesso, direitos e garantias fundamentais) e (b) na contraditoriedade entre os fins legislativos e os meios utilizados para tal desiderato, o que pode, por suposto, legitimar, inclusive, um controle mais intenso. O que não significa, todavia, admitir que possa o Tribunal Constitucional substituir-se ao Órgão Legislativo e criar soluções político-legislativas que considera mais acertadas; quanto a esse ponto, espera-se tenha já ficado bastante acertado.

Alude, outrossim, Canotilho, sobre a possibilidade de controle dos pressupostos vinculados ao ato legislativo, com o que se poderia investigar a inconstitucionalidade-vício decorrente dos pressupostos objetivos para formulação de novos documentos normativos.[775]

À vista das lições expendidas, parece correto afirmar que, também nesse estágio, há vinculação constitucional, em que pese gozar o Órgão Legislativo de espaço de atuação, cujo controle requer detalhamento, a que se destina espaço próprio adiante.

---

[774] CANOTILHO, J. J. Gomes. *Direito constitucional e teoria da constituição*. 7. ed. Coimbra: Editora Almedina, 2003, p. 1320.

[775] CANOTILHO, J. J. Gomes. *Direito constitucional e teoria da constituição*. 7. ed. Coimbra: Editora Almedina, 2003, p. 1321.

Importa, por desfecho, referir que a impossibilidade de aferição dos atos legislativos em razão da sua livre conformação não confirma a premissa adotada, segundo a qual as normas constitucionais estão supraordenadas em relação às demais normas constantes do sistema jurídico, e vinculam, positiva e negativamente o atuar legiferante.

Significa dizer que a permissão a uma "discricionariedade" do legislador fere a rigidez constitucional e não se coaduna com o Estado Democrático Constitucional, no qual todos os órgãos devem prestar contas à Constituição, sobretudo adequação constitucional do processo legislativo, com abertura democrática e fundamentação das decisões.

A inviabilidade de aferição de fatos e prognoses jurídico-legislativos redundaria em confirmar um espaço de soberania do Órgão Legislativo, inclusive superior à Constituição, quando, em verdade, é, apenas e tão somente, uma fração do Poder, pertencente ao Povo. E, no mais, é da Constituição que o Órgão Legislativo retira o fundamento de validade para a prática dos seus atos, encontrando-se, portanto, coactado ao dever de legislar e à proibição de fazê-lo, ou, ainda, quando, permitido, observar os limites materiais impostos à edição de novos veículos introdutores.

Admitir a supremacia do Órgão Legislativo, com impedimento do controle da conformação legislativa, faria desmoronar o próprio Estado Democrático Constitucional, admitindo-se, de consequência, a impossibilidade de o Órgão Judiciário examinar violação aos direitos fundamentais das minorias, escamoteadas ao tempo do processo legislativo.

A legitimação democrática do Órgão Judiciário, posto que eleito periodicamente, pelo voto, não o converte em Órgão superior a todos os demais, pelo que o Povo, na forma prevista pelas leis, não só pode, como deve controlá-lo, o que passa pela legitimidade do Órgão Judiciário de controle do produto advindo do mister legislativo. Entender de forma diversa é, igualmente, compreender que o mandato outorgado aos legisladores, pelo povo, periodicamente, converte-se em um cheque em branco para que realizem, mesmo em detrimento de seus eleitores, sem qualquer análise de fatos e sem prognóstico, ações que podem, inclusive, amealhar os direitos fundamentais.

A vinculação normativo-constitucional dos órgãos do Poder, bem assim dos atos por eles editados é conquista inafastável num Estado Democrático Constitucional, que não se contenta com a aparência de conformação constitucional, senão que exige o cumprimento estreito das disposições constitucionais, sobretudo em se tratando de preservação dos direitos e as garantias fundamentais.

Se é indesejável o arbítrio do órgão judiciário, quando, discricionária e arbitrariamente, afasta normas advindas do processo legislativo, sem se escorar nas hipóteses de inconstitucionalidade, igualmente reprovável mostra-se o ato legislativo que não tem apego às normas constitucionais, compreendidas enquanto cláusulas de um contrato social que somente a muito custo podem ser alteradas, se, quando e na forma disposta pelo constituinte.

A desvinculação absoluta do órgão legislativo, portanto, não se adéqua ao estágio de Estado atingido desde a Constituição de 1988, no caso tupiniquim, sendo sua liberdade circunscrita, cingida pelos direitos e garantias fundamentais, cujo desapego deverá ser constantemente vigiado pelo Órgão Judiciário, através do controle de constitucionalidade, direito fundamental do cidadão.

6.3.2 Margem de ação epistêmica e margem de ação estrutural

"Margem de ação epistêmica" e "margem de ação estrutural" são conceitos desenvolvidos por Robert Alexy no artigo intitulado "Direito constitucional e direito ordinário – jurisdição constitucional e jurisdição especializada", publicado, em português, no compêndio "Constitucionalismo Discursivo", organizado por Luís Afonso Heck.[776]

---

[776] ALEXY, Robert. Direito constitucional e direito ordinário – jurisdição constitucional e jurisdição especializada. In: ______. *Constitucionalismo discursivo*. 4. ed. Porto Alegre: Livraria do Advogado, 2015, p. 71-92. Cf., a propósito, JEVEAUX, Geovany Cardoso. *Teorias do Estado e da Constituição*. Rio de Janeiro: GZ Editora, 2015, p. 139-141.

Segundo Alexy, a relação entre direito constitucional e direito ordinário, bem como a relação entre jurisdição constitucional e jurisdição ordinária determinam-se, essencialmente, por dois fatores: força de validez formal e densidade de normalização material da Constituição – o que seria uma relação acertada em todas as Constituições.[777]

É, de um lado, Constituição de validade extremamente formal, pois (a) suas ordenações de vinculação expressam a primazia da Constituição[778] e (b) há autorização e obrigação ampla do Tribunal Constitucional para o controle dessas vinculações. De outro, a densidade de normalização material é limitada e essa limitação é claramente determinável. O problema, para o autor, surge quando a densidade de normalização é indeterminável ou liberada dos limites.[779]

Nesse particular, Alexy retoma o artigo de Hans Kelsen "*Wesen und Entwicklung der Staatgerichtsbarkeit*", no Brasil traduzido para "A garantia da Jurisdição Constitucional"[780], já trabalhado em outro momento, em que Kelsen ressalta que "[a] liberdade do legislador, que só está subordinado à Constituição, submete-se a limitações relativamente fracas; seu poder de criação permanece relativamente grande"[781], sendo que, a cada grau que se desce na pirâmide normativa, a relação – entre liberdade e limitação – modifica-se; aumenta a aplicação, diminui a livre criação.

Segue que, para Hans Kelsen, a Constituição é, também, uma "regra de fundo", podendo a lei ter sua inconstitucionalidade constituída diante da "contrariedade de seu conteúdo aos princípios e diretivas

---

777 ALEXY, Robert. *Constitucionalismo discursivo*. 4. ed. Porto Alegre: Livraria do Advogado, 2015, p. 71.

778 Válido referir que Robert Alex realiza exame da *Grundgesetz* (Lei Fundamental alemã).

779 ALEXY, Robert. *Constitucionalismo discursivo*. 4. ed. Porto Alegre: Livraria do Advogado, 2015, p. 71-72.

780 KELSEN, Hans. A garantia jurisdicional da Constituição. In. ______. *Jurisdição constitucional*. 3. ed. São Paulo: WMF Martins Fontes, 2013, p. 119-186.

781 KELSEN, Hans. *Jurisdição constitucional*. 3. ed. São Paulo: WMF Martins Fontes, 2013, p. 126.

formulados na Constituição, quando excede os limites estabelecidos por esta", o que só ocorre com as Constituições modernas, as quais, além de regras sobre órgãos e procedimentos, contêm "um catálogo de direitos fundamentais dos indivíduos ou de liberdades individuais".[782]

Adiante, Kelsen enaltece que a disciplina levada a efeito pela Constituição, pode tornar inútil uma lei, em razão de que aquela – a Constituição – não contenha apenas princípios, diretivas ou limites para o conteúdo das leis vindouras, mas que regule tão diretamente determinada matéria, cujas normas sejam aplicáveis de imediato, a ponto de tornar desnecessária qualquer lei.[783] Ainda assim, a atividade do legislador estaria atida à Constituição no que concerne ao procedimento e, somente "de forma totalmente excepcional, no que concerne ao conteúdo das leis que deve editar", mesmo assim "apenas por princípios ou diretivas gerais"[784].

Diferentemente, ocorre, segundo Kelsen, com o Tribunal Constitucional – espécie de legislador negativo, conforme ressaltado anteriormente as propósito do estudo da teoria kelseniana – cuja atividade é "absolutamente determinada pela Constituição" e desempenha função "principalmente aplicação e comete em pequena medida criação do direito".[785]

Alexy percebe, nessa construção kelseniana, a vinculação da defesa de um Tribunal Constitucional à exigência da determinação precisa, pela

---

[782] KELSEN, Hans. *Jurisdição constitucional.* 3. ed. São Paulo: WMF Martins Fontes, 2013, p. 130-131 *passim*. Eis a noção, para Kelsen, de "Constituição em sentido lato", que traça, para além de normas que regulam a criação das leis, traça princípios, diretivas e limites para o conteúdo das leis vindouras.

[783] KELSEN, Hans. *Jurisdição constitucional.* 3. ed. São Paulo: WMF Martins Fontes, 2013, p. 133.

[784] KELSEN, Hans. *Jurisdição constitucional.* 3. ed. São Paulo: WMF Martins Fontes, 2013, p. 153.

[785] KELSEN, Hans. *Jurisdição constitucional.* 3. ed. São Paulo: WMF Martins Fontes, 2013, p. 153.

Constituição, dos preceitos, linhas e diretivas materiais a serem controlados e à advertência de que a falta de uma determinação mais circunstanciada pode ser perigoso ao exercício da Jurisdição Constitucional. "Força de validez formal extrema é, assim diz a mensagem de *Kelsen*, somente suportável sob a condição de densidade de normalização material suficientemente limitada e determinável"[786].

Fato é que, inegavelmente, as Constituições modernas ampliaram o catálogo de direitos e de garantias fundamentais – "constitucionalização material da ordem jurídica"[787] –, e a vinculação de todos os órgãos estatais a essas determinantes constitucionais implica considerações sobre a atuação destes, bem como o controle exercido sobre seus atos. Anota Hans Kelsen, a propósito do controle da Jurisdição Constitucional sobre os atos emanados do Órgão Legislativo que

> [o] órgão legislativo se considera na realidade um livre criador do direito, e não um órgão de aplicação do direito, vinculado pela Constituição, quando teoricamente ele o é sim, embora numa medida relativamente restrita. Portanto não é com o próprio Parlamento que podemos contar para efetuar sua subordinação à Constituição. [...] Para mantê-lo [o Tribunal Constitucional] na República democrática, só pode ser levado razoavelmente em conta, dentre esses diferentes significados, aquele que a expressão 'divisão dos poderes' traduz melhor que a de separação, isto é, a ideia da repartição do poder entre diferentes órgãos, não tanto para isolá-los reciprocamente quanto para permitir o controle recíproco de uns sobre os outros. E isso não apenas para impedir a concentração de um poder excessivo nas mãos de um só órgão – concentração que seria perigosa para a democracia –, mas também para garantir a regularidade do funcionamento dos diferentes órgãos. Mas então a instituição da jurisdição constitucional não se acha de forma alguma em contradição com o princípio da separação dos poderes; ao contrário é afirmação dele.[788]

---

786 ALEXY, Robert. *Constitucionalismo discursivo*. 4. ed. Porto Alegre: Livraria do Advogado, 2015, p. 71.

787 ALEXY, Robert. *Constitucionalismo discursivo*. 4. ed. Porto Alegre: Livraria do Advogado, 2015, p. 74.

788 KELSEN, Hans. *Jurisdição constitucional*. 3. ed. São Paulo: WMF Martins Fontes, 2013, p. 152.

Uma vez mais, torna-se inquebrantável a ideia preconizada, desde o início do trabalho, de que o controle, pela Jurisdição Constitucional, do mister legislativo é, contrário ao que se poderia supor, pilar da democracia, condicionante da obediência por todos os órgãos das vinculações constitucionais, de que fala J. J. Gomes Canotilho[789].

Após apresentar as críticas feitas, na doutrina alemã, à "sobreconstitucionalização", Robert Alexy, no artigo investigado, traça a distinção entre "ordenação-quadro" e "ordenação fundamental". No primeiro, tem-se que a Constituição fixa ao legislador um "quadro", quando lhe proíbe (por exemplo, direitos de defesa), ordena (por exemplo, direitos de proteção) ou faculta ("libera") alguma coisa. "O proibido pode designar-se jurídico-constitucionalmente como impossível, o ordenado jurídico-constitucionalmente como necessário e o liberado jurídico-constitucionalmente como possível"[790]. E prossegue:

> [o] liberado ou possível reside no quadro, o proibido ou impossível forma, juntamente como o ordenado ou necessário, o quadro. O conceito de espaço define-se sob este fundamento como que por si: tudo e somente isto que está liberado reside no espaço.[791]

A seu turno, o conceito de "ordenação fundamental" formula-se "quantitativamente" ou "qualitativamente". No sentido quantitativo, a Constituição nada libera, "para tudo tem à disposição ou um mandamento ou uma proibição". No sentido qualitativo, a Constituição "decide as questões fundamentais da comunidade".[792]

---

[789] CANOTILHO, J. J. Gomes. *Constituição dirigente e vinculação do legislador*: contributo para a compreensão das normas constitucionais programáticas. 2. ed. Coimbra: Coimbra Editora, 2001.

[790] ALEXY, Robert. *Constitucionalismo discursivo*. 4. ed. Porto Alegre: Livraria do Advogado, 2015, p. 77.

[791] ALEXY, Robert. *Constitucionalismo discursivo*. 4. ed. Porto Alegre: Livraria do Advogado, 2015, p. 77.

[792] ALEXY, Robert. *Constitucionalismo discursivo*. 4. ed. Porto Alegre: Livraria do Advogado, 2015, p. 77-78 *passim*.

Em síntese sistemática, Geovany Jeveaux ressalta que, em Alexy, a "ordem fundamental quantitativa" não deixa margem à "discricionariedade" do legislador ordinário na regulamentação de direitos fundamentais, e, na "ordem fundamental qualitativa", a Constituição "define assuntos fundamentais, deixando espaços normativos ao legislador".[793]

Robert Alexy aduz que o conceito de ordenação fundamental qualitativa compatibiliza-se com o conceito de ordenação-quadro, de modo que "[u]ma Constituição pode decidir questões fundamentais e, sob esse aspecto, ser uma ordenação fundamental e, contudo, deixar muitas coisas em aberto, sob esse aspecto, ser uma ordenação-quadro"[794].

Não se resolve, com isso, porém, a questão de se saber que questões, por exemplo, questões fundamentais, podem e devem ser decididas por uma Constituição, conforme confirma Robert Alexy. Tampouco, quais questões fundamentais estão decididas. Para o autor, trata-se de problemas de "teoria da Constituição material" e da "dogmática dos direitos fundamentais geral e espacial". O equilíbrio entre a ordenação fundamental e a ordenação-quadro, contudo, é trabalhado por Alexy ao desenvolver o "problema de espaço".

Passa, então, Robert Alexy a subdividir "espaços" – necessário à compreensão do equilíbrio correto entre ordenação fundamental e ordenação-quadro – entre "espaços estruturais" e "espaços epistêmicos". Os "espaços estruturais" classificam-se em "espaço de determinação da finalidade", "espaço de escolha médio" e "espaço de ponderação". Já os "espaços epistêmicos" são detalhados em "espaço de conhecimento empírico" e "espaço de conhecimento normativo".

---

793 JEVEAUX, Geovany Cardoso. *Teorias do Estado e da Constituição*. Rio de Janeiro: GZ Editora, 2015, p. 139.

794 ALEXY, Robert. *Constitucionalismo discursivo*. 4. ed. Porto Alegre: Livraria do Advogado, 2015, p. 78.

O "espaço estrutural" define-se pela ausência de mandamentos e proibições definitivos. Isto é, o que a Constituição não ordena nem proíbe, deixa livre definitivamente. "Espaços estruturais iniciam, portanto, rigorosamente ali onde termina a normatividade material definitiva da constituição."[795]

Quanto ao "espaço de determinação da finalidade" – corolário do "espaço estrutural" –, o legislador possui espaço de determinação da finalidade quando o direito fundamental contém uma autorização de intervenção, que "ou deixa aberto os fundamentos da intervenção, ou, sem dúvida, menciona fundamentos de intervenção", permitindo-os, e não os ordenando. O legislador, desse modo, move-se no espaço de determinação da finalidade, selecionando-a, como também está autorizado a determinar a medida da intervenção.[796]

O "espaço de escolha médio" ocorre quando a Constituição não só proíbe intervenções em direitos fundamentais, como também obriga sua proteção, do que resultam deveres positivos para o legislador. Se o legislador deve perseguir um determinado fim e vários meios para persegui-lo são idôneos, terá ele a liberdade de escolha dos meios. O problema advirá quando os meios à disposição repercutem negativamente em diferente medida nos direitos fundamentais, ou quando é incerto se e em que medida fomentam ou prejudicam os direitos fundamentais.[797]

Sucede, tanto no "espaço de determinação da finalidade" quanto no "espaço de escolha médio" a dependência da aplicação da máxima da proporcionalidade. Todavia, o objetivo no presente estudo é discutir a possibilidade de controle pela Jurisdição Constitucional dos atos

---

[795] ALEXY, Robert. *Constitucionalismo discursivo*. 4. ed. Porto Alegre: Livraria do Advogado, 2015, p. 79.

[796] ALEXY, Robert. *Constitucionalismo discursivo*. 4. ed. Porto Alegre: Livraria do Advogado, 2015, p. 80.

[797] ALEXY, Robert. *Constitucionalismo discursivo*. 4. ed. Porto Alegre: Livraria do Advogado, 2015, p. 80.

emanados do Órgão Legislativo, mormente em vista da verificação de fatos e prognoses jurídico-legislativos. Desse modo, o estudo da ponderação escapa aos objetivos declinados inicialmente.

Quer-se, apenas, salientar que há espaços de atuação legislativa, cuja vinculação constitucional enseja o controle dos atos pela Jurisdição Constitucional. Como se perceberá no próximo tópico, devem ser apostos critérios e graus de densidade nesse controle. Por ora, fixem-se os espaços de atuação do legislador.

Por fim, ainda dentro dos "espaços estruturais", o "espaço de ponderação" depende, essencialmente, da solução do problema da ponderação, em específico na terceira submáxima da máxima da proporcionalidade. A fim de não se escapar dos objetivos do estudo, registre-se, apenas, que, nesta classificação, encontra-se a divisão das leis de ponderação, consoante, aliás, ressalta Geovany Jeveaux.[798]

Com efeito, Alexy apresenta uma "fórmula tanto-quanto", de maneira que "quanto mais alto é o grau de não cumprimento ou prejuízo de um princípio, tanto maior deve ser a importância do cumprimento do outro". Ademais disso, deve haver uma relação "entre a gravidade da intervenção e o peso dos fundamentos que a justificam"[799] (lei epistêmica de ponderação).

---

798 "A divisão da lei de ponderação em duas não ocorre no livro Teoria, mas sim num artigo posterior, no qual Alexy desenvolve os conceitos de margem de ação estrutural e margem de ação epistêmica, a propósito de a teoria dos princípios pressupor tanto uma ordem fundamental quanto uma ordem marco." (JEVEAUX, Geovany Cardoso. *Teorias do Estado e da Constituição*. Rio de Janeiro: GZ Editora, 2015, p. 139.)

799 ALEXY, Robert. *Constitucionalismo discursivo*. 4. ed. Porto Alegre: Livraria do Advogado, 2015, p. 82-83. Essas leis da ponderação, encartadas na terceira submáxima da teoria da proporcionalidade (proporcionalidade em sentido estrito), são apresentadas por Geovany Jeveaux. Cf., nesse sentido, JEVEAUX, Geovany Cardoso. *Teorias do Estado e da Constituição*. Rio de Janeiro: GZ Editora, 2015, p. 133-139). A incursão na teoria alexyana, trabalhada em diversas obras, e de forte cunho teórico-racional, não encontra espaço e tempo neste estudo. Consulte-se, também, a análise realizada em ALEXY, Robert. *Constitucionalismo discursivo*. 4. ed. Porto Alegre: Livraria do Advogado, 2015, p. 82-89.

> O ponto decisivo para o espaço de ponderação estrutural é, pois, que as classificações podem determinar o que a constituição ordena ou proíbe, isso, porém, não precisam. Elas levam a uma determinação, quando elas são desiguais. De outra forma situam-se as coisas no caso de uma paridade ou empate. Aqui, a constituição não decide a colisão. O que, porém, a constituição não decide é, por ela, liberada. No caso de ponderação existe, com isso, um espaço de ponderação estrutural.[800]

"Espaço epistêmico" (ou de conhecimento) não nasce dos limites do ordenado e do proibido pela Constituição, mas "dos limites da capacidade de reconhecer do que a constituição, por um lado, ordena e proíbe e, por outro, nem ordena nem proíbe, portanto, libera".[801] Nesse caso, o conhecimento do que está ordenado, proibido ou liberado é incerto, em razão da incerteza das premissas empíricas ou normativas.[802] Reconhecer o espaço epistêmico, em suma, é reconhecer os limites da própria Constituição.

A incerteza empírica – no "espaço de conhecimento empírico", derivado do "espaço epistêmico" – tem lugar no exame da idoneidade e da necessidade, segundo Robert Alexy. Há razões que autorizam o legislador a intervir nos direitos fundamentais por se mostrarem "sustentáveis", reservando-lhe, com isso, um espaço de conhecimento empírico.[803]

---

[800] ALEXY, Robert. *Constitucionalismo discursivo*. 4. ed. Porto Alegre: Livraria do Advogado, 2015, p. 85. Em síntese, reafirma Alexy que o que não está proibido ou obrigado, pela Constituição, insere-se no espaço de liberação. Esse espaço, escreve, em nota, o autor "pode, da parte do legislador, ser enchido por considerações políticas e, da parte da jurisdição especializada, por considerações jurídico-ordinárias". (ALEXY, Robert. *Constitucionalismo discursivo*. 4. ed. Porto Alegre: Livraria do Advogado, 2015, p. 85, nota 96.).

[801] ALEXY, Robert. *Constitucionalismo discursivo*. 4. ed. Porto Alegre: Livraria do Advogado, 2015, p. 79.

[802] ALEXY, Robert. *Constitucionalismo discursivo*. 4. ed. Porto Alegre: Livraria do Advogado, 2015, p. 89.

[803] Ilustrativo o Caso *Cannabis* (BVerfGE 90, 145), julgado pela Corte Constitucional alemã, examinado no próximo tópico, no qual se manteve hígida a regulação penal do tráfico de drogas, em razão de os estudos empíricos da época não infirmarem, com precisão, a opção legislativa, que se mostrava, de conseguinte, sustentável.

A reserva de um espaço de conhecimento empírico ao legislador suporta-se no princípio democrático, porquanto a exigência de que o legislador somente intervenha quando tiver a certeza das premissas fáticas que assume para editar diploma normativo e inovar no sistema jurídico, levaria, praticamente, à impossibilidade de sua atuação. De outro lado, a Jurisdição Constitucional não está legitimada a intervir nessa escolha do legislador, se ela se mostra, ante os fatos e prognoses elaborados no processo legislativo, sustentável.

A limitação, nada obstante, resultará do próprio direito fundamental. Em termos alexyanos, quanto mais grave for a intervenção no direito fundamental, tanto mais deve ser a certeza das premissas apoiadoras da intervenção.

Por último, quanto ao "espaço de conhecimento normativo", este redunda no problema do conteúdo material da Constituição. A concessão de espaço de conhecimento normativo implica, para Alexy, uma "anulação, correspondente à sua extensão, do controle judicial-constitucional da vinculação à constituição"[804]. Passa o autor a indagar se se compatibiliza com a força de validez formal da Constituição – enlace da primazia da constituição e jurisdição constitucional. Para responder, apresenta três aspectos: a) conhecimento (o espaço estrutural resolve em boa parte o problema do espaço de conhecimento normativo), b) lei de ponderação epistêmica (a intensidade da intervenção em direitos fundamentais exige certeza de premissas apoiadoras dessa intervenção, o que reduz não somente o espaço do conhecimento empírico, mas também do conhecimento normativo), c) vinculação (os limites somente são determináveis por ponderação de princípios materiais e formais).[805]

---

804 ALEXY, Robert. *Constitucionalismo discursivo*. 4. ed. Porto Alegre: Livraria do Advogado, 2015, p. 91.

805 ALEXY, Robert. *Constitucionalismo discursivo*. 4. ed. Porto Alegre: Livraria do Advogado, 2015, p. 91-92.

Identificados os espaços de atuação do legislador, na visão alexyana, o que segue é um estudo realizado na Alemanha para, a partir da análise das decisões tomadas pela Corte Constitucional alemã, identificar critérios e graus no controle de constitucionalidade do produto legislado.

Embrincam-se, desse modo, os três subtópicos dispostos em sequência. Afirmada a possibilidade de controle da ação legiferante e investigada a liberdade de conformação do legislador, a definição das margens de ação estrutural e ação epistêmica, conduzirão à revelação, a partir de estudo empírico, a estipulação de critérios e graus para o exercício do controle.

O desfecho dar-se-á com a reunião desse conhecimento colhido da doutrina balizada com as premissas assumidas no início do trabalho, para fins de afirmação da construção teórica sistematizada. Por último, à míngua de estudos empíricos no Brasil, a análise de decisões de repercussão do Supremo Tribunal Federal, em particular o Caso da "Pílula do Câncer", é o ponto-maior da preparação para uma nova fase que, certamente, demandará as observações aqui expostas.

6.3.3 Critérios e graus de densidade do controle de constitucionalidade

Hans-Peter Schneider, catedrático alemão, desenvolveu trabalho de interesse direto para o tema em apreço.[806] Após analisar decisões proferidas pelo Tribunal Constitucional Federal da Alemanha, concluiu que este, com o mesmo critério de controle, utiliza distintos métodos e modelos de argumentação, de acordo com qual seja o objeto de controle (lei, atos da Administração ou decisão dos tribunais), a fim de que, de um lado, adéque-se às funções da Jurisdição Constitucional e de outro, às características de cada função estatal (executiva, legislativa e jurisdicional).[807]

---

[806] SCHNEIDER, Hans-Peter. Jurisdicción constitucional y separación de poderes. *Revista española de derecho constitucional*, año 2, n. 5, p. 35-61, maio-ago., 1982.

[807] SCHNEIDER, Hans-Peter. Jurisdicción constitucional y separación de poderes. *Revista española de derecho constitucional*, año 2, n. 5, p. 35-61, maio-ago., 1982, p. 35.

A importância do estudo tem razão de ser na busca de sistematicidade da autolimitação ou autocontenção judicial observada na praxe do Tribunal Constitucional alemão e no agrupamento do material coletado sob conceitos compreensivos, sendo certo que, no Brasil, ainda se ressente de estudos de igual qualidade, que se disponha a analisar as decisões do Supremo Tribunal Federal e, sob metodologia firme e clara, identificar o grau de ingerência do Órgão Judiciário nas demais funções do Poder.[808]

Constata Hans-Peter Schneider que, conquanto seja corrente a referência à problemática da separação das funções do Poder e as consequências para a existência da Jurisdição Constitucional, muitas das quais aludidas anteriormente, neste trabalho, não se tem preocupado em extrair as consequências de todo esse caldo dogmático produzido, com objetivo de densificar o princípio da autolimitação judicial. Princípio este, que, segundo ele, mais encobre que ilumina a relação entre a Jurisdição Constitucional e os outros órgãos estatais.[809]

A análise minuciosa da jurisprudência é tomada como pressuposto necessário para determinar quais argumentos funcionais empregam os próprios Tribunais para a fundamentação ou limitação das faculdades de decisão. A partir de uma sentença do Tribunal Constitucional alemão (*BVerfGE* 50, 290 – *Mitbestimmung*[810] – cogestão), encontra um "canon metodológico jurídico-funcional para la valoración de pronósticos"

---

808 THAMAY, Rennan Faria Krüger; HERANI, Renato Gugliano. *Jurisdição constitucional concentrada*. Curitiba: Juruá, 2016, p. 204.

809 "Tampoco se ha hecho una diferenciación jurídico-funcional ni se ha desarrollado un sistema (abierto) de las reglas de decisión y de los modelos argumentales del Tribunal Constitucional. [...] La ciencia del derecho constitucional tenía que participar también en <<esta búsqueda de instrumentos de control adecuados a su función>>, después de que el Tribunal Constitucional hubiese dictado varias sentencias que ya permiten una determinación más precisa de sus funciones y de sus límites respecto a otros órganos estatales." (SCHNEIDER, Hans-Peter. Jurisdicción constitucional y separación de poderes. *Revista española de derecho constitucional*, año 2, n. 5, p. 35-61, maio-ago., 1982, p. 36.)

810 Estava em questão se a *Mitbestimmungsgesetz* (*MitbestG* - Lei de Cogestão dos Trabalhadores), que prescrevia a participação dos funcionários nas decisões econômicas

(um cânone metodológico jurídico-funcional para valoração de prognósticos), pois, nela, "expressamente se destingue entre control del contenido, control de los presupuestos de la apreciación y control de evidencia, sin indicar, por supuesto, em qué casos ou com qué normas constitucionales debe ser aplicado en el futuro uno u outro critério" (expressamente se distingue entre controle de conteúdo, controle dos pressupostos da apreciação e controle de evidência, sem indicar, claramente, em que casos ou com que normas constitucionais deve ser aplicado no futuro um ou outro critério)[811].[812]

As condicionantes funcionais - procedimento, organização, aquisição de informações, tratamento do problema, legitimação, etc. -, expostas pelo autor, implicam o reconhecimento de que, por sua estrutura e composição, o Tribunal Constitucional não pode solucionar objetivamente determinados problemas da comunidade política, pelo que tem que reconhecer ao legislador ou ao Governo, inevitavelmente, margens de atuação.[813]

---

e sociais de algumas modalidades de empresas (com número de trabalhadores superior a dois mil - MitbestG, §1º), era adequada à Lei Fundamental, sobretudo em face de direitos fundamentais tais como a liberdade de inciativa, a propriedade privada, a liberdade de associação e a proporcionalidade. O Tribunal Constitucional julgou improcedente a *Verfassunsbchwerde*, afirmando a constitucionalidade da *Mitbestimmungsgesetz*. Mais do que os fundamentos esposados pela Corte Constitucional, importa, aqui, referir que há registros, na decisão, da participação de especialistas, no processo legislativo, e referências a pareceres jurídicos, audiências públicas e relatórios sobre o impacto econômico da lei impugnada, durante o processo jurisdicional, bem como as prognoses legislativas com a edição da lei e as prognoses judiciais decorrentes da aplicação desta.

811 SCHNEIDER, Hans-Peter. Jurisdicción constitucional y separación de poderes. *Revista española de derecho constitucional*, ano 2, n. 5, p. 35-61, maio-ago., 1982, p. 41.

812 A BVerfGE 50, 290, afirma, expressamente, que a Jurisdição do Tribunal Constitucional, em outras decisões, estabeleceu padrões diferenciados com base na avaliação de prognósticos legislativos. ("Demgemäß hat die Rechtsprechung des Bundesverfassungsgerichts, wenn auch im Zusammenhang anderer Fragestellungen, bei der Beurteilung von Prognosen des Gesetzgebers differenzierte Maßstäbe zugrunde gelegt").

813 SCHNEIDER, Hans-Peter. Jurisdicción constitucional y separación de poderes. *Revista española de derecho constitucional*, año 2, n. 5, p. 35-61, maio-ago., 1982, p. 40-41.

Daí porque, conforme ressalvado em outro espaço, as decisões tomadas pelo Tribunal Constitucional podem pré-formar a vontade estatal em outros órgãos, mas não podem substituí-la, sob pena de violação à divisão das funções do Poder, ativismo judicial, solipsismo, denegação das normas constitucionais, e atuação inconstitucional – posto que não legitimada a tanto.

Deve-se ter em conta que Hans-Peter Schneider parte do princípio de que o limite da Jurisdição Constitucional se correlaciona ao limite da interpretação constitucional, e, por isso, parte de perspectiva empírica, conforme anotam Rennan Thamay e Renato Herani.[814] Eis aqui a referência à comunicação entre aplicação e criação do direito (positivo).

Passa, então, Hans-Peter Schneider, conforme constou da *Mitbestimmungsgesetz*, a estabelecer critérios de controle de constitucionalidade, levando-se em consideração a peculiaridade da função específica de cada um dos órgãos estatais controlados, consoante a natureza do objeto de controle e circunstâncias fáticas importantes para o caso.[815] Divide esses controles em: a) controle de conteúdo (*intensivierten inhaltlichen Kontrolle*), b) controle da apreciação efetuada pelo legislador (*Vertretbarkeitskontrolle*) e c) controle de evidência (*Evidenzkontrolle*).[816]

---

814 THAMAY, Rennan Faria Krüger; HERANI, Renato Gugliano. *Jurisdição constitucional concentrada*. Curitiba: Juruá, 2016, p. 192.

815 THAMAY, Rennan Faria Krüger; HERANI, Renato Gugliano. *Jurisdição constitucional concentrada*. Curitiba: Juruá, 2016, p. 193. "Im einzelnen hängt die Einschätzungsprärogative des Gesetzgebers von Faktoren verschiedener Art ab, im besonderen von der Eigenart des in Rede stehenden Sachbereichs, den Möglichkeiten, sich ein hinreichend sicheres Urteil zu bilden, und der Bedeutung der auf dem Spiele stehenden Rechtsgüter." (BverfGE 50, 290) Em livre tradução: Especificamente, a presunção de prerrogativa do legislador depende de fatores como a natureza do objeto em questão, a possibilidade de obter um julgamento certo e a importância dos bens jurídicos em jogo.

816 Analisando a mesma decisão da Corte alemã, Gilmar Ferreira Mendes apresenta outra tradução para os graus de controle da constitucionalidade das leis: a) controle de evidência (*Evidenzkontrolle*); b) controle de sustentabilidade ou justificabilidade (*Vertretbarkeitskontrolle*); c) controle material de intensidade (*intensivierten inhaltlichen*

No controle de conteúdo[817], registra, o poder de interpretação do Tribunal Constitucional alcança sua máxima extensão, com a consequência de que se reduzem ao máximo as margens políticas de atuação e decisão dos demais órgãos estatais. Por controle de conteúdo, deve-se entender "o exame global das decisões dos poderes públicos sobre a base de sua conformidade objetiva com as normas da Lei Fundamental e desde o ponto de vista de sua correção material".[818]

O controle, nesse caso, alcança sua máxima extensão, a reduzir, por conseguinte, o campo de decisão política do legislador e da Administração, o que releva a tensão entre a Jurisdição Constitucional e as demais frações do Poder. Trata-se da correção de "correção material do produto legislativo"[819].

Essa espécie de "controle material intensivo", portanto, de todos, o mais rígido, deve restar evidente "a grave afetação de bens jurídicos fundamentais de suma relevância", pelo que "poderá Tribunal desconsiderar as avaliações e valorações fáticas realizadas pelo legislador para então fiscalizar se a intervenção no direito fundamental em causa está devidamente justificada por razões de extraordinária importância"[820]

Kontrolle). (MENDES, Gilmar Ferreira; BRANCO, Paulo Gustavo Gonet. *Curso de direito constitucional*. 12. ed. São Paulo: Saraiva, 2017, p. 1152.) Na BVerfGE 50, 290, são examinados esses graus de controle, na ordem apresentada por Gilmar Mendes.

817 SCHNEIDER, Hans-Peter. Jurisdicción constitucional y separación de poderes. *Revista española de derecho constitucional*, año 2, n. 5, p. 35-61, maio-ago., 1982, p. 42.

818 No original, em espanhol: "Por <<control de contenido>> hay que entender el examen global de las decisiones de los poderes públicos sobre la base de su conformidad objetiva con las normas de la Ley Fundamental y desde el punto de vista de su corrección material". (SCHNEIDER, Hans-Peter. Jurisdicción constitucional y separación de poderes. *Revista española de derecho constitucional*, año 2, n. 5, p. 35-61, maio-ago., 1982, p. 42.)

819 THAMAY, Rennan Faria Krüger; HERANI, Renato Gugliano. *Jurisdição constitucional concentrada*. Curitiba: Juruá, 2016, p. 193.

820 MENDES, Gilmar Ferreira; BRANCO, Paulo Gustavo Gonet. *Curso de direito constitucional*. 12. ed. São Paulo: Saraiva, 2017, p. 1156.

Esses bens jurídicos de suma importância são, para Hans-Peter Schneider quando em cena a proteção dos direitos individuais, relativos à liberdade pessoal (ambulatorial, vida, integridade física), às necessidades básicas (alimentação, vestuário, moradia) ou às possibilidades de desenvolvimento pessoal (liberdade de profissão, liberdade de ensino).[821]

Na *Apothekenurteil* (*BVerfGE* 7, 377), o *Bundesverfassungsgericht* discutiu a constitucionalidade de uma Lei do Estado da Baviera (*Apothekengesetz*) que condicionava a instalação de novas farmácias à autorização especial da autoridade administrativa, em face da liberdade de profissão.[822] Em primeiro lugar, afirmou que o legislador somente pode ser limitado por razões de proteção dos direitos fundamentais, não se afigurando legítima a negação a qualquer interferência legislativa na liberdade de profissão, a exemplo de regulamentos que impusessem pré-requisitos para início em uma carreira.[823] Afastou-se, com isso, a

---

821 "Al analizar las sentencias del Tribunal Constitucional Federal se tiene la impresión de que se prefiere el control de contenido cuando están en un primer plano cuestiones de protección de los derechos individuales y cuando ésta es solicitada en el campo de la libertad personal (libertad de movimiento, vida, integridad física), de las necesidades básicas (alimentación, vestido, vivienda) o de las posibilidades de desarrollo personal (acceso a las profesiones, elección de centros de enseñanza)." (SCHNEIDER, Hans-Peter. Jurisdicción constitucional y separación de poderes. *Revista española de derecho constitucional*, año 2, n. 5, p. 35-61, maio-ago., 1982, p. 42.) A conclusão é extraída *a contrario sensu* da BVerfGE quando prescinde do controle de contepudo porque não estão em jogo bens jurídicos como vida e liberdade ("Bei dieser Sachlage kann jedenfalls nicht gefordert werden, daß die Auswirkungen des Gesetzes mit hinreichender Wahrscheinlichkeit oder gar Sicherheit übersehbar sein müßten, zumal Rechtsgüter wie das des Lebens oder der Freiheit der Person nicht auf dem Spiele stehen.")

822 O farmacêutico Karl-Heinz questionou perante a Corte Constitucional a decisão que lhe denegara a abertura de uma nova farmácia porque não preenchidos os requisitos previstos na legislação bávara, entre os quais o interesse público na criação da farmácia e a não afetação da economia das farmácias vizinhas, não preenchidos pelo recorrente, conforme esclarecimentos prestados pelo Governo da Alta Baviera nos autos (*BVerfGE* 7, 377). Registre-se, também, a realização de audiência com a participação de especialistas e o envio de pareceres à Corte para apreciação da questão constitucional.

823 "Freilich ist festzuhalten, daß das gesetzgeberische Ermessen nur aus Gründen des Grundrechtsschutzes eingeengt werden darf. [...]Grenzen für den Gesetzgeber können sich nur dort ergeben, wo sie ihm auf Grund des - richtig ausgelegten - Grundrechts gezogen

objeção de que o Tribunal Constitucional não estaria legitimado a proceder ao exame de uma dada medida legislativa e, de conseguinte, à aferição dos fatos legislativos.[824] Antes, pelo contrário, o Órgão Legislativo deve conter-se ao impor limitações aos direitos fundamentais, como à liberdade de profissão, incumbindo ao Tribunal Constitucional a guarda dos direitos fundamentais em face do legislador.[825]

Os prognósticos do legislador, para corroborarem com o combate ao aumento do numero de farmácias, seriam, em síntese, os de que (a) a divulgação de novas farmácias levaria a uma proliferação de farmácias; (b) haveria uma distribuição desigual de farmácias; (c) a proliferação de farmácias resultaria em concorrência acirrada, em prejuízo de outras farmácias já existentes; (d) haveria um excesso de oferta de medicamentos, o que levaria a um prejuízo da saúde pública, com aumento da procura por remédios.[826]

---

werden müssen. [...]So kann eine Auslegung, die dem Gesetzgeber jeden Eingriff in die Freiheit der Berufswahl schlechthin verwehren wollte, nicht richtig sein; sie würde der Lebenswirklichkeit nicht entsprechen und deshalb auch rechtlich nicht zu einleuchtenden Ergebnissen führen. Eine primär als Berufsausübungsregelung sich darstellende gesetzliche Vorschrift ist vielmehr grundsätzlich auch dann zulässig, wenn sie mittelbar auf die Freiheit der Berufswahl zurückwirkt. Das geschieht vor allem dann, wenn Voraussetzungen für die Berufsaufnahme, also den Beginn der Berufsausübung, festgelegt werden, mit anderen Worten, wenn der Beginn der Berufsausübung von einer Zulassung abhängig gemacht wird" (*BverfGE* 7, 377)

[824] MENDES, Gilmar Ferreira. Controle de constitucionalidade: hermenêutica constitucional e revisão de fatos e prognoses legislativos pelo órgão judicial, *Revista Jurídica Virtual*, Brasília, vol. 1, n. 8, jan. 2000.

[825] "Dem Gericht ist der Schutz der Grundrechte gegenüber dem Gesetzgeber übertragen. Wenn sich aus der Auslegung eines Grundrechts Grenzen für den Gesetzgeber ergeben, muß das Gericht ihre Einhaltung überwachen können; es darf sich dieser Aufgabe nicht entziehen, wenn anders es nicht die Grundrechte praktisch zum guten Teil entwerten und seiner ihm vom Grundgesetz zugewiesenen Funktion ihren eigentlichen Sinn nehmen will." (BverfGE 7, 377)

[826] "Die Freigabe der Gründung neuer Apotheken wird zu einer starken Vermehrung der Apotheken im ganzen führen; auch wird eine ungleichmäßige Verteilung der Apotheken eintreten, da die neuen Betriebe in den größeren Städten und hier wieder im Stadtkern sich zusammendrängen; die starke Vermehrung der Apotheken an einzelnen Orten wird einen scharfen Konkurrenzkampf zur Folge haben, der die wirtschaftliche Leistungsfähigkeit

O Tribunal confrontou o prognóstico do legislador sob os seguintes argumentos, enumerados por Gilmar Mendes[827]: a) a liberdade de instalação de farmácias em outros países, com o mesmo nível de desenvolvimento da Alemanha, não levou a uma efetiva ameaça da saúde pública;[828] (b) não haveria, necessariamente, uma multiplicação ilimitada dos estabelecimentos, pois a decisão para sua instalação depende

---

vieler Apotheken empfindlich schmälern wird; diese Apotheken werden ihre gesetzlichen Verpflichtungen hinsichtlich Vorratshaltung, Rezeptpflicht, Güteprüfung, Einhaltung bestimmter Preise, Beschäftigung qualifizierten Personals, ständiger Dienstbereitschaft usw. kaum noch erfüllen können, jedenfalls besteht die Gefahr, daß sie in dem Bestreben, den Umsatz zu steigern, diese Pflichten vernachlässigen; die Vermehrung der Verkaufsstellen wird ein Überangebot an Arzneimitteln durch Werbung bei der Bevölkerung hervorrufen und damit die „Tablettensucht" fördern; dies alles beeinträchtigt die ordnungsmäßige Arzneimittelversorgung der Bevölkerung und schädigt damit - im weiteren Verlauf - die Volksgesundheit. Ein wirksames Mittel, dieser gefährlichen Entwicklung von vornherein zu begegnen, ist eine gewisse Beschränkung der Zahl der Apotheken, die ihre wirtschaftliche Leistungsfähigkeit für die Erfüllung ihrer gesetzlichen Verpflichtungen sicherstellt." (BverfGE 7, 377)

827 MENDES, Gilmar Ferreira. Controle de constitucionalidade: hermenêutica constitucional e revisão de fatos e prognoses legislativos pelo órgão judicial, *Revista Jurídica Virtual*, Brasília, vol. 1, n. 8, jan. 2000.

828 A Corte ressaltou que (a) os farmacêuticos, ao menos na Europa, encontram-se sob exigências éticas rigorosas, (b) os hábitos de consumo de remédio da população não são significativamente diferentes nesses países, (c) há competição entre as drogarias. Levou-se em consideração, particularmente, o caso da Suíça com base em laudos apresentados por peritos. ("Das Gericht hat zunächst nicht an der Tatsache vorbeigehen können, daß in anderen, der Bundesrepublik Deutschland zivilisatorisch vergleichbaren Staaten volle Niederlassungsfreiheit besteht, ohne daß deshalb von einer Gefährdung der Volksgesundheit durch Mängel der Arzneiversorgung ernstlich die Rede sein könnte. Im einzelnen mögen die Verhältnisse in mancher Hinsicht verschieden sein. Doch gibt es - jedenfalls in Europa - überall den wissenschaftlich vorgebildeten Apotheker als besonderen Stand mit strengen Berufspflichten, die Apotheke als „Offizin" mit vorgeschriebener Einrichtung, die staatlich festgesetzten Preise für Arzneimittel (Arzneitaxe). Die Verbrauchsgewohnheiten der Bevölkerung sind nicht nennenswert verschieden; überall nimmt die Rezeptur zugunsten der fertig verpackten Erzeugnisse der pharmazeutischen Industrie ab, überall besteht eine gewisse Konkurrenz der Drogerien und anderer Verkaufsstellen. Aufschlußreich war für das Gericht vor allem das Beispiel der Schweiz, deren Apothekenwesen - wenigstens im deutschsprachigen Gebiet - besonders viele Gemeinsamkeiten mit dem deutschen auf weist. Die beiden Schweizer Sachverständigen haben bei ihrer eingehenden Schilderung auf diese und jene Mängel im Schweizer Apothekenwesen hingewiesen, die übrigens zum Teil mit der topographischen Eigenart des Landes zusammenhängen.") (BverfGE 7, 377)

de elevados custos financeiros, passando por considerações de ordem econômica e mercadológica[829] (os especialistas apontaram os investimentos iniciais para instalação de uma nova farmácia); (c) o temor do legislador quanto à impossibilidade de os farmacêuticos cumprirem seus deveres legais em razão da queda de sua capacidade financeira revelava-se infundada, uma vez que uma decisão pessoal economicamente equivocada não poderia servir de base para a decisão legislativa;[830] (d) a maior procura de medicamentos, segundo *experts*, decorreria das mudanças ocorridas nas condições de vida durante a guerra (subnutrição, estresse), não estando relacionada com a existência de múltiplas drogarias[831].

Por fim, o Tribunal Constitucional alemão pronunciou a inconstitucionalidade da *Apothekengesetz*, cujas normas violariam o direito fundamental à liberdade profissional, deixando claro que não poderia decidir sobre o sistema jurídico mais adequado para regular a matéria. O Tribunal infirmou a prognose legislativa, com base em estudos

829 "Bei Niederlassungsfreiheit muß er die wirtschaftlichen Chancen des Betriebs allein beurteilen und dabei in Rechnung stellen, daß möglicherweise auch andere Apotheker sich in derselben Gegend niederlassen werden. Das erfordert sorgfältige Kalkulation und „Marktanalyse". Andererseits hat gerade der Apotheker mannigfache Möglichkeiten, sich des sachkundigen Rates seiner Standesvertretungen (Apothekervereine und Apothekerkammern) und der Behörden zu bedienen." (BverfGE 7, 377)

830 Os especialistas demonstraram que não há íntima relação entre o aumento do número de farmácias e o cumprimento das obrigações legais pelos farmacêuticos, havendo fatores outros que interferem na capacidade de gerir o estabelecimento.

831 Os especialistas afirmaram que o consumo de remédios aumentou em todos os lugares no período Pós-Guerra, não se mostrando fundamentada a alegação de que o aumento do número de farmácias, com excesso de oferta de medicamentos, implica prejuízo à saúde pública. ("Die Gefahr, daß die bei Niederlassungsfreiheit zu erwartende Vermehrung der Apotheken zu einem Überangebot an Arzneimitteln führen werde, das die Volksgesundheit schädige, ist nicht mit Tatsachen belegt worden. Der Verbrauch an Arzneimitteln hat nach dem Kriege überall zugenommen. Die Sachverständigen führen das auf die Veränderung der allgemeinen Lebensgewohnheiten, die Hebung des Lebensstandards breiter Schichten, wohl auch auf gewisse Wandlungen der ärztlichen Therapie im Zusammenhang mit dem überaus großen Angebot von Heilmitteln durch die pharmazeutische Industrie zurück." (BverfGE 7, 377).

apresentados por especialistas, quanto à proliferação de farmácias na falta de regulação restritiva. A decisão legislativa a par de não proteger o interesse público, revelava-se restrição incompatível com o livre exercício da atividade profissional.[832]

Nesse nível de controle de constitucionalidade (controle de conteúdo), portanto,

> o Tribunal examina se a medida legislativa interventiva em dado bem jurídico é necessariamente obrigatória, do ponto de vista da Constituição, para a proteção de outros bens jurídicos igualmente relevantes. O controle é mais rígido, pois o Tribunal adentra o próprio exame da ponderação de bens e valores realizadas pelo legislador.[833]

Semelhantemente, no *Kassenzahnartz-Urteil* (*BVerfGE* 11, 30), pronunciou-se a inconstitucionalidade, consignando-se que quanto mais restrição à liberdade de profissão, maiores devem ser as exigências impostas às suas justificativas.[834] Tratava-se, essencialmente, de aferir se a habilitação ilimitada dos dentistas vinculados às caixas de assistência encetaria uma concorrência entre os profissionais, com a redução de seus rendimentos. Havia se estabelecido norma que criava processo de admissão para os dentistas da caixa de assistência o que, ao cabo, revelava-se, praticamente, como proibição ao exercício profissional.[835]

A Corte Constitucional alemã demonstrou que, ao longo do tempo, o número de membros da caixa de assistência registrou um crescimento

---

832 MENDES, Gilmar Ferreira. Controle de constitucionalidade: hermenêutica constitucional e revisão de fatos e prognoses legislativos pelo órgão judicial, *Revista Jurídica Virtual*, Brasília, vol. 1, n. 8, jan. 2000.

833 MENDES, Gilmar Ferreira; BRANCO, Paulo Gustavo Gonet. *Curso de direito constitucional*. 12. ed. São Paulo: Saraiva, 2017, p. 1157.

834 "Je einschneidender die Freiheit der Berufsausübung beengt wird, desto höher müssen die Anforderungen an die Dringlichkeit der öffentlichen Interessen sein, die zur Rechtfertigung solcher Beengung ins Feld geführt werden." (BverfGE 11, 30)

835 MENDES, Gilmar Ferreira. Controle de constitucionalidade: hermenêutica constitucional e revisão de fatos e prognoses legislativos pelo órgão judicial, *Revista Jurídica Virtual*, Brasília, vol. 1, n. 8, jan. 2000.

e a principal causa foi o aumento do número de pessoas dependentes devido a conjunturas econômicas; ademais, em geral, o dentista depende da caixa de assistência para exercício profissional.[836] Novamente, com base em dados estatísticos e pareceres de especialistas, chegou-se à conclusão de que o aumento de dentistas na caixa de assistência, sem as limitações impostas, seria de, no máximo, 12% (doze por cento), o que infirmaria a prognose legislativa.[837]

Destarte, "não se vislumbravam razões de interesse público suficientes para restringir a liberdade de exercício profissional dos dentistas",[838] revelando-se incompatível com a Constituição a restrição estabelecida.

Parece bastante claro, ante as decisões alemãs expostas, que os Órgãos do Poder, notadamente o Legislativo e a Administração Pública, estão vinculados à Constituição e aos mecanismos de responsabilização democrática (*accountability*), estando legitimada a Jurisdição Constitucional a intervir no produto legislado, mormente

---

[836] Während im Jahre 1895, ein Jahrzehnt nach Schaffung der gesetzlichen Krankenversicherung, im Deutschen Reich 7,9 Millionen = 14,4% der Bevölkerung direkt versichert waren, waren es 1931 bereits 20 Millionen = 32% und 1938 23,2 Millionen = 34%. Im Jahre 1955, also bei Inkrafttreten des Gesetzes über Kassenarztrecht, betrug die Zahl der Direktversicherten 23,6 Millionen = 48% der Bevölkerung des Bundesgebiets; 1958 waren es bereits 26,1 Millionen = 53,1%. Die Zahl der Kassenmitglieder zeigt somit eine langfristig steigende Tendenz. Die Hauptursache hierfür ist das durch die Veränderung der wirtschaftlichen Struktur bedingte Ansteigen der Zahl der unselbständig Tätigen. Rechnet man zur Zahl der Direktversicherten die der mitversicherten Familienangehörigen hinzu, die sich nur schätzen läßt, so werden heute bereits rund 80% der Bevölkerung von der gesetzlichen Krankenversicherung erfaßt (die Schätzungen schwanken zwischen 77 und 87%)." (BverfGE 11, 30)

[837] "Alles in allem ist hiernach damit zu rechnen, daß bei einer Freigabe der Kassenzulassung sich die Zahl der Kassenärzte kaum um mehr als etwa 12% erhöhen würde." (BverfGE 11, 30)

[838] MENDES, Gilmar Ferreira. Controle de constitucionalidade: hermenêutica constitucional e revisão de fatos e prognoses legislativos pelo órgão judicial, *Revista Jurídica Virtual*, Brasília, vol. 1, n. 8, jan. 2000. A Corte ainda afastou as alegações das consequências econômicas para dentistas já aprovados, da concorrência desmedida, da diminuição da ética profissional, da maior concessão de licença médica e de prescrições de remédios (BVerfGE 11, 30).

quando partirem de escolhas equivocadas violadoras de direitos fundamentais.[839]

O "Caso das Farmácias", todavia, anota Davi Rodrigues Brito, não questionou sobre a possibilidade de o próprio Tribunal analisar a prognose legislativa, tomando esta, em verdade, como premissa irrefutável.[840] Crê-se em que, com base nos pressupostos assumidos neste trabalho, tenha-se contribuído, acrescido dos graus de controle revelados neste espaço, para a confirmação da intervenção judiciária nas prognoses jurídico-legislativas.[841]

O segundo critério funcional de controle de constitucionalidade – controle da apreciação efetuada pelo legislador – exige somente que a instância controlada tenha se conduzido por uma ponderação de elementos de juízo disponíveis que seja objetiva e "defendível", ou seja, possa ser reconstruída de modo concreto pelo Tribunal Constitucional.

---

839 BRITO, Davi Rodrigues. O controle judicial de leis por erros de prognoses segundo o consequencialismo de Neil MacCormick. *Direito Público*. Porto Alegre, IOB; IDP, ano 9, n. 49, p.09-23, jan.-fev., 2013, p. 13.

840 BRITO, Davi Rodrigues. O controle judicial de leis por erros de prognoses segundo o consequencialismo de Neil MacCormick. *Direito Público*. Porto Alegre, IOB; IDP, ano 9, n. 49, p.09-23, jan.-fev., 2013, p. 14.

841 Com razão o autor quando afirma que, a partir do *Apotheken Urteil*, fixou-se um paradigma para que futuras decisões avaliem prognoses legislativas. Com efeito, a partir do que se vai ver mais adiante, com base na experiência brasileira, o art. 926, do Código de Processo Civil, ao prescrever o dever dos tribunais de manter a jurisprudência estável, íntegra e coerente, quer significar, na Jurisdição Constitucional, que, admitida a verificação de fatos e prognoses jurídico-legislativos, está a Corte Constitucional autorizada a fazê-lo em todos os casos futuros, dentro dos limites evidenciados neste estudo. "Se o Tribunal decidisse fazer o exame das prognoses, como de fato o fez, a consequência jurídica seria a de que sempre que qualquer direito restasse ameaçado a sofrer qualquer restrição por uma lei, e a verificação do valor que seria protegido por essa lei depender da análise de uma prognose, o juiz ou tribunal deve analisar essa prognose para verificar sua consistência. Se, ao contrário, o tribunal decidisse que não cabe ao Judiciário a análise dos prognósticos feitos pelo legislador, a consequência jurídica é que seria vedado a juízes e tribunais o exame de prognoses legislativas, mesmo em situações em que isto se faz necessário para averiguar se algum direito fundamental resta ameaçado." (BRITO, Davi Rodrigues. O controle judicial de leis por erros de prognoses segundo o consequencialismo de Neil MacCormick. *Direito Público*. Porto Alegre, IOB; IDP, ano 9, n. 49, p.09-23, jan.-fev., 2013, p. 19.)

A limitação à decisão dos demais órgãos estatais é menor, requerendo, somente, que tenham se esgotado as fontes de conhecimento acessíveis para apreciação da máxima segurança possível aos efeitos prováveis de determinada medida, a fim de evitar violação do parâmetro constitucional.[842]

O propósito, aqui, revelam Rennan Krüger e Renato Herani, "é evitar e afastar, por um juízo de ratificação, qualquer dúvida sobre a ocorrência ou não de uma infração constitucional"[843]. Reconstrói-se a "ponderação legislativa", sem a pretensão de substituição.

> Nesse segundo nível, portanto, o controle de constitucionalidade estende-se à questão de se o legislador levantou e considerou diligente e suficientemente todas as informações disponíveis e se realizou prognósticos sobre as consequências da aplicação da norma; enfim, se o legislador se valeu de sua margem de ação 'maneira sustentável'.[844]

No contexto alemão, Hans-Peter Schneider observa que o Tribunal alemão parece limitar o controle de apreciação em situações e regulações complexas, predominantemente no terreno econômico ou fiscal, para os quais a Corte não é mais competente do que outras instâncias, ou quando, em relação à sua limitada capacidade para tratar a informação, outros procedimentos, como o parlamentar, oferecem a garantia de uma proximidade maior à realidade ou a possibilidade de uma análise objetiva mais profunda.[845]

---

[842] SCHNEIDER, Hans-Peter. Jurisdicción constitucional y separación de poderes. *Revista española de derecho constitucional*, año 2, n. 5, p. 35-61, maio-ago., 1982, p. 43.

[843] THAMAY, Rennan Faria Krüger; HERANI, Renato Gugliano. *Jurisdição constitucional concentrada*. Curitiba: Juruá, 2016, p. 193.

[844] MENDES, Gilmar Ferreira; BRANCO, Paulo Gustavo Gonet. *Curso de direito constitucional*. 12. ed. São Paulo: Saraiva, 2017, p. 1153.

[845] SCHNEIDER, Hans-Peter. Jurisdicción constitucional y separación de poderes. *Revista española de derecho constitucional*, ano 2, n. 5, p. 35-61, maio-ago., 1982, p. 43. "No entanto, em casos excepcionais, pode se tornar um *controle de conteúdo*, caso seja verificada situação extrema de inconstitucionalidade." (THAMAY, Rennan Faria Krüger; HERANI, Renato Gugliano. *Jurisdição constitucional concentrada*. Curitiba: Juruá, 2016, p. 194.)

O famoso Caso *Cannabis*, que tratou da compatibilidade constitucional da Lei de Drogas alemã (*Betäubungsmittelgesetz*), julgado pelo Tribunal alemão (BVerfGE 90, 145) ajuda a compreender a questão. Em primeiro lugar, a Corte enalteceu que a liberdade de um indivíduo somente pode ser afetada por razões suficientemente fortes que justifique a restrição ao direito fundamental, devendo ser a lei adequada - se o propósito almejado puder ser promovido com seu auxílio – e necessária – se o legislador não puder selecionar outro meio de igual eficácia – ao fim a que se destina. Deve haver, por fim, proporcionalidade entre a ofensa praticada e a punição impingida.[846] Entendeu-se, ademais, que não caberia ao Tribunal Constitucional examinar se a decisão do legislador é a mais apropriada, cabendo-lhe assegurar que esteja dentro dos limites constitucionais.[847]

A Corte Constitucional refutou a inconstitucionalidade das normas penais, sob o fundamento de que cabe ao legislador uma margem de avaliação quanto à adequação e à necessidade de certa medida para o alcance do fim pretendido, o que inclui a realização de prognósticos em relação às consequências da medida adotada.

---

846 "Bei der Beurteilung der Eignung und Erforderlichkeit des gewählten Mittels zur Erreichung der erstrebten Ziele sowie bei der in diesem Zusammenhang vorzunehmenden Einschätzung und Prognose der dem Einzelnen oder der Allgemeinheit drohenden Gefahren steht dem Gesetzgeber ein Beurteilungsspielraum zu, welcher vom Bundesverfassungsgericht je nach der Eigenart des in Rede stehenden Sachbereichs, den Möglichkeiten, sich ein hinreichend sicheres Urteil zu bilden, und der auf dem Spiel stehenden Rechtsgüter nur in begrenztem Umfang überprüft werden kann (vgl. BVerfGE 77, 170 [215]; 88, 203 [262]). Ferner muß bei einer Gesamtabwägung zwischen der Schwere des Eingriffs und dem Gewicht sowie der Dringlichkeit der ihn rechtfertigenden Gründe die Grenze der Zumutbarkeit für die Adressaten des Verbots gewahrt sein (vgl. BVerfGE 30, 292 [316]; 67, 157 [178]; 81, 70 [92])." (BverfGE 90, 145)

847 "Es ist grundsätzlich Sache des Gesetzgebers, den Bereich strafbaren Handelns unter Berücksichtigung der jeweiligen Lage im einzelnen verbindlich festzulegen. Das Bundesverfassungsgericht kann dessen Entscheidung nicht darauf prüfen, ob er die zweckmäßigste, vernünftigste oder gerechteste Lösung gefunden hat; es hat lediglich darüber zu wachen, daß die Strafvorschrift materiell in Einklang mit den Bestimmungen der Verfassung steht und den ungeschriebenen Verfassungsgrundsätzen sowie Grundentscheidungen des Grundgesetzes entspricht (vgl. BVerfGE 80, 244 [255] m.w.N.)." (BverfGE 90, 145)

Após analisar diversos pareceres técnicos e recolher dados sobre o tema, a Corte Constitucional reconheceu que não estaria concluída, à época, a discussão político-criminal sobre se a redução do consumo da *cannabis* poderia ser mais bem alcançada por meio da penalização ou da liberalização da conduta.[848]

Não haveria, portanto, uma fronteira clara, com precisão suficiente, entre uma e outra opção a ser feita pelo legislador, de modo que não caberia à Corte intervir na margem de apreciação do legislador, se, em razão da incerteza, tanto no plano científico, quanto no plano político-social, ela se mostrava "justificável", porque a escolha foi feita dentro de um conjunto de opções potencialmente apropriadas.[849]

A fim de que fosse avaliada a margem de ação do legislador e a confirmação de sua justificabilidade ou sustentabilidade, tornou-se imprescindível a admissão de técnicas no processo constitucional (audiências públicas e *amici curiae*), para que a Jurisdição Constitucional pudesse examinar fatos e prognoses jurídico-legislativos considerados no bojo do processo legislativo. Comprova-se, igualmente, que a "aferição dos chamados fatos legislativos constitui parte essencial do chamado controle de constitucionalidade, de modo que a verificação desses fatos se relaciona íntima e indissociavelmente com a própria competência do Tribunal".[850]

---

[848] MENDES, Gilmar Ferreira; BRANCO, Paulo Gustavo Gonet. *Curso de direito constitucional*. 12. ed. São Paulo: Saraiva, 2017, p. 1155.

[849] "Die dargestellten Abgrenzungen lassen sich allerdings nicht trennscharf vornehmen. Weder gibt es eine klare Grenzlinie zwischen Handlungen, die dem geschützten Rechtsgut hinreichend wahrscheinlich - sei es für sich genommen, sei es in ihrer Kumulation - typischerweise einen Schaden zuzufügen geeignet sind und solchen, bei denen dies weniger nahe liegt. Noch ist eine eindeutige Einschätzung dahin möglich, ob die als gefährlich verbotenen Handlungen mit milderen Mitteln in ihrem Gefahrenpotential verhindert werden können. Diese Abgrenzungen hat der Gesetzgeber im Rahmen des ihm zukommenden Einschätzungs-, Wertungs- und Gestaltungsspielraums vorzunehmen. Die verfassungsrechtliche Überprüfung erstreckt sich in jedem Falle darauf, ob der Gesetzgeber die genannten Faktoren ausreichend berücksichtigt und seinen Einschätzungsspielraum „in vertretbarer Weise" gehandhabt hat." (BverfGE 90, 145). Cf. MENDES, Gilmar Ferreira; BRANCO, Paulo Gustavo Gonet. *Curso de direito constitucional*. 12. ed. São Paulo: Saraiva, 2017, p. 1155.

[850] MENDES, Gilmar Ferreira; BRANCO, Paulo Gustavo Gonet. *Curso de direito constitucional*. 12. ed. São Paulo: Saraiva, 2017, p. 1155.

Por fim, resta aduzir sobre o terceiro nível de controle de constitucionalidade, consistente no controle de evidência. Neste critério,

> [o] Tribunal Constitucional limita-se a um mero controle de evidência, que serve para assegurar o cumprimento dos "limites extremos" do Direito Constitucional. A declaração de inconstitucionalidade só se efetiva se é evidente, flagrante, sem margem de dúvida, a violação aos dispositivos constitucionais; do contrário, mantém-se a presunção de constitucionalidade do objeto controlado.[851]

Para Hans-Peter Schneider é onde reside a maior liberdade de movimento dos órgãos estatais, porquanto a Corte Constitucional limita-se a interferir quando a violação constitucional é inequívoca, cognoscível para todo homem.[852]

Para que, com o controle de evidência, não se escuse a Jurisdição Constitucional de cumprir seu mister precípuo, de maneira a cumprir insuficientemente sua função – que, aliás, é um direito fundamental para todo e qualquer indivíduo –, este somente incide nos casos em que a Constituição mesma apresente um grau suficiente de indeterminação.[853]

Reconhece-se ao legislador uma ampla margem de valoração, avaliação e conformação quanto às medidas eficazes e suficientes para a proteção do bem jurídico. Será pronunciada a inconstitucionalidade quando as medidas adotadas forem inidôneas.[854] O prognóstico do legislador é justificável, na medida em que se orientou por uma avaliação adequada. Deve ter, todavia, o legislador, exaurido as fontes de

---

851 THAMAY, Rennan Faria Krüger; HERANI, Renato Gugliano. *Jurisdição constitucional concentrada*. Curitiba: Juruá, 2016, p. 194.

852 SCHNEIDER, Hans-Peter. Jurisdicción constitucional y separación de poderes. *Revista española de derecho constitucional*, año 2, n. 5, p. 35-61, maio-ago., 1982, p. 44.

853 SCHNEIDER, Hans-Peter. Jurisdicción constitucional y separación de poderes. *Revista española de derecho constitucional*, ano 2, n. 5, p. 35-61, maio-ago., 1982, p. 44. Como exemplo, o autor menciona a interpretação dos princípios gerais da Constituição.

854 MENDES, Gilmar Ferreira; BRANCO, Paulo Gustavo Gonet. *Curso de direito constitucional*. 12. ed. São Paulo: Saraiva, 2017, p. 1152.

conhecimento disponíveis, com escopo de estimar os efeitos prováveis da regulação.[855]

Em processo que versava sobre o armazenamento de armas químicas pelo Governo da Alemanha nas proximidades de lares residenciais (*BVerfGE* 77, 170 – *Lagerung Chemischer Waffen*), o Tribunal Constitucional aduziu que, quanto aos deveres de tutela (*Schutzpflichten*), possuem, Legislativo e Administração Pública, ampla margem de avaliação, valoração e conformação conferida constitucionalmente, que somente de maneira estrita pode ser controlada pelo Órgão Judiciário, incumbindo, por isso, ao alegante do direito violado, a demonstração cabal de que os órgãos estatais não adotaram medidas suficientes de proteção, ou que, de forma evidente, resultaram inadequadas ou completamente insuficientes as medidas adotadas com o objetivo de proteção.[856]

Gilmar Mendes se dispõe a analisar, sob esses graus de intensidade no controle de constitucionalidade, as decisões em matéria penal. Quanto ao controle de conteúdo, ou, como prefere o autor, "controle material

---

[855] "Ob das Bundesverfassungsgericht sich auf eine bloße Evidenzkontrolle zu beschränken hätte, bedarf keiner Entscheidung. Denn die Prognose des Gesetzgebers ist vertretbar. Dieser Maßstab verlangt, daß der Gesetzgeber sich an einer sachgerechten und vertretbaren Beurteilung des erreichbaren Materials orientiert hat. Er muß die ihm zugänglichen Erkenntnisquellen ausgeschöpft haben, um die voraussichtlichen Auswirkungen seiner Regelung so zuverlässig wie möglich abschätzen zu können und einen Verstoß gegen Verfassungsrecht zu vermeiden." (BverfGE 50, 290).

[856] "Dem Gesetzgeber wie der vollziehenden Gewalt kommt bei der Erfüllung dieser Schutzpflichten ein weiter Einschätzungs-, Wertungs- und Gestaltungsbereich zu, der auch Raum läßt, etwa konkurrierende öffentliche und private Interessen zu berücksichtigen. Diese weite Gestaltungsfreiheit kann von den Gerichten je nach Eigenart des in Rede stehenden Sachbereichs, den Möglichkeiten, sich ein hinreichend sicheres Urteil zu bilden und der Bedeutung der auf dem Spiele stehenden Rechtsgüter nur in begrenztem Umfang überprüft werden (vgl. BVerfGE 50, 290 [332 f.]). Der mit einer solchen Schutzpflicht verbundene grundrechtliche Anspruch ist im Blick auf diese Gestaltungsfreiheit nur darauf gerichtet, daß die öffentliche Gewalt Vorkehrungen zum Schutze des Grundrechts trifft, die nicht gänzlich ungeeignet oder völlig unzulänglich sind. Nur unter ganz besonderen Umständen kann sich diese Gestaltungsfreiheit in der Weise verengen, daß allein durch eine bestimmte Maßnahme der Schutzpflicht Genüge getan werden kann." (BverfGE 77, 170)

intensivo", o Tribunal deve verificar se a medida penal, *prima facie*, mantém relação de proporcionalidade com as metas fixadas pela política criminal, destinadas à segurança, à incolumidade pública e à paz social. No segundo caso (controle de sustentabilidade ou de justificabilidade), examina-se se o legislador agiu dentro de sua margem de ação de maneira sustentável e justificada. O direito penal, porque envolve bem jurídico de fundamental importância – a liberdade – imprescinde da análise de diagnósticos e prognósticos levada a efeito pelo legislador para determinada política criminal. É essa realidade circundante que servirá de base para a atividade legislativa, a fim de que a Corte Constitucional verifique se o Órgão Legislativo atuou dentro de sua margem de ação. Por fim, no que toca ao controle de evidência, este será exercido em matéria penal com observância de ampla margem de avaliação, valoração e conformação conferida constitucionalmente ao legislador quanto à adoção das medidas mais adequadas para a proteção do bem jurídico-penal. A inconstitucionalidade-vício deve, destarte, basear-se na patente inidoneidade das medidas escolhidas pelo legislador para os objetivos perseguidos pela política criminal.[857]

É fora de questão, porém, que, levada às últimas consequências os graus de intensidade do controle de constitucionalidade, aqui perfilados, nenhuma lei penal (documento normativo) deve prosperar se a prognose do legislador, ao constranger o direito fundamental da liberdade, tenha em mente uma política criminal reduzida à contenção da criminalidade com a criação de novos tipos penais e o recrudescimento de penas.

Há séculos, já se sabe que estará fadada ao fracasso qualquer tentativa do Órgão Legislativo nesse sentido, pois, em momento algum, a exasperação das penas – tampouco a previsão de pena de

---

857 MENDES, Gilmar Ferreira. *Controle abstrato de constitucionalidade:* ADI, ADC e ADO – comentários à Lei n. 9.868/99. São Paulo: Saraiva, 2012, p. 275-286.

morte – ou o endurecimento da política criminal, em suas mais variadas vertentes, reduziram o cometimento de crimes ou promoveram o desencarceramento.

Por todos, válido citar Cesare Beccaria, quem, de há muito, propugnava que

> [é] melhor prevenir os crimes do que ter de puni-los; e todo legislador sábio deve procurar antes impedir o mal do que repará-lo, pois uma boa legislação não é senão a arte de proporcionar aos homens o maior bem-estar possível e preservá-los de todos os sofrimentos que se lhe possam causar, segundo os cálculos dos bens e dos males desta vida. [...]
>
> Enfim, o meio mais seguro, mas ao mesmo tempo mais difícil de tornar os homens menos inclinados a praticar o mal é aperfeiçoar a educação.[858]

De resto, as penas deverão ser proporcionais ao injusto cometido, cuja previsão é justificada pelas circunstâncias fáticas, idônea e a necessária dentre os meios possíveis de contenção da violação de outros bens jurídicos. Do contrário, imperioso pronunciar a inconstitucionalidade-vício.

É inevitável, neste ponto, não se fazer a referência a Robert Alexy, colisão de princípios, máxima da proporcionalidade e fórmula do peso. Os conceitos empregados em muito se aproximam daqueles trabalhados pelo autor, mas carece o presente estudo de tempo e espaço para que se possa abordá-lo.

Além disso, tão substanciosa teoria, merece o cuidado e a engenharia teórica de se definir, com precisão, os conceitos que são por eles trabalhados e a compreensão que possui de norma, regra e princípio, que, numa escrita apressada, poderia levar a inconsistências no trabalho.

Por isso, devido a atenção ser dirigida, no presente momento, apenas à possibilidade de análise de fatos e prognoses jurídico-legislativos no controle de constitucionalidade brasileiro e, não, propriamente,

---

[858] BECCARIA, Cesare. *Dos delitos e das penas*. 2. ed. Bauru: EDIPRO, 2011, p. 116-122.

investigar de que modo deverá ocorrer, muito embora já se tenham antecipado noções atinentes à sua resolução, limita-se, em rodapé, à indicação de obras que auxiliarão no entendimento da teoria alexyana e nas críticas encontradas na doutrina pátria.[859]

Após tratar dos critérios funcionais de controle, enxerga Hans-Peter Schneider que a modulação da densidade de controle depende, em cada caso, do objeto controlado (lei, ato administrativo, decisão dos tribunais) e, por esta razão, faz distinção entre (a) controle de comportamento, (b) controle de procedimento e (c) controle de resultado.[860] Há fatores que demonstram uma variação da profundidade de intervenção da Jurisdição Constitucional, consoante o objeto do controle.[861]

Segundo Peter-Hans Schneider, a atividade fiscalizadora do Tribunal Constitucional pode estender-se ao comportamento de outros órgãos estatais, a investigar se as instâncias interessadas têm atuado correta ou incorretamente, se as hipóteses, prognósticos e expectativas fáticas são valoradas como firmes, as considerações feitas são completas, a situação objetiva encontra-se suficientemente explicada e, por último, se os fatos foram valorados acertadamente conforme seus efeitos.[862]

---

859 ALEXY, Robert. *Teoria da argumentação jurídica*: a teoria do discurso racional como teoria da fundamentação jurídica. 4. ed. Rio de Janeiro: Forense, 2017; ALEXY, Robert. *Teoria dos direitos fundamentais*. 2. ed. São Paulo: Malheiros Editores, 2017; ALEXY, Robert. Epílogo a la teoria de los Derechos fundamentales. *Revista española de derecho constitucional*, año 22, n. 66, p. 13-64, sep.-dic., 2002; JEVEAUX, Geovany Cardoso. *Teorias do Estado e da Constituição*. Rio de Janeiro: GZ Editora, 2015; HECK, Luís Afonso. Regras, princípios jurídicos e sua estrutura no pensamento de Robert Alexy. *Dos princípios constitucionais*. São Paulo: Malheiros, 2003, p. 52-100; MORAIS, Fausto Santos de. *Ponderação e arbitrariedade:* a inadequada recepção de Alexy pelo STF. Salvador: JusPodivm, 2016; STRECK, Lenio. *Verdade e consenso*. 4. ed. São Paulo: Saraiva, 2012.

860 SCHNEIDER, Hans-Peter. Jurisdicción constitucional y separación de poderes. *Revista española de derecho constitucional*, año 2, n. 5, p. 35-61, maio-ago., 1982, p. 45.

861 THAMAY, Rennan Faria Krüger; HERANI, Renato Gugliano. *Jurisdição constitucional concentrada*. Curitiba: Juruá, 2016, p. 194-195.

862 SCHNEIDER, Hans-Peter. Jurisdicción constitucional y separación de poderes. *Revista española de derecho constitucional*, año 2, n. 5, p. 35-61, maio-ago., 1982, p. 45.

Nesse sentido, compreende o autor que, enquanto, de um lado, as incertezas insuperáveis podem impedir a promulgação de uma lei, bem como os vícios na correspondente atuação do legislador podem conduzir a uma ineficácia, de outro, a complexidade e a confusão de um setor normativo têm como consequência, em determinadas circunstâncias, que o Tribunal Constitucional se abstenha de uma declaração de "nulidade" da lei, limitando-se a dar umas diretrizes gerais à atuação futura do legislador.[863] Nesse sentido, o controle mediante substituição subjaz ao controle de atuação.

> A conduta controlada avança na apuração da (in)correção da racionalidade legislativa aplicada na criação da lei. Assim o faz pela apreciação da avaliação feita pelo legislador acerca dos dados e elementos obtidos a partir da realidade social e das necessidades e reivindicações populares, da justificação do impulso de legislar, da qualidade de valoração dessas situações objetivas e dos fatos legislativos, como também da prognose e da efetividade das leis criadas.[864]

Aqui, não é propriamente o resultado legislativo que serve de objeto ao controle de constitucionalidade a ênfase recai sobre "a qualidade constitucional do processo intelectivo legislativo"[865]. Pressupõe-se, assim, uma lei em consonância com meios e fins jurídicos de adequação e mútua realização entre preceitos constitucionais e realidade social. Trata-se, enfim, de reavaliação da fase pré-legislativa.

Também quanto ao controle do Órgão Executivo, o controle do comportamento não interfere em assuntos de política exterior; descabe ao Tribunal manifestar opinião sobre suas opiniões políticas.[866]

---

[863] SCHNEIDER, Hans-Peter. Jurisdicción constitucional y separación de poderes. *Revista española de derecho constitucional*, año 2, n. 5, p. 35-61, maio-ago., 1982, p. 45.

[864] THAMAY, Rennan Faria Krüger; HERANI, Renato Gugliano. *Jurisdição constitucional concentrada*. Curitiba: Juruá, 2016, p. 195.

[865] THAMAY, Rennan Faria Krüger; HERANI, Renato Gugliano. *Jurisdição constitucional concentrada*. Curitiba: Juruá, 2016, p. 195.

[866] SCHNEIDER, Hans-Peter. Jurisdicción constitucional y separación de poderes. *Revista española de derecho constitucional*, año 2, n. 5, p. 35-61, maio-ago., 1982, p. 46.

No controle de procedimento, o próprio nome induz, toma-se o comportamento legislativo em relação às regras formais do processo legislativo, havendo rígido controle[867], e o processo há de ser inteligido como direito fundamental, na medida em que está previsto na Carta Constitucional e deve ser observado pelos mandatários do Poder, sobretudo em razão da participação democrática e da análise de fatos e prognoses de que não pode prescindir esse estágio legislativo. O processo legislativo, que também é constitucional, e, portanto, somente válido se corresponde às normas constitucionais e atende aos direitos e às garantias fundamentais, é pilar de fortalecimento da democracia.

Com efeito, todo e qualquer cidadão tem legítima expectativa de que o processo legislativo seja seguido tal como dispõe a Constituição. O processo constitui verdadeira garantia de que serão integrados ao debate das proposições legislativas diversos segmentos sociais, cuja participação legitimará, democraticamente, o produto final. Admitir que à Jurisdição Constitucional incumbe a proteção jurídica desses legítimos interesses, sancionando com pena de inconstitucionalidade o produto legislado antidemocrático, que não observa o processo legislativo, é inseri-la no Estado Democrático Constitucional.

Todavia, há registros na jurisprudência do Supremo Tribunal Federal de decisões que modularam os efeitos da inconstitucionalidade-sanção, mesmo em havendo inconstitucionalidade-vício por inobservância do processo legislativo prescrito. O Caso Chico Mendes, visto anteriormente, denota com clareza essa proteção ao interesse social em desprestígio da preservação das normas constitucionais atinentes ao processo legislativo.[868]

---

867 THAMAY, Rennan Faria Krüger; HERANI, Renato Gugliano. *Jurisdição constitucional concentrada*. Curitiba: Juruá, 2016, p. 199.

868 Sob esses fundamentos, é que atrás se afirmou sobre a possibilidade de controle de processo legislativo ainda quando não existente documento normativo; quando ainda há, apenas, projeto de lei. Com efeito, há interesse no controle do projeto de lei que não cumpre as

O controle de resultado, enfim, é o ponto fundamental do controle sucessivo do produto advindo de outros órgãos estatais. Nele, os atos legislativos são medidos enquanto afetam as liberdades individuais. O legislador possui liberdade de apreciação da realidade (medida idônea para alcançar o fim pretendido e necessária dentre várias possíveis). Elucida Hans-Peter Schneider que o princípio da proporcionalidade, especialmente na consecução de metas de política econômica, somente coloca limites extremos à liberdade de apreciação e decisão do legislador, limites que somente podem ser ultrapassados se suas considerações são tão falsas que não podem oferecer nenhum fundamento para as decisões legislativas.[869]

Há, neste último caso, controle de elevada densidade. O legislador dispõe de ampla liberdade de apreciação da realidade, cabendo à Jurisdição Constitucional afastar a irracionalidade evidente do legislador no exercício de sua liberdade de configuração.[870]

Confirma-se, à luz dessas exposições, a importância do trabalho de Hans-Peter Schneider e a carência eloquente da doutrina brasileira sobre o tema. Com a análise das decisões do Supremo Tribunal Federal, poder-se-ia criar "critérios racionais práticos objetivamente aferíveis"[871] para controle das decisões em controle de constitucionalidade, que examinam fatos e prognoses jurídico-legislativos, com balanceamento do poder de controlar a constitucionalidade.

---

disposições constitucionais de tramitação, que inobserva o processo legislativo prescrito na Constituição. É preciso superar o dogma de que se trata de *actos interna corporis*, para realizar a fiscalização constitucional das violações às normas constitucionais.

869 SCHNEIDER, Hans-Peter. Jurisdicción constitucional y separación de poderes. *Revista española de derecho constitucional*, año 2, n. 5, p. 35-61, maio-ago., 1982, p. 51.

870 THAMAY, Rennan Faria Krüger; HERANI, Renato Gugliano. *Jurisdição constitucional concentrada*. Curitiba: Juruá, 2016, p. 200.

871 THAMAY, Rennan Faria Krüger; HERANI, Renato Gugliano. *Jurisdição constitucional concentrada*. Curitiba: Juruá, 2016, p. 201.

Não se trata de modular o provimento de inconstitucionalidade--vício, a aplicação da inconstitucionalidade-sanção, nos termos do art. 27, da Lei n. 9.868/99. Trata-se de autocontrolar a própria decisão de rever atos legislativos, uma "dosagem racional da judicialidade", conforme preferem Rennan Krüger e Renato Herani.

> [...] [A] automodulação do poder de controle trabalha a dosagem do exercício em si da revisão dos atos legislativos e pode redundar em provimentos diversos, desde a pronúncia da (in)constitucionalidade até as variantes técnicas da decisão. Aqui, o Tribunal Constitucional autocontrola o poder de intervenção constitucional, especialmente por um mecanismo de equilíbrio entre os Poderes.[872]

Importará sempre saber os direitos fundamentais que estão em cena e a violação a cada um deles. Com níveis de intensidade ou de densidade, o controle de constitucionalidade alcança foros de sistematicidade e permite uma leitura democrática da atuação da Jurisdição Constitucional.

Seguem duas conclusões a partir dessas afirmações. Uma é a de que se reforça o caráter argumentativo das decisões que realizam controle de atos legislativos, devendo declinar os fundamentos para a intervenção no mister legislativo, em que grau, em que intensidade, tornando evidentes os direitos fundamentais supostamente violados. Do contrário, ter-se-á o menoscabo da democracia com a usurpação, pela Corte Constitucional, do afazer legislativo para o qual foi eleito o legislador democraticamente.

Segunda é a de que a aferição não é em abstrato, como de resto não é qualquer controle. Apenas no caso concreto pode-se avaliar o grau de intensidade dessa intervenção, não sendo suscetível, por isso, de se elaborar uma cartilha para o controle de constitucionalidade, de modo que a decisão brotará sempre do caso concreto. Será correta a

---

872 THAMAY, Rennan Faria Krüger; HERANI, Renato Gugliano. *Jurisdição constitucional concentrada*. Curitiba: Juruá, 2016, p. 201.

decisão se, atenta aos fins democráticos, for proferida sob as normas constitucionais, às quais deve obediência, como qualquer outra norma infraconstitucional.

Partindo do estudo de Klaus Jürgen Philippi (Tatsachenfeststellungen des Bundesverfassungsgerichts: ein Beitrag zur rational-empirischen Fundierung verfassungsgerichtlicher Entscheidungen)[873], Gilmar Mendes aduz que a análise de fatos é presente, com base empírica forte, no controle de constitucionalidade da Alemanha, e é verificada mesmo quando se discutem questões de princípios, relacionadas a concepções filosóficas ou de convicção. O Tribunal não descuida de uma análise racional da matéria, evitando abordagem excessivamente abstrata da controvérsia.

Conforme sublinhado anteriormente, os fatos invadiram, em definitivo, a Jurisdição Constitucional e o controle de constitucionalidade. O próximo passo é conter os arbítrios judiciais. O que se seguirá adiante, com análise de algumas decisões tomadas em controle de constitucionalidade, pelo Supremo Tribunal Federal, é um início de verificação racional e crítica, que terá espaço em outra pretensão científica.

De toda sorte, conclui Gilmar Mendes que

> a aferição de fatos e prognoses legislativos pela Corte Constitucional é um controle de resultado (*Ergebniskontrolle*) e não do processo (*Verfahrenskontrolle*), até porque para isso faltaria qualquer parâmetro de controle ou uma específica autorização constitucional. Em outros termos, não se cuida, no juízo de constitucionalidade, de analisar *como* o Legislativo examinou os fatos legislativos, mas *o que*, efetivamente, ele constatou.[874]

---

[873] A tese de doutorado de Klaus Jürgen Philippi notabilizou-se por desenvolver estudo empírico com base em decisões publicadas nos primeiros 25 volumes da revista da Corte Constitucional alemã (até 1969). O autor demonstrou que, em 208 decisões, o Tribunal identificou 269 fatos legislativos, dos quais pelo menos 75 referiam-se à prognose. As informações podem ser conferidas em MENDES, Gilmar Ferreira; BRANCO, Paulo Gustavo Gonet. *Curso de direito constitucional*. 12. ed. São Paulo: Saraiva, 2017, p. 1144.

[874] MENDES, Gilmar Ferreira; BRANCO, Paulo Gustavo Gonet. *Curso de direito constitucional*. 12. ed. São Paulo: Saraiva, 2017, p. 1150.

Por isso, reclama-se que o controle de constitucionalidade se abra à participação democrática, com a utilização dos mais diversificados instrumentos para levar conhecimento da questão posta à baila até a Corte Constitucional. Sem esse mecanismo, será impossível à Jurisdição Constitucional estabelecer prognósticos mais acertados do que aqueles do legislador.

Além disso, devem-se distinguir, o que só o aperfeiçoamento do trato com a matéria pode trazer, se o *déficit* de prognose se revela falha desde o início (*im Ansatz verfhelt*) ou se se cuida de erro de prognóstico constatado *a posteriori*, com a continuação aplicada da lei. Porque não é vidente, não se pode esperar que o legislador anteveja o futuro. Mas se deve esperar, isso sim, que ele tenha se esmerado para realizar essas previsões.

Se, com todos os esforços, a aplicação continuada da lei revelar um prognóstico falho, ressalvada aquela hipótese já mencionada alhures da distinção entre prognose judicial e prognoses jurídico-legislativa, incumbirá ao legislador superar o estado inconstitucional com a presteza necessária.[875]

6.4 A Verificação de Fatos e Prognoses Legislativos no Controle de Constitucionalidade

Comum a referência ao célebre *Brandeis Brief*, no Caso Müller vs. Oregon (1908)[876], em que o advogado Louis D. Brandeis apresentou à Suprema Corte dos Estados Unidos memorial no qual dedicava duas páginas às questões jurídicas e cerca de uma centena aos efeitos (reais),

875 MENDES, Gilmar Ferreira; BRANCO, Paulo Gustavo Gonet. *Curso de direito constitucional*. 12. ed. São Paulo: Saraiva, 2017, p. 1151.

876 BINENBOJM, Gustavo. A Democratização da Jurisdição Constitucional e o Contributo da Lei nº 9.868/99. In: SARMENTO, Daniel (org). *O controle de constitucionalidade e a Lei 9.868/99*. Rio de Janeiro: Lumen Juris, 2001, p. 160; TAVARES, André Ramos. *Curso de direito constitucional*. 10. ed. rev. e atual. São Paulo: Saraiva, 2012, p. 219.

sobre a mulher, da longa duração da jornada de trabalho, permitindo, com isso, "que se desmistificasse a concepção dominante, segundo a qual a questão constitucional configurava simples 'questão jurídica' de aferição de legitimidade da lei em face da Constituição"[877].

No Caso Müller vs. Oregon[878], punha-se em questão se a Lei do Estado de Oregon, aprovada em 19 de fevereiro de 1908, a qual estabelecia que nenhuma mulher poderia trabalhar em fábrica ou indústria por um período superior a dez horas diárias[879], sob pena de imposição de multa, violava a décima quarta Emenda[880]. Os memoriais apresentados por Louis Brandeis trouxeram, ao exame da Corte estadunidense, experiências estrangeiras, manifestações de *experts* e dados estatísticos, para afirmar que a diminuição da carga horária de trabalho da mulher coadunava-se com a Constituição e protegia os seus direitos, pois não poderia ser, por sua condição física, submetida à mesma jornada que os homens, além de que somente pela diminuição da jornada é que se

---

[877] MENDES, Gilmar Ferreira. Controle de constitucionalidade: hermenêutica constitucional e revisão de fatos e prognoses legislativos pelo órgão judicial, *Revista Jurídica Virtual*, Brasília, vol. 1, n. 8, jan. 2000.

[878] UNITED STATES. Supreme Court. Women in Industry. Decision of The United States Supreme Court in Curt Muller Vs. State of Oregon, 1908.

[879] No original: "Sec. 1. That no female (shall) be employed in any mechanical establishment, or factory, or laundry in this State more than tem hours during any one day. The hours of work may be so arranged as to permit the employment of females at any time so that they shall not work more than ten hours during the twenty-four hours of any one day."

[880] "Todas as pessoas nascidas ou naturalizadas nos Estados Unidos e sujeitas a sua jurisdição são cidadãos dos Estados Unidos e do Estado onde tiver residência. Nenhum Estado poderá fazer ou executar leis restringindo os privilégios ou as imunidades dos cidadãos dos Estados Unidos; nem poderá privar qualquer pessoa de sua vida, liberdade, ou bens sem processo legal, ou negar a qualquer pessoa sob sua jurisdição a igual proteção das leis." No original: "All persons born or naturalized in the United States and subject to the jurisdiction thereof, are citizens of the United States and of the State wherein they reside. No State shall make or enforce any law which shall abridge the privileges or immunities of citizens of the United States; nor shall any State deprive any person of life, liberty, or property, without due process of law; nor deny to any person within its jurisdiction the equal protection of the laws."

poderia protegê-las, eis que se tornava inviável a diminuição da intensidade do esforço.

A Suprema Corte dos Estados Unidos acabou por afirmar a constitucionalidade da lei e confirmar a prognose do legislador, relevando, com apoio nos memoriais de Brandeis, que a estrutura física da mulher a colocariam em situação de desvantagem na luta por subsistência, sobretudo quando nascem os filhos. Ainda que não houvesse, segundo a Corte, um consenso da comunidade médica sobre os efeitos sobre os pés das mulheres pela exposição à longa jornada de trabalho, era fora de questão que, ao longo do tempo, haveria efeitos prejudiciais ao seu corpo, o que poderia afetar a própria prole. Ademais, e também por isso, o bem-estar da mulher é de cuidado público, pois deve ser preservada a continuidade da espécie humana.[881]

O referencial histórico da Corte estadunidense é particularmente importante, afora as experiências alemãs trabalhadas anteriormente, sobre a análise dos fatos e prognoses jurídico-legislativos no controle de constitucionalidade. Com efeito, ao confirmar a prognose jurídico-legislativa, no Caso Müller vs. Oregon, a Suprema Corte dos Estados Unidos, precisou de verificar, por meio de estudos técnicos, estatísticas e precedentes estrangeiros, de que modo a diminuição da jornada de trabalho para as mulheres possibilitaria melhores condições de saúde e, por essa "discriminação positiva", não resultaria em violação à décima quarta emenda à Constituição estadunidense.

---

[881] "That woman's physical structure and the performance of maternal functions place her at a disadvantage in the struggle for subsistence is obvious. This is especially true when the burdens of motherhood are upon her. Even when they are not, by abundant testimony of medical fraternity continuance for a long time on her feet at work, repeating this from day to day, tends to injurious effects upon the body, and as healthy mothers are essential to vigorous offspring, the physical well-being of woman becomes an object of public interest and care in order to preserve the strength and vigor the race." (UNITED STATES. Supreme Court. Women in Industry. Decision of The United States Supreme Court in Curt Muller Vs. State of Oregon, 1908.)

A confirmação, ou não, da prognose jurídico-legislativa, perpassa, portanto, a abertura de um canal de comunicação entre os mais diversos segmentos sociais, para que possam se manifestar perante a Jurisdição Constitucional, auxiliando esta no desempenho de sua função precípua de guardar a Constituição, preservando sua força normativa, exercendo sua função contramajoritária na defesa intransigente dos direitos e garantias fundamentais individuais e sociais, em proteção às minorias, e provocando a correção do produto legislado que esteja eivado de vícios, incondizentes com as normas constitucionais paramétricas.

A manifestação popular, entre outras medidas, pela admissão da participação dos *amici curiae*, importante mecanismo no processo constitucional de verificação da constitucionalidade das leis, é exemplo desse flanco democrático que encontra seu nascedouro na nova roupagem assumida pelo constitucionalismo e confirma o Estado Democrático Constitucional.

Espera-se que o legislador, comprometido com seu dever de assegurar os direitos fundamentais e promover a igualdade, realize a inovação ou a reforma legislativa atento aos fatos circundantes e antevendo possíveis efeitos do ato emanado, sob pena de correção pelo Órgão Judiciário.

> Numa palavra, todas as leis devem guardar conformidade com a Constituição. Nessa conformidade, sempre há um grau de liberdade de conformação. Entretanto, o legislador deve justificar os seus atos, não elaborando 'leis de conveniência' nem tampouco leis que proporcionem retrocesso social ou produzam um resultado não querido pelo legislador constituinte. Nesse espaço de controle se insere a exigência de prognose. Com isso, é possível também levar para o âmbito do Legislativo (legislação) a exigência de coerência e integridade, já de há muito exigida na jurisdição. Essa exigência de prognose, obviamente, estará sempre ligada aos princípios da proibição de excesso e proibição de insuficiência, assim como a outros princípios e preceitos que conformam o ordenamento constitucional. Não será, simplesmente, de forma isolada que se poderá utilizar do argumento da 'ausência de prognose', circunstância que proporcionaria um elevado grau de insegurança jurídica e aumentaria o risco do ativismo judicial.[882]

---

[882] STRECK, Lenio Luiz. *Jurisdição constitucional e decisão jurídica*. 4. ed. São Paulo: Revista dos Tribunais, 2014, p. 708.

As "leis de conveniência", que partem da mera liberalidade do legislador, sem qualquer vinculação à Constituição ou ao contexto social e que, por vezes, levam à violação aos direitos e garantias fundamentais, sem qualquer senso futuro de responsabilidade (*accountability*), devem, à luz dessas razões, ser afetadas ao controle de constitucionalidade e inquinadas de inconstitucionais. E é, precisamente, nesse sentido, que o exame da inconstitucionalidade-vício pode demandar a comparação não apenas entre normas, mas entre fatos aviados na composição da norma infraconstitucional e as normas constitucionais.[883]

Através da verificação de prognoses e fatos jurídico-legislativos, supera-se o mero contraste entre norma superior e norma inferior, como se de operação sintático-silogística se tratasse, para observação da realidade, mesmo em controle dito "abstrato" de constitucionalidade – que, neste trabalho encontra-se superado com a reafirmação de que toda espécie de controle – concentrado ou difuso – é sempre concreto.

A comunicação entre fato e norma (*Kommunikation zwischen Norm und Sachverhalt*), destarte, desponta como condição da própria interpretação constitucional.[884] Com Friedrich Müller, uma nova metodologia do direito constitucional imprescinde da separação

---

883 TAVARES, André Ramos. *Curso de direito constitucional*. 10. ed. rev. e atual. São Paulo: Saraiva, 2012, p. 219. Diz o autor: "O juízo que se estabelece no processo de averiguação da constitucionalidade da lei não é puramente normativo, no sentido de que são também captados os fatos (reais) para fins de julgamento". (TAVARES, André Ramos. *Curso de direito constitucional*. 10. ed. rev. e atual. São Paulo: Saraiva, 2012, p. 219)

884 "Em verdade, como venho afirmando em estudos doutrinários sobre o tema, no controle abstrato de normas não se procede apenas a um simples contraste entre a disposição do direito ordinário e os princípios constitucionais. Ao revés, também aqui fica evidente que se aprecia a relação entre a lei e o problema que se lhe apresenta em face do parâmetro constitucional. Em outros termos, a aferição dos chamados fatos legislativos constitui parte essencial do chamado controle de constitucionalidade, de modo que a verificação desses fatos se relaciona íntima e indissociavelmente com a própria competência do Tribunal." (MARTINS, Ives Gandra da Silva; MENDES, Gilmar Ferreira. *Controle concentrado de constitucionalidade*: comentários à Lei n. 9.868, de 10-11-1999. 3. ed. São Paulo: Saraiva, 2009, p. 322)

entre norma e fatos, direito e realidade.[885] Daí trabalhar o autor com o conceito de qualidade dinâmica da norma tanto quando ordena a realidade que lhe subjaz (normatividade concreta) quanto quando é condicionada e estruturada por essa realidade (normatividade materialmente determinada).[886]

Ser e dever-se, desse modo, não se encontram separados estanquemente, como de resto não é possível admitir o completo alijamento entre fato e norma, sob pena de retrocesso nas premissas já adotadas. Os fatos invadiram, de uma vez por todas, a Jurisdição Constitucional e condicionam o afazer legislativo, devendo ser utilizados no controle de constitucionalidade do produto legislado, como exigência constitucional democrática para a proteção dos direitos e garantias fundamentais.

A vinculação direta do Órgão incumbido do controle de constitucionalidade aos fatos e prognoses jurídico-legislativos, sem espaço para sua verificação, pode trazer seriíssimas consequências, a exemplo do que observado na Alemanha, referência para o estudo do tema.[887] O impedimento de avaliação dos pressupostos fático-legislativos implicaria a extinção da própria Corte Constitucional.

---

[885] MÜLLER, Friedrich. *Teoria estruturante do direito*. 3. ed. São Paulo: Editora Revista dos Tribunais, 2011, p. 17.

[886] MÜLLER, Friedrich. *Teoria estruturante do direito*. 3. ed. São Paulo: Editora Revista dos Tribunais, 2011, p. 17.

[887] "Na Alemanha, a discussão acerca da exigência de prognose é antiga, podendo ser referido o caso da declaração de inconstitucionalidade da descriminalização do aborto e, mais recentemente, (*Leirsätzezum Urteil – des Ersten Senats von 9. Februar 2010 - BvL 1/09 - 1 BvL 3/09 – d1 BvL 4/09*), na temática do mínimo existencial, em que o Tribunal Constitucional referiu que o legislador incorreu em inconstitucionalidade porque não fez prognose (há um dever de o Legislativo demonstrar as razões pelas quais regulou ou não regulou e de que modo a matéria em foco). Também na decisão de 2012, sobre a mesma matéria, é possível vislumbrar uma cobrança de prognose (*Leirsätze zum Urteil – des Ersten Senats von 18. Juli 2012 -1 BvL 10/10 – 1 BvL 2/11*)." (STRECK, Lenio. *Jurisdição constitucional e decisão jurídica*. 4. ed. São Paulo: Revista dos Tribunais, 2014, p. 708)

> Na Alemanha, propôs o Deputado Dichgan, em 1968, que se alterasse a lei de organização da Corte Constitucional para assentar que o *Bundesverfassungsgericht* restava vinculado aos fatos e prognoses estabelecidos pelo legislador, salvo no caso de fixação de falsa constatação.
>
> Essa proposta provocou intensa discussão no Parlamento alemão, tendo sido retirada pelo próprio autor após a verificação de que a sua aprovação ameaçava a existência da Corte Constitucional e que, por isso, teria sua inconstitucionalidade declarada.
>
> Restou demonstrado então que até mesmo no chamado controle abstrato de normas não se procede a um simples contraste entre disposição de direito ordinário e os princípios constitucionais. Ao revés, também aqui fica evidente que se aprecia a relação entre a lei e o problema que se lhe apresenta em face do parâmetro constitucional.[888]

Afigura-se essencial, todavia, o desenvolvimento de técnicas que possibilitem decisões racionalmente fundadas por parte do órgão judicial de controle. O argumento da "ausência de prognose", é o alerta de Lenio Streck, não pode, sob pena de trazer insegurança jurídica, ser utilizada discricionariamente. Não se pode cogitar a substituição do voluntarismo do legislador pelo voluntarismo do juiz, com decisões "intuitivas" ou "solipsistas", as quais colocam em xeque a própria legitimação do controle de constitucionalidade e, em última análise, da própria Jurisdição Constitucional. A não adoção de processos racionais de apreciação dos fatos e prognoses legislativos poderá ensejar decisões lastreadas apenas em bases personificadas ou segundo a opinião do próprio julgador.[889]

---

888 MARTINS, Ives Gandra da Silva; MENDES, Gilmar Ferreira. *Controle concentrado de constitucionalidade*: comentários à Lei n. 9.868, de 10-11-1999. 3. ed. São Paulo: Saraiva, 2009, p. 308.

889 "A Corte Alemã utiliza diversos procedimentos racionais para realização de prognósticos, tais como: a) processo-modelo (*Modellverfahren*): procedimento das ciências sociais destinado a antever desenvolvimentos futuros a partir de uma análise causal-analítica de diversos fatores estáveis ou variáveis; b) análise de tendências (*Trendverfahren*): estudo de determinadas tendências de desenvolvimento em função do tempo; c) processo de teste (*Testverfahren*): propicia generalização de resultados de experiências ou testes para o futuro; d) processo de indagação (*Befragungsverfahren*): indaga-se sobre a intenção dos partícipes envolvidos no processo. Tem-se, com isso, que a aferição de fatos e prognoses legislativos é

Aproveitando-se das referências expostas ao longo de toda a construção do raciocínio até chegar a essa parte mais sensível do trabalho, verdadeiro âmago do objeto de estudo, tem-se que assentar a verificação dos fatos e prognoses jurídico-legislativos passa pela construção da norma do veículo introdutor, a qual descreve, em seu antecedente, o fato jurídico efetivamente ocorrido da produção legislativa.

Este será, em definitivo, o objeto do controle de constitucionalidade – inegavelmente uma norma –, cujo cotejo será realizado com a norma de produção normativa – igualmente norma jurídica –, a qual estatui, no seu consequente, a relação jurídica do Órgão Legislativo com a comunidade política, impondo àquele o dever de observar os limites formais e materiais impostos pelas normas constitucionais e o direito desta de ver observadas as normas paramétricas.

Tem-se, portanto, que a norma primária, no antecedente, descreve fato de possível ocorrência no mundo fenomênico, qual seja, ser pessoa política de direito constitucional (critério material), em determinado espaço (critério espacial) e em determinado tempo (critério temporal), a implicar, no consequente, a autorização ou a obrigação ou a proibição para editar novos enunciados prescritivos, construtores de novas normas jurídicas, sob critérios formais (relacionados à enunciação-enunciada – procedimento para a formação de normas veículos introdutores) e materiais (relacionados aos enunciados-enunciados – conteúdo das

---

controle de resultado (*Ergebniskontrolle*) e não controle do processo (*Verfahrenskontrolle*), até porque para isso faltaria qualquer parâmetro de controle ou uma específica autorização constitucional. Não se trata de examinar *como* o legislativo examinou os fatos legislativos, mas *o que*, efetivamente, ele constatou." (MENDES, Gilmar Ferreira. Controle de constitucionalidade: hermenêutica constitucional e revisão de fatos e prognoses legislativos pelo órgão judicial, *Revista Jurídica Virtual*, Brasília, vol. 1, n. 8, jan. 2000). Neste trabalho, todavia, porque fugiria ao objeto delineado, não se trata de investigar os mecanismos existentes, a par daqueles já explicitados, para o "controle do controle", para a racionalização do controle de fatos e prognoses jurídico-legislativos. Adiante, porém, apresentam-se decisões do Supremo Tribunal Federal, com a crítica que se entende necessária para evitar discricionariedade.

normas veículos introdutores), os quais delimitam a atuação do órgão legiferante, e estabelece, com a comunidade política, relação jurídica, na qual o órgão tem o dever jurídico de observar os critérios prescritos constitucionalmente e a comunidade o direito de os ver observados, bem como o órgão tem o direito de exigir o cumprimento dos novos veículos introdutores e a comunidade o dever de observá-los.[890]

De conseguinte, a norma secundária descreve, no antecedente, o descumprimento da relação jurídica antecitada, isto é, o malferimento das normas constitucionais paramétricas no bojo do processo legiferante, o que implica, no consequente, a atuação do Órgão Judiciário, *in casu*, com a realização do controle de constitucionalidade, pelo que este último Órgão tem o dever de prestar jurisdição (constitui a inconstitucionalidade-vício e aplica a inconstitucionalidade-sanção) e a comunidade tem o direito de pleitear a correção do vício de constitucionalidade.

Haverá, ainda, uma terceira norma jurídica que tem como fim a norma jurídica eivada de inconstitucionalidade, provocando verdadeira revisão sistêmica e criando novo sistema jurídico, sucessor daquele anterior, no contexto do mesmo ordenamento jurídico.[891] Em outros termos, a atuação do Órgão Judiciário, no consequente da norma secundária N_2, resultante da violação do Órgão Legislativo na elaboração de enunciados prescritivos (descumprimento de uma relação jurídica estabelecida no consequente da norma primária $N_{1)}$, produz uma norma de revisão sistêmica N_3, que tem como fim próximo uma norma N_4.

A necessária atuação do Órgão Judiciário, no consequente da norma secundária, e consequente produção de norma jurídica N_3 que visa à expulsão de uma norma N_4 tem relação direta com a inexistência de nulidades autoevidentes. Não há nulidades autoevidentes porque o

[890] MENDONÇA, Cristiane. *Competência tributária*. São Paulo: Quartier Latin, 2004, p. 69-72.

[891] MOUSSALLEM, Tárek Moysés. *Fontes do direito tributário*. 2. ed. São Paulo: Noeses, 2006, p. 70-71.

Órgão Judiciário tem competência para declarar a inconstitucionalidade, por decisão (des)constitutiva, de determinada norma jurídica. E porque tem competência para declarar a inconstitucionalidade e porque só por meio da norma N_3 criada a partir de sua atuação (norma N_2) uma norma N_4 é expulsa do ordenamento jurídico é que não há nulidades autoevidentes. A pré-concepção de nulidades autoevidentes tornaria despicienda a atuação do Órgão Judiciário e, de conseguinte, irrelevante a concepção da norma secundária. De outro lado, fortaleceria um dever de resistência e ensejaria o descumprimento por cada indivíduo da norma que reputasse inconstitucional. Ao cabo, levaria a um estado de natureza, no qual todos se autogovernam, consoante aquilo que entendem válido ou inválido.

Com efeito, a produção normativa não pode ocorrer em desapego das normas constitucionais, sob pena de invalidade do produto oriundo do afazer legislativo. A inconstitucionalidade-vício resulta, na consideração do Órgão Judiciário, da inobservância da norma de produção normativa. À Corte Constitucional incumbe contrastar a norma veículo introdutor, formada com o auxílio dos mais diversos documentos normativos existentes no sistema, todos eles oriundos da mesma atividade enunciativa, com a norma de produção normativa, construída a partir dos enunciados prescritivos plasmados no documento normativo-Constituição, para o caso de deflagra o vício na sua formação, ou contrastar as normas jurídicas formadas a partir dos enunciados-enunciados com as normas jurídicas constitucionais. Sem dúvida, porém, que a violação às normas constitucionais pelas normas infraconstitucionais é deficiência inerente ao afazer legislativo e, portanto, conectado à enunciação, à produção normativa.

Normas há que podem ser construídas pela enunciação-enunciada e pelo enunciado-enunciado de um mesmo documento normativo; implicará, todavia, a conclusão de que se trata de vícios monogenéticos, pois restaram inobservados os critérios formais e materiais a tanto.

Não se pode olvidar que as normas constitucionais que determinam a formação de outras normas jurídicas são construídas com o auxílio das normas regimentais, que regulam o processo legislativo e auferem *status* constitucional, pois, como se viu anteriormente, sua criação é por elas determinada.

Parte-se do documento normativo para compreender o processo legislativo. E não o contrário. Interessa, apenas, o processo legislativo que tenha redundado em produção de normas jurídicas, com a publicação destas – ao menos no corte metodológico já antes referido. O processo legislativo que não provoca a inserção de novos enunciados prescritivos e, com eles, novas normas jurídicas no ordenamento jurídico não é, neste espaço, de interesse da pesquisa. Do enunciado prescritivo (enunciação-enunciada), descobre-se a enunciação, não o contrário. Ainda, o controle de constitucionalidade tem, a sua frente, a norma jurídica (objeto ou parâmetro) e deve alcançar a enunciação para o controle de fatos e prognoses jurídico-legislativos.

Identificam-se os fatos e as prognoses jurídico-legislativos no evento produtor de normas (enunciação), apreensível através da reconstrução na norma jurídica, vazada em linguagem prescritiva, com o que será possível o cotejo com a norma de produção normativa. A execução dessa verificação, todavia, a forma como ela se dará, é matéria reservada à teoria da prova, da qual se encarrega a obra tantas vezes citada, de Renato Gugliano Herani[892].

Somente a reconstrução da atividade de enunciação a partir dos fatos enunciativos componentes da enunciação-enunciada, marcados no documento normativo, permite verificar se o agente competente analisou fatos e prognoses no momento de elaboração do veículo introdutor, condição inerente para a edição de novos enunciados prescritivos, a partir dos quais serão construídas normas jurídicas no sistema normativo.

---

892 HERANI, Renato Gugliano. *A prova da inconstitucionalidade*. Curitiba: Editora Prismas, 2016.

A norma de produção normativa prescreve, dentre os critérios formais para a edição de veículos introdutores, o dever de análise, pelo órgão competente, de fatos e prognoses jurídico-legislativos, cuja violação (não análise) poderá implicar o controle de constitucionalidade (a partir da descrição do ilícito no antecedente da norma secundária). E somente são fatos e prognoses jurídico-legislativos porquanto a norma de produção normativa tratou de estatuir a obrigação de realizar sua verificação, pelo que se conclui que haverá inconstitucionalidade-vício (logicamente quando constituído pela autoridade competente através de procedimento adequado) quando o órgão legiferante não realizar a análise de fatos e prognoses jurídico-legislativos; trata-se de etapa inafastável do processo legislativo.[893]

Desse modo, considerando-se o processo legislativo, definido como fase legislativa da enunciação, tem início o conjunto de atos que levarão à criação de um determinado instrumento introdutor de normas.[894]

---

[893] À primeira vista, conforme correntemente classificado, supor-se-ia tratar de inconstitucionalidade formal, porque atine a vício no processo legislativo, na formação de novas normas jurídicas (em rigor, novos enunciados prescritivos que serão suporte físico para a construção de normas jurídicas), mas, pela classificação adotada alhures, e porque a não análise de fatos e prognoses jurídico-legislativos resulta em violação a direitos e garantias fundamentais, admite-se que se trata de inconstitucionalidade-vício material. De outro lado, foi dito acima, a violação aos direitos e garantias fundamentais, normas paramétricas para a elaboração de novas normas jurídicas, é, igualmente, inconstitucionalidade-vício material, quer se trate de normas infraconstitucionais construídas a partir de enunciados-enunciados ou de enunciação-enunciada. Para Luiz Henrique Cascelli, em estudo monográfico do tema, processo legislativo é o "caminhar da proposição, a partir da sua apresentação". [p. 21] "[...] o processo legislativo em sua acepção mais estrita e técnica, indicada pela Constituição, se caracteriza pelo percurso, previamente delineado por regras estabelecidas, de uma proposição, seu elemento fundamental. É a proposição eu encerra uma expectativa na casa legislativa e, enfim, em toda a sociedade, no sentido de que um dos seus representantes eleitos concebe determinada matéria diante de uma diversidade de fatores – como os seus anseios pessoais, sua formação acadêmica e profissional, os anelos específicos do seu eleitorado, as necessidades da comunidade –, formalizando-a com o intento de convertê-la em lei." (AZEVEDO, Luiz Henrique Cascelli de. *O controle legislativo de constitucionalidade*. Porto Alegre: Sérgio Antonio Fabris Editor, 2001, p. 21.)

[894] IVO, Gabriel. *Norma jurídica*: produção e controle. São Paulo: Noeses, 2006, p. 12-13.

Após a formação do anteprojeto do documento normativo, na fase pré-legislativa, tudo o que se segue até a publicação da lei tem regulação constitucional, ainda que sejam utilizados outros veículos infraconstitucionais[895] para compreensão das determinantes positivas e negativas para a elaboração normativa.

Segue que, no processo legislativo, devem ser observadas a Lei Complementar n. 95/98 (veículo introdutor), que juridiciza a técnica legislativa e decorre da aplicação da Constituição (veículo introdutor), notadamente a norma jurídica constitucional que se extrai do enunciado prescritivo do art. 59, parágrafo único, da Constituição (documento normativo). Essas normas, oriundas da Lei Complementar (veículo introdutor) regulam o modo pelo qual os novos enunciados jurídicos que surgirão com o desfecho da atividade enunciativa, devem ser redigidos e apresentados, localizando o novo documento normativo no tempo e no espaço (o que se obtém pelos dêiticos), estruturando-o hierarquicamente e possibilitando a construção dos enunciados conforme regras gramaticais - necessárias a que sejam inteligíveis os enunciado suporte físico para a construção de normas jurídicas.

De igual modo, ocorre com o Decreto n. 9.191/2017 (veículo introdutor), que regula as questões a serem analisadas quando da elaboração de novo ato normativo pelo Órgão Executivo Federal, determinando que se exponha o objetivo pretendido, as razões que determinaram a iniciativa, o atual estágio fático e jurídico da situação a ser regulada, as razões que determinaram a iniciativa, as repercussões econômicas, científicas e jurídicas do novel ato, os instrumentos e custos envolvidos para a consecução dos fins pretendidos, entre outros. Ora, sendo a iniciativa do projeto de lei o início do processo legislativo, propriamente da fase legislativa da enunciação, não é possível alijar sua análise da Jurisdição

---

895 CARVALHO, Aurora Tomazini de. *Curso de teoria geral do direito*: o constructivismo lógico-semântico. 4. ed. São Paulo: Noeses, 2014, p. 685.

Constitucional, sob pena de se tornar o Decreto (veículo introdutor) mero aconselhamento, subtraindo-lhe a função prescritiva, próprio da linguagem do direito positivo.

Tanto a Lei Complementar n. 95/98 quanto o Decreto n. 9.191/2017 (veículos introdutores), ao estatuírem deveres, por meio da introjeção de normas jurídicas, cuja observância deve ocorrer na construção do novo documento normativo, têm função prescritiva, como de resto há em todos os enunciados do sistema jurídico, que deve ser preservada. Não se trata, pois, de mero aconselhamento de que os novos documentos normativos e, de conseguinte, os novos veículos introdutores, sejam assim elaborados, mas condição para sua validade e permanência no sistema.[896]

E, sob esse mesmo fundamento, não poderia ocorrer de modo distinto com os regimentos internos (veículos introdutores), os quais encontram fundamento de validade na Constituição (norma jurídica). A Constituição (veículo introdutor) introjeta no sistema jurídico normas jurídicas que obrigam a criação de regimento interno (documento normativo) da Câmara dos Deputados (art. 51, III),[897] do Senado Federal (art. 52, XII)[898] e do Congresso Nacional[899] para, entre outros, constituir as comissões permanentes e temporárias e determinar suas atribuições (art. 58, *caput*), a discussão e a votação de projeto de lei pelas comissões, em caso de dispensa da competência do Plenário (art. 58, §2º, I), a apreciação de projetos de lei relativos ao plano plurianual, às diretrizes orçamentárias, ao orçamento anual e aos créditos adicionais (art. 166, *caput*).

---

896 IVO, Gabriel. *Norma jurídica*: produção e controle. São Paulo: Noeses, 2006, p. 135-138.

897 Resolução n. 17/89, com alterações até Resolução n. 20/2016.

898 Resolução n. 93/70, consolidada até a publicação no Suplemento do Diário do Senado Federal em 02.02.2015. O Regimento Interno encontra-se no Volume I da Resolução e, no Volume II, encontram-se normas conexas (leis complementares e ordinárias, medidas provisórias, decretos legislativos, resoluções, entre outros documentos normativos) referentes ao funcionamento do Senado Federal.

899 Resolução n. 1/70, consolidada até a publicação do Suplemento B do Diário do Congresso Nacional, em 25.05.2016.

A inobservância das normas regimentais importará em violação de normas constitucionais que regulam o processo legislativo. Já se disse à exaustão que o processo legislativo, constitucional como qualquer outro, constitui garantia do cidadão, que nutre o direito de ver observados os critérios formais e materiais para a edição de novos documentos normativos e pode, pelos meios legais de que dispõe, fazer valer esse direito na Jurisdição Constitucional, que deve, em caso de inconstitucionalidade, atuar de ofício.

Inobservância de procedimento, quórum, votação, competência/atribuição, verificação de fatos e prognoses jurídico-legislativos não poderão ser consideradas violações de somenos importância, tampouco deverão ser restringidos a *actos interna corporis*, sob pena de violação ao devido processo legislativo, pedra de toque de um Estado Democrático Constitucional que afiança a participação dos mais diversos segmentos sociais e convida a comunidade política ao debate pré-normativo.

E despiciendo relevar que o processo legislativo é previsto, em grande parte, nas normas regimentais, as quais concretização normas constitucionais, de modo que sua violação, se amesquinhada, resultará, em consequência, na violação de normas constitucionais, com o que não se pode concordar em um Estado Democrático Constitucional.

> Assim, o devido processo legislativo não pode ser pensado como um meio, mas sim como um fim em si mesmo. Fim que promove os valores jurídico-democráticos de igual respeito e consideração pelos membros da comunidade política e que, confere, a esses participantes direitos e deveres.[900]

Não de admite, nesse contexto paradigmático, condição de possibilidade para a interpretação do sujeito interpretante, qualquer espécie de "blindagem" aos atos legislativos, como regimentos internos

---

[900] BAHIA, Alexandre Gustavo Melo Franco; SILVA, Diogo Bacha e. Supremo Tribunal Federal, devido processo legislativo e a teoria do direito como integridade: em busca da promoção de valores democráticos. In: OMMATI, José Emílio Medauar (coord.). *Ronald Dworkin e o direito brasileiro*. Rio de Janeiro: Lumen Juris, 2016. (Coleção Teoria Crítica do Direito - Vol. 2), p. 5-47, p. 41.

(documento normativo), com evasivas justificativas de que a inconstitucionalidade é reflexa ou atine a atos *inter corporis*, sob pena de esvaziamento do próprio controle de constitucionalidade, direito fundamental do cidadão, e permissivismo do arbítrio legislativo, que, ao cabo, está vinculado, como qualquer outro órgão, à Constituição.[901]

O contrário é fazer perecer a força normativa da Constituição e cerrar os olhos às violações perpetradas pelo agir legislativo, incondicionado por normas regimentais, infraconstitucionais e constitucionais, válidas.[902]

Não há, repita-se, impedimento à formação das forças políticas, tampouco de intervenção no jogo político de formação de maiorias e adesão de votos para aprovação de uma ou outra proposta, senão uma preservação das regas do jogo, sobretudo quando as condutas de maiorias parlamentares violam direitos e garantias fundamentais, ao cabal alijamento de minorias. E se as normas regimentais prescrevem as regras do jogo, que se as respeitem!

A violação às normas regimentais não pode implicar violação oblíqua às normas constitucionais, caso em que estará sempre autorizada a Jurisdição Constitucional a invalidar o produto legislado (ou mesmo irromper o processo legislativo no qual já se deflagrou o vício).[903] A verificação de fatos e prognoses jurídico-legislativos transcende, porque relacionados aos direitos e garantias fundamentais, a mera violação às normas regimentais, para coincidir com a violação às normas constitucionais, parâmetro do controle de constitucionalidade. "[O] Regimento

---

901 "[...] *a não disponibilidade constitucional é o próprio fundamento material da liberdade de conformação legislativa.*" (CANOTILHO, J. J. Gomes. *Constituição dirigente e vinculação do legislador*: contributo para a compreensão das normas constitucionais programáticas. 2. ed. Coimbra: Coimbra Editora, 2001, p. 64.)

902 STRECK, Lenio Luiz. *Jurisdição constitucional e decisão jurídica*. 4. ed. São Paulo: Revista dos Tribunais, 2014, p. 711.

903 Germana de Oliveira Moraes anota que "os vícios regimentais não têm o condão, por si só, de invalidar a lei, a não ser que também importem em inobservância das normas da Constituição sobre o procedimento legislativo, dada a facilidade com que podem ser

é um instrumento normativo, tal qual a lei, com força suficiente para desdobrar os mandamentos constitucionais, claro que dentro da reserva de atuação que a própria Constituição lhe conferiu"[904].

> Em suma, sendo a finalidade precípua do procedimento legislativo a realização do valor pluralismo político, com o respeito às minorias, valor esse indispensável à concreção do princípio democrático, para minimizar a casuística da distinção dos vícios de procedimento legislativo suscetíveis de controle jurisdicional, [...] identifica-se o vício procedimental passível de controle em sede de jurisdição constitucional, quando não se atende, no processo de elaboração das leis, o valor pluralismo político, e em consequência, há desacato ao princípio constitucional democrático.[905]

Quando se defende a intervenção do Órgão Judiciário no processo legislativo, em razão de inobservância de normas regimentais e, ao fim, de normas constitucionais, está-se reafirmando não o direito de uma minoria parlamentar, cujo projeto político se viu, por uma razão ou outra obstado, mas, sobretudo, em razão da defesa da própria cidadania, da comunidade política em geral. "Trata-se da defesa da garantia do pluralismo no processo de produção legislativa, da defesa da própria democracia enquanto respeito às regras do jogo, da possibilidade de que a minoria de hoje possa vir a se tornar a maioria de amanhã"[906].

---

modificadas as disposições regimentais das casas legislativas, para as quais não se exige maioria qualificada ou qualquer outro *quórum* especial de aprovação". (MORAES, Germana de Oliveira. *O controle jurisdicional da constitucionalidade do processo legislativo*. São Paulo: Dialética, 1998, p. 57.) Ora, se há violação do processo legislativo, a violação à norma regimental não é de menor importância. O fato de determinado "procedimento" estar encartado no regimento interno não retira da Jurisdição Constitucional a competência para exame do vício de inconstitucionalidade que acoima o processo legislativo. É necessária extrema cautela para que não se fortaleça o dogma de que os atos legislativos praticados encontram-se imunes à verificação constitucional.

904 AZEVEDO, Luiz Henrique Cascelli de. *O controle legislativo de constitucionalidade*. Porto Alegre: Sérgio Antonio Fabris Editor, 2001, p. 120.

905 MORAES, Germana de Oliveira. *O controle jurisdicional da constitucionalidade do processo legislativo*. São Paulo: Dialética, 1998, p. 61.

906 OLIVEIRA, Marcelo Andrade Cattoni de. *Devido processo legislativo:* uma justificação democrática do controle jurisdicional de constitucionalidade das leis e do processo legislativo. 3. ed. Belo Horizonte: Fórum, 2016, p. 32.

Ao exigir, por exemplo, o Regimento da Câmara dos Deputados que o projeto de lei contenha a enunciação da vontade legislativa (art. 111), sua inobservância não poderá ser simplesmente ignorada. Isso porquanto é com base na exposição dessas razões que se seguirá, na comissão, a confirmação ou não de uma ainda incipiente análise de fatos e de prognoses legislativos. Um projeto que tramite sem qualquer atenção à análise de fatos circundantes e não estabeleça prognósticos estará fadado, na Jurisdição Constitucional, à deflagração da inconstitucionalidade-vício, sobretudo, como sói ocorrer, se dele resultar violação a direitos e garantias fundamentais. A atuação legislativa deve ser pautada por mínima previsibilidade da consequência dos atos. Eis que, eleitos democraticamente, devem prestar constas (*accountability*) ao Povo.

Projetos que não observem o preceituado, por isso mesmo, nem serão encaminhados às Comissões, a menos que seja complementada a instrução do anteprojeto (art. 112). A Comissão desempenha, nesse particular, papel imprescindível para o sucesso da proposta legislativa. Cabe-lhe apresentar parecer sobre a proposição na matéria de sua competência (art. 127), sendo que a proposição não será submetida à discussão ou à votação sem o parecer escrito (ou oral, em alguns casos) da Comissão competente, exceto nos casos previstos (art. 128).

A análise de fatos e prognoses jurídico-legislativos porque inerentes à proteção dos direitos e garantias fundamentais não pode ser olvidado no curso do processo legislativo, incumbindo, quando não houver Comissão específica, à Comissão de Constituição e Justiça e de Cidadania, realizar o exame dos fatos e estabelecer prognósticos,[907] porque a ela também se atribui o controle preventiva do constitucionalidade.

---

[907] O estudo realizado, entre 1988 e 1999, por Luiz Henrique Cascelli, revela o respeito do Plenário da Câmara dos Deputados aos pareceres pela inconstitucionalidade ou pela injuridicidade de proposição legislativa apresentados pela Comissão de Constituição e Justiça e Cidadania (antiga Comissão de Constituição e Justiça e de Redação). (AZEVEDO, Luiz Henrique Cascelli de. *O controle legislativo de constitucionalidade*. Porto Alegre: Sérgio Antonio Fabris Editor, 2001, p. 74)

Não por acaso, conforme prevê o Regimento Interno do Senado Federal, compete à Comissão realizar audiências públicas com entidades da sociedade civil (art. 90, II), como também o Regimento Interno da Câmara dos Deputados ao prever a solicitação de depoimento de qualquer autoridade ou cidadão ou solicitar audiência ou colaboração de órgãos ou entidades da administração pública direta, indireta ou fundacional, e da sociedade civil, para elucidação da matéria sujeita a seu pronunciamento (art. 22, VII e XIV).

Note-se bem que não se trata de inovação no curso do processo legislativo a partir de normas regimentais, senão que a Constituição Federal (veículo introdutor) já prescreve na norma que se constrói a partir do enunciado do art. 58, §2º, que às Comissões, em razão da matéria que lhes compete, caberá realizar audiências públicas com entidades da sociedade civil, convocar Ministros de Estado para prestar informações e solicitar depoimentos de qualquer autoridade ou cidadão.[908]

Claro está que o processo legislativo que não observar esse comando constitucional e não se abrir à participação democrática produzirá um veículo introdutor fadado à inconstitucionalidade-vício, porque a enunciação inteligida normativamente não se conforma às normas constitucionais. Um processo legislativo que não cuide da análise de fatos e prognoses jurídico-legislativos não pode permanecer no sistema jurídico, sob pena de carrear prejuízos aos direitos e garantias fundamentais de todo e qualquer cidadão.

---

908 Luiz Henrique Cascelli anota que, quando da aprovação da redação do art. 58 da Constituição e a criação de Comissões Permanentes com regime conclusivo de tramitação, isto é, sem que a proposição fosse levada ao Plenário, dizia o então constituinte Pimenta da Veiga (PMDB/MG) que o feito ensejaria a realização de audiências públicas e a convocação de Ministros de Estado pela própria Comissão. (AZEVEDO, Luiz Henrique Cascelli de. *O controle legislativo de constitucionalidade*. Porto Alegre: Sérgio Antonio Fabris Editor, 2001, p. 28-29.)

Uma vez mais, por meio da construção da norma do veículo introdutor, que reconstrói a enunciação (processo legislativo), a Jurisdição Constitucional terá conhecimento sobre se a tramitação do projeto legislativo observou a participação democrática da sociedade e estabeleceu fatos e prognoses. Trata-se de fatos e prognoses jurídico-legislativos porquanto a norma de produção legislativa, conformada pelas normas constitucionais, impõe ao legislador, no procedimento, a análise dos fatos passados, presentes e futuros antes da edição de um novo documento normativo. A violação a essas disposições constitucionais reivindicará a atuação do Órgão Judiciário, que, a seu turno, estará legitimado a intervir.

Decorre, pois, da Constituição (norma jurídica) a vedação à atuação inconsequente do Órgão Legislativo, com desvencilhamento dos impactos futuros da novel legislação ou alijamento dos fatos passados e circundantes. Torna-se imprescindível, e *conditio sine qua non* para sua validade, a verificação, no curso do processo legislativo, em conformidade com as normas regimentais, a verificação de fatos e prognoses jurídico-legislativos.

O Tribunal Constitucional, quando ultimado a se manifestar sobre determinada norma jurídica em vista da prognose realizada pelo legislador e dos fatos levados por este em consideração, deve, primeiro, perquirir as circunstâncias acerca da (a) formação do prognóstico, isto é, o grau de probabilidade de ocorrência futura do esperado pela prossecução da produção normativa.

Em seguida, avaliar a (b) base de prognóstico, ou seja, se o legislador tomou corretamente e em plenitude as circunstâncias para elaboração da avaliação prospectiva (fatos, dados, princípios, probabilidades, etc.), que somente pela participação popular democrática e oitiva de *experts* poderá legitimar o processo legislativo. O esteio em estudos balizados para a demonstração da possibilidade de acerto, em que pese não se esperar um legislador profeta, é material suficiente para que demonstre sua cautela na produção normativa.

Num terceiro momento, investiga-se o (c) procedimento da prognose, é dizer, se o legislador observou as normas do processo legislativo, se levou em consideração elementos alheios à prognose (se plausível, fundamentada, racional), se conclamou a comunidade à participação política, se realizou audiências públicas para verificar o acerto de suas escolhas, se se esmerou em projetar a realização dos fins constitucionais, das promessas incumpridas até o momento, na realização dos objetivos da República Federativa do Brasil.

Por fim, o *resultado da prognose*, o juízo futuro em sentido estrito, que poderá acoimar a norma jurídica de inconstitucionalidade-vício.[909] O controle de constitucionalidade incide, precipuamente, sobre o resultado da prognose (*Ergebniskontrolle*), pois se verifica, na Jurisdição Constitucional, *o que* o legislador efetivamente constatou, mais do que *como* constatou o que constatou.[910] A deficiência do procedimento do prognóstico apenas poderá corroborar as conclusões tomadas pelo resultado da prognose. Lembrando-se, sempre, de que não se está a defender a substituição da opção legislativa pela opção judiciária. Pode-se dizer que importa o *se* e o *o que*, mas não o *como*, para o qual precisaria de autorização constitucional.

Não é disso que se trata. Trata-se de exercer o controle racional dos atos praticados no processo legislativo que culminem com a violação de direitos e garantias fundamentais porque não se esmeraram em estabelecer bases sólidas para o estabelecimento de prognóstico atraindo, para si, a inconstitucionalidade-vício.

A adoção sem ressalva de fatos e prognoses legislativos poderia nulificar o próprio sentido de controle de constitucionalidade, vez que estaria petrificada a interpretação conferida pelo Órgão legiferante. De

---

909 AFFONSO, Flávia Martins. O conceito indeterminado de prognose e a Lei n. 12.411/2011. In: MENDES, Gilmar Ferreira (org.). *Processo e jurisdição constitucional*. Brasília: IDP, 2015, p. 102.

910 MENDES, Gilmar Ferreira; BRANCO, Paulo Gustavo Gonet. *Curso de direito constitucional*. 12. ed. São Paulo: Saraiva, 2017, p. 1150.

outro lado, a negativa da Corte em examinar, tendo elementos disponíveis para tanto, corresponderia, ainda que de maneira inconsciente, a uma vinculação indesejável aos fatos legislativos pressupostos ou fixados pelo legislador, implicando o reconhecimento de uma renúncia ao controle efetivo da legitimidade das leis.[911] Enquanto parâmetro a ser observado pela Corte Constitucional, o desprendimento da verificação, no processo legislativo, de fatos e prognoses, da realidade fática circundante, pode levar à inconstitucionalidade-sanção das normas questionadas.[912]

Quanto aos fatos jurídico-legislativos, de obrigatória verificação pelo órgão legislativo, não se confundem com as razões fáticas legislativas, que motivaram o proponente do anteprojeto de lei, que se constituíra em pressupostos para a elaboração de um novo documento normativo.

Os fatos jurídico-legislativos, ou, como prefere Renato Herani, fatos jurígenos legislativos, constituem o parâmetro de verificação do controle de constitucionalidade, na medida em que a norma de produção normativa impõe ao legislador, no curso do processo legislativo, a atenção aos fatos circundantes. Diversamente, as razões legislativas cingem-se à fase pré-legislativa, e, portanto, fora do processo legislativo já delineado, e residem naquilo que toca a vontade do sujeito competente para propor um documento normativo e o leva a tanto.

---

911 MENDES, Gilmar Ferreira. Controle de constitucionalidade: hermenêutica constitucional e revisão de fatos e prognoses legislativos pelo órgão judicial. In: ______. *Direitos fundamentais e controle de constitucionalidade.* 2. ed. São Paulo: Celso Bastos Editor: Instituto brasileiro de Direito Constitucional, 1999, p. 517.

912 "O exame de dados concretos no âmbito da fiscalização abstrata de constitucionalidade, longe de se tratar de uma mera hipótese de admissão, revela-se, hoje, como uma exigência, afigurando-se como um aspecto trivial do juízo de verificação da compatibilidade entre as leis e demais regulamentos e as normas constitucionais." (FREITAS, F. A. S. A Apreciação de Fatos e Prognoses Legislativos no Controle Abstrato de Constitucionalidade: breve notícia acerca aos critérios adotados pelo Tribunal Constitucional Alemão. In: *XXI Encontro Nacional do CONPEDI*, 2012, Uberlândia. Anais do XXI Encontro do Conselho Nacional de Pesquisa e Pós-graduação em Direito (CONPEDI), 2012).

Estas últimas estão diretamente ligadas à índole pessoal do legislador-sujeito, pessoa que, como qualquer outra, observa o mundo e quer consertá-lo, a seu modo. Pode ele observar um fato individual isolado e propor uma lei (documento normativo) ou um fato genérico, ou mesmo suposto, e assim pretender inovar no sistema jurídico, se e quando cumprir as prescrições constitucionais.

Todavia, os fatos jurídico-legislativos impõem maior acuidade e severo controle das pretensões desse proponente, mormente na compatibilização com as normas garantidoras de direitos fundamentais, as quais, por constituírem o núcleo rígido da Constituição (veículo introdutor), não poderem ser escamotadas dos processos legislativos.

É de rigor que, ao passar nas Comissões pertinentes, ou ao menos na Comissão de Constituição e Justiça e Cidadania sejam relevados os fatos quedados no projeto de lei e os impactos proporcionados (prognose) com a inserção de novo documento normativo no sistema jurídico. Não é porque um representante do povo intenta modificar o país por meio de uma novel legislação que o fará irresponsavelmente. Sua responsabilidade está atida ao cumprimento dos objetivos fundamentais e de respeito às garantias e aos direitos fundamentais.

Certo é, porém, que o Órgão Legislativo não pode ser constrangido a prever o futuro, sob pena de aniquilamento da sua precípua função de atualização normativa. Nisso reside, aliás, a aporia de que fala J. J. Gomes Canotilho[913], porquanto, ao tempo em que o legislador se vincula constitucionalmente no afazer legiferante, a ele compete atualizar e concretizar o conteúdo da Constituição. Deve, outrossim, buscar realizar os direitos sociais, cumprir promessas, atender aos reclamos sociais, justificar a representação de seus eleitos, deve, enfim, legislar.

---

913 CANOTILHO, J. J. Gomes. *Constituição dirigente e vinculação do legislador*: contributo para a compreensão das normas constitucionais programáticas. 2. ed. Coimbra: Coimbra Editora, 2001, p. 63. "[O] legislador deve pautar o desenvolvimento de sua tarefa essencial

A incerteza, contudo, sobre os efeitos futuros e incertos dos seus atos, nada obstante, não podem conduzir à inviabilidade do desempenho de suas funções.

As previsões, por mais calcadas que estejam nos estudos acessíveis à época, sempre incluem juízos probabilísticos de acontecimento, tornando-se, por isso mesmo, necessário demonstrar a base do prognóstico, o procedimento para sua aferição e o resultado, instrumentais a partir dos quais poderá a Jurisdição Constitucional laborar.[914] A pecha da inconstitucionalidade-vício somente recairá sobre a norma jurídica impugnada caso os requisitos impostos pela Constituição (veículo introdutor), entre os quais a participação popular e democrática e a

– elaboração das leis – pelos limites constitucionais, ao mesmo tempo em que busca atender às aspirações da realidade social ou especificamente dos seus eleitores." (AZEVEDO, Luiz Henrique Cascelli de. *O controle legislativo de constitucionalidade*. Porto Alegre: Sérgio Antonio Fabris Editor, 2001, p. 127.)

914 Essas as conclusões chegadas pela Corte Constitucional alemã na BVerfGE 50, 290 (*Mitbestimmung*): "A incerteza sobre os efeitos de uma lei em um futuro incerto não pode impedir o poder do legislador de legislar, mesmo que seja de grande importância. Inversamente, a incerteza como tal não pode ser suficiente para justificar a margem de prognóstico de uma legislatura que é inacessível ao tribunal constitucional. As previsões sempre incluem um julgamento probabilístico cuja base pode e deve ser relatada; estes não são privados de julgamento. Especificamente, a prerrogativa de avaliação da legislatura de fatores de vários tipos depende, em particular, da natureza de propriedade na área questão para formar uma segurança razoável as oportunidades e a importância dos ativos jurídicos em jogo." No original, em alemão: "Ungewißheit über die Auswirkungen eines Gesetzes in einer ungewissen Zukunft kann nicht die Befugnis des Gesetzgebers ausschließen, ein Gesetz zu erlassen, auch wenn dieses von großer Tragweite ist. Umgekehrt kann Ungewißheit nicht schon als solche ausreichen, einen verfassungsgerichtlicher Kontrolle nicht zugänglichen Prognosespielraum des Gesetzgebers zu begründen. Prognosen enthalten stets ein Wahrscheinlichkeitsurteil, dessen Grundlagen ausgewiesen werden können und müssen; diese sind einer Beurteilung nicht entzogen. Im einzelnen hängt die Einschätzungsprärogative des Gesetzgebers von Faktoren verschiedener Art ab, im besonderen von der Eigenart des in Rede stehenden Sachbereichs, den Möglichkeiten, sich ein hinreichend sicheres Urteil zu bilden, und der Bedeutung der auf dem Spiele stehenden Rechtsgüter."

apreensão de conhecimento por meio de audiências públicas e pareceres técnicos, não forem observados no processo legislativo.[915]

Registra Gilmar Ferreira Mendes, tomando em consideração a experiência alemã que

> [n]o tocante às falhas de prognose, a Corte adota uma solução diferenciada, avaliando se a prognose legislativa se revela falha de início (*'im Ansatz verfhelt'*) ou se se cuida de um erro de prognóstico que somente pode ser constatado *a posteriori*, depois de uma continuada aplicação da lei.
>
> No primeiro caso, o *déficit* de prognose há de ensejar a nulidade da lei [*rectius*: anulabilidade].
>
> Na segunda hipótese, quando se verifica a falha da prognose legislativa após o decurso de certo tempo, o Tribunal considera irrelevante, do prisma constitucional, o erro de prognóstico cometido, desde que seja parte integrante de uma decisão tomada de forma regular ou obrigatória. No chamado 'Mühlen-Beschluss', deixou assente o Tribunal que erro sobre a evolução do desenvolvimento econômica devem ser admitidos, até porque o legislador está obrigado no limite do possível, para evitar perigos futuros, a tomar decisões cuja eficácia depende de fatores variados e que, por isso, podem ter desenvolvimentos não desejado (ou diversos daqueles desejados).
>
> Nesse caso, deverá o legislador, todavia, empreender os esforços necessários para superar o estado de inconstitucionalidade com a presteza necessária.[916]

---

915 BVerfGE 50, 290: "Afirma-se, na decisão, que o legislador assumiu que os efeitos que persegue por lei não implicarão consequências adversas para o funcionamento das empresas ou para a economia como um todo, de modo que o Tribunal Constitucional somente poderia realizar uma avaliação diferente se o legislador não tivesse cumprido os requisitos impostos pela Constituição sobre seu prognóstico." No original: "Anders als die Beschwerdeführer ist der Gesetzgeber davon ausgegangen, daß die Wirkungen, die er mit dem Gesetz verfolgt, auch tatsächlich eintreten und daß sich mit ihnen nachteilige Folgen für die Funktionsfähigkeit der Unternehmen und für die Gesamtwirtschaft nicht verbinden werden. Das Bundesverfassungsgericht könnte von einer anderen Einschätzung nur dann ausgehen, wenn der Gesetzgeber den von Verfassungs wegen an seine Prognose zu stellenden Anforderungen nicht gerecht geworden wäre. Das ist jedoch nicht der Fall".

916 MENDES, Gilmar Ferreira; BRANCO, Paulo Gustavo Gonet. *Curso de direito constitucional*. 12. ed. São Paulo: Saraiva, 2017, p. 1151.

Evidente que não se espera um Órgão Legislativo vidente, mas responsável no mister legiferante, responsável para com suas obrigações de proporcionar o melhor para seus eleitores. E o melhor, objetivamente, está em corresponder aos direitos e garantias fundamentais.

A relevância da missão do legislador, de modificação e de atualização do sistema jurídico de direito positivo, bem como de atendimento às aspirações sociais, não pode se dar de maneira tal a alijar-se do pacto constitucional consubstanciado na Constituição. Há, destarte, limites à atividade legiferante, presentes nas normas constitucionais, que devem ser interpretadas e aplicadas no momento mesmo da elaboração de enunciados.

Os interesses dos eleitores, dos partidos políticos e da atividade econômica, por exemplo, não podem suplantar as aspirações constitucionais de preservação, entre outros, dos direitos fundamentais do indivíduo e da coletividade. Caso em que, havendo referida violação, será instado o Órgão Judiciário a se manifestar (dever de prestação jurisdicional) sobre eventual inconstitucionalidade-vício que acoima a norma construída a partir do plexo de enunciados prescritivos dispostos no documento normativo, em especial, na enunciação-enunciada, remissiva da atividade enunciativa, e, assim concluindo, decretar sua expulsão do sistema de direito positivo.

À Corte Constitucional incumbe, a seu turno, o controle desses fins perseguidos pelo Órgão Legislativo, verificando sua compatibilidade com o parâmetro constitucional. Tal ocorre tanto no controle concentrado, por meio do julgamento das ações constitucionais, quanto no controle difuso, exigindo-se de cada julgador a atenção aos fatos e aos prognósticos no exame da questão constitucional.

Nessa senda, com inteiro acerto a proposta de Renato Herani, que reclama uma proposta de revisão do enunciado da súmula 279 do Supremo Tribunal Federal para que ela não se torne obstáculo ao exercício da Jurisdição Constitucional. Não se submetem ao filtro de admissibilidade os fatos jurídico-legislativos inerentes ao exame da inconstitucionalidade-vício. Nas palavras do autor,

> [n]ão deve haver a vedação ao reexame de toda e qualquer prova produzida com o propósito de evidenciar a facticidade especialmente condicionante da (in)constitucionalidade legislativa, como os fatos relevantemente selecionados a partir da aplicação de critérios: (a) *fato da lei produzida*; (b) *fato da produção irregular da lei*; (c) *fato da omissão legislativa*; (d) *fato do abuso do poder discricionário legislativo*.
>
> Esses fatos não devem ser submetidos ao filtro de admissibilidade da Súmula 279 do STF, justamente porque atendem à finalidade da argumentação justificativa da fundamentação do direito, que é próprio da decisão dos casos de (in)constitucionalidade legislativa, cuja pretensão é a correção constitucional da atividade legislativa.[917]

Convém registrar, conquanto seja corolário daquilo até aqui preconizado, a insubsistência da dessemelhança tradicionalmente traçada entre "questão de fato" e "questão de direito". Não há processo constitucional sem fato, há, em cada controle de constitucionalidade algo que o singulariza, que o marca historicamente; não há interpretação sem historicidade.[918] "Fato" e "direito" são cooriginários e condicionam a interpretação, de modo que a é didático-expositiva, e não metodológica, havendo "uma incindível unidade normativo-metodológica entre as duas questões, como momentos que são da mesma e unitária intenção problemática".[919]

A análise da ADI n. 5501/DF, cuja medida cautelar foi julgada pelo Supremo Tribunal Federal, que subsegue e encerra o presente trabalho, visa à aplicação do conhecimento até aqui reunido, a dar ensanchas da aplicação da racionalidade, pelo viés da análise crítica. Fora de dúvida,

---

917 HERANI, Renato Gugliano. *A prova da inconstitucionalidade*. Curitiba: Editora Prismas, 2016, p. 404.

918 ABBOUD, Georges. *Processo Constitucional Brasileiro*. 2. ed. São Paulo: Revista dos Tribunais, 2018.

919 CASTANHEIRA NEVES, António. *Metodologia jurídica*: problemas fundamentais. Coimbra: Coimbra Editora, 2013, p. 165.

todavia, que o tema está a merecer o complemento de uma análise racional-metodológica do comportamento da Corte Constitucional brasileira, ao menos desde 1988, a fim de se estipularem critérios balizadores da verificação de fatos e prognoses jurídico-legislativos no controle de constitucionalidade e propiciarem o constrangimento epistemológico doutrinário da atividade desempenhada pela Jurisdição Constitucional.

Tal se faz imprescindível para se apontarem, com precisão, os desvios constitucionais praticados pela própria Corte Constitucional, na medida em que se subroga à tarefa que, pela Constituição, deve ser desempenhada pelo Órgão Legislativo.

6.5 O Caso da "Pílula do Câncer"

Mais recentemente, entrou na pauta do Supremo Tribunal Federal a discussão da denominada "Pílula do Câncer". A enxuta Lei n. 13.269/2016 autorizara o uso da fosfoetalonamina sintética por pacientes diagnosticados com neoplasia maligna (câncer) (art. 1º), por livre escolha, desde que houvesse laudo médico comprobatório do diagnóstico e fosse assinado termo de consentimento e responsabilidade pelo paciente ou seu representante legal (art. 2º).

A própria lei se encarregou de definir o uso da fosfoetalonamina como de relevância pública (art. 3º), permitindo "a produção, manufatura, importação, distribuição, prescrição, dispensação, posse ou uso da fosfoetalonamina sintética, direcionados aos usos de que trata esta Lei, independentemente de registro sanitário, em caráter excepcional, enquanto estiverem em curso estudos clínicos dessa substância" (art. 4º), sendo que "a produção, manufatura, importação, distribuição, prescrição e dispensação da fosfoetalonamina sintética somente são permitidas para agentes regularmente autorizados e licenciados pela autoridade sanitária competente" (art. 4º, parágrafo único).

A Associação Médica Brasileira ajuizou, em 15 de abril de 2016, no Supremo Tribunal Federal, ação direta de inconstitucionalidade, com medida cautelar,[920] buscando a pronúncia de inconstitucionalidade-vício da indigitada lei em sua totalidade, pois, conforme se extrai da peça vestibular, (a) não haveria conhecimento amplo acerca da eficácia e dos efeitos colaterais desta substância, em seres humanos, (b) o que incompatibilizaria com os direitos constitucionais fundamentais, notadamente o direito à saúde (CRFB, arts. 6º e 196), o direito à segurança e à vida (CRFB, art. 5º, *caput*) e com o princípio da dignidade da pessoa humana (CRFB, art. 1º, III).[921]

Ainda, referiu o proponente da ação constitucional que a fosfoetalonamina sintética é substância química, descoberta na década de 1970, por um docente aposentado da Universidade de São Paulo, Dr. Gilberto Orivaldo Chierice, testada, até então, unicamente em camundongo e surtido reação positiva no combate do câncer melanoma, neste tipo de animal.[922]

Ainda que não houvesse estudos necessários para a qualificação de qualquer substância, anota a Associação Médica Brasileira, os pesquisadores decidiram distribuir a substância a pacientes com neoplasia maligna, apresentada como substância capaz de "tratar todos os tipos de câncer", pelo que passou a ser conhecida como "a pílula do câncer".[923]

A substância, oriunda de pesquisa universitária, passou a ser solicitada por "indivíduos, esperançosos e desesperados diante de um diagnóstico gravíssimo, como o de neoplasia maligna".[924] Com efeito, "milhares de ações judiciais foram distribuídas, perante o Poder Judiciário,

---

920 BRASÍLIA. Supremo Tribunal Federal. Deferimento de medida cautelar. Medida Cautelar na Ação Direta de Inconstitucionalidade n. 5.501/DF. Associação Médica Brasileira e Presidente da República e outro. Relator: Ministro Marco Aurélio. Brasília, 19 maio 2016. *Diário da Justiça eletrônico*, Brasília, 1º ago. 2017.

921 Fl. 2 da petição inicial.

922 Fl. 4 da petição inicial.

923 Fls. 4-5 da petição inicial.

924 Fl. 5 da petição inicial.

visando à dispensação da fosfoetalonamina sintética, até sobrevir decisão do Supremo Tribunal Federal, suspendendo a distribuição da substância ante '*a inexistência de estudos científicos que atestem que o consumo da fosfoetalonamina sintética seja inofensivo ao organismo humano*".[925]

Mesmo num quadro de insegurança sobre a substância, tendo somente passado por testes pré-clínicos, em células e em camundongos, a Lei n. 13.269 foi sancionada, em 13 de abril de 2016, com publicação no Diário Oficial em 14 de abril de 2016, autorizando sua produção e seu uso.

Refere, ainda, a Associação que a fosfoetalonamina sintética não passou, conforme prescreve a Lei n. 6.360/76[926], pelos testes clínicos, subdivididos em três fases, em seres humanos. Seriam as seguintes fases: 1) teste da segurança em voluntários saudáveis, para avaliar a toxidade da substância ao organismo humano; 2) teste de eficácia, em pacientes, para avaliar a eficiência do medicamento ao combate de determinada doença; 3) teste de eficácia, em grande número de pacientes, como forma de determinar as indicações, contraindicações, efeitos colaterais e dose correta.[927]

Concluída essa etapa, a Agência Nacional de Vigilância Sanitária (ANVISA) avalia os resultados para, eventualmente, conceder o registro a um medicamento, nos termos do art. 16, da Lei n. 6.360/76.[928] Perante

---

[925] Fl. 5 da petição inicial.

[926] Dispõe sobre a Vigilância Sanitária a que ficam sujeitos os Medicamentos, as Drogas, os Insumos Farmacêuticos e Correlatos, Cosméticos, Saneantes e Outros Produtos, e dá outras Providências.

[927] Fls. 5-6 da petição inicial.

[928] Art. 16. O registro de drogas, medicamentos, insumos farmacêuticos e correlatos, dadas as suas características sanitárias, medicamentosas ou profiláticas, curativas, paliativas, ou mesmo para fins de diagnóstico, fica sujeito, além do atendimento das exigências próprias, aos seguintes requisitos específicos: (Redação dada pela Lei nº 10.742, de 6.10.2003); I – que o produto obedeça ao disposto no artigo 5º, e seus parágrafos. (Redação dada pelo Decreto nº 6.480, de 1.12.1977) II – que o produto, através de comprovação científica e de análise, seja reconhecido como seguro e eficaz para o uso a que se propõe, e possua a

a Anvisa, a fosfoetalonamina alcançou "tão somente a fase de testes pré-clínicos de pesquisa necessária, para uma substância ser considerada medicamente, de tal sorte que sua produção e o uso pela população, não poderia ser autorizada, sob pena de prejuízos irreparáveis à sociedade brasileira e aos direitos constitucionais da vida, dignidade da pessoa humana, saúde e segurança"[929].

A petição inicial alude a que a sanção da Lei, o que considerou "atitude condenável e irresponsável", recebeu pareceres contrários da Advocacia Geral da União, do Conselho Federal de Medicina, do Instituto Nacional do Câncer e de numerosos outros órgãos da área sanitária, o que consagraria "a medicina baseada em hipóteses e não

---

identidade, atividade, qualidade, pureza e inocuidade necessárias; III – tratando-se de produto novo, que sejam oferecidas amplas informações sobre a sua composição e o seu uso, para avaliação de sua natureza e determinação do grau de segurança e eficácia necessários; IV – apresentação, quando solicitada, de amostra para análises e experiências que sejam julgadas necessárias pelos órgãos competentes do Ministério da Saúde; V – quando houver substância nova na composição do medicamento, entrega de amostra acompanhada dos dados químicos e físico-químicos que a identifiquem; VI – quando se trate de droga ou medicamento cuja elaboração necessite de aparelhagem técnica e específica, prova de que o estabelecimento se acha devidamente equipado e mantém pessoal habilitado ao seu manuseio ou contrato com terceiros para essa finalidade. VII – a apresentação das seguintes informações econômicas: (Incluído pela Lei nº 10.742, de 6.10.2003) a) o preço do produto praticado pela empresa em outros países; (Incluído pela Lei nº 10.742, de 6.10.2003) b) o valor de aquisição da substância ativa do produto; (Incluído pela Lei nº 10.742, de 6.10.2003) c) o custo do tratamento por paciente com o uso do produto; (Incluído pela Lei nº 10.742, de 6.10.2003) d) o número potencial de pacientes a ser tratado; (Incluído pela Lei nº 10.742, de 6.10.2003) e) a lista de preço que pretende praticar no mercado interno, com a discriminação de sua carga tributária; (Incluído pela Lei nº 10.742, de 6.10.2003) f) a discriminação da proposta de comercialização do produto, incluindo os gastos previstos com o esforço de venda e com publicidade e propaganda; (Incluído pela Lei nº 10.742, de 6.10.2003) g) o preço do produto que sofreu modificação, quando se tratar de mudança de fórmula ou de forma; e (Incluído pela Lei nº 10.742, de 6.10.2003) h) a relação de todos os produtos substitutos existentes no mercado, acompanhada de seus respectivos preços. (Incluído pela Lei nº 10.742, de 6.10.2003) § 1º (Revogado como parágrafo único pela Lei no 6.480, de 1º de dezembro de 1977). (Incluído pela Lei nº 10.742, de 6.10.2003) § 2º A apresentação das informações constantes do inciso VII poderá ser dispensada, em parte ou no todo, em conformidade com regulamentação específica. (Incluído pela Lei nº 10.742, de 6.10.2003)

[929] Fl. 8 da petição inicial.

evidências, plenamente rechaçada por toda a formação médica nacional e internacional"[930] pelo que a Associação se viu instada a propor a ação direta de inconstitucionalidade "com o objetivo de evitar maiores danos à saúde daqueles que já se encontram tão fragilizados física e emocionalmente, pela neoplasia maligna".[931]

Após essa sinopse fática, no que toca à parte jurídica, aduziu que a Lei n. 13.269/2016 fora aprovada em caráter de urgência, contando com apenas cinco artigos, sendo inconstitucional por violar o art. 6º, 196 e 197, da Constituição Federal, além de estar em confronto com o art. 12, da Lei n. 6.360/76, que prescreve que nenhum dos produtos de que trata a lei, inclusive importados, poderá ser industrializado, exposto à venda ou entregue a consumo antes de registrado no Ministério da Saúde. Assevera que "a permissão de uso de um medicamento cuja toxidade ao organismo humano é desconhecida, indubitavelmente caracteriza risco grave à vida e integridade física dos pacientes, direitos tutelados pelo *caput* do artigo 5º da CF".[932]

Além disso, entende tratar de "verdadeira falha do Estado no cumprimento do dever de promoção do direito à saúde" ao disponibilizar substância, cuja eficácia não está comprovada e informa que "o Governo Federal determinou a aplicação de 10 milhões de reais, para a pesquisa da substância fosfoetalonamina, a despeito da existência de mínimos indícios de eficácia, e do desinteresse da comunidade científica, na investigação deste protocolo, em detrimento de outras necessidades prementes, para o combate de inúmeras doenças", o que violaria, inclusive, os princípios da Administração Pública, entre os quais o da eficiência.[933]

---

930 Fl. 8 da petição inicial.

931 Fl. 8 da petição inicial.

932 Fl. 11 da petição inicial.

933 Fl. 11 da petição inicial.

Por fim, aponta o vício do art. 4º da lei impugnada, que dispensa o registro sanitário para o uso da substância, contrariando, destarte, o princípio da estrita legalidade aplicável à Administração Pública, e a incongruência com o parágrafo único do próprio art. 4º que condiciona a produção, manufatura, importação, distribuição, prescrição e dispensação da substância aos agentes autorizados e licenciados pela autoridade sanitária competente, "inexistindo, todavia, qualquer regulamentação, atinente ao devido registro sanitário, para tanto".[934]

Distribuída em 18 de abril de 2016, o relator, Ministro Marco Aurélio, determinou a coleta de informações, com urgência, em 20 de abril de 2016, nos termos do art. 10, *caput*, da Lei n. 9.868/99[935].

Em sua manifestação, a Presidência da República, com parecer da Advocacia Geral da União, trouxe os esclarecimentos prestados pelo Instituto de Química de São Carlos, da Universidade de São Paulo, segundo o qual a legislação federal sobre registro de medicamentos não foi observada e é de sua responsabilidade cuidar para que os frutos das pesquisas cheguem à sociedade na forma de produtos comprovadamente seguros e eficazes. Transcreve o parecer da Comissão de Ciência, Tecnologia, Inovação, Comunicação e Informática do Senado Federal, em que se afirma que "a importância da substância para os portadores de câncer em estágio avançado foi demonstrada em audiência pública realizada por esta Comissão, em conjunto com a CAS e a Comissão de

---

934 Fl. 11-12 da petição inicial.

935 Lei n. 9.868/99, art. 10. Salvo no período de recesso, a medida cautelar na ação direta será concedida por decisão da maioria absoluta dos membros do Tribunal, observado o disposto no art. 22, após a audiência dos órgãos ou autoridades dos quais emanou a lei ou ato normativo impugnado, que deverão pronunciar-se no prazo de cinco dias. §1º. O relator, julgando indispensável, ouvirá o Advogado-Geral da União e o Procurador-Geral da República, no prazo de três dias. §2º. No julgamento do pedido de medida cautelar, será facultada sustentação oral aos representantes judiciais do requerente e das autoridades ou órgãos responsáveis pela expedição do ato, na forma estabelecida no Regimento do Tribunal. §3º. Em caso de excepcional urgência, o Tribunal poderá deferir a medida cautelar sem a audiência dos órgãos ou das autoridades das quais emanou a lei ou o ato normativo impugnado.

Direitos Humanos e Legislação Participativa (CDH)", tendo comparecido à Comissão "inúmeros os médicos e pesquisadores renomados" "para oferecer aos parlamentares seus testemunhos da eficácia da fosfoetalonamina no combate às mais variadas formas de câncer, seja na população pediátrica, seja em adultos".[936]

Quanto às etapas para registro do medicamento, o parecer da Comissão do Senado assim afirmou:

> É de amplo conhecimento público que a descoberta da substância não seguiu os trâmites habituais do desenvolvimento de medicamentos antineoplásicos. De fato, algumas etapas que deveriam ter precedido sua distribuição aos pacientes oncológicos não foram cumpridas.
>
> No entanto, o Estado brasileiro – incluindo aí o Poder legislativo – não pode ignorar o fato de estarmos diante de uma das mais relevantes descobertas médicas dos últimos anos. As respostas clínicas para diversos tipos de neoplasias avançadas foram espetaculares, se comparados à terapêutica convencional. Ademais, essas respostas são acompanhadas de poucos efeitos adversos e a um custo ínfimo.
>
> Este último aspecto não deve ser menosprezado. Afinal, os gastos do Sistema Único de Saúde (SUS), dos planos de saúde e das famílias com medicação antineoplásica são elevadíssimos. O surgimento da alternativa terapêutica de baixo custo vai representar, para muitos pacientes, a única chance de sobrevida frente ao diagnóstico de uma neoplasia maligna avançada. Para a Oncologia, estamos certos que o advento da FOS representará uma revolução na luta contra o câncer, assim que os estudos clínicos estiverem concluídos.[937]

A Presidência da República também informou que além de investimentos realizados em pesquisa, o Ministério da Ciência, Tecnologia e Inovação, em seus estudos iniciais apontou que a "pílula do câncer" contém "32% de fosfoetalonamina, além de monoetalonamina e alguns sais, como cálcio, magnésio e zinco", de modo que "a grande conclusão até o momento é que não existe toxidade no uso deste composto"[938].

---

[936] Fl. 6 das informações prestadas pela Presidência da República.

[937] Fl. 6 das informações prestadas pela Presidência da República.

[938] Fl. 11 das informações prestadas pela Presidência da República.

Por fim, entendeu "precipitado falar em risco à vida ou integridade física de pessoas ou mesmo à dignidade da pessoa humana", pois o objetivo da Lei é a proteção à vida, excepcionando-se a norma de controle vigente (Lei n. 6.360/76) e possibilitando o acesso dos pacientes à substância.[939]

Parece claro, pela manifestação presidencial, que a sanção da Lei n. 13.269/2016 foi uma resposta à suspensão do fornecimento pelo Supremo Tribunal Federal na Suspensão de Tutela Antecipada n. 828/SP, de relatoria do Min. Ricardo Lewandowski, fato que implicou repercussão social e midiática.

O Senado Federal, nas informações que prestou, também consignou que a legislação impugnada não ofende as normas constitucionais apontadas pela Associação Brasileira de Médico, senão que estaria em consonância com a Constituição. Cita artigos científicos internacionais, dissertação de mestrado apresentada na Universidade de São Paulo, tese de doutorado defendida na Faculdade de Ribeirão Presto (São Paulo) e relatos clínicos de pacientes em estágio de câncer avançado. Particularmente quanto a estes, dispõe a manifestação:

> Como não se sensibilizar com as angústias, tristezas de milhares de pacientes terminais e seus familiares? Com efeito, sensível ao drama em estágio avançado desses pacientes o Congresso Nacional decretou a Lei ora impugnada, sancionada pela Presidência da República.[940]

Faz registro do Parecer n. 224/2016, da Comissão de Ciência, Tecnologia, Inovação, Comunicação e Informática do Senado Federal, já referido quando das informações presidenciais. Igualmente, Parecer n. 225/2016, da Comissão de Assuntos Sociais do Senado Federal, do que se colhe que "ainda que tenham ficado evidentes as divergências de opinião entre os expositores, [...] a FOS é uma substância promissora no

---

939 Fl. 12 das informações prestadas pela Presidência da República.

940 Fl. 10 das informações prestadas pelo Senado Federal.

tratamento de pessoas com câncer e [...] o Poder Público deve facilitar, e não impedir, o acesso a esse produto".[941]

Por sua vez, a Câmara dos Deputados apresentou informações no sentido de que a projeto de lei recebeu parecer favorável da Comissão de Seguridade Social e Família da Comissão de Finanças e Tributação e da Comissão de Constituição e Justiça e de Cidadania. Ademais, assertou que "a fosfoetalonamina consiste em substância endógena, normalmente produzida no organismo humano, fazendo parte das membranas celulares, onde atua como mensageiro de sinais extracelulares"; "não se trata de produto químico artificialmente criado, de uma molécula inovadora ou inventada dentro de um laboratório farmacêutico, não sendo uma substância desconhecida pela ciência médica, pois suas funções metabólicas são sobejamente conhecidas"; apresenta baixa toxicidade e seu uso goza de segurança; pacientes negaram a existência de efeitos adversos, mesmo após anos de uso; a ANVISA se manifestou tendencialmente à autorização da substância como suplemento alimentar; o uso pode trazer alento, melhoria de condições de vida e prolongamento da sobrevida; a exceção à obrigatoriedade do registro sanitário teve o propósito de proteger princípios jurídicos sensíveis (vida, dignidade humana, saúde, liberdade); a Lei n. 6.360/76 não vincula o Órgão Legislativo; a Lei n. 13.269/16 não promove a liberação indiscriminada, mas estipula condições para utilizá-la, como comprovação do diagnóstico de câncer e assinatura de termo de consentimento e responsabilidade pelo paciente ou seu representante legal.[942]

No julgamento da medida cautelar na ADI n. 5.501/DF, em 19 de maio de 2016, inicialmente esclareceu o Ministro relator a urgência do julgamento, dada "a relevância da causa de pedir lançada na inicial e o alegado risco de permanecerem com plena eficácia os dispositivos

---

941 Fls. 13-14 das informações prestadas pelo Senado Federal.

942 Fls. 4-10 das informações prestadas pela Câmara dos Deputados.

atacados, aptos a causar prejuízos imediatos à saúde da população".[943] Segundo o relator,

> [o]bservem a organicidade do Direito e o âmbito da Lei n. 13.269/2016, autorizadora da comercialização de substância química não submetida previamente a testes clínicos em seres humanos. Ao suspender a exigibilidade de registro sanitário da fosfoetalonamina sintética, o ato atacado discrepa das balizas constitucionais concernentes ao dever estatal de reduzir o risco de doença e outros agravos à saúde dos cidadãos – artigo 196 da Constituição Federal.[944]

Ressaltou que o Supremo Tribunal Federal, "última trincheira da cidadania", não tem se escusado de garantir o direito à saúde, quando provocado, considerado o dever estatal de prover os medicamentos necessários ao enfermo. Ocorre, porém, que a responsabilidade solidária dos entes federados não pode servir de apanágio à irresponsabilidade, eis que a Constituição prescreve o zelo pela qualidade e pela segurança dos produtos em circulação no território nacional, "ou seja, a atuação proibitiva do Poder Público, no sentido de impedir o acesso a determinadas substâncias".

Ainda, segundo o relator, a esperança dos pacientes diagnosticados com neoplasia maligna não pode se distanciar dos avanços científicos, porquanto a busca pela cura imprescinde do cuidado com a segurança e eficácia das substâncias, sob pena de o cidadão se ver em meio a desenganos, charlatanismos e efeitos prejudiciais.[945] Nesse sentido, o relator vislumbrou não cumprimento, pelo Congresso Nacional, do dever constitucional de tutela da saúde da população, sobretudo em razão da

---

943 É de sabença que a concessão da medida cautelar na ação direta de inconstitucionalidade deve ser tomada pela maioria absoluta dos membros da Corte, com quórum mínimo de oito Ministros, exceto em caso de recesso (Lei n. 9.868/99, arts. 10 e 22).

944 Fl. 6 do inteiro teor do acórdão.

945 Como suporte, transcreve artigo do Professor Doutor Raul Cutait, da Universidade de São Paulo, publicado, no dia do julgamento, na Folha de São Paulo. A transcrição é meramente ilustrativa do tema quanto à certeza dos efeitos dos medicamentos e da irresponsabilidade na dispensa de critérios para a circulação da substância fosfoetalonamina sintética.

dispensa do registro na ANVISA, monitoramento da segurança eficácia e qualidade terapêutica do produto. "Ante a ausência do registro, a inadequação é presumida".

A supressão casuística, reitera, não pode se dar ao "atropelo dos requisitos mínimos de segurança para o consumo da população, sob pena de esvaziar-se, por via transversa, o próprio conteúdo do direito fundamental à saúde".

Por fim, assentou que a medida cautelar deve ser concedida, mormente em face da ausência de registro, que pode implicar graves riscos à população, posto que não havia, até o momento do julgamento, "elementos técnicos assertivos da viabilidade da substância para o bem-estar do organismo humano".

O Ministro Edson Fachin, ressaltando que julgava a "cautelar como cautelar", divergiu do relator para consignar que "[a] medida cautelar na presente ação direta deve ser concedida para o fim de atribuir interpretação conforme à Lei n. 13.269 de modo a assegurar o acesso à substância fosfoetalonamina apenas a pacientes terminais". Segundo o Ministro, não há inconstitucionalidade nos "dispositivos da lei", pois "o uso privado de substâncias, ainda que apresentem eventuais efeitos nocivos à saúde humana, insere-se no âmbito da autonomia privada e está imune à interferência estatal em matéria penal"; não havendo lei que o proíba, o uso da fosfoetalonamina é permitido, sendo que a proibição, segundo o Ministro, esbarraria no princípio da ofensividade, caso estipulasse pena.

Enaltece o Ministro Edson Fachin que, à vista da legislação brasileira e das normativas internacionais, "a atividade estatal do controle de medicamento é indispensável para a proteção do direito à saúde", todavia, "[a] constituição de agência própria para realizar as atribuições controle é, nessa perspectiva, faculdade do legislador", porquanto "a concretização da proteção à saúde é feita pelo poder legislativo", não havendo, com isso, "impedimento para que determinada substância viesse a ser regulada por meio de lei". Alude à proibição do retrocesso em matéria de saúde, vez que a Lei n. 6.360/76 e Resoluções da Anvisa "consubstanciam verdadeiras conquistas" e "não podem ser suplantadas sem que norma que lhe venha a derrogar não garanta igual proteção", o que poderia atrair a "inconstitucionalidade material", pela "proteção insuficiente do direito à saúde".

Nada obstante, registrou que "ante a gravidade da doença apresentada pelo paciente a própria agência reguladora admite processo simplificado de liberação de medicamento", em casos como que tais "a situação de risco parece demonstrar que as exigências relativas à segurança de substâncias cedem em virtude da própria escolha das pessoas eventualmente acometidas da enfermidade". Por isso, concedeu parcialmente a cautelar para "dar interpretação conforme ao art. 2º da Lei n. 13.269, de 13 de abril de 2016, para reconhecer que o uso à fosfoetalonamina sintética restringe-se a pacientes terminais".

O Ministro Roberto Barroso aduziu que "sem a submissão da fosfoetalonamina sintética a todos os testes necessários, não é possível aferir a sua segurança, qualidade e eficácia, tampouco iniciar o processo de obtenção de registro como medicamento justo à Anvisa, possibilitando-se a sua comercialização". Não há evidências científicas de que a substância tenha efeitos positivos no combate ao câncer, de que não seja tóxica ou produza efeitos colaterais nos pacientes, tampouco produção e ministração específicas. Concedeu, após exame do sistema regulatório de medicamentos no Brasil, da violação do direito fundamental à saúde, em razão do prejuízo ao princípio da precaução, da violação à "separação dos poderes, reserva de administração e capacidades institucionais" – haveria uma "reserva de administração", vez que vigilância e registro sanitário de medicamentos são procedimentos administrativos –, do risco de dano irreparável à saúde dos pacientes e da coletividade – inexistência de balizas para a distribuição da substância –, a medida cautelar. Firmou a seguinte "tese": "A autorização legislativa de uso de medicamento, antes da conclusão dos testes necessários para comprovar sua segurança e eficácia e do registro sanitário: (i) coloca em risco a saúde, o bem-estar e a vida das pessoas, em clara afronta ao direito à saúde; e (ii) configura violação à reserva de administração, ao permitir que o Poder Legislativo substitua o juízo essencialmente técnico da agência competente por um juízo político, interferindo de forma indevida em procedimentos de natureza tipicamente administrativa".

O Ministro Teori Zavascki acompanhou o relator, perfilhando o entendimento de que ao Órgão Legislativo não é dado assumir a atividade tipicamente executiva, própria do Administrador.

A Ministra Rosa Weber, que admitiu que "me senti extremamente sensibilizada por essa questão que, em última análise, envolve, em certos casos, retirar a última esperança de que tem tão pouca esperança", acompanhou a divergência, para ressalvar os pacientes terminais.

Também fazendo alusão à "humanidade do Poder Judiciário" e à "sensibilidade da matéria", bem como a "empreender uma Justiça caridosa e uma caridade justa", o Ministro Luiz Fux acompanhou o relator. O voto, todavia, menciona a necessidade de audiência pública, para "ouvir a comunidade científica". Não há, segundo o Ministro, "aferição exata das consequências do uso dessa substância", de modo que "sem saber os malefícios e os efeitos colaterais, essa substância pode, efetivamente, violar o direito à saúde, o direito a uma vida digna".

Por sua vez, o ministro Dias Toffoli firmou que "o mérito da questão é administrativo", cabendo ao "Poder Judiciário [...] adentrar na questão da forma, mas não no mérito". Acompanhou a divergência, mas "deixando claro que o mérito da segurança e da eficácia não é algo que um juiz possa avaliar". Ainda afirmou: "Eu não tenho competência nenhuma, e nenhuma de nós aqui tem, de avaliar se um medicamento é seguro e é eficaz. Por isso que Sua Excelência aborda e aponta para uma situação daqueles que já estão no estado termina, como uma última tentativa."

A Ministra Cármem Lúcia iniciou o voto com depoimento pessoal sobre pessoas com câncer e da estigmatização da doença e fez referências aos argumentos esposados pelo relator, acompanhando-o.

O Ministro Gilmar Mendes acompanhou a divergência, sob o fundamento de que não haveria irregularidade na edição de "lei-medida", com caráter mais acentuado de concretização, não vendo o porquê de excluir o Órgão Legislativo. Além disso, ante o risco da judicialização da matéria, em caso de suspensão da Lei, pois inexistiriam parâmetros, decidiu pelo deferimento parcial.

O Ministro Ricardo Lewandowski recuperando o desenvolvimento do "Estado de Direito", consignou que não pode o Estado "agir irracionalmente, levando em conta as razões de ordem metafísica, ou fundado em suposições, enfim, que não tenham base em evidências científicas". Acompanhou o relator.

O Ministro Celso de Mello não estava presente ao julgamento. Proclamou-se o resultado para suspender a eficácia da Lei n. 13.269/2016, com eficácia *ex nunc*, até o julgamento final.

Se, por um lado, afigura-se correto afirmar que o comedimento dos Ministros deveu-se ao julgamento da medida cautelar, podendo-se esperar, como vários sublinharam, o acréscimo de novas e mais fundadas razões no julgamento definitivo, haja vista não se ter adotado o rito do art. 12, da Lei n. 9.868/99; por outro, soa minimamente curioso que não se tenham feito incursões sobre fatos e prognoses (jurídico-)legislativos, muito embora pujantes na discussão da Lei n. 13.269/2016.

Apenas poucos registros foram feitos nesse sentido, notadamente no voto do Min. Ricardo Lewandowski, para quem, expressamente, "o Estado deve agir racionalmente com bases científicas e principalmente a partir da sua gênese, que, a meu ver, começa no século XVIII com o *Iluminismo*", e no voto do Ministro Luiz Fux, o qual anteviu a necessidade de audiência pública, com participação da comunidade científica, para efetivamente trazer à Corte os malefícios e os efeitos colaterais da distribuição da fosfoetalonamina.

Afora esses dois Ministros, os demais se apegaram, ora ao Direito Administrativo e à contenção, ou não, do Órgão Legislativo e do Judiciário nas medidas públicas e no registro de medicamentos, ora descambaram para o sentimentalismo, que, de resto, devia estar suspenso no julgamento da questão constitucional posta à baila.

Do parecer do Ministério Público Federal, também não se observa qualquer referência explícita à necessária verificação de fatos e prognoses jurídico-legislativos, pela Suprema Corte. Conforme sublinhado nos votos dos Ministros Ricardo Lewandowski e Luiz Fux, a Procuradoria Geral da República limitou-se a referir que a "atuação regulatória e os procedimentos a ela correlatos não podem ser dispensados pelo legislador casuisticamente, sem que existam justificativas racionais para tanto". Segundo o parecer, "decisões políticas incorporadas em normas jurídicas devem ser passíveis de justificação racional".[946] De contrário, perecerão – essas decisões – constitucionalmente, em face da ameaça ao direito individual à saúde e ao direito à informação segura.

Fato é que a Corte brasileira já debateu o tratamento de fatos e prognoses (jurídico-)legislativos, muito embora poucos casos tenham expressamente mencionado. No julgamento da ADI n. 3.112/DF[947], versada sobre a inconstitucionalidade de normas da Lei n. 10.826/2003, sob relatoria do Ministro Ricardo Lewandowski, destacando-se o aumento empreendido na novel legislação ao elevar a idade mínima de 21 (vinte e um) para 25 (vinte e cinco) anos para aquisição de arma de fogo, com as ressalvas legais (art. 28).[948]

---

946 Fl. 8 do parecer.

947 No mesmo julgamento, foram apreciadas as ADIs ns. 3.137, 3.198, 3.263, 3.518, 3.535, 3.586, 3.600, 3.788 e 3.814, em vista da identidade de objeto.

948 BRASÍLIA. Supremo Tribunal Federal. Procedência da ação direta de inconstitucionalidade. Ação Direta de Inconstitucionalidade n. 3.112/DF. Partido Trabalhista Brasileiro e

Do voto do relator, extrai-se a prognose do Órgão Legislativo, ao promover o aumento da idade, com "escopo de evitar que sejam adquiridas armas de fogo por pessoas menos amadurecidas psicologicamente ou que se mostrem, do ponto de vista estatístico, mais vulneráveis ao seu potencial ofensivo". Para tanto, o relator referiu-se aos índices de mortalidade entre a população jovem, a confirmar o crescimento das mortes causadas por armas de fogo no grupo etário entre 20 e 24 anos, o que manteria hígida a norma impugnada e, portanto, adequada à Constituição.

O Ministro Gilmar Mendes registrou, expressamente, que a modificação da idade mínima para aquisição de arma de fogo decorria de "uma opção do legislador", situando-a "dentro de sua margem de ação para fixar a política criminal". A partir de prognósticos e diagnósticos, explicitados nas informações prestadas pelo Congresso Nacional, com demonstração de estatísticas, o legislador entendeu que o aumento da idade atenderia os fins por ele perseguidos, qual seja, evitar que pessoas de pouco amadurecimento, muito jovens, manipulassem armas. Neste caso, explicitou o Ministro, a medida adequada e necessária empregada pelo Órgão Legislativo não poderia sofrer a interferência do Tribunal.

O controle de constitucionalidade em matéria penal não pode prescindir da verificação da política criminal estipulada pelo legislador, da sua margem de ação e do atendimento aos fins preconizados pela Constituição, vinculativa de seu afazer legiferante. É de rigor que o Estado garanta direitos fundamentais contra agressão propiciada por terceiros (*Schutzpflicht des Staats*) e a satisfação desses interesses encontram-se encetados na liberdade de conformação do legislador. Há, com efeito, ao lado da proibição de intervenção (*Eingriffsverbote*), um postulado de proteção (*Schutzgebote*), a proibir o excesso (*Übermassverbote*)

---

outros e Presidente da República e outro. Relator: Ministro Ricardo Lewandowski. Brasília, 02 maio 2007. *Diário da Justiça*, Brasília, 26 out. 2007.

e a proteção insuficiente (*Untermassverbote*). Todavia, na margem de ação do legislador, que pode escolher o meio para a satisfação dos mandatos de criminalização constitucionais e na prossecução dos fins constitucionalmente estabelecidos.

O Ministro Gilmar Mendes ainda discorreu sobre os níveis de intensidade do controle de constitucionalidade, conforme exposto anteriormente, para concluir que

> [o] Tribunal deve sempre levar em conta que a Constituição confere ao legislador amplas margens de ação para eleger bens jurídicos penas e avaliar as medidas adequadas e necessárias para a efetiva proteção desses bens. Porém, uma vez que se ateste que as medidas legislativas adotadas transbordam aos limites impostos pela Constituição – o que poderá ser verificado com base no princípio da proporcionalidade como proibição de excesso (*Ubermassverbot*) e como proibição de proteção deficiente (*Untermassverbot*) –, deverá o Tribunal exercer um rígido controle sobre a atividade legislativa, declarando a inconstitucionalidade de leis penais transgressoras de princípios constitucionais.

Em que pese a referência aos níveis de intensidade, não fica claro no voto em qual deles se circunscreveria para exame da questão constitucional. Aparentemente, foram trabalhados de modo conjunto, para identificar que o aumento da idade não implicava qualquer espécie de desproporcionalidade, afigurando-se medida adequada e necessária para a proteção dos bens jurídicos eleitos, pelo que não se poderia vulnerar a opção legislativa.

Também no julgamento da ADI n. 855/PR[949], sobre a pesagem obrigatória dos botijões de gás, remeteu-se aos esclarecimentos de fatos prestados pelo INMETRO (Instituto Nacional de Metrologia, Normatização e Qualidade Industrial), mesmo quando do julgamento

---

[949] BRASÍLIA. Supremo Tribunal Federal. Procedência da ação direta de inconstitucionalidade. Ação direta de inconstitucionalidade n. 855/PR. Confederação Nacional do Comércio e Governador do Estado do Paraná e outro. Relator: Ministro Octávio Gallotti. Relator para acórdão: Ministro Gilmar Mendes. Brasília, 06 mar. 2008. *Diário da Justiça eletrônico*, Brasília, 26 mar. 2009.

da medida cautelar. Daí porque não se pode corroborar com a ideia de que, por se tratar de medida cautelar não pudesse a Corte fazer incursão em fatos e prognoses jurídico-legislativos, mormente porque se trata de suspender, sem julgamento definitivo, os efeitos do produto legislado.

Note-se bem que o Ministro Octávio Gallotti afirmou que a matéria demandaria a verificação de dados técnicos, fáticos, o que seria insuscetível de investigação "em sede de controle abstrato". O Ministro Marco Aurélio retomou o móvel da criação legislativa, por causa das constantes denúncias sobre o volume de ar nos botijões e a impossibilidade de que todo o gás fosse expelido para consumo, retornando ao distribuidor, que, esse sim, teria a vantagem de sacar o retido. O Ministro Marco Aurélio adentrou aos fatos e às prognoses, pode-se dizer, jurídico legislativas, definidas quanto à proteção do direito do consumidor na compra de botijões de gás. Diz o Ministro:

> Continuo a afirmar: essa lei não surgiu sem uma causa, sem uma motivação, que foi justamente o descompasso notado. Isso chegou até a ser explorado pelos veículos de comunicação, essa deficiência entre o que foi anunciado quanto ao conteúdo do vasilhame e esse mesmo conteúdo, a realidade constante do vasilhame. [...]
>
> Não vejo sequer uma razão de ser para fulminar algo que busca a verdade e o equilíbrio do negócio jurídico, e, reafirmo, a compra de uma balança, para se ter em um estabelecimento comercial, não onera, considerado o número de vendas, o próprio produto a ser comercializado, como também, a compra de uma balança para o veículo que percorre as residências, distribuindo o produto. Nada mais natural do que se ter, diante de um quadro que demonstrava descompasso em prejuízo dos consumidores, esse balizamento, já que vivemos sob a égide do princípio da legalidade, segundo o qual 'ninguém está obrigado a fazer ou a deixar de fazer alguma coisa senão em virtude de lei'. O que querem os vendedores? Por acaso, continuar ludibriando aquele que comparece para adquirir um produto? A existência desta ação revela até a má-fé da categoria econômica.

Em que pese as incursões fáticas e prognósticas do Órgão Legislativo é preciso salientar que o Ministro Marco Aurélio não se baseou em qualquer estudo científico para proferir as afirmativas. Não consta referência a audiências públicas, pareceres de *experts* ou admissão de *amicus curiae* que pudessem subsidiar a constitucionalidade por ele defendida.

Não é isso, definitivamente, que se defende neste trabalho. Conquanto se perceba o esforço para demonstrar que a realidade fática é pujante na Jurisdição Constitucional e merece observância, sob pena de um "controle de constitucionalidade inconstitucional", deve haver balizas para que se profira o julgamento. Suscitar a defesa do consumidor não é, nesse caso, suficiente.

O voto do Ministro Gilmar Mendes, acentuando o voto do Ministro Sepúlveda Pertence quando do deferimento da cautelar, traz à tona o parecer emitido pelo INMETRO, para justificar que a medida legislativa provocaria duvidosos efeitos úteis, podendo implicar, pelo contrário, danos ao consumidor. Conforme salientado pelo Ministro Cezar Peluso, quanto à questão de fato, a medida exigida pela lei, para efeito da tutela consumerista, não atingiria o objetivo proclamado, por ser impraticável do ponto de vista prático; a medida não seria adequada, do que resultaria a inconstitucionalidade da lei.

Deixando de lado o fato de que apenas um laudo do INMETRO serviu de suporte para a maioria dos votos, que deflagram a inconstitucionalidade-vício, é necessário frisar que o mero contraste entre as normas jurídicas se mostrava insuficiente para julgamento da inconstitucionalidade. A investigação sobre se a pesagem dos botijões de gás, à vista do consumidor, prevenia prejuízo econômico ao consumidor, não podia ser feita sem um estudo empírico, que, no caso, foi satisfeito com o laudo do INMETRO. Com este, deu-se por provado que não estava satisfeito o interesse do consumidor, de modo que a medida não era adequada e a lei foi pronunciada inconstitucional.

Na ADI n. 4.066/DF[950], sob relatoria da Ministra Rosa Weber, em que se discutiu o uso de amianto, fez-se constar expressamente da

[950] BRASÍLIA. Supremo Tribunal Federal. Não pronúncia da inconstitucionalidade. Ação Direta de Inconstitucionalidade n. 4.066/DF. Associação Nacional dos Procuradores do Trabalho e outros e Presidente da República e outro. Relatora: Ministra Rosa Weber. Brasília, 24 ago. 2017. *Diário da Justiça eletrônico*, Brasília, 06 mar. 2018.

ementa que "o consenso médico atual identifica, para além de qualquer dúvida razoável, a contração de diversas doenças graves como efeito direto da exposição ao amianto". Inclusive, a Portaria do Ministério da Saúde n. 1.339/99 reconhece oficialmente a relação de causalidade entre a exposição ao asbesto ou amianto, inclusive da variedade crisotila, e as doenças de neoplasia maligna de estômago, de laringe, dos brônquios e do pulmão, mesotelioma da pleura, do peritônio, do pericárdio, placas epicárdicas ou pericárdicas, asbestose, derrame pleural e placas neurais.

No caso, enalteceu-se a importância da realização dos debates nas audiências públicas e na participação de *amici curiae* para levar à Corte Constitucional os dados e subsídios técnicos, a pesquisa médico-científica desenvolvida na matéria, a fim de que se chegassem às conclusões fáticas de que (a) todos os tipos de amianto provocam câncer, não tendo sido identificado nenhum limite para o risco carcinogênico do crisotila e (b) a sua substituição, para os usos regulados pela Lei n. 9.055/95, se mostra absolutamente viável sob o aspecto econômico.

Ocorre, contudo que, apesar das contundentes referências, não foi pronunciada a inconstitucionalidade da lei, em razão da insuficiência de quórum nos termos do art. 97, da Constituição Federal. Parece claro, todavia, que o exame da realidade fático foi móvel fundamental para deflagrar a inconstitucionalidade, em vista dos impactos decorrentes da manipulação da crisotila, material que, aliás, pode ser substituído por outro sem implicar aumento de custo.

O alijamento da incursão fática no caso da "pílula do câncer" parece ter ficado ao arbítrio da Corte, pois as experiências dos últimos anos demonstram o tratado da realidade fática, a análise de prognoses jurídico-legislativas e a confirmação ou infirmação, a partir dessas considerações, da opção legislativa. Espera-se que, no julgamento definitivo, ganhe espaço o debate sobre o tema em questão.

A falta de dados científicos para embasar o produto legislado é de curial importância para a deflagração da inconstitucionalidade-vício, o que, no entanto, somente poderá ser atingido se houver abertura à participação democrática, com a realização de audiências públicas, admissão de *amici curiae* e recebimento de pareceres de *experts*. A discussão que, de modo algum, pode se tornar emocionada, nem para chancelar nem para infirmar a opção legislativa, deve passar pela verificação de fatos e prognoses jurídico-legislativos. Daí a angústia, esposada em votos e no parcer ministerial, quanto à lacuna de lastro racional e científico apto a validar o produto legislativo que libera a "pílula do câncer".

Consta dos pareceres da Presidência, do Senado e do Congresso, e mesmo está consignado no próprio documento normativo, pela norma jurídica que se extrai de suas disposições, a ausência de conhecimento científico suficiente para confirmar os benefícios da ministração da fosfoetalonamina sintética, sem prejuízo aos pacientes. A incerteza do estágio científico da matéria, com violação ao direito fundamental á saúde e à proteção dos indivíduos, que não se podem ver suscetíveis das opiniões legislativas despropositadas, militam em favor faz inconstitucionalidade-vício, cuja deflagração impõe-se ao Supremo Tribunal Federal.[951]

O investimento em pesquisas, o aporte financeiro para estudo da "pílula do câncer" e o fomento do debate apenas confirma que se trata de "norma ainda inconstitucional", se se pudesse fazer um jogo de palavras. Mister que o desenvolvimento clínico do tratamento à base de fosfoetalonamina, com observância dos demais preceitos legais atinentes ao registro de todo e qualquer medicamento, estando fora de questão "leis de mera conveniência", possibilite a conclusão, pela Corte, quanto à matéria.

A tramitação célere nas duas Casas do Congresso Nacional, eis que a proposição foi apresentada em 08 de março de 2016 e a publicação data de 14 de abril de 2016, denota, por si, só a desimportância conferida ao tema, em vista do relevante debate que ainda deve ser travado no campo científico e no campo jurídico.

---

[951] O Caso em questão é oposto àquele enfrentado pela Corte alemã no "Caso *Cannabis*". Neste, tratava-se do exame da constitucionalidade da violação do direito fundamental à liberdade em razão da proibição de drogas. Entendeu-se que, em vista da divergência científica sobre o uso das drogas, a escolha do legislador afigurava-se acertada. No Brasil, o

Não é crível que, pela admissão da ignorância científica sobre a temática, seja promovido documento normativo que não cuide das consequências, do impacto que a liberalização da fosfoetalonamina pode causar na sociedade. Falta responsabilidade no processo legislativo.

Portanto, se é surpreendente que a Corte não tenha debatido a análise de fatos e prognoses, quando já conta com jurisprudência nesse sentido, de igual modo é inegável que a decisão tomada na Suspensão de Tutela Antecipada n. 828/SP, de relatoria do Ministro Ricardo Lewandowski, podia ter sido levada à apreciação da Corte. Na oportunidade, o Ministro Presidente deixou evidente que o fornecimento de substância que não foi alvo de investigações técnico-científicas, tampouco foi submetida aos protocolos exigidos, coloca em risco a saúde do indivíduo.

Também não se sustenta a inadmissibilidade de *amici curiae*, como vem sendo feito pelo Ministro relator, sob o fundamento de que se trata de processo objetivo, cuja participação de terceiros somente é possível em restritas hipóteses, desde que demonstrada a pertinência como a temática sob julgamento.

Ora, no pedido de admissão da Ordem dos Advogados do Brasil, Seccional de São Paulo, foi dito que no estado de São Paulo foram mais de oito mil liminares deferidas para obrigar a Universidade de São Paulo a fornecer a substância a pacientes com câncer. Além disso, a instituição realizara Audiência Pública para debate do tema, contando com a participação de *experts*, o que poderia, em muito, contribuir para o conhecimento da Corte Constitucional sobre o tema.

---

julgamento ocorre no Recurso Extraordinário n. 635.659. No Caso da "pílula do câncer", trata-se de liberação das fosfoetalonamina sem qualquer responsabilidade quanto aos riscos da circulação do medicamento, desconsiderando-se, expressamente, o procedimento legislado para seu registro, tornando vulnerável todo aquele que fizer uso da substância.

Já foi dito em outra oportunidade, que o relator não deve, a seu alvedrio, admitir esta ou aquela instituição, tampouco empregar requisitos que obstem a participação da sociedade de pré-intérpretes, sob pena de malferimento da própria Constituição, atraindo, para o julgamento, o déficit democrático.

Sucede, outrossim, como os pacientes com câncer que tiveram seu pedido de ingresso denegado pelo relator. A audiência pública pode se tornar ambiente democrático para que sejam, também, ouvidos, tal como ocorreu em outros casos, particularmente na ADPF n. 54, versada sobre a interrupção gestacional de fetos anencefálicos, em cujas audiências públicas foram colhidos depoimentos de gestantes.

O exame do julgamento da medida cautelar da ADI n. 5.501/DF tem por interesse trazer à tona o debate sobre a verificação de fatos e prognoses jurídico-legislativos no controle de constitucionalidade brasileiro, de conhecimento do Supremo Tribunal Federal. O exame da jurisprudência pode servir de base à racionalização da decisão nessa ação constitucional, reduzindo ao máximo a discricionariedade da Corte, para assentar que a intervenção na opção legislativa há de ser feita com rigor técnico suficiente, sob pena de implicar substituição da vontade de um pela de outro, ferindo de morte a Constituição Federal.

O julgamento do mérito, futuramente, confirmará ou infirmará a hipótese de que o Supremo Tribunal Federal ressente de um estudo profundo de suas decisões, com base metodológica firme. Ao longo do tempo há esparsas manifestações sobre o tema, sem que se observe um alinhamento nos votos nas ações constitucionais. Por vezes, ignora-se o importante instrumento que está a serviço da Jurisdição Constitucional e permite uma análise criteriosa da verificação de fatos e prognoses pelo Órgão Legislativo.

CONSIDERAÇÕES FINAIS

Para um trabalho que se pretende dialógico, inacabado por definição, apresentar uma conclusão é sempre tarefa árdua, pois compreende o mister e a lucidez para condensar, dissecar, em poucas palavras, evitando repetições indesejadas e enfadonhas, o nível das lucubrações atingido com mais vagar em todo o estudo.

De um lado, deve obstar que o interlocutor (leitor) dela extraia todo o caminho metodológico e dogmático percorrido, desestimulando-o de ler a íntegra da obra; de outro, não pode relegar o interlocutor aguerrido e perspicaz ao descontentamento (ou mesmo à frustração) do último segundo.

Nesse sentido, o que aqui são chamadas "considerações finais" afiguram-se como metalinguagem, linguagem de sobrenível, linguagem que fala de linguagem. Ao ter por objeto o próprio estudo, as considerações sintetizam e arrematam, elaboradas pelo próprio autor, numa visão panorâmica do produto do esforço intelectivo. Busca, ademais, reforçar pontos obscuros, aos quais nenhum trabalho está imune. E consciente o autor de que jamais desaparecerão, porquanto dependente de interpretação.

Um ponto, todavia, é inolvidável: após discorrer sobre "A verificação de fatos e prognoses jurídico-legislativos no controle de constitucionalidade brasileiro", compreende-se mais sobre seu objeto, do que quando do início da jornada. Justamente por isso, pode-se, nessas linhas finais, explicitar o compreendido, sintetizando-o, simplificando-o.

As considerações, portanto, são as que seguem:

01. A linguagem é condição de possibilidade para o conhecimento. Somente pela linguagem podem ser inteligidos os eventos, que se esvaem no tempo e no espaço.

02. O Estado Democrático Constitucional é um *plus normativo* em relação aos modelos liberal e social predecessores. Nesse paradigma, todos os órgãos do Poder, pertencente ao Povo, submetem-se ao julgo constitucional, incumbindo-lhes a preservação dos direitos fundamentais. A separação das funções do Poder adquire nova roupagem, de modo que ao Órgão Judiciário incumbe a precípua função de zelar pelos interesses das minorias quando as instâncias prévias de debate houverem falhado democraticamente. As opções legislativas, se violadoras de direitos e garantias fundamentais de minorias, devem sofrer a intervenção da Jurisdição Constitucional, pois somente assim esta se justifica, na defesa intransigente dos direitos e garantias fundamentais, última trincheira do cidadão.

03. A linguagem invadiu de uma vez por todas a Ciência do Direito e, com ela, restam superados os paradigmas da metafísica clássica e da filosofia da consciência. É possível falar em Filosofia no Direito, deixando-se permear pela linguagem, condição de possibilidade para compreender o mundo. Sucede que a linguagem é condição de possibilidade para interpretar o mundo circundante, não havendo que se falar em descobrir o sentido na coisa nem em um sujeito assujeitadora do objeto. Compreende-se o objeto na e pela linguagem. Nesse sentido, o intérprete habita um contexto compartilhado de significação que, na Ciência Jurídica, há de ser o paradigma

constitucional inaugurado em 1988. Antes de dizer sobre o objeto, sobre o texto interpretando, mister que o texto fale algo ao intérprete. Não se vai ao objeto sem pré-juízos, todavia estes devem ser suspensos na interpretação, para que, com as pré-compreensões constitucionais possa ser interpretado o objeto, o direito positivo. Além disso, a fundamentação é inevitável e constitui-se em verdadeiro dever constitucional daqueles que interpretam no direito positivo. É preciso explicitar o compreendido, permitindo a toda a comunidade o controle da racionalidade das decisões.

04. O objeto de estudos é o direito positivo, enquanto conjunto de normas válidas em determinado tempo e espaço. As normas jurídicas são resultado da interpretação a partir dos enunciados prescritivos apostos no documento normativo. O documento normativo surge da atividade da enunciação (processo ocorrente no mundo fenomênico) e conta com enunciação-enunciada, marcadas da enunciação deixadas no documento normativo, e enunciado-enunciado, o conteúdo propriamente do documento normativo. A norma jurídica é estrutura bimembre. Na norma jurídica primária, um fato de possível ocorrência no mundo fenomênico é descrito na hipótese implicando a relação jurídica permeada por um dos modais deônticos (permitido, proibido ou obrigatório). A infirmação dessa relação jurídica constitui o fato corrido descrito no antecedente da norma secundária, que permite ao titular do direito reivindica-lo perante o Órgão Judiciário que, ao cabo, aplicará a sanção.

05. Todo processo somente é valido se adequado à Constituição Federal. Não se admite, nos tempos presentes, um processo que se desvencilhe do contraditório e da participação popular democrática na formação das decisões. Essas assertivas aplicam-se tanto ao processo legislativo, em que a comunidade política é convidada a participar da possível inovação que ocorrerá no sistema jurídico, quanto no julgamento da constitucionalidade das normas

impugnadas, mormente quando falharem as instâncias prévias de debate. Não sucede que deva a Jurisdição Constitucional acolher, sem fundamentação, as opiniões esposadas no curso do processo, mas é dever enfrentar os argumentos apresentados contra e a favor da inconstitucionalidade, como forma de recrudescimento democrático do Órgão Judiciário. Impõe-se a admissão de uma sociedade aberta de intérpretes que contribua para a construção da norma jurídica perante a Corte Constitucional e leve a esta o conhecimento de fatos e prognoses que contribuem para essa construção. Não se admite a separação entre fato e norma, entre ser e dever ser de modo estanque.

06. A inconstitucionalidade-vício é a quebra da relação causal de inferência entre a norma jurídica infraconstitucional objeto do controle de constitucionalidade e a norma jurídica constitucional paramétrica. A ausência de um controle de constitucionalidade tornaria possível a manutenção impune de norma infraconstitucional alteradora da Constituição sem que tenha sido submetida a um procedimento e a um quórum específico para sua edição.

07. Assume-se a hibridização do controle de constitucionalidade, impondo-se a correção de "dogmas". Não há controle de constitucionalidade abstrato, pois sempre se haverá de recorrer aos fatos. Não se sustenta a defesa de um processo constitucional objetivo, pois sempre haverá partes interessadas na correção dos vícios de inconstitucionalidade pela Jurisdição Constitucional. Haverá inconstitucionalidade-vício material se a norma paramétrica for materialmente constitucional, isto é, direitos fundamentais, estrutura do Estado e separação das funções do Poder.

08. A participação de *amicus curiae* e a realização de audiências públicas é móvel necessário para a democratização da Jurisdição Constitucional.

09. Fatos e prognoses jurídico-legislativos são objeto do controle de constitucionalidade, na medida em que a Corte Constitucional é instada a se manifestar sobre a atuação do órgão Legislativo no contexto do processo legiferante. A norma de produção normativa impõe a análise de fatos circundantes e de realização de prognósticos, sob pena de malferimento dos direitos e garantias fundamentais.

10. No paradigma do Estado Democrático Constitucional não se pode falar em discricionariedade do legislador, mas de vinculação constitucional positiva e negativa, pelo que está coactado, pelas normas constitucionais à prossecução do processo legislativo que atenda aos fins preconizados na Constituição, que realize as promessas incumpridas até então e cumpra com os objetivos prodigamente declarados.

11. Uma análise da jurisprudência do Supremo Tribunal Federal revela que o exame da realidade fática, embora não seja declarado pela doutrina e pela própria Corte, sempre esteve presente. A faticidade da lei produzida, da omissão legislativa, da produção irregular da lei, do abuso do poder de legislar e da lei ainda constitucional sempre foram examinados na Corte Constitucional brasileira. Os fatos adentraram de uma vez por todas a Jurisdição Constitucional.

12. Se está vinculado constitucionalmente, o controle da ação legiferante, sob pena de negação das premissas estabelecidas é medida que se impõe, contudo com racionalidade nas tomadas das decisões da Jurisdição Constitucional, para que não se substitua a opção legislativa por arbítrio voluntarista da Corte Constitucional.

13. Preserva-se a liberdade de conformação do legislador, mas se a circunscreve no espaço da ação epistêmica e da ação estrutural. A Constituição impõe ao legislador a abstenção, a obrigação ou a faculdade de legislar sobre determinada matéria. Há limites impostos pela Constituição e há limites inerentes ao estágio de conhecimento.

14. Impende um estudo metodológico firme que analise as decisões do Supremo Tribunal Federal e revele o comportamento da Corte ao longo do tempo. Sem esse estudo, continuará a existir certa discricionariedade no controle de constitucionalidade, intervindo quando bem entender na atuação legiferante sem qualquer balizamento. A experiência alemã de estipulação de critérios e graus de densidade no controle de constitucionalidade constitui elemento necessário á evolução do tema no Brasil.

15. O controle dos fatos e prognoses jurídico-legislativos é de resultado e não procedimento. Verifica-se o que, verdadeiramente, foi constatado pelo Órgão Legislativo, e não como ele constatou. A infirmação da prognose jurídico-legislativo atrai a pecha da inconstitucionalidade-vício. A má percepção dos fatos circundantes e a promoção de atos legislativos incondizentes com a realidade fática ou injustificáveis devem ser controlados pelo Órgão Judiciário.

16. A verificação de fatos e prognoses jurídico-legislativos afigura-se como instrumental à disposição da Jurisdição Constitucional brasileira para controle dos atos legislativos incondizentes com o estágio científico ou com a utilização de meios inadequados ou desnecessários para a prossecução dos fins declarados. Resulta da incorreção da prognose originária violação a direitos e garantias fundamentais. De outro lado, a má aferição ou a incompleta investigação de fatos pretéritos e presentes impedirá a manutenção das normas jurídicas produzidas no sistema jurídico.

17. Conquanto outros registros na jurisprudência da Corte Constitucional, o "Caso da Pílula do Câncer" é um bom momento para que a discussão sobre a verificação dos fatos e prognoses jurídico-legislativos no controle de constitucionalidade seja retomada, a fim de que a Corte Suprema se posicione, em definitivo sobre a possibilidade do controle e busque criar balizas racionais para tanto.

POSFÁCIO

João Guilherme Gualberto Torres nos brinda, em *Fatos e prognoses no controle de constitucionalidade*, com um trabalho amplo sobre tema ainda pouco explorado pela Doutrina, que é a verificação dos fatos e prognoses jurídico-legislativos no controle de constitucionalidade brasileiro.

Sua abordagem afigura-se conspícua por explorar uma categoria por vezes reconhecidamente inóspita no campo do controle de constitucionalidade; refiro-me ao âmbito do concreto (como diretriz de caracterização da inconstitucionalidade). A seu respeito, a obra propõe um modelo explicativo dos paradigmas normativos da Constituição de 1988 e das Leis ns. 9.868/99 e 9.882/99 que sugerem uma abertura do processo constitucional ao concreto. Aliás, o faz com muito vigor e amplitude, pois não se limita apenas à difícil explicação do convívio entre o fato e o direito no universo do processo constitucional, vai além deste impulso analítico, para também explorar a repercussão político-jurídica desta inter-relação, olhando para o difícil problema do ativismo judicial.

Sobre este último aspecto, é ele, a meu ver, o ponto alto da obra, pela amplitude da discussão proposta, desde o ponto de vista da argumentação jurídica passando pela teoria constitucional nas considerações acerca das implicações da jurisdição constitucional na dinâmica entre os poderes.

Ocupa-se, de um lado, de equacionar os espaços legítimos entre o poder decisório do Supremo Tribunal Federal e a discricionariedade legislativa, estabelecendo, como se espera por avanços, critérios razoáveis e coerentes do *controle de evidência* na análise pelo juiz constitucional dos fatos e prognoses legislativos na fiscalização constitucional das leis. A discussão centra-se, neste ponto, no caráter argumentativo das decisões do Supremo, e traz considerações conclusivas numa direção concretista do Direito, para a qual a norma jurídica é antes uma construção conjunta de toda sociedade, de modo que, sob a liderança do juiz constitucional, o debate constitucional travado no controle de constitucionalidade deve ser um momento de plena integração social.

Volta-se, de outro lado, para o desempenho do juiz constitucional desviando-se de classificações em geral dominadas por critérios extremistas, para os quais o perfil do juiz encaixa-se ou no ativismo, ou na autocontenção. Com grande desenvoltura, a obra apoia-se nas investigações de Hans-Peter Schneider sobre a atuação do Tribunal Constitucional alemão desde a perspectiva da separação de poderes. Em seus estudos, Schneider ao invés de abordar tal temática da perspectiva dedutiva, a trata empiricamente, desenvolvendo modelos de argumentação do Tribunal Constitucional alemão a partir de suas próprias decisões; sob esta base investigativa, Schneider propõe o mapeamento e a sistematização do perfil funcional deste tribunal, cujo resultado é muito bem exposto e articulado com a realidade brasileira pela obra em comento.

A experimentação de critérios de delimitação entre o ativismo e a autocontenção da Justiça Constitucional, tais como sistematizados por Hans-Peter Schneider e transportados por João Guilherme para o universo jurisdicional constitucional do Supremo Tribunal Federal, empresta sólido respaldo às soluções para o cada vez mais preocupante equilíbrio funcional entre a Justiça Constitucional e o Poder Legislativo, especialmente quando em foco o poder de revisão da discricionariedade fática legislativa.

Com efeito, a obra é atual pelo modo como discute o fenômeno da inconstitucionalidade. Deixa no passado sua consideração essencialmente de *quaestio iuris*, ao modo positivista legalista de conflito intertextual abstratamente considerado, e a projeta no contexto constitucionalista contemporâneo, de abertura aos múltiplos intérpretes da Constituição e, assim, de impossível compreensão da inconstitucionalidade apenas com a cabeça de um legislador negativo. Sedimenta-se, com isso, uma base argumentativa sólida para justificar a superação da visão dicotômica do processo constitucional em *abstrato-concreto*, como se constata no momento em que o autor enfrenta a pergunta: *O Processo: Abstrato e Objetivo ou Concreto e Subjetivo? Há "Dogma" a Ser Superado?*

Por fim, aplicando os aportes teóricos debatidos ao longo da obra, o autor estuda *O Caso da "Pílula do Câncer"*, e, sob um enfoque indutivo muito bem articulado, nos oferece critérios racionais na verificação de fatos e prognoses legislativos no controle concentrado. Fala em *graus de densidade* do controle de constitucionalidade, os quais ao invés de refletir a linearidade decisória na verificação dos fatos implicados nos conflitos constitucionais, supõem condicionantes – como o *estágio científico* e a *adequação aos fins constitucionais* – que aproximam o juiz constitucional da verdade social em suas mais variadas dimensões na tomada das decisões sobre os assuntos mais caros à sociedade brasileira. Sua análise servirá, com toda certeza, de parâmetro indispensável para o desenvolvimento da matéria, quer no campo teórico, quer no contexto prático, constituindo, assim, um eficaz modelo de explicação e de realização do Direito.

Em síntese, *Fatos e prognoses no controle de constitucionalidade* é uma obra completa, pela sua amplitude e profundidade direcionadas à exploração de um tema, como já dito, ainda carente de investigação, utilizando-se de metodologia transparente e apropriada, a qual, além de estar alinhada com as correntes filosóficas pós-positivistas, prestigia concomitantemente a abordagem analítica e descritiva. O resultado final é, pode-se assim dizer, um importante avanço para o desenvolvimento dogmático do Direito Processual Constitucional.

RENATO GUGLIANO HERANI
Professor do Programa de Mestrado e Doutorado da FADISP,
Pós-doutor pela Universidade de Lisboa. Doutor e Mestre pela PUC/SP.
Pesquisador da FUNDADESP.

REFERÊNCIAS

ABBOUD, Georges. *Discricionariedade administrativa e judicial:* o ato administrativo e a decisão judicial. São Paulo: Revista dos Tribunais, 2014.

ABBOUD, Georges. *Processo constitucional brasileiro*. 2. ed. São Paulo: Revista dos Tribunais, 2018.

ABBOUD, Georges. STF vs. Vontade da maioria: as razões pelas quais a existência do STF somente se justifica se ele for contramajoritário. *Revista dos Tribunais*, vol. 921, p. 191, jul. 2012.

ABBOUD, Georges; OLIVEIRA, Rafael Tomaz de. A gênese do controle difuso de constitucionalidade: cidadania e democracia na conformação das atribuições do Judiciário no marco de um Estado de Direito. *Revista de Processo*, v. 229, p. 433, mar. 2014.

ABBOUD, Georges; OLIVEIRA, Rafael Tomaz de. Neoconstitucionalismo: Vale a pena acreditar?. *Revista da Academia Brasileira*, Curitiba, v. 7, n. 12, p. 196-214, jan.-jun. 2015.

ABBOUD, Georges; OLIVEIRA, Rafael Tomaz de. O Supremo Tribunal Federal e a nova separação de poderes: entre a interpretação da Constituição e as modificações da engenharia constitucional. *Revista de processo*, v. 39, n. 233, p. 13-39, jul. 2014.

AFFONSO, Flávia Martins. O conceito indeterminado de prognose e a Lei n. 12.411/2011. In: MENDES, Gilmar Ferreira (org.). *Processo e jurisdição constitucional*. Brasília: IDP, 2015.

AGRA, Walber de Moura. O *entrenchment* como condição para a efetivação dos direitos fundamentais. In: TAVARES, André Ramos (Coord.). *Justiça constitucional*: pressupostos teóricos e análises concretas. Belo Horizonte: Fórum, 2007. cap. 1, p. 23-41.

ALEXY, Robert. *Constitucionalismo discursivo*. 4. ed. Porto Alegre: Livraria do Advogado, 2015.

ALEXY, Robert. Epílogo a la teoría de los Derechos fundamentales. *Revista española de derecho constitucional*, año 22, n. 66, p. 13-64, sep.-dic., 2002.

ALEXY, Robert. *Teoria da argumentação jurídica*: a teoria do discurso racional como teoria da fundamentação jurídica. 4. ed. Rio de Janeiro: Forense, 2017.

ALEXY, Robert. *Teoria dos direitos fundamentais*. 2. ed. São Paulo: Malheiros Editores, 2017.

ARAGÃO, Alexandre Santos de. O Controle da Constitucionalidade pelo Supremo Tribunal Federal à Luz da Teoria dos Poderes Neutrais. In: SARMENTO, Daniel (org). *O controle de constitucionalidade e a lei 9.868/99*. Rio de Janeiro: Lumen Juris, 2001, p. 21-37.

AUSTIN, John Langshaw. *Quando dizer é fazer*. Porto Alegre: Artes Médicas, 1990.

AZAMBUJA, Darcy. *Teoria geral do estado*. 34. ed. São Paulo: Globo, 1995.

AZEVEDO, Luiz Henrique Cascelli de. *O controle legislativo de constitucionalidade*. Porto Alegre: Sérgio Antonio Fabris Editor, 2001.

BAHIA, Alexandre Gustavo Melo Franco. Controle de constitucionalidade: o "Guardião da Constituição" no embate entre Hans Kelsen e Carl Schmitt. *Revista de informação legislativa*, v. 41, n. 164, p. 87-103, out./dez. 2005.

BAHIA, Alexandre Gustavo Melo Franco. *Peter Häberle e a Lei 9.868/99* – Abertura ou fechamento? Por uma compreensão constitucionalmente adequada do controle concentrado de constitucionalidade. São Paulo: LEX, 2007.

BAHIA, Alexandre Gustavo Melo Franco; SILVA, Diogo Bacha e. Supremo Tribunal Federal, devido processo legislativo e a teoria do direito como integridade: em busca da promoção de valores democráticos. In: OMMATI, José Emílio Medauar (coord.). *Ronald Dworkin e o direito brasileiro*. Rio de Janeiro: Lumen Juris, 2016. (Coleção Teoria Crítica do Direito – Vol. 2). p. 5-47.

BARACHO, José Alfredo de Oliveira. *Processo constitucional*. Rio de Janeiro: Forense, 1984.

BARROSO, Luís Roberto. Conceitos Fundamentais sobre o Controle de Constitucionalidade e a Jurisprudência do Supremo Tribunal Federal. In: SARMENTO, Daniel (org). *O controle de constitucionalidade e a lei 9.868/99.* Rio de Janeiro: Lumen Juris, 2001, p. 233-268.

BARROSO, Luís Roberto. *Interpretação e aplicação da Constituição.* 3. ed. São Paulo: Saraiva, 1999.

BARROSO, Luís Roberto. Neoconstitucionalismo e constitucionalização do Direito (O triunfo tardio do direito constitucional no Brasil). *Revista de Direito Administrativo*, Rio de Janeiro, v. 240, p. 1-42, abr. 2005.

BARROSO, Luís Roberto. O controle de constitucionalidade no direito brasileiro. 7. ed. São Paulo: Saraiva, 2016.

BEAUD, Michel. *Arte da tese*: como redigir uma tese de mestrado ou de doutorado, uma monografia ou qualquer outro trabalho universitário. 2. ed. Rio de Janeiro: Bertrand Brasil, 1997.

BECCARIA, Cesare. *Dos delitos e das penas*. 2. ed. Bauru: EDIPRO, 2011.

BINENBOJM, Gustavo. A Democratização da Jurisdição Constitucional e o Contributo da Lei nº 9.868/99. In: SARMENTO, Daniel (org). *O controle de constitucionalidade e a lei 9.868/99*. Rio de Janeiro: Lumen Juris, 2001, p. 139-164.

BOBBIO, Norberto. *Teoria do ordenamento jurídico*. 6. ed. Brasília: Universidade de Brasília, 1995.

BONAVIDES, Paulo. *Do estado liberal ao estado social*. 3. ed. Rio de Janeiro: Fundação Getúlio Vargas, 1972.

BRANDÃO, Rodrigo. Rigidez constitucional e pluralismo político. *Direitos Fundamentais & Justiça*, n. 6, p. 86-125, out.-dez., 2006.

BRASIL. Supremo Tribunal Federal. Conhecimento parcial e provimento nessa parte no requerimento de medida cautelar. Ação Direta de Inconstitucionalidade n. 732/RJ. Mesa Diretora da Assembleia Legislativa do Estado do Rio de Janeiro e Assembleia Legislativa do Estado do Rio de Janeiro. Relator: Ministro Celso de Mello. Brasília, 22 mai. 1992. *Diário da Justiça*, Brasília, 21 ago. 1992.

BRASIL. Supremo Tribunal Federal. Deferimento de *habeas corpus*. *Habeas Corpus* n. 70.514/RS. Edson Brozoza e Tribunal de Justiça do Estado do Rio Grande do Sul. Relator: Ministro Sidney Sanches. Brasília, 23 mar. 1994. *Diário da Justiça*, Brasília, 27 jun. 1997.

BRASIL. Supremo Tribunal Federal. Deferimento de medida cautelar da ação direta de inconstitucionalidade. Medida Cautelar na Ação Direta de Inconstitucionalidade n. 1.946/DF. Partido Socialista Brasileiro e Mesa da Câmara dos Deputados e outros. Relator: Ministro Sydney Sanches. Brasília, 29 abr. 1999. *Diário da Justiça*, Brasília, 14 set. 2001.

BRASIL. Supremo Tribunal Federal. Deferimento de medida cautelar. Medida Cautelar na Ação Direta de Inconstitucionalidade n. 5.501/DF. Associação Médica Brasileira e Presidente da República e outro. Relator: Ministro Marco Aurélio. Brasília, 19 mai. 2016. *Diário da Justiça eletrônico*, Brasília, 1º ago. 2017.

BRASIL. Supremo Tribunal Federal. Deferimento de medida liminar. Medida Cautelar na Ação Direta de Inconstitucionalidade n. 999/AL. Conselho Federal da Ordem dos Advogados do Brasil e Assembleia Legislativa do Estado de Alagoas. Relator: Ministro Francisco Resek. Brasília, 11 mar. 1994. *Diário da Justiça*, Brasília, 16 set. 1994.

BRASIL. Supremo Tribunal Federal. Improcedência da ação direta de inconstitucionalidade. Ação Direta de Inconstitucionalidade n. 3.156/DF. Partido da Frente Liberal e Presidente da República e outro. Relator: Ministro Joaquim Barbosa. Brasília, 11 mai. 2006. *Diário da Justiça*, Brasília, 19 dez. 2006.

BRASIL. Supremo Tribunal Federal. Improcedência da ação direta de inconstitucionalidade. Ação Direta de Inconstitucionalidade n. 3.510/DF. Procurador-Geral da República e Presidente da República e outro. Relator: Ayres Britto. Brasília, 29 mai. 2008. *Diário da Justiça eletrônico*, Brasília, 27 maio 2010.

BRASIL. Supremo Tribunal Federal. Improcedência da arguição de descumprimento de preceito fundamental. Arguição de Descumprimento de Preceito Fundamental n. 186/DF. Democratas e Conselho Nacional de Ensino, Pesquisa e Extensão da Universidade de Brasília e outros. Relator: Ministro Ricardo Lewandowski. Brasília, 26 abr. 2012. *Diário da Justiça Eletrônico*, Brasília, 20 out. 2014.

BRASIL. Supremo Tribunal Federal. Não conhecimento da ação direta de inconstitucionalidade. Ação Direta de Inconstitucionalidade n. 466/DF. Partido Socialista Brasileiro e Comissão de Constituição de Justiça e de Redação da Câmara dos Deputados. Relator: Ministro Celso de Mello. Brasília, 03 abr. 1991. *Diário da Justiça*, Brasília, 10 maio 1991.

BRASIL. Supremo Tribunal Federal. Não conhecimento da ação direta de inconstitucionalidade. Ação Direta de Inconstitucionalidade n. 794/GO. Governador do Estado de Goiás e Governador do Estado de Goiás e outro.

Relator: Ministro Sepúlveda Pertence. Brasília, 09 dez. 1992. *Diário da Justiça*, Brasília, 21 maio 1993.

BRASIL. Supremo Tribunal Federal. Não conhecimento da ação direta de inconstitucionalidade. Ação Direta de Inconstitucionalidade n. 1.523/SC. Partido dos Trabalhadores e Presidente do Senado Federal e outros. Relator: Maurício Corrêa. Brasília, 05 nov. 1997. *Diário da Justiça*, Brasília, 14 maio 2001.

BRASIL. Supremo Tribunal Federal. Não conhecimento da ação direta de inconstitucionalidade. Ação Direta de Inconstitucionalidade n. 1.527/SC. Partido Progressista Brasileiro e Senado Federal e outros. Relator: Maurício Corrêa. Brasília, 05 nov. 1997. *Diário da Justiça*, Brasília, 18 maio 2001.

BRASIL. Supremo Tribunal Federal. Não conhecimento da ação direta de inconstitucionalidade. Medida Cautelar em Ação Direta de Inconstitucionalidade n. 1.372/RJ. Procurador Geral da República e Assembleia Legislativa do Estado do Rio de Janeiro. Relator: Ministro Celso de Mello. Brasília, 14 dez. 1995. *Diário da Justiça eletrônico*, Brasília, 03 abr. 2009.

BRASIL. Supremo Tribunal Federal. Não conhecimento de recurso extraordinário. Recurso Extraordinário n. 147.776/SP. Estado de São Paulo e Geralda Cardoso de Paula. Relator: Ministro Sepúlveda Pertence. Brasília, 19 mai. 1998. *Diário da Justiça*, Brasília, 19 jun. 1998.

BRASIL. Supremo Tribunal Federal. Não pronúncia da inconstitucionalidade. Ação Direta de Inconstitucionalidade n. 4.066/DF. Associação Nacional dos Procuradores do Trabalho e outros e Presidente da República e outro. Relatora: Ministra Rosa Weber. Brasília, 24 ago. 2017. *Diário da Justiça eletrônico*, Brasília, 06 mar. 2018.

BRASIL. Supremo Tribunal Federal. Negado seguimento. Ação Direta de Inconstitucionalidade n. 4.090/DF. Confederação Nacional de Comércio de Bens, Serviços e Turismo e Governador do Distrito Federal e outro. Relator: Ministro Eros Grau. Brasília, 16 nov. 2009. *Diário da Justiça eletrônico*, Brasília, 23 nov. 2009.

BRASIL. Supremo Tribunal Federal. Parcial procedência da ação direta de inconstitucionalidade. Ação Direta de Inconstitucionalidade n. 1.946/DF. Partido Socialista Brasileiro e Mesa da Câmara dos Deputados e outros. Relator: Ministro Sydney Sanches. Brasília, 03 abr. 2003. *Diário da Justiça*, Brasília, 16 mai. 2003.

BRASIL. Supremo Tribunal Federal. Parcial procedência da ação direta de inconstitucionalidade. Ação Direta de Inconstitucionalidade n. 4.029/AM. Associação Nacional dos Servidores do IBAMA e Presidente da República e outro. Relator: Ministro Luiz Fux. Brasília, 08 mar. 2012. *Diário da Justiça eletrônico*, Brasília, 26 jun. 2012.

BRASIL. Supremo Tribunal Federal. Procedência da ação declaratória de constitucionalidade. Ação Declaratória de Constitucionalidade n. 41/DF. Conselho Federal da Ordem dos Advogados do Brasil e Presidente da República e outros. Relator: Ministro Roberto Barroso. Brasília, 08 jun. 2017. *Diário da Justiça Eletrônico*, Brasília, 17 ago. 2017.

BRASIL. Supremo Tribunal Federal. Procedência da ação direta de inconstitucionalidade. Ação direta de inconstitucionalidade n. 855/PR. Confederação Nacional do Comércio e Governador do Estado do Paraná e outro. Relator: Ministro Octávio Gallotti. Relator para acórdão: Ministro Gilmar Mendes. Brasília, 06 mar. 2008. *Diário da Justiça eletrônico*, Brasília, 26 mar. 2009.

BRASIL. Supremo Tribunal Federal. Procedência da ação direta de inconstitucionalidade. Ação Direta de Inconstitucionalidade n. 2.170/SP. Governador do Estado de São Paulo e Assembleia Legislativa do Estado de São Paulo. Relator: Ministro Sepúlveda Pertence. Brasília, 17 ago. 2005. *Diário da Justiça*, Brasília, 09 set. 2005.

BRASIL. Supremo Tribunal Federal. Procedência da ação direta de inconstitucionalidade. Ação Direta de Inconstitucionalidade n. 3.112/DF. Partido Trabalhista Brasileiro e outros e Presidente da República e outro. Relator: Ministro Ricardo Lewandowski. Brasília, 02 mai. 2007. *Diário da Justiça*, Brasília, 26 out. 2007.

BRASIL. Supremo Tribunal Federal. Procedência da ação direta de inconstitucionalidade. Ação Direta de Inconstitucionalidade n. 3.131/PB. Procurador Geral da República e Governador do Estado da Paraíba. Relator: Ministro Carlos Velloso. Brasília, 19 mai. 2004. *Diário da Justiça*, Brasília, 18 jun. 2004.

BRASIL. Supremo Tribunal Federal. Procedência da arguição de descumprimento de preceito fundamental. Arguição de Descumprimento de Preceito Fundamental n. 54/DF. Confederação nacional dos Trabalhadores da Saúde e Presidente da República. Relator: Marco Aurélio. Brasília, 12 abr. 2012. *Diário da Justiça eletrônico*, Brasília, 30 abr. 2013.

BRITO, Davi Rodrigues. O controle judicial de leis por erros de prognoses segundo o consequencialismo de Neil MacCormick. *Direito Público*. Porto Alegre, IOB; IDP, ano 9, n. 49, p. 09-23, jan.-fev., 2013.

BUENO, Cassio Scarpinella. *Amicus curiae:* uma homenagem a Athos Gusmão Carneiro. Disponível em: <www.scarpinellabueno.com.br>>. Acesso em 20 mar. 2018.

BULOS, Uadi Lamego. *Curso de Direito Constitucional*. 6. ed. rev. e atual. São Paulo: Saraiva, 2011.

BURT, Robert A. *Constitución y conflito*. Buenos Aires: Editorial Universitária de Buenos Aires, 2000.

CAMPILONGO, Celso Fernandes. *Direito e democracia*. São Paulo: Max Limonad, 1997.

CANOTILHO, J. J. Gomes. *Constituição dirigente e vinculação do legislador*: contributo para a compreensão das normas constitucionais programáticas. 2. ed. Coimbra: Coimbra Editora, 2001.

CANOTILHO, J. J. Gomes. *Direito constitucional e teoria da constituição*. 7. ed. Coimbra: Editora Almedina, 2003.

CAPPELLETTI, Mauro. O controle judicial de constitucionalidade das leis no direito comparado. Porto Alegre: Fabris, 1984.

CAPPELLETTI, Mauro; ADAMS, John Clarke. Judicial review of legislation: european antecedents and adaptations. *Harvard Law Review*, vol. 79, n. 6, p. 1207-1224, abr. 1966. Disponível em <http://www.jstor.org/stable/1339202>>. Acesso em: 20 mar. 2018.

CARDOSO, Oscar Valente. *Amicus curiae* e audiências públicas no controle de constitucionalidade brasileiro. *Cadernos do Programa de Pós-Graduação em Direito da Universidade Federal do Rio Grande do Sul*, v. 9, n. 2, 2014.

CARVALHO, Aurora Tomazini de. *Curso de teoria geral do direito*: o constructivismo lógico-semântico. 4. ed. São Paulo: Noeses, 2014.

CARVALHO, Paulo de Barros. *Curso de direito tributário*. 26. ed. São Paulo: Saraiva, 2015.

CARVALHO, Paulo de Barros. *Direito tributário*: fundamentos jurídicos de incidência. 7. ed. São Paulo: Saraiva, 2009.

CARVALHO, Paulo de Barros. *Direito tributário, linguagem e método*. 3.ed. São Paulo: Noeses, 2009.

CASTANHEIRA NEVES, António. A unidade do sistema jurídico: o seu problema e o seu sentido. In: CASTANHEIRA NEVES, António. *Digesta*: escritos acerca do direito, do pensamento jurídico, da sua metodologia e outros. v. 2. Coimbra: Coimbra Editora, 1995, p. 95-180.

CASTANHEIRA NEVES, António. *Metodologia jurídica:* problemas fundamentais. Coimbra: Coimbra Editora, 2013.

CASTILHO, Ela Wiecko V. de. *Controle da legalidade na execução penal*: reflexões em torno da jurisdicionalização. Porto Alegre: Sérgio Antonio Fabris Editor, 1988.

CEREJA, Willian Roberto. *Gramática reflexiva*: texto, semântica e interação. 2. ed. São Paulo: Atual, 2005.

COELHO, Inocêncio Mártires. As idéias de Peter Häberle e a abertura da interpretação constitucional no direito brasileiro. *Revista de informação legislativa*. Brasília, ano 35, n. 137, p. 157-164, jan.-mar., 1998.

CONTINENTINO, Marcelo Casseb. *História do controle de constitucionalidade das leis no Brasil:* percursos do pensamento constitucional no Século XIX (1824-1891). São Paulo: Almedina, 2015.

COKE, Edward. Dr. Bonham's Case. In: COKE, Edward.*The selected writings and speeches of Sir Edward Coke edited by Steve Sheppard*. Indianapolis: Liberty Fund, 2003. Part Eight of the Reports, pp. 264-286.

COSTA, Thereza Luiza Fontenelli. Jurisdição constitucional e legitimidade democrática: breve análise da abertura democrática do controle de constitucionalidade no Brasil. *Observatório da Jurisdição Constitucional*, Brasília, ano 6, v. 1, p. 139-158, mai. 2013.

COURA, Alexandre Castro. *Hermenêutica jurídica e jurisdição (in)constitucional*: para uma análise crítica da "jurisprudência" de valores à luz da teoria discursiva de Habermas. Belo Horizonte: Mandamentos, 2009.

COUTINHO, Jacinto Nelson de Miranda (org.). *Canotilho e a constituição dirigente*. Rio de Janeiro: Renovar, 2003.

COUTURE, Eduado J. *Las garantias constitucionales del proceso civil*. Instituto Pacífico, 2015 (livro digital).

CURI, Ivan Guérios; NUNES, Dierle José Coelho; BAHIA, Alexandre Gustavo Melo Franco. Processo constitucional contemporâneo. *Boletim da Faculdade de Direito*, Coimbra, vol. LXXXV, p. 343-373, 2009.

DIDIER JR., Fredie. *Sobre a teoria geral do processo, essa desconhecida*. 4. ed. Salvador: JusPodivm, 2017.

DIMOULIS, Dimitri; LUNARDI, Soraya. *Curso de processo constitucional:* controle de constitucionalidade e remédios constitucionais. 4. ed. São Paulo: Atlas, 2016. (*e-book*)

DINAMARCO, Cândido Rangel. *Instituições de direito processual civil*. V. 1. 3. ed. São Paulo: Malheiros, 2003.

DWORKIN, Ronald. *Freedom's law*: the moral Reading of the american constitution. Cambridge: Harvard University Press, 1996.

DWORKIN, Ronald. *Is democracy possible here?*: principles for a new political debate. Princeton: Princeton University Press, 2006.

DWORKIN, Ronald. *Justiça para ouriços*. Coimbra: Almedina, 2012.

DWORKIN, Ronald. *O império do direito*. Tradução Jefferson Luiz Camargo. São Paulo: Martins Fontes, 2003.

FERNÁNDEZ SEGADO, Fernando. *La justicia constitucional ante el siglo XXI*: la progresiva convergencia de los sistemas americano y europeo-kelseniano. Ciudad de México: Universidad Nacional Autónoma de México, 2004.

FERRAJOLI, Luigi. *A democracia através dos direitos*: o constitucionalismo garantista como modelo teórico e como projeto político. São Paulo: Revista dos Tribunais. (e-book)

FERRAZ JR., Tércio Sampaio. *Introdução ao estudo do direito*: técnica, decisão, dominação. 4. ed. São Paulo: Atlas, 2003.

FERRER MAC-GREGOR, Eduardo. La Ciencia del derecho procesal constitucional. *Díkaion*, vol. 22, n. 17, p. 97-129, dez. 2008.

FIGUEIREDO, Antonio Macena de; SOUZA, Soraia Riva Goudinho de. *Como elaborar projetos, monografias, dissertações e teses*: da redação científica à apresentação do texto final. 3. ed. Rio de Janeiro: Lumen Juris, 2010.

FIORIN, José Luiz. *As astúcias da enunciação*: as categorias de pessoa, espaço e tempo. São Paulo: Ática, 1996.

FIÚZA, Ricardo Arnaldo Malheiros. O controle de constitucionalidade das leis. *Revista de informação legislativa*, Brasília, ano 31, n. 123, p. 237-248, jul.-set. 1994.

FIX-ZAMUDIO, Héctor. Breves reflexiones sobre la naturaleza, estructura y funciones de los organismos jurisdiccionales especializados em la resolución de procesos constitucionales. *Memoria del VII Congreso Iberoamericano de Derecho Constitucional.* México: IIJ-UNAM, p. 201-238, 2002.

FIX-ZAMUDIO, Héctor. *Introducción al derecho procesal constitucional.* FUNDAp, 2002.

FREITAS, F. A. S. A Apreciação de Fatos e Prognoses Legislativos no Controle Abstrato de Constitucionalidade: breve notícia acerca aos critérios adotados pelo Tribunal Constitucional Alemão. In: *XXI Encontro Nacional do CONPEDI*, 2012, Uberlândia. Anais do XXI Encontro do Conselho Nacional de Pesquisa e Pós-graduação em Direito (CONPEDI), 2012.

GADAMER, Hans-Georg. *Verdade e Método II*: complementos e índice. Petrópolis: Vozes, 2012.

GARCÍA BELAUNDE, Domingo. *Derecho procesal constitucional.* Bogotá: Temis, 2001 (livro digital).

GARCÍA BELAUNDE, Domingo. El derecho procesal constitucional: un concepto problemático. *Derecho PUCP*, v. 57, p. 185-192, 2004.

GARCIA DE ENTERRIA, Eduardo. *La constitución como norma y el tribunal constitucional.* Madrid: Editorial Civitas, 1994.

GERA, Renata Coelho Padilha. *A natureza e os efeitos da inconstitucionalidade.* Porto Alegre: Sérgio Antonio Fabris, 2007.

GIL, Antonio Carlos. *Como elaborar projetos de pesquisa.* 4. ed. São Paulo: Editora Atlas, 2002.

GUIBOURG, Ricardo. *Introducción al conocimiento científico.* 3. ed. Buenos Aires: EUDEBA, 2000.

GRECO, Rogério. *Direitos humanos, sistema prisional e alternativas à privação de liberdade.* São Paulo: Saraiva, 2011.

HÄBERLE, Peter. *Hermenêutica constitucional*: a sociedade aberta dos intérpretes da Constituição: contribuição para a interpretação pluralista e "procedimental" da Constituição. Porto Alegre: Sérgio Antonio Fabris, 1997.

HAMILTON, Alexander; MADISON, James; JAY, John. *O federalista*. Belo Horizonte: Líder, 2003.

HART, H. L. A. *O conceito de direito*. 5. ed. Lisboa: Fundação Calouste Gulbenkian, 2007.

HEIDEGGER, Martin. *Ser e tempo*. Parte I. 15. ed. Petrópolis: Vozes, 2005.

HEIDEGGER, Martin. *Ser e tempo*. Parte II. 13. ed. Petrópolis: Vozes, 2005.

HECK, Luís Afonso. Regras, princípios jurídicos e sua estrutura no pensamento de Robert Alexy. *Dos princípios constitucionais*. São Paulo: Malheiros, 2003. p. 52-100.

HERANI, Renato Gugliano. *A prova da inconstitucionalidade*. Curitiba: Editora Prismas, 2016.

HESPANHA, António Manuel. *O caleidoscópio do direito*: o direito e a justiça nos dias e no mundo de hoje. Coimbra: Almedina, 2007.

HOBBES, Thomas. *O leviatã*. Tradução: Rosina D'Angina. 2. ed. São Paulo: Martin Claret, 2012.

IVO, Gabriel. *Norma jurídica*: produção e controle. São Paulo: Noeses, 2006.

JEVEAUX, Geovany Cardoso. *Direito Constitucional* – Teoria da constituição. Rio de Janeiro: Forense, 2008.

JEVEAUX, Geovany Cardoso. *Teorias do Estado e da Constituição*. Rio de Janeiro: GZ Editora, 2015.

JEVEAUX, Geovany Cardoso; ZANETI JR., Hermes. Controle Difuso no Novo CPC. *Revista de Direito Brasileira*. São Paulo, v.16, n. 7, p. 324-345, jan.-abr., 2017.

KELSEN, Hans. *A democracia*. 2. ed. São Paulo: Martins Fontes, 2000.

KELSEN, Hans. A garantia jurisdicional da Constituição. *Sub Judice. Justiça e Sociedade*. Coimbra, DocJuris, v. 20-21, p. 9-32, 2001.

KELSEN, Hans. *Jurisdição constitucional*. 3. ed. São Paulo: WMF Martins Fontes, 2013.

KELSEN, Hans. *Teoria geral das normas*. Porto Alegre: Sérgio Antônio Fabris, 1986.

KELSEN, Hans. *Teoria geral do direito e do estado*. São Paulo: Martins Fontes, 2000.

KELSEN, Hans. *Teoria geral do estado*. São Paulo: Saraiva, 1938.

KELSEN, Hans. *Teoria Pura do Direito*. Tradução de João Baptista Machado. 8. ed. São Paulo: WMF Martins Fontes, 2009.

LARENZ, Karl. *Metodologia da ciência do direito*. 3. ed. Lisboa: Fundação Calouste Gulbenkian, 1997.

LEITE, Carlos Henrique Bezerra. *Direitos Humanos*. 2. ed. Rio de Janeiro: Lumen Juris, 2011.

LOBO, Americo. *Decisões constitucionais de Marshall, Presidente do Supremo Tribunal dos Estados Unidos da América do Norte*. Rio de Janeiro: Imprensa Nacional, 1903.

LOCKE, John. *Segundo tratado sobre o governo*. Tradução: Alex Martins. São Paulo: Martin Claret, 2002.

MACIEL, Adhemar Ferreira. O acaso, John Marshall e o controle de constitucionalidade. *Revista de informação legislativa*, Brasília: Senado Federal, ano 43, n. 172, p. 37-44, out.-dez., 2006.

MAIA, Alexandre Campaneli Aguiar. Paradigma. *Revista da Faculdade de Direito Padre Arnaldo Janssen*, Belo Horizonte, v. 1, n. 1, p. 7-13, jan.-dez. 2008.

MARTINS, Ives Gandra da Silva; MENDES, Gilmar Ferreira. *Controle concentrado de constitucionalidade*: comentários à Lei n. 9.868, de 10-11-1999. 3. ed. São Paulo: Saraiva, 2009.

MATTEUCCI, Nicola. *Breve storia del costituzionalismo*. Brescia: Morcelliana, 2010.

MATSURA, Lilian. Oito em cada dez leis foram julgadas inconstitucionais pelo STF em 2017. *CONJUR*, 02 maio 2018. Disponível em: < https://www.conjur.com.br/2018-mai-02/oito-cada-dez-leis-foram-julgadas-inconstitucionais-stf>. Acesso em 02 mai. 2018.

MENDES, Gilmar Ferreira. *Controle abstrato de constitucionalidade:* ADI, ADC e ADO – comentários à Lei n. 9.868/99. São Paulo: Saraiva, 2012.

MENDES, Gilmar Ferreira. Controle de constitucionalidade: hermenêutica constitucional e revisão de fatos e prognoses legislativos pelo órgão judicial. In: MENDES, Gilmar Ferreira. *Direitos fundamentais e controle de constitucionalidade*. 2. ed. São Paulo: Celso Bastos Editor: Instituto brasileiro de Direito Constitucional, 1999.

MENDES, Gilmar Ferreira. Controle de constitucionalidade: hermenêutica constitucional e revisão de fatos e prognoses legislativos pelo órgão judicial. *Revista dos Tribunais*, São Paulo, ano 88, vol. 766, ago. 1999. Fascículo Cível, Primeira Seção, p. 11-28.

MENDES, Gilmar Ferreira. Controle de constitucionalidade: hermenêutica constitucional e revisão de fatos e prognoses legislativos pelo órgão judicial, *Revista Jurídica Virtual*, Brasília, vol. 1, n. 8, jan. 2000.

MENDES, Gilmar Ferreira. Kelsen e o controle de constitucionalidade no direito brasileiro. *Revista de Informação Legislativa*. Brasília: Senado Federal, ano 31, n. 121, p. 185-188, jan.-mar.,1994.

MENDES, Gilmar Ferreira. O Apelo ao Legislador – Appellentscheidung – na Práxis da Corte Constitucional Federal Alemã. *Revista de Informação Legislativa*, Brasília, ano 29, n. 114, p. 473-502, abr.-jun., 1992.

MENDES, Gilmar Ferreira; BRANCO, Paulo Gustavo Gonet. *Curso de Direito Constitucional*. 12. ed. São Paulo: Saraiva, 2017.

MENDONÇA, Cristiane. *Competência tributária*. São Paulo: Quartier Latin, 2004.

MITIDIERO, Daniel. Colaboração no processo civil como prêt-à-porter? Um convite ao diálogo para Lenio Streck. *Revista de processo*, vol. 194, p. 55, abr. 2011.

MONTESQUIEU, Charles de Secondat, Baron de. *Do espírito das leis*. Tradução: Roberto Leal Ferreira. São Paulo: Martin Claret, 2010.

MORAES, Germana de Oliveira. *O controle jurisdicional da constitucionalidade do processo legislativo*. São Paulo: Dialética, 1998.

MORAIS, Fausto Santos de. *Ponderação e arbitrariedade:* a inadequada recepção de Alexy pelo STF. Salvador: JusPodivm, 2016.

MOTTA, Francisco José Borges. Dworkin e a decisão jurídica democrática: a leitura moral da Constituição e o novo Código de Processo Civil. In: OMMATI, José Emílio Medauar (coord.). *Ronald Dworkin e o direito brasileiro*. Rio de Janeiro: Lumen Juris, 2016. (Coleção Teoria Crítica do Direito – Vol. 2), p. 253-286.

MOTTA, Francisco José Borges. *Ronald Dworkin e a Decisão Jurídica*. Salvador: JusPodivm, 2017.

MOUSSALLEM, Tárek Moysés. *Fontes do direito tributário*. 2. ed. São Paulo: Noeses, 2006.

MOUSSALLEM, Tárek Moysés. *Revogação em matéria tributária*. São Paulo: Noeses, 2005.

MÜLLER, Friedrich. *Metodologia do direito constitucional*. 4. ed. São Paulo: Revista dos Tribunais, 2010.

MÜLLER, Friedrich. *O novo paradigma do direito*: introdução à teoria e metódica estruturantes. 3. ed. São Paulo: Revista dos Tribunais, 2013.

MÜLLER, Friedrich. *Teoria estruturante do direito*. 3. ed. São Paulo: Revista dos Tribunais, 2011.

NEVES, Marcelo. *Teoria da inconstitucionalidade das leis*. São Paulo: Saraiva, 1988.

NOGUEIRA ALCALÁ, Humberto. El derecho procesal constitucional a inicios del siglo XXI en América Latina. *Estudios Constitucionales*, Santiago, ano 7, n. 1, p. 13-58, 2009.

OLIVEIRA, Eugênio Pacelli de. *Processo e hermenêutica na tutela dos direitos fundamentais*. 3. ed. rev. e atual. São Paulo: Atlas, 2012.

OLIVEIRA, Marcelo Andrade Cattoni de. *Devido processo legislativo:* uma justificação democrática do controle jurisdicional de constitucionalidade das leis e do processo legislativo. 3. ed. Belo Horizonte: Fórum, 2016.

OLIVEIRA, Marcelo Andrade Cattoni de. *Processo Constitucional*. 3. ed. Belo Horizonte: Fórum, 2016.

PEGORARO, Lucio. A circulação, a recepção e a hibridação dos modelos de justiça constitucional. *Revista Latino-Americana de Estudos Constitucionais*. Belo Horizonte: Del Rey, n. 6, p. 235-261, jul.-dez., 2005.

REALE, Miguel. Estrutura da constituição de 1988. *Revista de direito administrativo*, Rio de Janeiro, n. 175, p. 1-8, jan.-mar., 1989.

REALE, Miguel. *Lições preliminares de direito*. 17. ed. São Paulo: Saraiva, 2002.

RECONDO, Felipe. 82,4% das leis dos Estados são inconstitucionais. *Estadão*, São Paulo, 27 out. 2007. Disponível em: < http://politica.estadao.com.br/noticias/geral,82-4-das-leis-dos-estados-sao-inconstitucionais,71847>. Acesso em: 20 mar. 2018.

RODRIGUES, Marcelo Abelha. *Manual de direito processual civil*. 5. ed. São Paulo: Editora Revista dos Tribunais, 2010.

ROUSSEAU, Jean-Jacques. *Do contrato social*. Tradução: Pietro Nasseti. 3. ed. São Paulo: Martin Claret, 2000.

SAMPAIO, José Adércio Leite. Discurso de Legitimidade da Jurisdição Constitucional e as Mudanças Legais do Regime de Constitucionalidade no Brasil. In: SARMENTO, Daniel (org). *O controle de constitucionalidade e a lei 9.868/99*. Rio de Janeiro: Lumen Juris, 2001. p. 165-218.

SANDULLI, Aldo. Eccesso di potere e controlo di proporzionalità. Profili comparati. *Rivista trimestrale di diritto pubblico*, Milano, n. 2, p. 329-370, 1995.

SANT'ANNA, Lara Freire Bezerra de. *Judiciário como guardião da constituição*: democracia ou guardiania?. Rio de Janeiro: Lumen Juris, 2014.

SANTIAGO NINO, Carlos. *Introducción al análisis del derecho*. 11. ed. Barcelona: Ariel, 2003.

SARLET, Ingo Wolfgang; MARINONI, Luiz Guilherme. MITIDIERO, Daniel. *Curso de Direito Constitucional*. 6. ed. São Paulo: Saraiva, 2017.

SCHNEIDER, Hans-Peter. Jurisdicción constitucional y separación de poderes. *Revista española de derecho constitucional*, año 2, n. 5, p. 35-61, maio-ago., 1982.

SEARLE, John. *Actos de habla*: ensayo de filosofía del lenguaje. Madrid: Planeta-de Agostini, 1994.

SEARLE, John. *The construction of social reality*. New York: First Free Press Edition, 1995.

SCHMITT, Carl. *O guardião da constituição*. Belo Horizonte: Del Rey, 2007.

STEIN, Ernildo. *Aproximações sobre hermenêutica*. 2. ed. Porto Alegre: EDIPUCRS, 2010.

STRECK, Lenio Luiz. Aplicar a "letra da lei" é uma atitude positivista? *Revista NEJ – Eletrônica*, Vale do Itajaí, v. 15, n. 1, p. 158-173, jan.-abr. 2010.

STRECK, Lenio Luiz. *Compreender direito*: desvelando as obviedades do discurso jurídico. São Paulo: Revista dos Tribunais, 2013.

STRECK, Lenio Luiz. *Dicionário de hermenêutica*: quarenta temas fundamentais da teoria do direito à luz da crítica hermenêutica do Direito. Belo Horizonte: Letramento, 2017.

STRECK, Lenio Luiz. *Hermenêutica jurídica e(m) crise*: uma exploração hermenêutica da construção do Direito. 11. ed. rev. atual. e ampl. Porto Alegre: Livraria do Advogado, 2014.

STRECK, Lenio Luiz. *Jurisdição constitucional e decisão jurídica*. 4. ed. São Paulo: Revista dos Tribunais, 2014.

STRECK, Lenio Luiz. Jurisdição constitucional e hermenêutica: perspectivas e possibilidades de concretização dos direitos fundamentais sociais no Brasil. *Novos estudos jurídicos*, v. 8, n. 2, p. 257-301, maio-ago. 2003.

STRECK, Lenio Luiz. *Lições de crítica hermenêutica do Direito*. Porto Alegre: Livraria do Advogado, 2014.

STRECK, Lenio Luiz. *O que é isto – decido conforme minha consciência?* 3. ed. Porto Alegre: Livraria do Advogado Editora, 2012.

STRECK, Lenio Luiz. *Verdade e consenso*: constituição hermenêutica e teorias discursivas. 4. ed. São Paulo: Saraiva, 2012.

STRECK, Lenio Luiz; LIMA, Martonio Mant'Alverne Barreto; OLIVEIRA, Marcelo Andrade Cattoni de. A nova perspectiva do Supremo Tribunal Federal sobre o controle difuso: mutação constitucional e limites da legitimidade da jurisdição constitucional. *Argumenta Journal Law*, Jacarezinho, n. 7, p. 45-68, fev. 2013.

STRECK, Lenio Luiz; MORAIS, José Luiz Bolzan de. *Ciência política e teoria geral do estado*. 3. ed. Porto Alegre: Livraria do Advogado, 2003.

STRECK, Lenio Luiz; MOTTA, Francisco José Borges. Um debater com (e sobre) o formalismo-valorativo de Daniel Mitidiero, ou "colaboração no processo civil" é um princípio?. *Revista de processo*, vol. 213, p. 13, nov. 2012.

TAVARES, André Ramos. *Curso de direito constitucional*. 10. ed. rev. e atual. São Paulo: Saraiva, 2012.

TAVARES, André Ramos. Justiça Constitucional: Superando as teses do "legislador negativo" e do ativismo de caráter jurisdicional. In: FERRER MAC-GREGOR, Eduardo; LELO DE LARREA, Arturo Zaldívar (coord.). *Estudos de direito processual constitucional*: Homenagem brasileira a Héctor Fix-Zamudio em seus 50 anos como pesquisador do direito. São Paulo: Malheiros Editores, 2009.

TAVARES, André Ramos. O discurso dos direitos fundamentais na legitimidade e deslegitimação de uma justiça constitucional substantiva. In: ______

(Coord.). *Justiça constitucional*: pressupostos teóricos e análises concretas. Belo Horizonte: Fórum, 2007. cap. 5, p. 153-172.

THAMAY, Rennan Faria Krüger; HERANI, Renato Gugliano. *Jurisdição constitucional concentrada*. Curitiba: Juruá, 2016.

UNITED STATES. Supreme Court. Women in Industry. Decision of The United States Supreme Court in Curt Muller Vs. State of Oregon, 1908.

VALE, André Rufino do; MENDES, Gilmar Ferreira. O pensamento de Peter Häberle na jurisprudência do Supremo Tribunal Federal. *DPU*, n. 28, p. 71-94, jul.-ago., 2009.

VILANOVA, Lourival. *As estruturas lógicas e o sistema do direito positivo*. São Paulo: Noeses, 2005.

VILANOVA, Lourival. *Causalidade e relação no direito*. 4. ed. São Paulo: Revista dos Tribunais, 2000.

WARAT, Luis Alberto. *O direito e sua linguagem*. 2. ed. Porto Alegre: Sérgio Antonio Fabris, 1984.

WITTGENSTEIN, Ludwig. *Investigações filosóficas*. 6. ed. Petrópolis: Vozes, 2009.

WITTGENSTEIN, Ludwig. *Tratactus Logico-Philosophicus*. São Paulo: Universidade de São Paulo, 2001.

ZAGREBELSKY, Gustavo. Realismo y concreción del control de constitucionalidad de las leyes em Italia. *Revista de la Faculdad de Derecho de México*, v. 57, n. 248, p. 341-354, ago. 2017.

ZAGREBELSKY, Gustavo; MARCENÓ, Valeria. *Giustizia constituzionale*. Bologna: il Mulino, 2012.

ZANETI JÚNIOR, Hermes. *A constitucionalização do processo*: o modelo constitucional da justiça brasileira e as relações entre processo e constituição. 2. ed. rev., ampl., alt. São Paulo: Atlas, 2014.

ZANETI JÚNIOR, Hermes. *O valor vinculante dos precedentes*: teoria dos precedentes normativos formalmente vinculantes. 3. ed. Salvador: JusPodivm, 2017.